Jörgen Bracker · Unser Strom

Kabel

Jörgen Bracker

Unser Strom

Hamburg und die Niederelbe
von Lauenburg bis Cuxhaven

Ernst Kabel Verlag
Hamburger Abendblatt

Schriften des
Deutschen Schiffahrtsmuseums

Für das Deutsche Schiffahrtsmuseum
herausgegeben von Uwe Schnall

Band 41

Redaktion: Dr. Uwe Schnall
Umschlagentwurf: Peter Albers
Umschlagabbildung: »Niederhafen von Steinwerder«
Gemälde von Alexander Kirchner, 1930
Satz und Reproduktion: KCS GmbH, Buchholz/Hamburg
Druck und Bindung: Druckerei zu Altenburg GmbH, Altenburg
ISBN 3-8225-0341-X

Inhaltsverzeichnis

Vorwort

Seit Kaiser Karl IV. den Hamburgern am 14. Oktober 1359 bestimmte Hoheitsrechte, praktische Aufgaben zur Sicherung des Fahrwassers und polizeiliche Funktionen auf der Niederelbe zugewiesen hatte, war in späteren Verlautbarungen des allmählich immer selbstbewußter auftretenden Hamburger Rates schließlich nur noch *»von dusser stadt und orem strom«* die Rede. Gemeint war jener Flußabschnitt der Elbe, den die Hamburger für die Schiffahrt unter Aufwendung erheblicher Mittel wie die Errichtung des »Neuen Werks«, d. h. den Turm von Neuwerk, die Aufstellung von Baken und das Auslegen von Tonnen benutzbar und sicher gemacht hatten. Zur Mitfinanzierung zogen sie jeden Benutzer dieser Wasserstraße heran, indem sie die Entrichtung eines *»Werkzolls«* – genannt nach dem *»Neuen Werk«* – verlangten: *»Da soll auch niemand von dieser Stadt und ihrem Strom in Richtung See absegeln, es sei denn, er habe sich vorher mit den Zollherren über die Bezahlung des Werkzolls geeinigt und darüber eine Bescheinigung erhalten«*, hieß es in den Hamburger *»Burspraken«* (wiederholt ab 1536), den jährlich ergänzten und neu herausgegebenen Verordnungen der Stadt. Durch ihre Tonnenleger ließen die Hamburger von Neuwerk bis zur Einfahrt in ihren Niederhafen weiterhin Jahr für Jahr im Fahrwasser hölzerne Tonnen ausbringen, die alle mit dem Hamburger Wappen, der dreitürmigen Burg, geschmückt waren. Zugleich sorgten sie durch Landerwerbungen an den Ufern beiderseits der Niederelbe oder Verträge mit dort ansässigen Nachbarn für die günstigsten Bedingungen ihrer Handelsschiffahrt.

Es kam dahin, daß Hamburg schnell zum Zentrum der ganzen Niederelberegion avancierte, von welchem ausgehend Verkehrsverbindungen zu allen kleineren Ortschaften und Städten aufgenommen wurden, soweit sie an Nebenflüssen der Niederelbe lagen und über ausreichend geeignete Landeplätze sowie Umschlageinrichtungen verfügten. So wurden diese über See- und Binnenschiffahrt an einem Warenaustausch zwischen Stadt und Land, gelegentlich sogar der Welt beteiligt. Die hieraus erwachsenden ökonomischen Vorteile kamen allen zugute und regten auf Dauer zu einem immer stärkeren Ausbau der Wasserstraßen und Hafenanlagen bis hin zum Ersten Weltkrieg an.

Wer heute die beinahe kanalisierte Niederelbe befährt, kann die ursprüngliche Vielfalt jener amphibischen Welt kaum mehr nachvollziehen, weil die ehedem bedeutsamen Neben- und Binnenelben längst verschlickt oder durch feste Brücken unzugänglich gemacht worden sind. Hafeneinschnitte, die einmal die lebendigsten Treffpunkte in den Elbmarschen gewesen waren, sind hinter endlos geradlinig geführten Deichen verschwunden und als trostlose Wasserlöcher zur Sinnlosigkeit verurteilt. Schließlich sind manche Dörfer aufgrund großräumiger Hafenplanungen oder sogar vergeblich erhoffter Industrieansiedlung erst einmal vernichtet und von der Landkarte gelöscht worden.

Mit Hilfe von alten Abbildungen, vornehmlich Postkarten aus der Zeit vor dem Ersten Weltkrieg, Gemälden, Kupferstichen, Zeichnungen und erläuternden Kartenausschnitten wird versucht, eine Vorstellung von den ursprünglich sehr viel stärker ausdifferenzierten Arbeits- und Lebensverhältnissen in den Hafenorten der Niederelberegion zu vermitteln. Tatsächlich stützt sich dieses Werk zum allergrößten Teil auf die in Jahren zusammengetragene Postkartensammlung des Verfassers, der er auch den Impuls zu diesem Unternehmen verdankt. Da schimmert noch etwas auf von dem Reichtum der lokalen Erscheinungen an Trachten, Produkten und schiffbaulichen Einfällen zur Bewältigung der jeweiligen Fahrwasserverhältnisse, der sich den Hamburgern auf ihren Fleeten und Märkten offenbarte. Zugleich werden aber auch die harten sozialen Bedingungen und die Schwere der Arbeit in jener vergangenen Welt nicht beiseite gelassen. Schiffahrtsbezogene Porträtskizzen erläutern die Ortsgeschichten regionaler Lebenszentren gelegentlich bis zur Gegenwart, wobei zugunsten näherer Vergleichsmöglichkeiten einige Fotos und Luftaufnahmen aus unseren Tagen zugeschaltet werden.

Bei den langwierigen Vorarbeiten war mir mein kleines, altes Schiff, der Kutter FAHREWOHL VON BÜSUM, eine große Hilfe, weil es mir erlaubte, die Nieder- und Außenelbe, Seitenarme und Nebenflüsse bis in die flachsten Häfen hinein gründlich kennenzulernen. Auf dem Boot von Carsten Schröder durfte ich die Dove- und sogar die Gose-Elbe erkunden, wobei besonderer Dank Herrn Blohm von der Wasserbehörde des Bezirksamtes Bergedorf für die Erteilung der wasserrechtlichen Genehmigung gilt. In freundschaftlicher Kollegialität berieten mich Gerhard Kaufmann und Ortwin Pelc auf der Suche nach weiterem Fotomaterial und ergänzender Literatur. Der hiesige Maler und

Zeichner Rolf Zander ist mit einem Aquarell, den alten Hafen von Haseldorf darstellend, vertreten. Wertvolle Abbildungsvorlagen steuerten das Altonaer Museum, die Einzelblattsammlung des Museums für Hamburgische Geschichte, das Dithmarscher Landesmuseum in Meldorf und das Stadtarchiv Itzehoe bei. Für die Reproduktion von Fotos aus privaten Beständen fühle ich mich den Gaffelfreunden Bernd Alm und Henry Steckmeister sowie aufgrund der einzigartigen technischen Hilfe Christian Kay und Ole Stichling besonders verbunden. Die großartigen Luftbildaufnahmen steuerte Manfred Schulze-Alex bei. Joachim Kaiser unterstützte mich mit Hinweisen auf einschlägige Handbücher für Elbsegler.

Es liegt in der Natur der Sache, daß sich die Durchführung eines so umfangreichen Unternehmens am allerwenigsten durch eigene Forschungen bewältigen läßt, sondern im wesentlichen auf das im Laufe der Zeit in Zeitschriften, Sammelwerken und Ortschroniken zusammengetragene Wissen stützen muß, wovon das Wichtigste im beigefügten Verzeichnis der weiterführenden Literatur festgehalten wurde. Weil aber auch hier die Nachrichten nicht immer gleichmäßig fließen und manches gewiß übersehen wurde, müssen einige Beschreibungen zur Zeit noch unvollkommen bleiben. Hier bittet der Verfasser um Nachsicht und Hinweise, die zur Ergänzung dieser Arbeit bei künftigen Auflagen eine wertvolle Hilfe bieten können.

Für gründliches Lesen der vorliegenden Arbeit und wertvolle Korrekturhinweise weiß sich der Verfasser den Herren Bert Holst, Ortwin Pelc und Jürgen Christian Schaper zu Dank verpflichtet. Außerdem dankt er J. Chr. Schaper und Ingo Wegener für die Möglichkeit, ihre in unserer Literaturliste genannten ungedruckten Manuskripte einsehen zu dürfen.

Hamburg, im August 1995 Jörgen Bracker

Im Rhythmus des Gezeitenstroms

Wer weiß schon, daß der Elbstrom, genau 1.100 km von der Quelle bis zum Meer unterwegs, seinen Charakter mehrfach entscheidend ändert. Solange er gleichmäßig in einer Richtung bergab fließt, und zwar bis kurz vor Hamburg, nennt man ihn Oberelbe. Die Niederelbe – heute vom Sperrwerk bei Geesthacht bis Cuxhaven – wird ganz vom Tidenwechsel bestimmt, so daß die Stromrichtung sich zweimal am Tage umkehrt. Als Außenelbe läßt sich der Fluß anhand der ihm eigentümlichen, jade- bis gelb-milchigen Farbe noch an Neuwerk und gefährlichen Sandbänken vorbei über 32 km bis weit in die Deutsche Bucht hinein verfolgen, wo man das Land allmählich aus den Augen verliert.

Von der Geschichte der Schiffahrt auf Nieder- und Außenelbe soll hier die Rede sein. Zusammen mit diesem Abschnitt der Elbe bilden die kleinen und größeren Nebenflüsse, Kanäle, Hafenpriele, Strandhäfen und sonstigen Anlegeplätze ein aus natürlichen Gegebenheiten heraus feinmaschig weiterentwickeltes und in die Elbmarschen hineingreifendes Verkehrssystem, das für die Landschaft der Niederelberegion geradezu charakteristisch ist. Natürlich kommt dem Hamburger Hafen im Rahmen einer solchen Darstellung ein besonderes Gewicht zu.

Ausschlaggebend für Bedeutung und Umfang der Schiffahrt auf Hamburg ist bis zur Industrialisierung die Lage kurz vor dem Endpunkt des Gezeitenstroms gewesen, dessen Flutwelle tatsächlich über 165 km von der See beinahe bis Lauenburg hinauf kraftvoll genug wirkte, um im Rhythmus der Tiden jedes Schiff die Elbe bald aufwärts oder bald abwärts zu befördern, sofern nur der Hauch einer Brise die Steuerfähigkeit des Fahrzeugs erhielt. Ob Seeschiff oder Küstensegler, Viermaster oder Ewer – alle waren sie bei Bewältigung des Weges nach Hamburg oder in Richtung See gleich begünstigt, wenn sie ihren Fahrplan je nach Verfügbarkeit dieser Naturkraft einhielten. »Die Hoch- und Niedrigwasserzeiten« ließen sich sogar regional für die »Deutsche Bucht und deren Flußgebiete« berechnen und schließlich in einem Tidenkalender verzeichnen, der zum unentbehrlichen Hilfsmittel für die Ansteuerung aller Landeplätze in diesem Gebiet und natürlich auch des Hamburger Hafens geworden ist. Vom Gezeitenstrom wird aber nicht nur die Niederelbe in ihrer Länge erfaßt. Die Flutwelle rollt ebenso die kleinen und großen Nebenflüsse und Entwässerungsgräben zu beiden Seiten des Hauptstroms hinauf und bindet so die Schiffahrt der ganzen Niederelberegion in all ihren Verästelungen in den Rhythmus des Tidensystems mit ein. Ob Bremervörde und Neuhaus an der Oste, ob

Itzehoe an der Stör, Stade an der Schwinge, Bergedorf an der Bille oder Lüneburg an der Ilmenau – sie haben alle wie Hamburg bis ins 20. Jh. hinein von einer geschickten Ausnutzung des Gezeitenstroms und dem Ausbau der durch ihn gebotenen Möglichkeiten profitiert. Nur auf dem Wasserwege waren Massengüter durch die für die Landverkehre die längste Zeit des Jahres undurchdringliche Marsch bis zu den Geestrandflecken wie Uetersen, Elmshorn oder Pinneberg zu transportieren, um dort wieder den Anschluß an die trockenen, einigermaßen regelmäßig befahrbaren Elbuferhöhenwege zu gewinnen.

Die Segelfähren und alle anderen Wasserfahrzeug vermochten die beachtliche Entfernung von Hamburg quer durch das ganze Stromteilungsgebiet bis nach Harburg – d. h. zwischen den wichtigsten Endpunkten der Landverkehre beiderseits der Elbe – mit Hilfe des auf- und wieder ablaufenden Wassers vergleichsweise schnell zu überwinden. Ließ sich doch die Nord-Süd-Richtung über den Reiherstieg so gut wie den Köhlbrand und die Süderelbe bei hier allgemein vorherrschenden westlichen Winden unter Segeln als weiterer Vorteil nutzen. Das gleiche galt für die Fährverbindungen von Blankenese zur Estemündung sowie von Wedel hinüber zur Lühe in Fortsetzung des von Jütland bis hierher verlaufenden Ochsenweges, aber auch von Brunsbüttel nach Neuhaus.

Für jeden Priel das richtige Schiff

Die Abdeichung kleiner Elbhäfen wie Borstel/Jork oder Haseldorf im Rahmen einer Kanalisierung der Niederelbe nach der Großen Sturmflut von 1962 macht es heute unmöglich, sich eine annähernde Vorstellung von der ursprünglichen landschaftlichen Vielfalt und den stark unterschiedlichen Fahrwasserverhältnissen auf den kleinen Nebenflüssen zu bilden. Hier wären sonst noch die Ursachen für den im Laufe des Mittelalters entwickelten Typenreichtum der Wasserfahrzeuge, ob Ilmenau-Ewer oder Lühe-Jolle, erkennbar, die nicht allein den Güternahverkehr zwischen Lüneburg und Cuxhaven sicherstellten, sondern auch Küstenorte an der Nordsee sowie die ost- und nordfriesischen Inseln ansteuerten, also auch Seeverkehr betrieben. Und dieser Verkehr wirkte sich auf der Elbe und ihren Nebenflüssen aus, so weit ihn die Flutwelle des Gezeitenstroms hinauftrug.

Unter allen je auf der Elbe eingesetzten Lastenseglern hat der Ewer in unterschiedlich variierter Form als besonders altertümlicher Typus zu gelten. Kennzeichnend waren und sind der geringe Tiefgang und der breitflächige Plattboden. Diese Vorrichtungen erlaubten es, jeden noch so seichten Hafenpriel anzulaufen oder, wo nicht einmal ein solcher vorhanden war, bei Hochwasser – ob vor Blankenese oder Amrum – auf den Strand zu fahren, um sich dort mit eintretender Ebbe trockenfallen zu lassen. Dann konnten die Pferdewagen bis an die Bordwand des auf seinem Plattboden vollkommen aufrecht stehenden Schiffes heranfahren, um Transportgüter zu löschen und zu laden. Mit der nächsten Flut schwamm der Ewer wieder auf und setzte seine Reise fort.

Unter den Rubriken der Einnahmen und Ausgaben für die ersten fünfzig Jahre der Hamburger Kämmereirechnungen ab 1350 wird der Ewer – meist als »envar«, »envare« oder »eenvar« – gut ein dutzendmal erwähnt. Der Grund ist unschwer zu erkennen: Der Staat unterhielt zwei Dienstfahrzeuge dieses Typs, die gelegentlich auch »envar civitatis« genannt wurden. Inzwischen wissen wir auch, daß der Begriff »var« in Urkunden um 1200 gelegentlich anstelle des Ausdrucks »Last« verwendet wurde. Und hiermit wurde genau die Menge eines Transportgutes bezeichnet, die mit einem vierspännigen Wagen fortgeschafft werden konnte. Die ursprüngliche »Einheit« eines Ewers wurde offensichtlich aus guten Gründen mit der eines Pferdefuhrwerks, beispielsweise für die Berechnung von Zollgebühren, vergleichbar gehalten, weil gerade in seinem Einsatzgebiet das Umladen von Frachtgütern von der Achse auf das Fähr- oder Transportschiff zur alltäglich vorkommenden Arbeit gehörte. Eindrucksvoll illustriert dies eine Beschwerde des Herzogs Wilhelm von Braunschweig-Lüneburg, der am 21. August 1568 darüber klagte, daß Hamburger Ewer viele Waren wie Hering, Stockfisch, Schollen, Rochen, Lachs, Käse, Butter, Talg teils auf der Elbe, teils sogar durch die (Alt-)Mark nach Magdeburg brächten. Seit alters her seien diese Waren nach Lüneburg verschifft, dort zwischengelagert und dann auf der Achse weitertransportiert worden. Hamburg möge die eingerissene

Umgehung Lüneburgs unterbinden. Zwei Jahre später verlangte die Regierung in Celle sogar von den Hamburgern, den Bau vieler neuer Ewer zu stoppen, weil diese mit immer stärkerer Ausweitung ihrer Fahrtgebiete auf der Oberelbe die Kornfahrt der märkischen, mecklenburgischen, sächsischen und lüneburgischen Untertanen, die in Hamburg keine Rückfracht mehr finden könnten, zugrunde richten würden.

Hamburg besaß in der zweiten Hälfte des 14. Jahrhunderts wenigstens zwei, manchmal auch drei Staats-Ewer, die ein Rahsegel fuhren oder aber auch bei Flaute mit sechs bis zehn Riemen gerudert werden konnten. Ferner gehörten zu seiner Flotte zeitweise, wie die Kämmereirechnungen der Stadt in niederdeutsch gewürztem Latein erzählen, auch zwei sog. Schniggen. Eine von diesen darf zumindest als ein aufschlußreiches Zeugnis für den Aufstieg der Stadt in jener Zeit zum wichtigsten Handelsplatz der Niederelberegion angesehen werden.

Es handelte sich um eine besonders kostbar verzierte und ausgestattete *»snicke«*, die einstmals Karl IV. gehört hatte. Hamburg erwarb die Schnigge im Jahre 1384 für 20 Pfd. Silber und 16 Schillinge. Sie hatte dem Kaiser offensichtlich als repräsentatives Fortbewegungsmittel bei Fahrten auf der Niederelbe und ihren Nebenflüssen gedient und sollte jetzt wieder in ähnlicher Weise für Hamburg zum Einsatz kommen. Schon ein Jahr später wurde dem bekannten, bis 1367 auf Burg Karlstein für Kaiser Karl IV. und danach erst in Hamburg tätigen Maler Meister Bertram die Ehre zuteil, für diese Schnigge das Hamburger Stadtwappen zu fertigen und anzumalen. Es wurde, wie wir vermuten dürfen, an gut sichtbarer Stelle auf dem Rumpf oder den Aufbauten befestigt. Es gehört mit zu den liebenswürdigen Zufällen der Überlieferung, daß wir aus den Hamburger Kämmereirechnungen etwas über scheinbar wenig belangvolle Alltagsaufträge an einen der großen Maler des Mittelalters hören, zu dessen Existenz eben auch geringere Aufgaben aus dem Bereich der angewandten Kunst, hier der Faßmalerei, ein Scherflein beigetragen haben.

Hamburg zwischen Alster und Elbe

Konkurrenten am Strom

Die Elbepolitik Kaiser Karls IV.

Die Magdeburger Schöppenchronik verrät uns über die Elbepolitik Karls IV. (1346–1378): Der in Prag residierende Kaiser Karl IV. ließ ab 1365 viele Schiffe bauen, die er zur Unterstützung seiner Absicht benötigte, *»eine gemeine kopstraten maaken die Elve nedder von Behmen wente in de See«*, also die Elbe als Handelsweg von Böhmen bis in die See auszubauen. Gleichzeitig schlug er den venezianischen Kaufleuten vor, künftig ihren Handel nicht mehr über den Brenner und den Rhein abwärts nach Flandern gehen zu lassen, sondern – weil die Transportwege dann kürzer und die Kosten angeblich geringer seien – über Prag, die Moldau und Elbe abwärts via Hamburg, von dort über See bis hin nach Brügge abzuwickeln. Hamburg stattete der Kaiser umgehend mit Privilegien aus, um dort eine Messe und einen ständigen Jahrmarkt zu etablieren. Den Venezianern wie den an der Küste gelegenen Hansestädten bot er Kauf- und Lagerhäuser in Prag an.

Hamburg sollte in Zukunft Sammelstelle für die Zusammenstellung von Frachten für die Schiffahrt elbaufwärts sein, damit Stapelgüter aus Brügge und London, Exporte aus Nowgorod und auch der Schonenhering nach Prag gelangten, um von dort aus wieder verteilt zu werden. Umgekehrt sollten den böhmischen Gewerbeerzeugnissen, aber auch den dort gewonnenen Edelmetallen, vor allem dem Silber, günstigere Absatzmöglichkeiten erschlossen werden. Eine wesentliche Voraussetzung für die Durchsetzung solcher Pläne bildeten die Bemühungen des Kaisers zur Verbesserung der oberelbischen Fahrwasserverhältnisse, indem er zugunsten der Schiffahrt Fischereigerechtigkeiten einschränkte und hinderliche Stauwehre beseitigen ließ.

Schon die am 14. Oktober 1359 zugunsten Hamburgs ausgestellte Urkunde, die Bekämpfung von Wegelagerei und Piraterie im Elbmündungsbereich und in der Deutschen Bucht betreffend, war Teilstück seiner Handelspolitik. Sie sollte der Ausbildung einer störungsfreien Anbindung der böhmischen Wirtschaft an den hansischen Handel dienen. Da aber die Venezianer gar nicht daran dachten, dem Vorschlag des Kaisers zu folgen, konnte die Magdeburger Schöppenchronik solche Pläne mit der trockenen Bemerkung abschließend kommentieren: *»da wort doch nicht ut!«*

Dennoch hat Hamburg von dieser Politik auf jeden Fall profitiert, ob nun durch die eindeutige Begünstigung seines Stapels sowie die Schaffung eines bis Böhmen erreichbaren Hinterlandes oder die Ausstattung mit hoheitlichen Rechten auf der Elbe und in der Deutschen Bucht; zumindest aber durch die Übernahme von Fahrzeugen aus dem Bestand der kaiserlichen Elbflotte, nachdem diese weitschauenden Pläne mit dem Tode Karls IV. (1378) vom Tisch waren. Hinzugefügt sei noch, daß die *»genannte Snicke, die ehedem dem Kaiser gehört hatte«*, ganz sicherlich für eine Reise des Kaisers von Böhmen aus elbabwärts verwendet worden war, als dieser 1375 für mehrere Tage u. a. Lübeck besuchen wollte.

Schniggen waren, wie wir aus überlieferten Einzelheiten zur Konstruktion und der Ausstattung wissen, für die Bergauffahrt geeignete, schnelle Bereisungsschiffe, die hohe Masten und sehr lange, schlanke Rahsegel fuhren, um auch noch bei Ansteigen oder Bewaldung der Ufer einen Windhauch in Höhe der Baumspitzen einzufangen und für den Vortrieb zu nutzen. Im Regelfall waren zwanzig Ruderer an Bord, um die Riemen zu bedienen und die Schnigge mit hoher Geschwindigkeit gegen den Strom bergauf zu rudern.

Den ehrgeizigen Plänen Karls IV. war also, wie wir gesehen haben, in jeder Weise der Aufstieg Hamburgs zur ersten Ordnungsmacht an der Elbe und in der Nordsee zuzuschreiben. Ebenso eindeutig hatte ihm die ganze Niederelberegion weiterführende Anstöße zu verdanken, beispielsweise zum Ausbau der schon 1335 nachweislich für Transporte von Lüneburger Salzladungen genutzten Stecknitz zum Kanal mit Anschluß zur Elbe hin. Lübeck hatte den Herzog von Sachsen, Engern und Westphalen per Vertrag im Jahre

1390 verpflichtet, für 3.000 Mark lübisch die notwendigen Erdarbeiten und Schleusenkonstruktionen auszuführen. Nach Fertigstellung (1398) sollten 17 Jahre lang die Kanalgebühren zur Rückzahlung an Lübeck genutzt werden. In der Zwischenzeit sicherten sie ihren »Salzherren« das Privileg, die sogenannten Stecknitzkähne in Fahrt zu bringen. Es verdient festgehalten zu werden, daß die tüchtigen Wasserbauer jener Tage mit den sehr einfachen Mitteln, die ihnen damals zur Verfügung standen, Erhebliches zur Verbesserung der Fahrwasserverhältnisse auf der Elbe und ihren Nebenflüssen geleistet haben.

Lübeck und Hamburg investierten, nachdem sie Bergedorf, Geesthacht und die Vierlande, ferner die Riepenburg und zwei Kilometer westlich davon Elbfähre und Zoll (Zollenspieker) u. a. zur Absicherung des ihnen gemeinsamen Landweges 1420 gewaltsam in »beiderstädtischen Besitz« genommen hatten, erhebliche Summen in den Deichbau der Elbmarschen. Die Gose- und Dove-Elbe wurden eingedämmt und von der Dove-Elbe aus mit Aushebung des Schleusengrabens (1440–1443) eine künstliche Wasserstraße nach Bergedorf geschaffen. Nach Norden baute man von Hamburg aus unter ruinösen Aufwendungen den Alster-Trave-Kanal. Allerdings blieb der Schiffsverkehr auf diesem Wege nach Lübeck in technischen Schwierigkeiten stecken, weil die Überwindung der an der Strecke liegenden Moore nicht befriedigend gelang und das Kanalwasser versickerte. Dagegen zahlte sich der Kanal wenigstens bis Stegen für Hamburg aus, weil er über Jahrhunderte hin schnelle und preiswerte Kalktransporte aus Segeberg bis zum Kalkhof an der Binnenalster – heute östlich der Staatsoper zu denken – ermöglichen sollte, schon weil die Strecke über Land verkürzt wurde, d. h. über Otternkolk, Süllfeld und Stegen. Verträge über Kalklieferungen wurden bereits 1465 mit dem dänischen König besiegelt.

»Unser Strom« aus Hamburger Sicht

Zu diesem Zeitpunkt währte die Zusammenarbeit Lübecks und Hamburgs auf dem Gebiet der Territorial- und Vertragspolitik zum Schutze der Handelswege zu Lande und zu Wasser bereits über zweihundert Jahre. Schon 1255 hatten sie bis dahin bestehende unterschiedliche Rechtsauffassungen in einem Seerechtsabkommen miteinander abgeglichen. Mit Dithmarschen konnten sie 1306 vertragliche Abmachungen über eine Aussetzung des Strandrechtes erwirken. Ein entsprechender Kontrakt folgte 1309 mit Stade. Von größtem wirtschaftlichem Nutzen erwies sich ferner die Sicherung des Schiffsverkehrs auf der Elbe durch Auslegen von Tonnen und Baken zur Kennzeichnung des Fahrwassers.

Um die, von See her gesehen, an Steuerbordseite ausgelegte Tonnenkette leichter aufzufinden, bediente man sich des zwischen 1300 und 1310 auf Neuwerk errichteten Turmes, eines Seezeichens, das anfangs den Verkehr zur Elbe sicher an dem unerhört gefährlichen Scharhörnriff vorbeilenken sollte. Nordwestlich von diesem wurde 1462 auf der gleichen Insel die »Cape« aufgestellt. Die Seeleute nannten sie »Verdunklungsbake«, weil sie, sobald man ihrer und des Turmes ansichtig wurde, den Kurs des Schiffes präzise so einrichten mußten, daß die Bake genau vor dem Turm zu stehen kam und das kleinere Seezeichen vor dem größeren praktisch unsichtbar wurde. Wer diesen Kurs exakt »in Linie«, also in Richtung Turm, verfolgte, stieß alsbald unweigerlich auf die Ansteuerungstonne für den sicheren Tonnenweg bis Hamburg. Zur Unterscheidung ihrer Positionen hatte man sich recht plastische Namen – »Schartonne«, »Olde Scharhörn«, »Dietmar-Koel-Tonne« etc. – ausgedacht.

Inzwischen nutzte Hamburg kräftig das Privileg Karls IV. gegen Strand- und Seeräuber und pfählte die Köpfe der enthaupteten Vitalienbrüder samt ihrer Anführer Störtebeker und Godeke Michel auf einem blutigen Gerüst an der Westspitze des Grasbrooks, und zwar genau neben der Haupteinfahrt zum Hamburger Hafen. Mit den kleinen Fischen wurde eben kurzer Prozeß gemacht. Als hingegen der Bremer Erzbischof Albert II. mit seinem Domkapitel am Elbufer zwischen Wursten und Kehdingen solche Schiffe, die dort – ob ankernd oder trockengefallen – auf das Eintreten der Flut warteten, mit allen an Bord befindlichen Handelsgütern sich als »Strandgut« aneignete, da mußten die Hamburger schnell noch ein päpstliches Dekret erwirken und ihren Erzbischof unter Zuhilfenahme kostbarer Geschenke an den Heiligen Stuhl im Rahmen eines kirchlichen Verfahrens vor der Kurie in Avignon niederringen. Herren von diesem Format wurden weder geköpft noch gepfählt, sondern kamen mit einer Buße davon.

Bald wurde die Elbe in den Augen der Hamburger Staatsleitung – zumal aufgrund ihres nicht ganz uneigennützigen Einsatzes – hochmütig als »unser Strom« betrachtet, auf dem die Stadt ab 1400 nur noch das eigene Stapelrecht im Sinne eines Zwangsstapels gelten ließ und mit Hilfe von Ausliegern und ihren Tonnenbojen die Vorbeifahrt hinderte. Erst einmal im Hamburger Hafen an die Kette gelegt, mußten die unter Druck

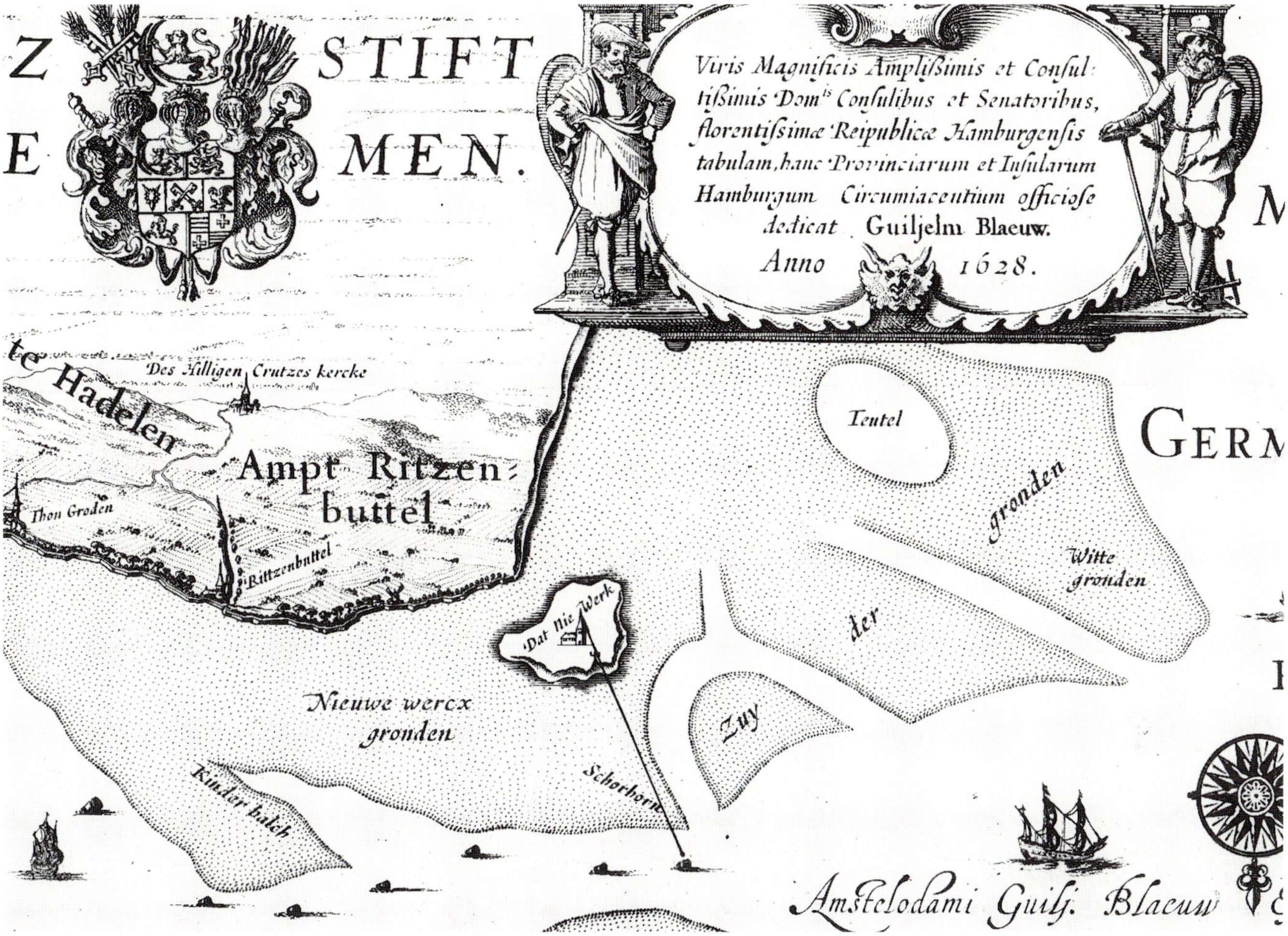

Fahren »in Linie« bei Neuwerk
Auf seiner großen Elbkarte hat Wilhelm Blaeuw die Ansteuerung des Tonnenweges nach Hamburg genau gekennzeichnet, indem er den Turm von Neuwerk und die sog. »Cape« oder »Verdunklungsbake« auf eine Linie brachte und diese bis zur Ansteuerungstonne, der »Schartonne«, verlängerte.
Blaeuw hat seine Karte, die von Chr. Möller 1628 in Kupfer gestochen wurde, u. a. dem Senat der Stadt Hamburg gewidmet.

gesetzten Schiffer alle mitgeführten Waren zu den hier festgesetzten Billigpreisen verkaufen und Einfuhrzoll zahlen. Was sie nicht loswurden, konnten sie wieder einpacken und dort anbieten, wo sie ursprünglich die ganze Ladung zum höchsten Preis hatten veräußern wollen.

Schon bei der Moorburg stoppten die Hamburger Stapelpolizisten die Lüneburger Getreideschiffe und nötigten sie, Hamburg anzulaufen. Die Harburger fingen sie auf der Süderelbe ab, überwältigten sogar auf den Nebenflüssen der Niederelbe jedes der Nordsee zustrebende Getreideschiff und schleppten es nach Hamburg. Die Schiffe der zu »Missetätern« erklärten Eigner wurden versenkt, indem man ihnen einen angespitzten Pfahl durch die Kielplanke trieb. Es versteht sich von allein, daß die kleinen Hafenorte in den Marschen beiderseits der Stör, so Krempe und Wilster, die schon vorher durch den Itzehoer Stapel (ab 1260) behindert worden waren, gar nicht erst die Chance erhielten, durch Export ihres Getreides Gewinne zu erwirtschaften.

Hamburgs Alsterhäfen

Bis zur Einführung der Dampfbaggerei vor gut 150 Jahren ließen sich die Fahrwasserverhältnisse auf der Elbe und im Hafen allein durch geschickte Lenkung der Räumkraft des Stroms günstig beeinflussen. Diese elementare Veränderung jeder Wasserbautechnik teilt die Geschichte unserer Hafen- und Flußschiffahrt in zwei Zeitalter.

Als älteste Hafenbau-Anlage hat eine 120 Meter lange, 6 Meter breite, aus Klobenhölzern zusammengefügte Schiffslände zu gelten, die sich bereits im 9. und 10. Jahrhundert am Nordufer des Reichenstraßenfleets hinzog. Sie gehörte zu einem »vicus«, einer Siedlung hauptsächlich für Schiffskaufleute und Fischer. Sie hatten diesen Priel gewählt, weil er unmittelbar an die für Haus- und Speicherbau geeignete, hochwasserfreie Geestzunge heranführte. Erzbischof Ansgar, der Missionar des Nordens, gründete seine Klosterburg direkt daneben. Von hier aus begleitete er die Schiffskaufleute auf ihren Booten bis nach Skandinavien.

Beinahe als künstlichen Hafen können wir eine zweite Anlage deuten, die um 1061 im Zusammenhang mit der Neuen Burg unter Herzog Ordulf in der Alsterschleife gegenüber der Einfahrt ins Reichenstraßenfleet buchstäblich auf einer Sandbank entstand. Die eigentliche Befestigung ist bei Ausgrabungen im Winter 1953/54 auf jener in die Alster hineinragenden Landzunge gefunden worden, die im Osten mit der halbkreisförmig am Ufer des Nicolaifleets belegenen Straße »Neue Burg« abschließt und schon deswegen immer für eine Lokalisierung der Festung Ordulfs an gleicher Stelle im Verdacht war.

Die archäologischen Untersuchungen an dieser Stelle haben sogar Aufschlüsse über die einzelnen Schritte zur Errichtung des amphibischen Stützpunktes erbracht. Zunächst mußte das Gelände auf der Landzunge vor Überflutungen durch einen inneren Ring von Lehm- und Sandschüttungen gesichert werden. Erst dann begann man, darum herum mit einer aufwendigen Holzkonstruktion ein stabiles Wallskelett zu erstellen, das auf der Innenböschung eine besonders starke Holzversteifung erfuhr. Was hier entstand, war keineswegs nur eine gewöhnliche Festungsanlage. Sie mußte zugleich als Deich jeder Sturmflut trotzen können. Vor dem steil nach außen abfallenden Wall wurde aus dicken Baumstämmen eine stabile Kaimauer errichtet, die allerdings durch eine sehr schwere Sturmflut am 17. Februar 1164 vollkommen zerstört wurde. Zurück blieb die Ruine eines Hafens mit ehedem »seeschifftiefer« Kaianlage, ein vollkommen künstliches, allein durch Wasserbautechnik einer Schlicklandschaft abgewonnenes Gebilde, das in seinem Zerstörungszustand zunächst niemandem mehr nütze war. Dennoch sollte an gleicher Stelle zu einem späteren Zeitpunkt ein zweiter Versuch mit durchschlagendem Erfolg unternommen werden.

Auslöser war diesmal das Handelsschiff der Zukunft, die tiefergehende Kogge, für die man spätestens ab Ende des 12. Jahrhunderts neue Kaianlagen benötigte. Grund genug für die Verlegung und Verschiebung ganzer Städte zu geeigneten Hafenplätzen hin, um den Anschluß an ein bald ganz Nordeuropa umfassendes, punktuell sogar darüber hinausgreifendes Handelsnetz nicht zu verpassen, das einzelne zusammenreisende Gruppen von Schiffskaufleuten, die damals so genannten »hansen«, auf der Grundlage von Verträgen und Privilegien mit allen bereits auf diesem Gebiet existierenden Märkten geknüpft hatten.

Als eine der letzten Städte erlebte Hamburg dank der Initiative einer solchen Kaufleutegruppe unter Anführung ihres »Gründungsunternehmers«, Wirad von Boizenburg, eine reguläre Neugründung mit Schaffung eines Handelszentrums und modernster Hafenanlagen in der Alsterschleife, gestützt auf ein Privileg Kaiser Friedrichs II. Barbarossa vom 7. Mai 1189. Wirad ließ das oval geformte, in der Alsterbiege durch einen Deich gegen Hochwasser geschützte, Terrain der zerstörten und ihm überlassenen Burg mit Massen von Sand und Lehm aufschütten und in Deichhöhe zu einem Plateau gleichmäßig einplanieren. Das bedeichte Areal von 3,2 ha Größe wurde in rund 80 Baulose sektorenmäßig aufgeteilt. Die im Dreiviertelkreis errichteten ersten Häuser gruppierten sich um eine in ihrer Mitte entstehende Nicolaikirche.

Das Symbol dieser neuen Grafenstadt, die jetzt mit dem ältesten Teil Hamburgs, der weiter östlich am Reichenstraßenfleet seit 834 existierenden Stadt des Erzbischofs, in Konkurrenz trat, war die Torburg. Sie erschien bereits gegen Ende des 12. Jahrhunderts auf den hier geprägten Münzen und wurde offensichtlich zugleich mit den für die Neustadt geltenden Rechten sehr bald auch auf das alte Hamburg übertragen.

Den Siedlern in der Alstermarsch südlich der Neuen Burg und auf den zur Altstadt gehörenden Inseln Cremon und Grimm war die Einpolderung dieser weiterhin hochwassergefährdeten Gebiete zu danken. Als Baumaterial für die Deiche diente der Aushub aus den neu angelegten Fleeten, die zur Entwässerung der Marscheninseln notwendig waren und das in der Natur vorhandene Deltasystem des Alster-Mündungsgebietes noch um einige künstliche Kanäle, die »Wettern«, ergänzten.

Deiche begleiteten die Alster bis hinauf zur Neuen Burg. An ihren Außenseiten waren sie mit Bohlwerken leicht zu Ufermauern oder sogenannten Vorsetzen auszubauen. Ferner lag es nahe, das aus zwei Teilen zusammengefügte Hamburg, die auf beiden Seiten des Nicolaifleets sich entwickelnde Hafenstadt, durch eine über die Deichkrone laufende Stadtmauer zu schützen.

Das keilförmige Gesamtgebilde erhielt tatsächlich eine Ziegelmauer (1240). Damit wurde der obere Teil des Alstertiefs als Hafen in die Stadt geholt. Von rechts und links führten die einmal die Neustadt und zum anderen die Cremon-Insel einbeziehenden Mauerteile auf jene Stelle zu, an der die Alster in den später so bezeichneten Binnenhafen mündete, und endeten hüben wie drüben mit einem Turm. So entstand an der Hafeneinfahrt eine axialsymmetrische, außerordentlich repräsentative Toranlage, mithin das wichtigste Stadttor.

Um den Geschäftsverkehr zwischen Cremon-Insel und Neustadt zu verbessern und im Verteidigungsfalle die taktische Beweglichkeit der Mannschaften hinter der Stadtmauer sicherzustellen, überspannte bald nach deren Fertigstellung eine Holzkonstruktion, nämlich die 1260 erstmals als »altus pons« erwähnte und später so genannte »hoge brügge«, den Alsterfluß an diesem Seetor. Und hinter diesem Tor lag der Hamburger Hafen in Zukunft in ähnlicher Weise geschützt wie der nach den Untersuchungen von Detlev Ellmers ungefähr gleichzeitig in die Stadt geholte Stader Hafen. In der Tat vermag man sich am ehesten eine Vorstellung vom Alsterhafen zu bilden, wenn man an den bogenförmig in die Stader Altstadt hinein- und halb um den Burgberg herumgeführten Schwingehafen denkt. Der Alsterhafen war allerdings weiträumiger und bot einer Vielfalt kleinerer Kauffahrteischiffe Platz und Schutz, so z. B. den Oberelbekähnen der märkischen Kaufleute, deren Transitfrachten hier auf seegehende Schiffe umgeladen werden mußten. Daraus folgt übrigens, daß seit Inbetriebnahme des Alsterhafens auch Speicher zur vorübergehenden Unterbringung des Getreides und anderer Handelswaren vorhanden gewesen sein mußten und darüber hinaus die notwendigen Ladevorrichtungen nicht fehlen durften.

Schon am Ende des 13. Jahrhunderts entstand eben hier am Nicolaifleet das neue Stadtzentrum Hamburgs mit dem Rathaus, dem Gericht, der Münze, der Waage und dem gräflichen Zoll. Hamburg zählte damals an die 5.000 Einwohner. Und es entwickelte sich in jenen Tagen zu einer Seestadt, die als solche bald Stade überflügelte und weiterreichende Handelsverbindungen aufnahm. In Amsterdam, Stavoren, Utrecht und Dordrecht ließ es seine Kaufleute, in den bereits erwähnten, genossenschaftlich verfaßten »hansen« organisiert, ihren Handel treiben. Wichtigster Exportartikel wurde das Bier, von dem Hamburg bald weit mehr als Bremen zu produzieren und zu liefern imstande war. Mit allmählicher Steigerung des Bierexports fanden zahlreiche Böttcher in Hamburg Arbeit, die sich in der Nähe der Brauereien an den Fleeten niederließen.

Das älteste Hamburger Schiffsrecht aus der zweiten Hälfte des 13. Jahrhunderts, aufgeschrieben zwischen 1299 und 1302, spiegelt nicht nur die Vielfalt der Importe und Exporte sowie der Schiffsrouten wider, sondern es spricht auch über Hafenverhältnisse, Seenotfälle und die soziale Stellung der Seeleute.
Zwischen 300 und 700 hölzerne Tonnen konnte ein jedes Bierschiff laden. Immer taten sich mehrere Seefahrer zusammen, um gemeinsam ein Schiff zu befrachten. So verließen denn in großen Pulks im Frühjahr, unmittelbar nach Eröffnung der Schiffahrt auf der Elbe, und dann wieder im Herbst, bevor die Baken und Tonnen eingezogen wurden, die Bierschiffe den Hamburger Hafen, um im Pulk über das Watt nach Westen zu segeln. Nach dem Hamburger Pfundzollbuch von 1369 liefen in jenem Jahr 589 Schiffe in Richtung See aus, von denen die meisten, jedenfalls die ersten und die letzten, mit Bier beladen waren. So wurden im Jahr 1369 immerhin 62.512 Tonnen mit 2.263 Hektolitern Gesamtinhalt im Wert von 6.216 1/2 Pfd. Silbers exportiert, und zwar das meiste nach Amsterdam und Stavoren.

Warenverkehr und Hafenordnung

Bereits im Laufe des 15. Jahrhunderts wurden die Enge und die Platznot im Stadtzentrum als hinderlich empfunden, wie es in einer Bursprake von 1460 mit dem Verbot, *»twischen deme richtehuse unde deme krane«* Kaufmannswaren wie Kupfergefäße, Wachs, Flachs oder Salz zu lagern, aufzustapeln oder länger liegen zu lassen, ausgedrückt wurde. Zwanzig Jahre später wurde die Lagerfrist für das zwischen Richthaus und Kran lagerfähige Kaufmannsgut drastisch auf drei Tage und zwei Nächte beschränkt.

Salzhändler, die immer wieder versuchten, ihre Ware eben dort anzulanden und feilzubieten, waren bereits 1453 angewiesen worden, diese direkt aus dem Schiff – d. h. aus einem kleineren Küstenfahrzeug mit Klappmast, z. B. einem Lüneburger Ilmenau-Ewer – zu verkaufen.

Die größeren Seeschiffe, die Koggen und die gegen Ende des 15. Jahrhunderts aufkommenden Kraweelen, zumindest alle tiefer gehenden Fahrzeuge, lagen außerhalb der Stadt auf Reede vor Anker. Die kleineren machten nach Werfen des Heckankers mit dem Bug außerhalb der Stadtmauer im Winkel von 90° an den Kajen und östlich der Hohen Brücke fest. Um aber ein Überfahren der Anker oder ein Vertörnen der Ankerleinen beim Schwoien der Fahrzeuge zu vermeiden, mußte der Anker mit einer Boje gekennzeichnet werden. Wer dies versäumte, hatte neben einer Strafe noch die Kosten im Falle der Beschädigung anderer Fahrzeuge zu tragen.

Sturmfluten, Versandungen, aber auch Verschmutzungen des Alsterhafens und der Fleete bedrohten die hamburgische Schiffahrt. Deswegen wurde nach 1529 die »Düpe« eingesetzt, eine Kontrollkommission zur Erhaltung der Wassertiefe. Hinzu kamen Strafandrohungen für Gewässerverunreinigung. Mit erstaunlichem Erfindungsreichtum wußten sich die »Wasserbauer«, da es wirkungsvolle Bagger noch nicht gab, die Räumkraft der Elbe dienstbar zu machen, indem sie durch Staks die Stromgeschwindigkeit erhöhten oder die Stromrichtung umlenkten. Für die Norderelbe schuf man 1549 sogar ein neues Flußbett, den »Neuen Graben«, um so den Strom noch dichter an die Stadt heranzuführen und vor allem dessen Räumkraft für die Erhaltung der Wassertiefen im Niederhafen und den Fleeten einzusetzen.

Über Jahrhunderte hin funktionierte das stets weiter ausgebaute und verbesserte Wasserstraßensystem so hervorragend, daß die Versorgung der Stadt bis in den

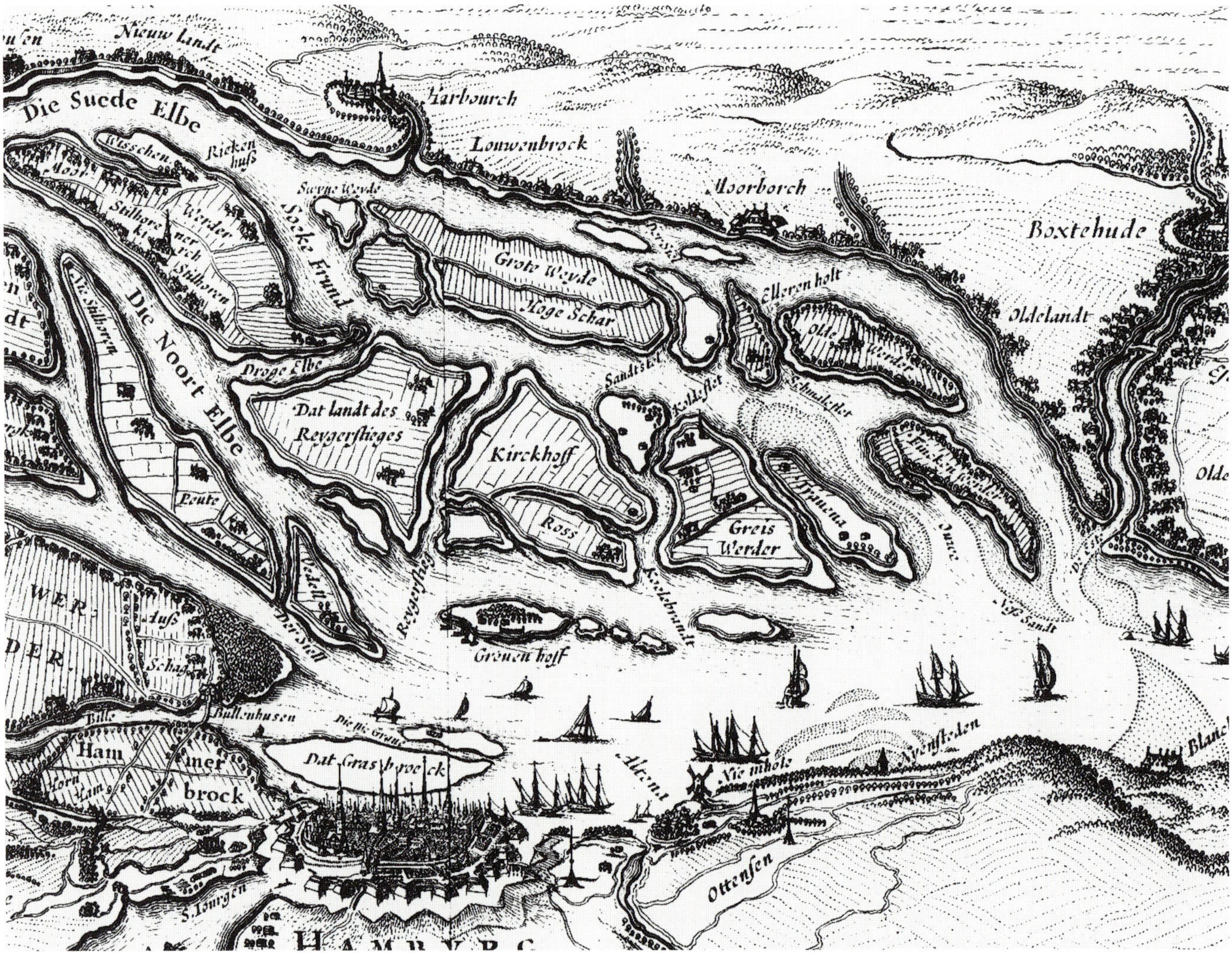

Der »Neue Graben« und das Stromteilungsgebiet 1628
Wilhelm Blaeuw hat die Fahrwasserverhältnisse im Stromteilungsgebiet im frühen 17. Jh. dargestellt. Dabei hat er auch die damals bekannteste Wasserbaumaßnahme, nämlich die Schaffung des »Neuen Grabens«, nicht ausgelassen. Außerdem hat er die gefährlichsten Sände – sowohl den Altonaer Sand zwischen »Koehlbrandt« und »Nie mhole« als auch den Sand zwischen Estemündung und Blankenese – sehr gut charakterisiert.

letzten Winkel hinein per Schiff abgewickelt werden konnte. Noch bis zur Mitte des 19. Jahrhunderts war das Marktleben durch die Anlieferung von der Wasserseite her geprägt. Zur ordnungsgemäßen Abwicklung des Geschäftslebens waren »allgemeine Usancen im Warenhandel« festgesetzt.

Den Warenverkehr zwischen den Seeschiffen und der Stadt wickelten mit ihren Leichtern und »Bollen« (engl. bowl) die Ewerführereien in Reihefahrt, sozusagen im Taxibetrieb, ab. Weil vor 1866 noch keine Hafenbassins vorhanden waren und die Seeschiffe entweder auf Reede ankerten oder an den Duckdalbenreihen im Strom festmachten, war schon einige Geschicklichkeit vonnöten. Das Löschen und Laden geschah von Hand mit dem Geschirr der Schiffe, indem man die Rah oder den Großbaum als Kran benutzte. Besonders harte Arbeit bedeutete hier das Löschen von Kohle in Tragkörben, die in die Schuten ausgeschüttet wurden. Die so beladenen Schuten legte man nebeneinander in den Hafen und betrachtete sie als schwimmendes Kohlenlager. Die Elbschiffer und Ewerführer manövrierten ihre Fahrzeuge, bald wriggend, bald stakend oder unter Zuhilfenahme ihrer Leinen, mit großer Virtuosität in die Stadt hinein, wobei ihre Manöver durch stürmisches Wetter, hohen Seegang und ungünstige Stromverhältnisse auf der Elbe ganz erheblich erschwert werden konnten. Obwohl alle diese Arbeiten noch in den achtziger Jahren des vorigen Jahrhunderts ohne Maschinenhilfe bewältigt wurden, passierten doch Jahr für Jahr an die 70.000 Schiffseinheiten die Alsterschleuse.

Für den Fortschritt – Ingenieure aus England

Das Zeitalter der Dampfboote und Dampfbagger

Für die Sicherheit der hamburgischen Schiffahrt außerhalb des Hafens, auf der Elbe und den Weltmeeren hatte vormals eine besondere Behörde Sorge getragen, das 1623 gegründete Collegium der Admiralität. Es war nicht allein zuständig für die Wahrnehmung und Durchsetzung des Schiffsrechts gewesen, sondern mußte auch ein Arsenal an modernen Schiffsgeschützen unterhalten, die von Hamburger Kauffahrern für Reisen in unsichere Gewässer ausgeliehen werden durften. Ferner hatte es sich durch Errichtung der sog. Sklavenkasse um die Finanzierung des Rückkaufs von Seeleuten gekümmert, die durch Kaperei in die Gefangenschaft der Barbaresken geraten waren. Eine uralte, eher wildwüchsige Einrichtung, das Lotswesen auf der Elbe, hatte die Admiralität 1656/57 durch eine erste »Pilotage-Ordnung«, die im wesentlichen bis zur Auflösung der Admiralität unter französischer Herrschaft im Jahre 1810 Bestand haben sollte, gänzlich neu geregelt. Am wirkungsvollsten aber hatte sich die Hamburger Admiralität mit ihren schwimmenden Palästen, den ab 1668 unterhaltenen Convoyschiffen, in Szene gesetzt. Diese sollten wegen zunehmender Piratengefahr die Hamburger Kauffahrergeschwader über die Meere begleiten.

Als nach Beendigung der Franzosenzeit und Aufhebung der Kontinentalsperre sich die völlig zum Erliegen gekommene Schiffahrt wieder erholte und nach Verselbständigung der bis dahin spanischen Provinzen in Süd- und Mittelamerika sowie der Loslösung Brasiliens von Portugal (1822) ganz neue Fahrtgebiete von Hamburg aus angesteuert werden konnten, zeigte sich, daß die schwere Vernachlässigung aller Wasserbauarbeiten eine zunehmende Verschlickung zur Folge gehabt und zur erheblichen Minderung der Hafenkapazitäten geführt hatte.

Die Wasserbauer behalfen sich weiterhin mit dem Aufrühren des Fahrwassergrundes bei ablaufendem Wasser, und zwar unter Zuhilfenahme einer Strom-Egge. Ein über die Elbe hin- und herpendelnder Ewer schleppte sie hinter sich her. Man verschloß die Augen vor der Tatsache, daß sich der Schlick nur ein paar hundert Meter stromabwärts wieder absetzte und zu einem neuen Verkehrshindernis auftürmte. Dieser Zustand dauerte noch bis zu den Beschlüssen von 1832 und 1837, endlich dampfgetriebene Eimerbagger zu beschaffen.

Ein neu anbrechendes Zeitalter hatte sich bereits am 17. Juni 1816 mit Erscheinen des ersten Dampfschiffes auf der Elbe angekündigt. The Lady of the Lake, so hieß dieses technische Wunderwerk, das qualmend und pfeifend gewaltiges Staunen auslöste und in den Augen der Hamburger die rückhaltlose Bewunderung für den technischen Fortschritt der Engländer gera-

Hamburg-Plan 1803

Kennzeichnend für den Hafen um die Wende vom 18. zum 19. Jh. ist die hermetische Absperrung des Binnenhafens durch die Akzise-Mauer zur Verhinderung des Abgabenbetrugs. Nur beim Baumhaus war ein Durchlaß geblieben. Dort mußte Akzise, eine Art von Verbrauchsgütersteuer, auf bestimmte Handelswaren entrichtet werden. Es fällt auf, daß das Südufer bis zu diesem Zeitpunkt allem Anschein nach noch unbebaut geblieben ist. Bezeichnenderweise ist die sehr brauchbare Karte in England hergestellt worden. S. L. Mirbeck hat sie gezeichnet und B. Baker im Jahre 1803 gestochen.

dezu weltanschaulich verewigte. Als die LADY nach einem erfolgreichen Jahr auf der Elbe am 24. Juli 1817 über die Nordsee zurückdampfte, hatte die Hamburger Firma Kleudgen bereits ein eigenes Dampfboot, die NEPTUN, in Auftrag gegeben. Der Eigner versprach sich ein gutes Geschäft aus dem Angebot schneller Fahrten zwischen Hamburg und Cuxhaven. Weil dieses Schiff aber – an der hiesigen Küste humorvoll in »de Smäuker« umgetauft – mit seinem Heck-Schaufelrad zu wenig Vortrieb entwickelte, um sich gegen den auf der Niederelbe bis zu 3 Knoten starken Tidenstrom zu behaupten, wurde es ab 1818 für den bis dahin nur schwach behaupteten Fährverkehr zwischen Hamburg und Harburg eingesetzt.

Erst reichlich zwei Jahrzehnte später tauchte 1839 am Horizont ein erster Harburger Dampfer auf, der als KRONPRINZ VON HANNOVER für den Fährdienst genutzt wurde. Und bald schon folgte das Dampfboot PRIMUS (1840). Die Eröffnung der Kiel–Altonaer Eisenbahnlinie CHRISTIAN VIII. zog 1844 eine geradezu rasante Intensivierung des dampfenden Fährverkehrs auf Harburg nach sich. Als 1847 die Aufnahme des Eisenbahnverkehrs zwischen Hannover und Harburg noch hinzukam, sah man schon bald einen Dampfer nach dem anderen den Köhlbrand herunterkommen und die Elbe kreuzen. Man konnte sich ihre Namen – PRIMUS, PHOENIX, COURIER, DELPHIN – um so leichter merken, als nach Ersetzen der ältesten Fahrzeuge um 1860 die neu hinzukommenden Boote immer wieder nach den Ausgeschiedenen benannt wurden.

Im Sinne einer allgemeinen Erleichterung des Hafenverkehrs wurden jetzt die immer zahlreicher aus aller Welt hier aufkreuzenden Dampfschiffe, die bis dahin irgendwo außerhalb längs des Rummelhafens festmachen mußten, schon der Feuergefahr wegen im westlichen Bereich des Jonas-Hafens zusammengefaßt. Dort bekamen sie einen besonderen Liegeplatz mit Anleger-Benutzung zur Versorgung und Lagervorhaltung für Steinkohle westlich des Hornwerks. Von dort aus wurde ein Weg mit Kaimauer hin zum Johannis-Bollwerk geführt und der Hafen davor auf eine Wassertiefe von 13 Fuß (= 3,72 m) ausgebaggert. Die kleineren Seeschiffe wollte man in einem eigenen Hafen im Stadtgraben mit einer neu zu schaffenden Einfahrt von Süden her unterbringen.

Utopische Hafenprojekte?

Sehr zu Unrecht werden gelegentlich aus heutiger Sicht, jedenfalls von sicherer Warte aus, die vielen ideenreichen Projekte belächelt, die unter der Ägide der Wasserbaudirektoren Hübbe und Woltmann (1803–1871) in der Absicht einer grundlegenden Erneuerung des ganzen Hamburger Hafensystems in Vorschlag gebracht worden sind. In einer so wichtigen Angelegenheit waren natürlich Gutachten auswärtiger Gelehrter, möglichst aus England, vonnöten, deren erstes Charles Vignoles 1836 mit einer Empfehlung zum Dockhafenbau lieferte. Wer an die großen Sturmfluten von 1962 und 1976 zurückdenkt, wird Verständnis ebenso für Vignoles Plan wie auch für den des Holländers D. Mentz aufbringen, der – ja nur wenige Jahre nach der bis dahin schrecklichsten Sturmflut von 1825 – die Stadt von der Wasserseite her einschließlich des Niederhafens eindeichen und die Einfahrt in diesen von Westen her, dicht unterhalb des Johannis-Bollwerks, durch Kammerschleusen ermöglichen wollte. Auf dieses Weise wäre gleichzeitig der Wasserstand im Niederhafen und allen mit ihm verbundenen Fleeten stets auf gleicher Höhe geblieben und die Zulieferung an den Speichern innerhalb dieses Systems tidenunabhängig geworden.

Dagegen sprachen allerdings folgende Tatsachen: zunächst die nicht ausreichende Wasserfläche des von Mentz einbezogenen Niederhafens; dann die Behinderung des überaus lebhaften Verkehrs durch Schleusenzeiten und die Schwierigkeit künftiger Hafenerweiterungen an den Hauptschleusen – und dies bei täglich noch zunehmendem Schiffsaufkommen. Mit Recht durfte man sich fragen, ob der bei Hamburg nicht gar so gewaltige Tidenhub von ca. 1,5 m einen derartigen Aufwand rechtfertige.

Mehr Sinn für Realität bewiesen der für Hamburg auf vielen Feldern erfolgreich tätige William Lindley und der englische Hafenbaumeister J. Walker. In einem großen Wurf schlugen sie vor, den Großen Grasbrook, aber nur diesen, systematisch für eine wohlüberlegte Folge von sechs Dockhäfen aufzuteilen. In den Zeichnungen wurden ferner Positionen für Speicher und Lagerplätze der ersten Ausbauphase angedeutet. Daß die durchaus divergierenden Vorschläge in Einklang gebracht und in einem gemeinsamen Plan, abgezeichnet von Walker, Lindley und Hübbe, am 10. Oktober 1845 der Commerzdeputation zugeleitet und erläutert werden konnten, war den unendlichen Bemühungen des Wasserbaudirektors Hübbe zu verdanken. Dabei

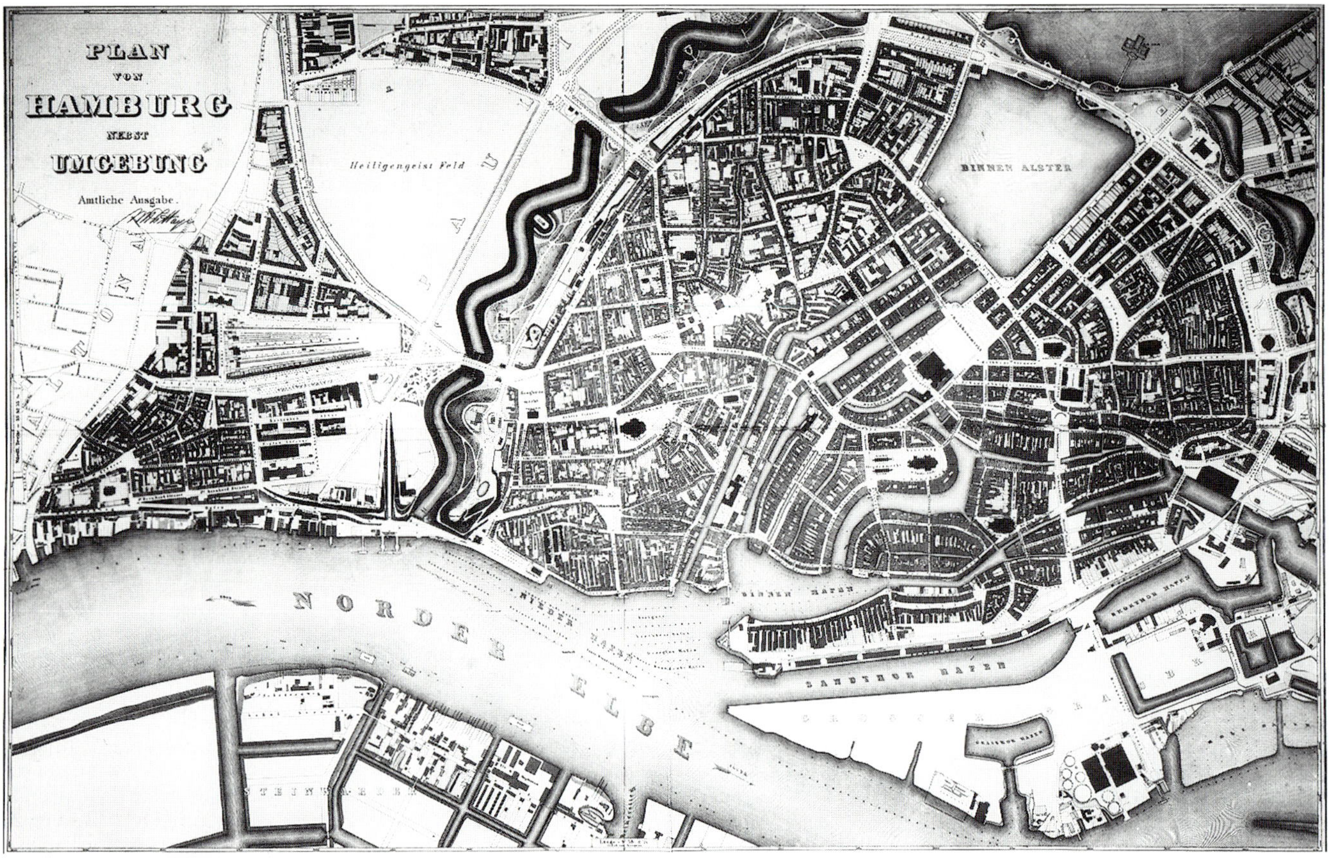

Plan von Hamburg 1855–1868
Wenn man sich nur einen Augenblick lang mit dem Hamburg-Plan (1855–1859) des Geometers H. Stück befaßt, versteht man die alten Ortsbezeichnungen für die Hafenanlagen des 19. Jhs. viel besser. Wir sehen, wie die parallel zum Ufer eingerammten Dalben zusammen den »Nieder-Hafen« bilden. Die Westgruppe, beginnend bei den St.-Pauli-Landungsbrücken, gliedert sich in einen »Inneren« und einen »Äußeren« Jonas Hafen. Nach dem »Westgatt« folgen der »Innere« und der »Äußere« Hull Hafen. Hinter dieser Hafengruppe gewährt das Mittelloch die Hauptzufahrt auf den »Binnenhafen« für Flußschiffe und Küstenfahrzeuge, die in die Fleete hinein weiterfahren wollen. Schließlich sind die Dalbengruppen ganz im Osten als »Innerer« und »Äußerer« Brandenburger Hafen bezeichnet worden. Nach den Vermessungen von H. Stück hat der Zeichner H. Roguski den Plan gefertigt. Er wurde noch bis 1868 fortlaufend ergänzt. So kam denn auch noch der Sandtorhafen hinzu. Auf Steinwerder gegenüber ist das Inselgelände durch rechtwinkelig angeordnete Kanäle für die Nutzung als Industriestandort vorbereitet worden. Hier haben die Werften, die den Großen Grasbrook hatten räumen müssen, neue Betriebsgelände erhalten.

hatte dieser kaum eine Chance, sich gegen den einflußreichen Partner, William Lindley, und dessen Dock-Ideen durchzusetzen, weil man dem englischen Ingenieur seit Errichtung der Hamburg-Bergedorfer Eisenbahn und seiner Verdienste um das Hamburger Sielwesen vollkommen vertraute.

Im Niederhafen standen seit dessen Erneuerung in langen Reihen Duckdalben zur Verfügung, jeweils in Bündeln von 5 bis 9 Pfählen und in Abständen von 14 bis 19 Metern in den Elbgrund gerammt. Die Dalbenreihen bildeten 45 bis 50 Meter breite Gassen, in denen sich die Schiffe oftmals päckchenweise nebeneinander drängten; die Leichter hingen dazwischen. Als schwimmende Speicher von handlicher Größe waren sie beim Löschen und Laden behilflich. Dazu kamen die vielen Flußschiffe von der Oberelbe und aus der ganzen Niederelbe-Region, die wie die Leichter Waren von den Seeschiffen übernahmen oder Transportgüter dort abgaben.

Daß aber inzwischen die Dockhafenpläne der auswärtigen Gutachter, die bis dahin in Hamburg dominierten, überhaupt nicht in Angriff genommen wurden, sprach für sich. Zu viele offene Fragen waren mit diesen Projekten verbunden gewesen, als daß die in der Verwaltung tätigen Fachleute deren Umsetzung hätten verantworten wollen. Hübbe, der inzwischen zu einem der schärfsten Kritiker William Lindleys avanciert war, hatte sich politisch äußerst unsinnig verhalten und es dadurch dessen Parteigängern im Senat leicht gemacht, ihn aus dem Amt zu entfernen. Die fragwürdigen Umstände seiner Suspendierung führten indessen dazu, daß andere Mitglieder des Senats wiederum den unhaltbaren Sondervertrag Hamburgs mit Lindley ansprachen. So sei zum Beispiel die Stelle des Stadtbaumeisters seit 1845 nicht wieder besetzt worden, nur *»weil der Einfluß eines solchen Mannes gefürchtet wird«*. Diese erste kritische Stellungnahme im Senat wurde immerhin erst im Oktober 1856 laut. Und ein Jahr später erschien ein Aufsatz unter dem Titel »Hamburgs Staatsbauwesen« (1857), in welchem Zweifel an der Bedeutung der von Lindley geschaffenen Ingenieurbauwerke angemeldet wurden. Fast gleichzeitig mit Fertigstellung und Annahme einer neuen Staatsverfassung und dem Amtsantritt einer neuen Bürgerschaft verließ William Lindley Hamburg am 25. Oktober 1860. In den Augen der Öffentlichkeit war er aufgrund seiner rastlosen Tätigkeit für die Stadt anfangs überall hoch geschätzt worden. Nunmehr wurde er auf tragische Weise zur Symbolfigur für Verfilzungserscheinungen zwischen dem alten Senat und dem neuen Unternehmertum.

Für die Zukunft – der offene Tidehafen

Johannes Dalmann und sein modernes Hafenkonzept

Der auf Hübbe folgende Wasserbaudirektor Johannes Dalmann rannte mit der Vorstellung einer neuen Hafenbaupolitik offene Türen ein. Seine Erfolge beruhten nicht zum wenigsten auf einer jahrelangen Schulung durch seinen gelehrten Vorgesetzten Hübbe und weiterhin auf einer aus eigener Anschauung entwickelten Kenntnis der Tiden- und Strömungsverhältnisse im ganzen Stromteilungsgebiet. Er tat auch nichts eigentlich Neues, als er wie schon Wasserbauer Jahrhunderte vor ihm durch genau überlegte und gezielte Maßnahmen die Stromgeschwindigkeit der Norder-Elbe intensivierte, um die Energie des Flusses zur Austiefung seines Bettes möglichst nahe vor der Stadt zu nutzen. Also auch er wußte, sich die Elbe selbst als tatkräftigen Mitarbeiter zu sichern.

Die wesentlichsten der von ihm geplanten Eingriffe waren allerdings erst nach einer vorausgehenden Veränderung der politischen Landschaft möglich, die tatsächlich in der Folge des Deutsch-Dänischen Krieges (1864) ausgelöst wurde. Aus den siegreichen Verbündeten gegen Dänemark, den Preußen und Österreichern, wurden Feinde. Der Kaiser von Österreich mußte nach der Schlacht bei Königgrätz vom 3. Juli und dem Prager Frieden vom 23. August 1866 alle Rechte in den schleswig-holsteinischen Herzogtümern zugunsten König Wilhelms I. von Preußen aufgeben, das Land zwischen den zwei Meeren wurden preußische Provinz. Am 3. Oktober annektierten die Preußen das Königreich Hannover und wurden schließlich Herren über die deutschen Küsten an Nord- und Ostsee. Schon 1867 ließ die Preußische Regierung mit drei Dampfern, drei Segelfahrzeugen und fünfzehn Seeoffizieren Messungen für eine Übersichtskarte der deutschen Nordseeküste durchführen.

Seit dem 1. Juli 1867 gehörte auch Hamburg gezwungenermaßen zum Norddeutschen Bund unter der Führung Preußens. Viele Menschen trauerten den alten Freiheiten und Privilegien, der eigenständigen Entwicklung und Sonderrolle nach und wollten nicht begreifen, daß die stolze rote Flagge mit der weißen Burg im kommenden Jahr am 31. März zum letzten Mal und für immer niedergeholt werden sollte. Die Jugend berauschte sich am Nationalgedanken und erhoffte eine stärkere Öffnung in Richtung auf mehr Demokratie. Wieder andere rechneten sich Chancen für großräumigere Absatzmärkte und Verkehrsmöglichkeiten zugunsten der Industrie, der Technik und der Wissenschaft aus.

Nach der »Einverleibung« des Königreichs Hannover, das bisher jeden für Hamburg günstigen Ausbau des Elbfahrwassers hintertrieben hatte, gestalteten sich wenigstens die Aussichten auf die Verwirklichung der Dalmannschen Hafenentwicklungspläne günstiger. Die mit Preußen endlich in einem ersten »Köhlbrandvertrag« von 1868 getroffenen Regelungen bestanden in der Verlängerung der Bunthäuser Spitze bei Moorwerder zur gleichmäßigen Verteilung der Wassermassen der Oberelbe auf die Norder- und die Süderelbe, dem Durchstich durch die Kaltehofe zur Verkürzung des Norderelbverlaufs um ganze 900 m, Abschneidung der Billwerder Insel und der Mündungsverschiebung der Dove-Elbe. Das waren nicht bloße Stromkorrekturen, sondern Teilstücke eines von der Natur der Elbe her inspirierten, schlüssigen Gesamtkonzepts, wie ein von Dalmann anonym am 19. und 21. Juli 1856, also noch vor Ingangsetzung dieser Arbeiten, in zwei Nummern der »Hamburgischen Nachrichten« publizierter Aufsatz zeigte. Dieser trug den Titel: »Was soll den jetzt mit unseren Hafenanlagen geschehen?« Darin plädierte er dafür, die Idee der Dockhäfen endgültig fallenzulassen, weil der Tidenunterschied von nur 2 Metern diesen Aufwand, zumal unter Berücksichtigung aller übrigen nachteiligen Folgen, überhaupt nicht rechtfertige. Die Handelskammer unterstützte den durch Dalmann vorgetragenen Gedanken der Tidehäfen, zumal der freie Verkehr zwischen Elbe und Hafenbecken weniger umständlich, weniger zeitraubend und demnach wirtschaftlicher erschien.

Im Bereich des alten Stadtgrabens richtete er zunächst ein 3.000 Fuß (= 942 m) langes und bis zu 400 Fuß (= 126 m) breites Hafenbecken parallel zur Elbe ein, das über den für Flußschiffe geeigneten, schwellfreien Brooktorhafen vom Kopf her mit einer Schleuse verbunden war. Diese hatte er einrichten müssen, um einem vorhersehbaren Verschlammungseffekt vom Brooktorhafen her entgegenzuwirken. Der Sandtorkai, eingerichtet für das Zusammentreffen von Landtransportwegen, Eisenbahnsträngen sowie der Wasserstraßen für See- und Flußschiffe und deren Nutzung zu jeder Tages- und Nachtzeit, stellte in Hamburg schon etwas gänzlich Neues dar und war insofern vorbildlich für alle folgenden modernen Hafenanlagen Hamburgs bis in unsere Zeit. Im Niederhafen war ja das Löschen und Laden mit Hilfe der Leichter deswegen so umständlich gewesen, weil es Kaimauern mit ausreichender Wassertiefe davor nie gegeben hatte. Jetzt legten die Dampfschiffe, eines nach dem anderen, und im Jahre 1867 schon insgesamt 665 Einheiten, hier an. Auf den Schienen direkt über der Mauerkante standen 27 Kräne, nämlich 19 Dampfkräne und 8 hydraulische Handkräne, bereit, das Ladegeschäft so bequem wie möglich abzuwickeln und Frachtgüter sogleich auf Eisenbahnwaggons zu heben. Dies war der große Schritt, der mit dem Sandtorkai in Richtung auf unser Zeitalter getan wurde.

Die Zunahme des Segel- und Dampfschiffsverkehrs in Hamburg machte den Erlaß einer neuen Hafenordnung notwendig, die am 18. April 1866 erlassen wurde. Diese sollte u. a. ein möglichst sicheres Verholen der eintreffenden Schiffe garantieren. Wie oft hatte hartes Wetter in der Vergangenheit so manches Schiff gezwungen, erst einmal vor dem Niederhafen zu ankern. Die Elblotsen waren dann schnell von Bord gewesen. Dem Hafenmeistergehilfen war es meist überlassen geblieben, unterstützt von geruderten Festmacherbooten und nur mit Hilfe von Leinen, die Ankerlieger so behutsam an die zugewiesenen Liegeplätze zu bugsieren, daß sie weder »der Schiffe Mastenwald« durch etwaige Kollisionen mit den zwischen Dalben vertäuten Schiffen abräumten, noch den laufenden Hafenbetrieb störten. Auf Dauer war die Hafenmeisterei mit solchen Aufgaben überfordert. Daher wurden diese jetzt auf eigens angeworbene, geprüfte Steuerleute und Schiffer übertragen. Mit Erlaß der o. g. Hafenordnung wurden sie zu beamteten und von jetzt an auch so bezeichneten »Hafenlotsen«. Sie unterstanden in Zukunft dem Oberhafenamt. Zunächst waren sie in St. Pauli stationiert, bis sie am 28. Oktober 1902 das für sie geschaffene Gebäude auf Lotsenhöft/Kuhwerder beziehen konnten.

Im Zuge des Hafenausbaus folgten der Kaiserkai, der Grasbrookkai, der Hübnerkai und der Strandhafen. Diese, der Kirchenpauerhafen (1891) und der Magdeburgerhafen (1881) bildeten zusammen die älteste Gruppe der modernen Hamburger Seehäfen. Damit waren am Nordufer der Norderelbe nahezu alle Baumöglichkeiten erschöpft. Steinwerder gegenüber wurde daher jetzt einbezogen.

Seitdem am 27. September 1862 der Schiffer J. Fock auf seinem Ewer Johanna Catharina, von Brake kommend, die ersten Fässer nordamerikanischen Petroleums unter Hamburger Flagge angelandet hatte, liefen immer mehr »Tanker«, die nicht anders aussahen als alle Segelschiffe bisher, mit Hunderten von Ölfässern im Bauch den Hafen an. Auf dem Kleinen Grasbrook wurde 1873 der erste »Petroleumhafen« eingerichtet, der heutige Südwesthafen. Eine gewisse Abrundung erfuhr das damalige Hafenpanorama1872 mit den Elbbrücken für den transelbischen Schienenverkehr und im Jahre 1875 – es war das Todesjahr Johannes Dalmanns – durch Fertigstellung des Kaiserspeichers, den man als Wahrzeichen des Hafens ansah. Auf diese Weise entstand das uns allen vertraute Bild

»Weltpremiere am Petersenkai« 1891
Am 7. Dezember 1891 wurde am Petersenkai der erste elektrisch betriebene Portalkran in Betrieb genommen. Die AEG und die Kampnagel-Fabrik hatten mit dieser Erfindung auf dem Weltmarkt die Nase vorn. Die Hamburger Electricitäts-Werke AG *nahmen den hundertsten Geburtstag der Inbetriebnahme zum Anlaß, ein Exemplar der ältesten Bauserie zu restaurieren und dem Museumshafen Oevelgönne zum Geschenk zu machen.*

mit den vielen Spezialhäfen, die wie die Finger einer Hand von der Elbe her in das Stromteilungsgebiet hineingreifen. Diese Charakteristik war gewollt, weil die Ein- und Ausfahrt in einem nur sanft gekrümmten Bogen mit Leichtigkeit bewältigt werden konnte, während rechtwinkelig abzweigende Einfahrten jedesmal mühselige Stopp- und Wendemanöver erforderlich gemacht hätten.

Daß sogar Gesetze den Charakter eines Hafens mit einem Schlage und von Grund auf ändern können, erlebte Hamburg nach den ihm von Bismarck 1881 aufgezwungenen Zollanschlußvereinbarungen. Ab 1883 begannen die Baumaßnahmen für einen Freihafen und die Speicherstadt, in die jetzt alle Kaufleute mit ihren Handelswaren umziehen mußten, wenn sie weiterhin zollfreien Handel mit aller Welt treiben wollten. Derlei Aktivitäten durften sie in Zukunft nicht mehr aus der Stadt heraus entfalten, die jetzt zum Zoll-Binnenland gehörte. Um die Speicherstadt auf dem Großen Grasbrook errichten zu können, mußte Hamburg erst mehr als 20.000 Menschen aus dem Brookviertel zwischen Kehrwieder und Wandrahm vertreiben. Ihre Wohnungen in den oftmals kleineren Fachwerkbauten, bisweilen aber auch palastartigen Bauten des 17. Jhs., fielen ohne Ausnahme der Spitzhacke zum Opfer. Ersatzwohnungen wurden nicht angeboten. Wieviel Elend Tausenden von Menschen zugemutet wurde, um das Hamburg aufgenötigte Gesetz zu erfüllen, haben so manche Zeitungen in Berichten und Karikaturen festgehalten. Derlei Gedanken fanden natürlich keine Erwähnung, als Kaiser Wilhelm II. am 29. Oktober 1888 in feierlichem Rahmen den Schlußstein setzen durfte.

Als einzigen Hafen auf linkselbischem Gebiet hatte man, wie oben erwähnt, aufgrund der Feuergefahr bereits 1876 den alten und später nach Waltershof verlegten Petroleumhafen angelegt. Nach den Zollanschlußgesetzen folgten zwischen 1883 bis 1893 auf dem Kleinen Grasbrook der Segelschiff-, der Hansa- und der India-Hafen, sowie der Ausbau des Grenzkanals und des Reiherstiegs auf die damalige Seeschifftiefe von sechs bis sieben Meter.

Wie ein Kranz wurden nun spezifische Flußschiffhäfen von je 3 m Tiefe mit überbrückten Durchfahrten, nämlich der Moldau-, der Saale- und der Spreehafen, rund um diese Gruppe der Seeschiffhäfen herum ange-

Abbrucharbeiten »Hinter den Boden«

Der Hamburger Zeichner Theobald Riefesell hat eine exakte Bestandsaufnahme vom alten Hamburg, soweit es den Abbrucharbeiten beim Zollanschluß zum Opfer fallen sollte, vorgenommen. Hier befand er sich am nördlichen Grasbrookufer, schaute nach Westen, hatte zu seiner Rechten die Bebauung »Bei den Mühren« und vor sich die bereits erneuerte Brooksbrücke. Die Trümmer der auf der Uferkante abgerissenen Häuser werden in den Giek-Ewer geworfen und für die Erhöhung der Uferkanten der neu entstehenden Hafenbecken südlich der Elbe abgefahren.
Vom Grasbrookufer her ist eine Gangway am Mast angeschlagen, über die ein Arbeitsmann gerade eine Schubkarre voller Bauschutt bringt.

ordnet. Der Saalehafen wurde mit einer unter dem nach Harburg führenden Bahndamm geschaffenen Durchfahrt mit dem Zollhafen – auch »Müggenburger Hafen« genannt – verbunden. Auf diesem Wege konnten die aus dem linkselbischen Freihafengebiet ins Zoll-Inland zurückkehrenden Binnenschiffe hier ihre Zollformalitäten erledigen und über den Müggenburger Kanal und die Müggenburger Schleuse in die Oberelbe einfahren, ohne den Seeschiffsverkehr auf der Norderelbe kreuzen und damit belasten zu müssen. Auch nach Westen wurde zum Reiherstieg eine Verbindung für Flußschiffe durch den Veddeler Kanal geschaffen, der gleichzeitig mit dem Spreehafen gebaut wurde. Das ganze, vom Kleinen Grasbrook bis zum Reiherstieg reichende, in sich abgeschlossene System kann als zweite Gruppe bei der Entwicklung eines modernen Seehafens in Hamburg angesprochen werden.

Der einer großzügigeren Planung entgegenstehenden, von Südwesten her eingeengten Landesgrenzen wegen mußte für die Erschließung der dritten Hafengruppe, die später zusammenfassend als Kuhwärder Häfen bezeichnet wurden, ein ganz anderer Weg beschritten werden. Man begann erst einmal damit, für die Häfen diesseits der damals noch weiter östlich liegenden Köhlbrandmündung einen gemeinsamen Vorhafen (1902) zu schaffen, um größeren Schiffen eine Wendemöglichkeit zu bieten. Hieran schlossen sich der »Werfthafen« (1902) für Blohm & Voss, der eigentliche Kuhwärder Hafen (1902), der Kaiser-Wilhelm-Hafen (1903), Ellerholzhafen (1903), Roßhafen (1908) und Oderhafen (1903) an. Die letzte Ausbaustufe dieser Seehafengruppe aber konnte erst nach Abschluß des zweiten zwischen Hamburg und Preußen vereinbarten »Köhlbrand-Vertrages« im Jahre 1908 in Angriff genommen werden, durch welchen Hamburg vor allem nach Süden hin sein Staatsgebiet erweitern konnte.

Der Vertrag ermöglichte ferner den Ausbau des zur Elbe parallel geführten Wasserweges für Binnenschiffe vom Reiherstieg über den neu geschaffenen Travehafen (1909) und den Roßkanal, beide 4 m tief, bis zum Köhlbrand. Zugleich eröffnete sich mit der Erweiterung des Roßhafens nach Süden hin die Chance zur Realisierung eines brandneuen Projekts aus dem Jahre 1907: die Ansiedlung einer Filiale der in Stettin beim Schnelldampferbau so erfolgreichen Vulcan-Werft! Der Senat verpachtete jetzt im Freihafengebiet auf dem Nordteil der Insel Ross 232.000 qm Sumpfgelände auf fünfzig Jahre an die »Vulcan Werke AG Hamburg und Stettin«, welche in diesem Falle alle Erschließungsarbeiten auf eigene Rechnung ausführen ließ. In Anwesenheit Kaiser Wilhelms II. geriet die feierliche Betriebseröffnung am 21. Juni 1909 zum Ereignis. Tatsächlich sollte an dieser Stelle eine der bedeutendsten Hamburger Werften erblühen, auf der man schon im Jahre 1912 unter riesiger Anteilnahme der Bevölkerung den Stapellauf des größten Schiffes der Welt erleben durfte, das auf den Namen IMPERATOR getaufte wurde.

Schiffbau im Hafen

Inkompetenz und Entschlußlosigkeit des Stadtregiments hatten in den dreißiger und vierziger Jahren des 19. Jhs. die Entwicklung des Hafens behindert. Gerade die Schiffbauer hatten unter dieser Situation gelitten und schließlich ihre Werftplätze an der Westspitze des Großen Grasbrooks aufgeben müssen. Um Ersatz bemüht, hatte der Rat vier Werftplätze auf dem nördlichen Teil Steinwerders, dessen Ufer ab 1838 mit Baggergut aufgehöht und gegen Hochwasser gesichert worden waren, an die Betroffenen verpachtet: an Offermann, v. Somm, Johns und Wiechhorst. Bis 1870/71 hatten sich auf Steinwerder und dem Reiherstieg fünfzehn mittelgroße Werften angesiedelt. Wie alle vergleichbaren Betriebe an unserer Küste, hatten sie sich durch die Bevorzugung des englischen Schiffbaus und ein generelles Vorurteil der hiesigen Reeder gegenüber dem Stand der einheimischen Schiffbautechnik behindert gesehen.

Trotz so widriger Umstände hatten die Ingenieure Hermann Blohm und Ernst Voss den Mut aufgebracht, 1877 eine Werft auf Kuhwerder zu gründen, deren zum Begriff eingekürzter Doppelname schon bald Weltgeltung erringen sollte: Blohm & Voss! Man vermag sich heute kaum mehr vorzustellen, welches Maß an Überzeugung durch Leistung aufgeboten werden mußte, um der jungen Firma nach jahrelangen Bemühungen die ersten lukrativen Aufträge zu sichern. Auch die Kaiserliche Marine hielt sich anfangs sehr zurück und orderte von 1885 bis 1899 nur drei Neubauten. Dann kamen sie alle: Woermann und die Deutsche Ost-Afrika-Linie, die D. d. G. Kosmos, die Hamburg-Süd und die HAPAG, sowie F. Laeisz, der die ersten P-Liner bestellte. Und während dieses Bauprogramm lief, mußte die Werftleitung schon wieder an Erweiterung denken, weil Konkurrenz ins Haus stand: die Stettiner Vulcan projektierte bereits eine neue Großschiffswerft in unmittelbarer Nachbarschaft. Darum vergrößerte Blohm & Voß durch einen neuen Pachtvertrag mit der Stadt sein Gelände auf 560.000 qm und erhielt zugleich eine 3 km lange Wasserfront. Neue Helgen wurden erbaut, 68 m hoch, auf denen sich 38 Laufkräne bewegten. Weitere Kräne kamen hinzu. Die Helgengerüste waren noch nicht fertig, da wurde die in Sichtweite buchstäblich aus der Erde gestampfte Vulcan-Werft von Albert Ballin mit dem Bau eines Prototyps, der einer ganzen Schiffsklasse den Namen geben sollte, beauftragt, dem Riesenschiff IMPERATOR. Für B&V erwies es sich im Nachhinein eher als vorteilhaft, zunächst den Werftplatz fertigzustellen (1912), ehe man dann die Anschlußaufträge für den Bau der beiden nächsten Schiffe der Imperator-Klasse, für die VATERLAND und die BISMARCK verbuchen durfte. Um beide Schiffe auch richtig ausrüsten zu können, wurde der neue 250-Tonnen-Kran gerade rechtzeitig in Betrieb genommen .

Hafenbau bis an den Rand des Weltkrieges

Da nun schon allein drei Hamburger Großfirmen, nämlich Blohm & Voss, der Hamburg–Amerika Linie und der Vulcan-Werft mehr als die Hälfte des zu Jahrhundertbeginn frisch erschlossenen Hafengebiets zur Verfügung gestellt werden mußte, zugleich aber die wirtschaftliche Entwicklung Hamburgs weiterhin

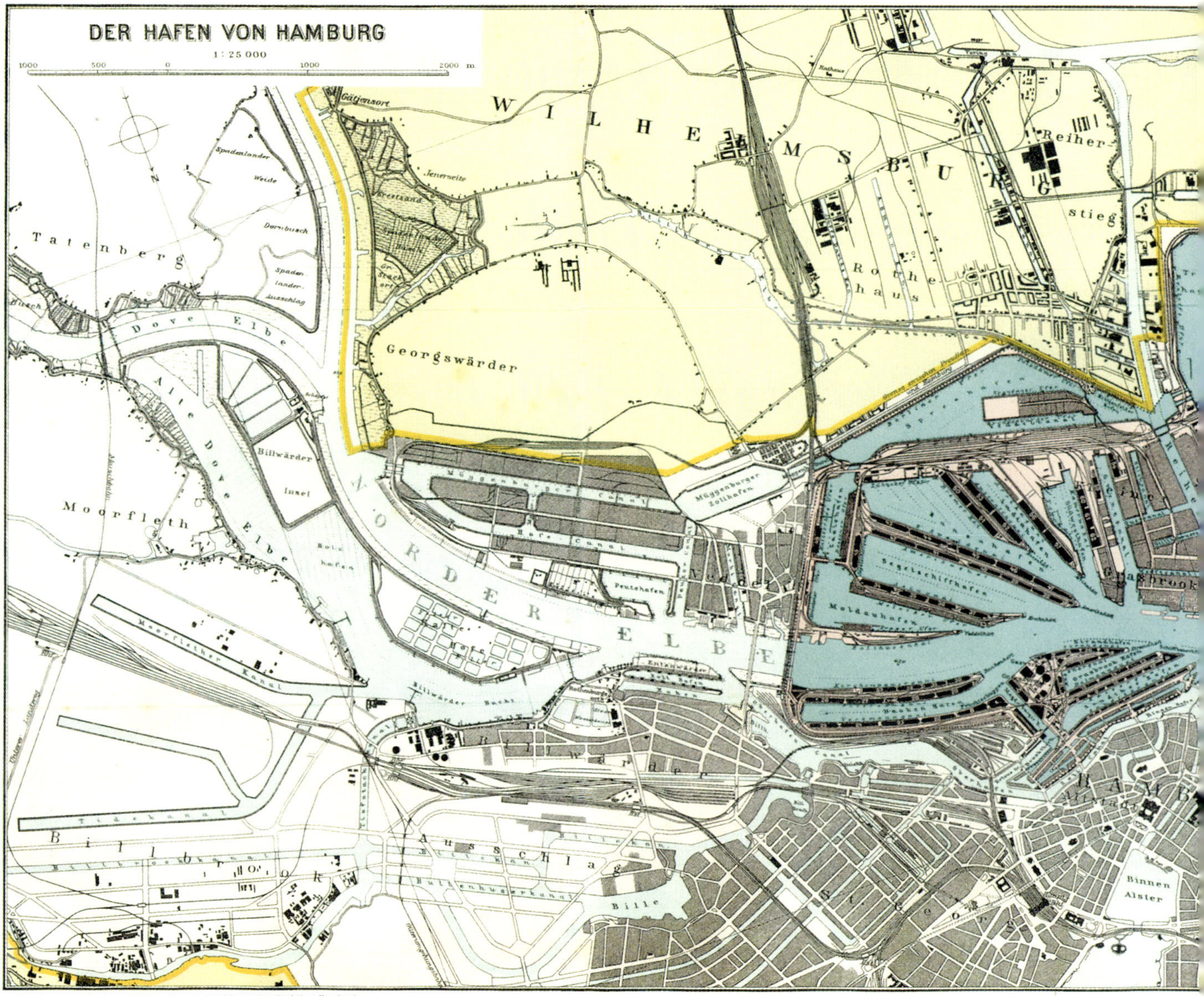

expandierte, stellte es sich noch vor dem Ausbruch des Ersten Weltkrieges als notwendig heraus, weitere Maßnahmen zur Hafenerweiterung in die Wege zu leiten.

Im Rahmen des Köhlbrand-Vertrages vom 14. November 1908 war es übrigens auch gelungen, die von Natur ungünstige Mündung des Köhlbrands, die bei ablaufendem Wasser ihren Strom direkt voll gegen das Abbruchufer des Altonaer Hafens gerichtet und den mitgeführten Sand nur wenige hundert Meter weiter flußabwärts auf der »Altonaer Barre« wieder abgeladen hatte, um 600 m weiter nach Westen zu verlegen und zugleich die Räumkraft des Stroms entschieden stärker elbabwärts zu richten. Nebenbei entstand auf der Wasserfläche der alten Köhlbrandmündung, also im Winkel zwischen Tollerort und Köhlbrandhöft, ein zusätzliches Hafenbecken, der neue Kohlenschiffhafen. Der bisherige Kohlenschiffhafen wurde zugleich als Werfthafen dem Vulcan zugeschlagen.

Erst nach Durchführung dieser Wasserbauten war es sinnvoll geworden, die Realisierung der Hamburger Hafenbaupläne im Bereich der Elbinseln zwischen Köhlbrand und Köhlfleet umzusetzen, wobei im Jahre 1914 als Vorhafen zum Wenden größerer Schiffe der Parkhafen mit 9 m Tiefe, dann der Waltershofer Hafen mit 7 m, Neuer Petroleumhafen mit 7 m, Maakenwärder Hafen mit 4 m und ein Yachthafen mit 4 m Tiefe in Angriff genommen wurden. Die hier geschaffene, neue Seehafengruppe wurde direkt von der Elbe her durch den Parkhafen angesteuert. Auch hier gelang überdies eine konsequente Abrundung der Hafengruppe zum

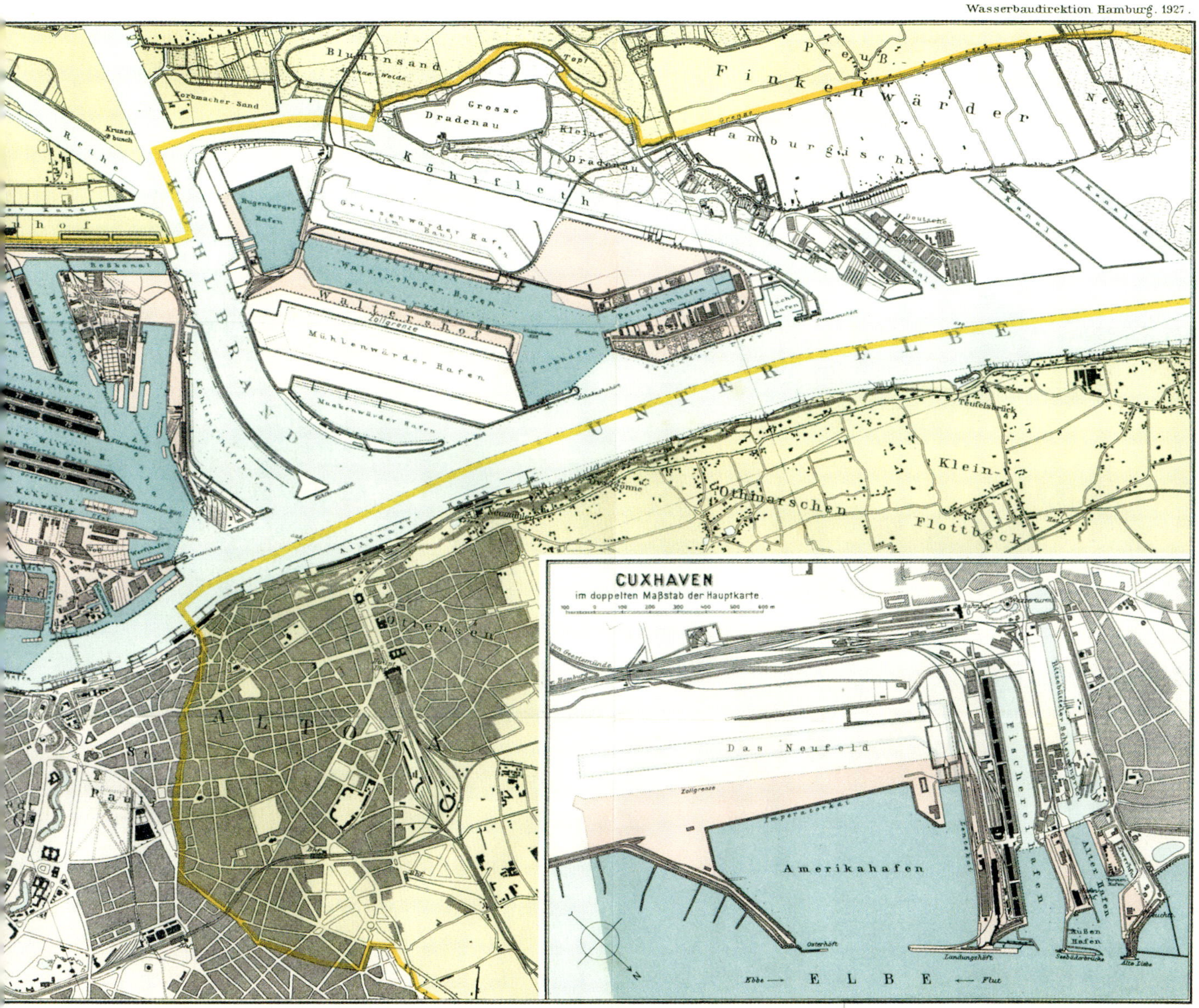

System: Genau gegenüber der Roßkanalschleuse wurde an dem Westufer des Köhlbrands die Schleuseneinfahrt zu einem eigens für die Bedienung der neu entstehenden Seeschiffhafengruppe gedachten Binnenschiffhafen, dem Rugenbergerhafen, gebaut. Vom Rugenbergerhafen aus gelangten die Binnenschiffe durch weitere Schleusen über Kopf, wie schon zuvor überall mit Erfolg erprobt, in die Seeschiffhäfen. So ließen sich die Verkehre der Schuten und Leichter, Oberelbekähne und Ewer optimal mit den Seeschiffsverkehren verzahnen, indem sie von der Oberelbe bis zur Niederelbe im Bogen südlich um alle Häfen herumgeführt wurden und nur dort mit den Seeschiffen in Berührung kamen, wo das Geschäft des Ladens und Löschens es erforderlich machte.

Der Hafen von Hamburg
Der Hafenplan wurde 1927 durch das »Kartographische Bureau der Wasserbaudirektion Hamburg« veröffentlicht. Aufgenommen sind sowohl die bis dahin fertigen als auch die in Bau befindlichen oder auch nur geplanten Hafenbecken. Gleiches gilt für die Wasserbaumaßnahmen in Cuxhaven, die in einem besonderen Fenster rechts unten dargestellt sind.

Befrachtung eines Dampfers in den Zwanzigern

Der große Frachter wie auch der hinter ihm liegt an einer Dalbenreihe mitten in einem Hafenbecken. Ein Dalbenbündel sehen wir zwischen dem Bug der Schute Meta und der Bordwand des Frachters. Die Meta hat sich geschickt unter den Vorleinen hindurchgeschoben, die vom Bug des weiter zurück liegenden Frachters zu dem geschilderten Dalbenbündel laufen. Damit dieser nun nicht auf das Heck des davorliegenden Dampfers gedrückt werden kann, hat man Abstandshalter zwischen die Bordwände der kollisionsgefährdeten Fahrzeuge geklemmt. Der Frachter rechts hat sein Ladegeschirr ausgefahren und wird gleich mit Hilfe seines über die Meta ausgestreckten Ladebaums die auf der Schute gestapelten Säcke aufhieven und in die eigenen Luken schaffen.

Die Postkarte wurde am 13. Juli 1928 eingesteckt.

Hamburg – zu Wasser und zu Lande

»Wieder nach St. Pauli ...«

Vorstadt St. Pauli – Spielbudenplatz
Zwischen der Davidstraße und der Helgoländer Allee weitet sich der östliche Abschnitt der Reeperbahn nach Süden hin zum Spielbudenplatz aus. Eine breite, mit Bäumen bestandene, als Allee angelegte Mittelzone wurde vormals von Schaustellern aller Art zur Vorführung von Puppenspielen etc. benutzt, die von den Hamburgern an den Wochenenden bei Ausflügen in die Umgebung der Stadt zum Vergnügen der Kinder gern aufgesucht wurden. Daher die Bezeichnung »Spielbudenplatz«. An seiner Südseite entstanden – von rechts nach links – das »Ernst-Drucker -Theater«, die »Großen Bierhallen« mit zwei Türmen und Kuppelhelmen, das »Theater Varieté«, »Hagenbecks Etablissement«. Und ganz am Ende des Platzes werden Ecke Reeperbahn/ Circusweg noch die Kuppel des »Concertgarten Chr. Hohnhardt« sowie der noch weiter entfernte Turm der Michaeliskirche sichtbar. An genau der gleichen Stelle, wo Hohnhardts Garten belegen war, hatte sich zuvor »Der Trichter« befunden, ein 1818 bereits erbautes und gern besuchtes Caféhaus mit einem Dach in Form eines umgestülpten Trichters.

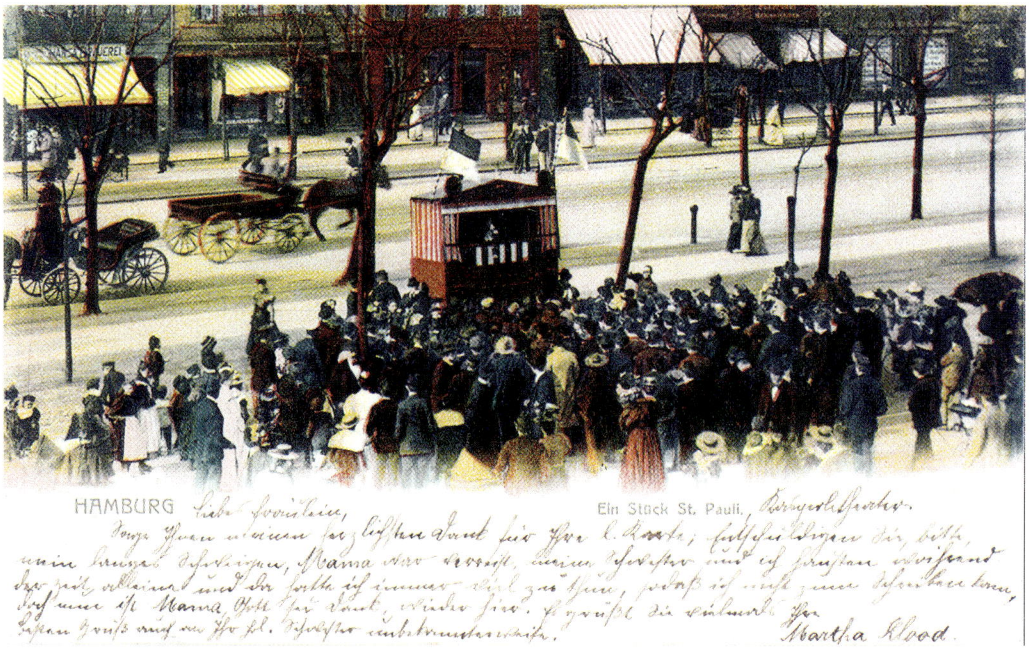

Kasperle auf dem Spielbudenplatz

Wie ein Relikt aus älterer Zeit, so mutet die einsame Kasperle-Bude an, die mit dem Rücken zur Reeperbahn steht. Mag sein, daß die Vorstellung unter dem Hufgetrappel und den ratternden Rädern der vorbeieilenden Kutschen zu leiden hat. Gleichwohl amüsieren sich rund 60 Zuschauer an den Darbietungen, und zwar beinahe ausschließlich Erwachsene. Gegenüber auf der Nordseite der Reeperbahn ganz links bestand die Möglichkeit, sich nach dem Kasperle in einer Kneipe der Hansa-Brauerei bei einem Erfrischungsgetränk zu erholen.

Der östliche Teil des Spielbudenplatzes

Die Autotypen machen deutlich, daß die Fotovorlage für den Druck dieser Postkarte noch in den dreißiger Jahren entstand. Zur Häuserzeile an der Südseite des Spielbudenplatzes gehörten die »Wilhelmshalle« mit ihrem Platzangebot von 2.000 Sitzplätzen und dem Panoptikum im Obergeschoß sowie zum Abschluß des Platzes das »Kaffee Rheinterrassen«.

Ludwig's Concerthaus in St. Pauli

Gleich hinter dem Millerntor erhob sich rechter Hand am Anfang der Reeperbahn, Ecke Helgoländer Allee, das »Concerthaus Hamburg« der Brüder Ludwig. Der Blick wandert hier von Süden, vom Circusweg aus, auf die Nordseite der Reeperbahn. Nach zwei Jahren Bauzeit war das Haus am 1. Dezember 1889 mit einem Konzert eröffnet worden. Es verfügte über 1.924 Sitzplätze. Auf dem Orchesterpodium konnten 120 Musiker und ein Chor mit bis zu 600 Sängern untergebracht werden. Hinter dem Orchester erhob sich eine romantische Orgel der Firma Rohlfink aus Osnabrück mit Schwellwerken und 2.322 Pfeifen in 40 Registern.
Wie das »Hornhard'sche Etablissement« gegenüber auf der Südseite fiel auch das Concerthaus den Bomben des Zweiten Weltkrieges zum Opfer. Wenn man diese alte Postkarte betrachtet und damit sowohl die zur Zeit dort befindliche, charakterlose Bebauung als auch die kürzlich beschlossene Neubauplanung damit vergleicht, wird man die inzwischen eingetretenen Verluste an städtebaulicher Phantasie und Einfühlsamkeit um so schmerzlicher empfinden.

Die »Ringbahn« beim St.-Pauli-Fährhaus

Im Jahre 1894 wurde die erste elektrische Straßenbahn als »Ringbahn« eingerichtet. Sie verkehrte auf der Strecke Meßberg, Lombardsbrücke, Landungsbrücken, Zollkanal, Meßberg und passierte auf diesem Wege also auch das »neue« Fährhaus.

HAMBURG
Hafen vom Fährhaus aus gesehen
Dr. Trenkler Co., Leipzig. 1904. 25316
Getting repairs done at Blohm & Voss in 21 days time & ready for sea on the 25th

Südliche Hafenvorstadt St. Pauli

Wer vor mehr als hundert Jahren vom Millerntor durch das zum »Elbpark« umgestaltete Tal des Stadtgrabens auf dem Helgoländer Weg – später: »Helgoländer Allee« – hinabwanderte, entdeckte kurz vor den Landungsbrücken rechts auf der Höhe das Seemannshaus. Ein kleiner Abstecher dort hinauf wurde durch die schönste Aussicht elbabwärts belohnt. Vor dem Auge des Betrachters breitete sich die ganze südliche Hafenvorstadt St. Pauli aus. Parallel zur Elbe verlief schon damals die Hafenstraße. Links an Brücke Nr. 2 stand noch das alte, beinahe unscheinbare Fährhaus, das später dem repräsentativen Empfangsgebäude der Landungsbrücken weichen mußte. Im Jahre 1861 kam die dritte, hier schon sichtbare Brücke, welche zu den schwimmenden Anlegerpontons hinüberführte, hinzu. Und 1870 wurden die Brücken – hier ebenfalls schon geschehen – in Stahlausführung erneuert. Weiter stromabwärts stellte sich der mehrgeschossige »Actienspeicher« quer zum Strom. Rechts hinter den Bäumen des auslaufenden Elbparks lag auf einem hohen Plateau Wiezels Hotel. Am Horizont erschienen gerade noch die Altonaer Hauptkirche St. Trinitatis sowie die zwei Turmspitzen der Christians-Kirche von Ottensen.

Das »neue« Fährhaus St. Pauli
Unterhalb der von der deutschen Seewarte bekrönten Bastion »Albertus«, die im Volksmund »Stintfang« hieß, wurde als Ersatz des alten Fährhauses ein »neues« angelegt. Das alte hatte ganz nahe am Ufer gelegen und einem modernen Empfangsgebäude für die an den Landungsbrücken aus- und einsteigenden Passagiere weichen müssen. Von den Barkassen auf der Elbe aus konnte man, solange der Neubau auf sich warten ließ, über das freie Ufer hinweg das neue Fährhaus unterhalb des Stintfangs noch unverstellt in Augenschein nehmen. Bald war es übrigens eines der beliebtesten Ausflugslokale. Das mit Fachwerk reich verzierte und wegen seiner abwechslungsreichen Dachgestaltung besonders auffällige Gebäude blieb an dieser Stelle auch bestehen, als knapp hinter ihm auf halber Höhe des Stintfangs die Hochbahn-Station installiert wurde.

St.-Pauli-Fährhaus und Hafenpanorama
Von Wiezels Hotel aus bot sich ein großartiger Rundblick auf das Fährhaus mit der Hochbahnstation, den Uhrturm der neuen Landungsbrücken und den Hafen bis zum Kaiserspeicher.

St.-Pauli-Fischhalle
Das letzte Gebäude auf Hamburger Grund vor Altonas Stadtgrenze war die St.-Pauli-Fischhalle, hier in einer von Rosalowski signierten Aufnahme aus dem Jahre 1904. Erst 1971 wurde die nach Art einer Basilika mit Zentralkuppel 1898 errichtete Fisch-Auktionshalle abgerissen. Links hinter dem Anleger erkennt man einen stählernen Torbogen, der zum »Fischmarkt St. Pauli« *einlädt. Vor der Halle hat die* Platessa *festgemacht, der mit der Fischerei-Nr. »H.H. 2« ausgestattete Hamburger Fischdampfer, der noch mit offenem Ruderstand gefahren wurde. In Lloyd's Register von 1894/95 wurde noch C. Elingius als Eigner des 1888 von der Rostocker Actien=Gesellschaft erbauten »Steam-Trawlers« angegeben. Nach dem Register von 1900/01 gehörte das 103 Fuß 4 Zoll lange und 20 Fuß 5 Zoll breite Fahrzeug bereits Hinrich Köser, dem berühmten »beeidigten Fischauktionator« der benachbarten Städtischen Fischhalle zu Altona. Rechts im Hintergrund wird das von der am Hamburger Rathausbau beteiligten Architektengruppe Hanssen & Meerwein in späthistoristischem Stil entwickelte »Fischerhaus« mit seinem runden Eckturm sichtbar. Daneben führt ein Weg zur Pinnasbergtreppe hinauf.*

Seebäder-Dampfer vor den Landungsbrücken
Für den Seebäderdienst der Hamburg-Amerika Linie wurden Raddampfer wie das vor den neuen Landungsbrücken auf der Elbe abgebildete Schiff eingesetzt. Sie beförderten von hier aus die Sommergäste zu den Nordseeinseln und -häfen. Gegenüber vom »neuen« Fährhaus wird jenseits der Helgoländer Allee das Seemannshaus sichtbar.

Die neuen St. Pauli-Landungsbrücken

Der rasanten Entwicklung des Nordsee- und Seebäderverkehrs zu Beginn des 20. Jahrhunderts entsprechend, wurde entlang den vier Landungsbrücken in den Jahren 1907 bis 1909 ein 200 m langes Empfangsgebäude von den Architekten L. Raabe und O. Wöhlecke geschaffen. Die kostbare Ausstattung mit diversen Sandsteinskulpturen stammt von der Hand des Bildhauers Arthur Bock, dem später auch die 1912 hergestellte Plastik mit der Dreieinigkeit von Handel, Technik und Industrie am Sievekingplatz verdankt werden sollte. Der Uhrturm und die Fassaden des monumentalen Jugendstilgebäudes wurden in repräsentativen Bossenquaderwerk gehalten. Zwischen den Brücken Nr. 2 und Nr. 3 erhielt der Seebäderdienst der Hamburg-Amerika Linie eine besonders elegante gläserne Empfangshalle.

Navigationsschule mit Wiezels Hotel

Auf der Anhöhe hinter den Landungsbrücken liegt »Bei der Erholung« die 1905 nach einem Entwurf von Dr. Ing. Erbe fertiggestellte Navigationsschule. Rechts daneben wird der Abhang des Hügels für Wiezels Panorama-Café genutzt, das sich besonderer Beliebtheit erfreute und beispielsweise Ort der Gründungsversammlung des Nautischen Vereins Hamburg gewesen war.

Ein Wunderwerk der Technik: der erste Elbtunnel

Der Elbtunnel Hamburg – Steinwärder, »welcher über 10 Millionen Mark kostet und mit riesigen Schwierigkeiten in ca. 3 Jahren fertiggestellt wurde, hat eine Länge von 450 m und eine Tiefe von ca. 20 m unterm Wasserspiegel; der Durchmesser beträgt ca. 6 m; die größten Seeschiffe fahren darüber hin«, lautet stolz die auf der Rückseite gedruckte Beschreibung. Der Tunnel wurde am 7. September 1911 seiner Bestimmung übergeben. Gefordert hatten ihn die Betriebe im Freihafen, allen voran Blohm & Voss. Die Bauarbeiten waren von der Philipp Holzmann AG im Schild-Vortrieb-Verfahren durchgeführt worden. Bei einem tragischen Unglücksfall auf der Baustelle hatte es drei Tote gegeben.

Die beiden Fahrstraßen in den Röhren des Elbtunnels

Flottenbesuch an den Landungsbrücken um 1928
Nach dem Friedensvertrag von Versailles (1919) durfte das Deutsche Reich noch 6 Linienschiffe, 6 Kreuzer und 24 Torpedoboote unterhalten. Unter Admiral Zenker, der von 1924 bis 1928 an der Spitze der Reichsmarine stand, wurden ab 1925 neben anderen modernen Schiffen mehrere durch Dieselmotoren angetriebene Torpedoboote gebaut, von denen soeben fünf an den Landungsbrücken festmachen. Dahinter sind gerade noch die im Zweiten Weltkrieg zerbombten Kräne und Schuppen der Nord- und Ostseelinien mit kleineren Frachtschiffen davor auszumachen. Links im Hintergrund erhebt sich aus der Stadtsilhouette die an eine Burg erinnernde Deutsche Seewarte.

An der Küste entlang zur Neustadt

Ein Dampfer, Michel und Seewarte passierend
Ein Stückgutfrachter, ein Motorboot und eine Tjalk mit qualmendem Ofenrohr auf dem Vorschiff gleiten stromabwärts an Michel und Seewarte vorbei, als es den Bismarck-Koloß noch nicht gab. Fertiggestellt ist allerdings ganz links schon der Uhrturm des Landungsbrücken-Empfangsgebäudes. Auch die mehrachsige Fenstergalerie des Hochbahnhofes tritt bereits in Erscheinung.

Das Bismarck-Denkmal begrüßt die Schiffahrt
Am 2. Juli 1906 wurde auf der Bastion Albertus, die ursprünglich zum Befestigungsring der Stadt im 17. Jh. gehört hatte, eine Kolossalstatue des »Eisernen Kanzlers« in Gestalt eines mittelalterlichen Rolands von 14,75 m Höhe enthüllt. Mit dem Sockel darunter maß das ganze, von Hugo Lederer geschaffene Denkmal 35 m. Kritiker aus dem Bereich der Arbeiterbewegung meinten, man habe jetzt in geradezu beleidigender Weise diesem Steingötzen die seit alters her dem Michel zustehende Aufgabe zugeschoben, den ausfahrenden Seefahrern ein frohes Wiedersehen zu winken und den Heimkehrern den ersten Gruß zu entbieten. Die Postkarte setzt ein Wort des Kanzlers über die Statue, das von dem übertriebenen Nationalismus vor dem Ersten Weltkrieg geprägt ist: »Wir Deutschen fürchten Gott, sonst nichts in der Welt.« Der Manchester Guardian vom 12. Juli 1906 meinte: »Das ... Wort vom Bismarckischen Cäsarismus gewinnt besondere Bedeutung für Hamburg, wo dieser Tage das gigantische Götzenbild der verkörperten borussischen Reaktion, die heute wie ein Alptraum auf ganz Deutschland liegt, enthüllt ward.«

»Der Schiffe Mastenwald«
Zwischen Hafentor und Johannisbollwerk machten vormals an mehreren Dalbenreihen die Segelschiffe fest, besungen als »der Schiffe Mastenwald«. Vom Stintfang herab werden gerade noch die Zinnen des uferseitigen Turms des quer zum Strom stehenden Hafentors sichtbar. Hier begannen die Hafenanlagen der Neustadt. Am Südufer der Elbe entdecken wir gerade noch die Docks der hier belegenen Werften sowie den 150-Tonnen-Kran auf der »Kranhöft« genannten Spitze des Asiakais.

Gedränge im Jonashafen
Im Niederhafen, gewöhnlicherweise »Jonashafen« genannt, lagen die Großsegler und Schuten dicht an dicht. Die Häuserzeile rechts im Hintergrund gehört zu den vom Stubbenhuk bis zum Johannisbollwerk sich hinziehenden Vorsetzen. Man sieht sogar noch die Masten der hinter der Biegung der zweiten Vorsetzen liegenden Schiffe. Die Buden rechts unten gehören zur Zollstelle.

Reedereikontore an den Vorsetzen
Mit den stattlichen Kaufmannshäusern an der Roosenbrücke beginnt die sich über die Vorsetzen erstreckende »Küste«. Das dritte Haus mit dem Kranich auf dem Dach gehörte den Roosens, einer der ältesten und angesehensten Reederfamilien der Stadt. Genau hier bestand noch um die Jahrhundertwende einer der wichtigsten Treffpunkte für unständige, Arbeit suchende Schauerleute.

Der Michel brennt!
Einen Tag nach der feierlichen Enthüllung des Bismarck-Denkmals wurde am 3. Juli 1906 die 1751–1762 von dem berühmten Baumeister Georg Sonnin errichtete St. Michaeliskirche, die Hauptkirche der Neustadt, durch eine bei Lötarbeiten am Turm ausgelöste Feuersbrunst zerstört. Die Poeten der Arbeiterbewegung deuteten es so, als habe sich der alte Michel aus Gram über die Zurücksetzung gegenüber dem Kolossalbismarck selbst entleibt. Ein plattdeutsches Gedicht von Carl Holst meinte ebenfalls: »De ole Michel mach nich mehr, denn Bismarck käm em in die Quer …«

Unser armer Michel!
Brand der Michaeliskirche in Hamburg
Erbaut durch Sonnin 1751—62; durch Brand zerstört am 3. Juli 1906.

Hamburg Große Michaeliskirche
Bergung von noch vorhandenen Kunstschätzen unter persönlicher Leitung des Herrn Prof. Dr. Brinckmann.

Der Professor und die Feuerwehr
Noch während der Löscharbeiten an der St. Michaeliskirche eilte Prof. Dr. Justus Brinckmann, der Direktor des Kunstgewerbemuseums (hier links im Bild), herbei, um die Bergung der Ausstattung sowie der bedeutendsten Kunstschätze aus den Trümmern zu leiten. Brinckmann sollte sich im Rahmen einer mit der Wiederherstellung befaßten Kommission besonders für den Wiederaufbau der Kirche nach den alten Plänen Sonnins einsetzen, während der Kunsthallendirektor Alfred Lichtwark einen modernen Entwurf forderte. Am 19. Oktober 1912 wurde der minutiös rekonstruierte Michel feierlich geweiht.

Old Michels Afsched von Hamborg

Old Michels Afsched von Hamborg

De ole Michel mag nich mehr
Denn Bismark käm em in de Quer
Ers, wackel he denn slakel he
Dat Hart wär em so swer und weh
Dann füll he in sick sölbst tosom
Und hett so Afsched von uns nahm.

Dor stun he nu 200 Johr
Und kek op Hamborg runner
Old wär sien Liew und grön sien Hor
He stun in Blitz un Dunner
Doch as den Kop man reparier
Dor säh he: Nee ick mag nich mehr.

Woto sall ick noch länger stahn
För mi is doch keen Sinn
Dorüm will ick von dannen gahn
Na mi geiht doch ken rinn
Kick enmal recht noch nah mi her
Old Hamborg: Nee ick mag nich mehr.

Ick keck heraf op unsern Staat
Un seg so manches Weh
Ick seg dat Elend ob de Straat
Un kek wied over See
Un min old Kop wor gor so swer
Old Hamborg: Nee ick mag nich mehr.

Ji all de mi toletzt hebbt sehn
Wie ick in Flammen stünn
Dröf keene Thränen um mi wehn
Ji all ji worn mi Frün
Ick stun for **Hamborgs** Ruhm und Ehr
Doch Kinners: Hüt ick mag nich mehr.

Carl Holst
Seemann

Verlag von Wolff & Levinson, Hamburg,
Kaiser Wilhelmstrasse 16.

Die Dampfer am Johannisbollwerk
Nach Abtragung der zur alten Stadtbefestigung (1616–1625) gehörigen Bastion »Johannisbollwerk« entstand hier vom Jahre 1840 an eine ca. 300 m lange Kaje für Dampfschiffe. Im Hintergrund sieht man das Hafentor, das mit seinen Schießscharten wie eine mittelalterliche Torburg wirkte.

Schwell im Niederhafen

Mit dem Bug gegen den Strom haben mehrere Segelschuten an den Duckdalben des Niederhafens mitten auf der Elbe festgemacht. Die Schlepper und anderen Hafenfahrzeuge verursachen einen Schwell, der die Beiboote tanzen läßt und auch die Schuten in rhythmische Bewegungen versetzt. Etwas Morgenlicht fällt durch die Wolken auf den Schornstein des kleinen Schleppers und die zum Trocknen vorgeheißten Segel.

Hochwasser bei der Roosenbrücke

Vor dem Bau der Flutschutzmauer entlang den Vorsetzen, Baumwall und die Steinhöft drang das Hochwasser hier oft in die Stadt hinein und überschwemmte die Keller und die im Souterrain liegenden Frühstückslokale.

Mit der Hochbahn in die Altstadt

Hamburg – über und unter der Erde
Voller Stolz belehrt die Postkarte darüber, daß in Hamburg die Zukunft mit den modernsten Verkehrsmitteln auf allen Ebenen bereits begonnen hat. Die obere Hälfte gewährt die Sicht auf das Rathaus, die Autos und Straßenbahnen auf dem Rathausmarkt, während die untere Hälfte Einblick in den U-Bahnhof unter dem Rathausplatz vermittelt.

Hochbahn in der »Steilkurve«
Von den Landungsbrücken an wird die U-Bahn zur Hochbahn und als solche am Hafentor, den Vorsetzen und dem Baumwall entlanggeführt, ehe sie in einer Steilkurve ins Stadtinnere zum Rödingsmarkt abbiegt und dann unterhalb der Börse wieder als U-Bahn unter der Erde verschwindet. Diese Teilstrecke wurde mit Vollendung der sog. Ringbahn 1912 fertiggestellt. Von hier aus schaut man in den Freihafen mit der Speicherstadt zur Rechten hinein. Links im Hintergrund erscheint die Katharinenkirche.

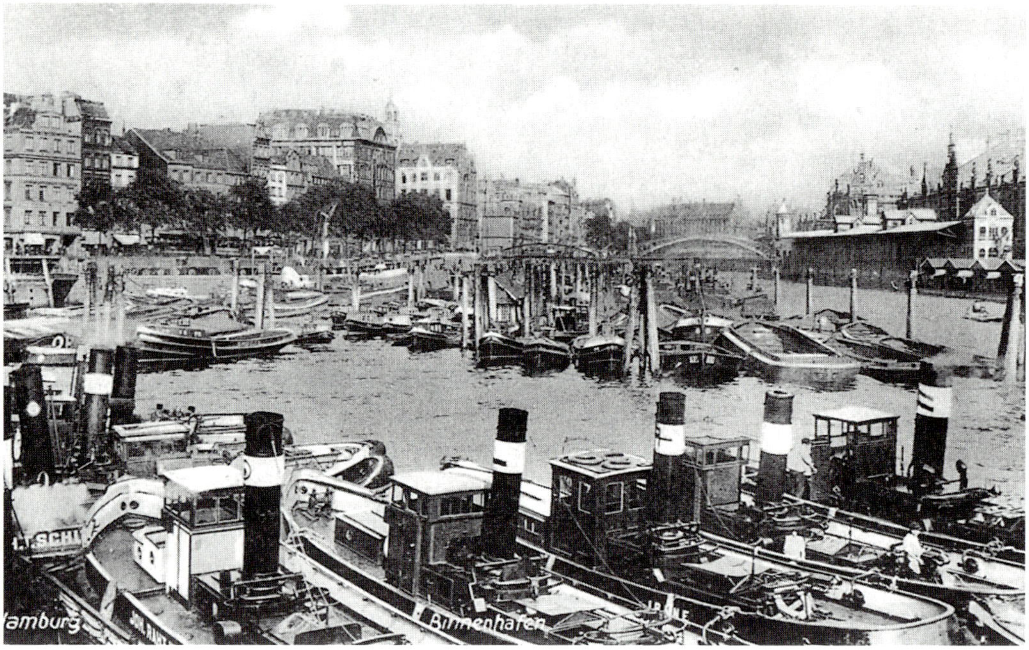

Unterhalb der »Steilkurve«
Nur der Standort des Photographen ist an dieser Stelle etwas tiefer als bei der vorigen Aufnahme gewählt. Über die Schleppergruppe hinweg wandert der Blick zu den Kajen mit schönen Laubbäumen am Ufer. Rechts am Bildrand liegen die wegen der Zollabwicklung an den Freihafengrenzen benötigten Zollschuppen. Die Niederbaumbrücke im Hintergrund – so nach dem vormals hier befindlichen »Niederbaum«, der streng kontrollierten Einfahrt zum eigentlichen Hafen Alt-Hamburgs benannt – stellt die Verbindung zum Freihafen und der Speicherstadt auf dem Grasbrook her.

Sonntagsruhe am Baumwall
Noch vor Errichtung der Hochbahn hatte man von der Niederbaumbrücke aus bei Niedrigwasser diese Sicht zurück auf die Ufermauer der Vorsetzen. Die Menschen, soweit erkennbar, bewegen sich gemütlich in Sonntagskleidern wie Schaulustige.

Ein neues Zeitalter am Großen Burstah

Shopping an einem warmen Sommertag, die Herren ohne Mantel, die Damen mit reich beblümten Sommerhüten, in Blusen und langen Röcken. Auf dem großen Burstah kommt uns ein Milchhändler mit seiner Schottschen Karre entgegen. In der Straßenmitte fordert die Straßenbahn Nr. 15 nach der Uhlenhorst ihr Recht. Und auf der rechten Seite sieht man drei Automobile, Benzinkutschen ohne Pferde, aber doch noch wirkliche Kutschen. Wir schauen nach Westen und erleben mit, wie im nächst höheren Verkehrsstockwerk die Hochbahn, vom Baumwall und Rödingsmarkt her kommend, vor uns auf Stelzen die Straße überquert. Dahinter erscheint, eine Kathedrale des Commerzes, das mit zwei Ecktürmen und einer Zentralkuppel überwölbte Hauptgebäude von Peek & Cloppenburg.

Landemanöver vor den Zollpontons

Bis zur Jahrhundertwende waren nur wenige Ewer mit Maschine ausgerüstet und daher im Hafen nach Streichen der Segel auf das Manövrieren mit Riemen, Peekhaken und Leinen angewiesen. In diesem Falle hatte der mit Reet hoch beladene Besan-Ewer die Hilfe eines kleinen Schleppers der Reederei Max & John in Anspruch nehmen können, der bereits an den Dalben am Kopf der Anlegebrücke festgemacht hat, aber noch unter Dampf steht. Der »Schipper« zieht den Ewer mit dem Peekhaken herum, um neben dem Schlepper im nächsten Augenblick festzumachen. Derweil versucht der mit drei Personen besetzte Kahn eines Smietnett-(Wurfnetz-) Fischers im Vordergrund der vom Ewer angesteuerten Gefahrenzone zu entrinnen.

Zur »Hafenkante« der Altstadt

Die Kajen 1925

Das war also von den Außen- und Binnen-Kajen übriggeblieben – eine einzige Häuserzeile am Wasser zwischen Rödingsmarkt und Deichstrasse, freilich nunmehr mit viel Platz für die Straße und einer baumbestandenen Uferpromenade! Ursprünglich hatten die Häuser der Außen-Kajen zum Wasser kaum mehr als eine Kante für eine schmale Gasse übriggelassen. Und Fläche war hier einmal besonders kostbar, nämlich als der davorliegende Binnenhafen zwischen Niederbaum, Grasbrook und Außen-Kajen noch der eigentliche, große Hafen der Altstadt war. Damals erfreuten sich die hier situierten Kaufleute der allerbesten Geschäftslage. Im Zuge von Sanierungsmaßnahmen wurden diese Häuser und die Südzeile der dahinter liegenden Binnen-Kajen abgerissen, so daß nur noch die Nordzeile der bis dahin Binnen-Kajen genannten Gasse übrigbleiben sollte. Sie wurde mit dem Straßenraum davor ab sofort nur noch als »Kajen« bezeichnet.

»Beim neuen Krahn« und bei der »hohen Brücke«
An der Ostseite der Spirituosenfabrik W. L. Kösters mündet die Alster – innerhalb der Stadt heißt sie »Nicolaifleet« – in die Elbe. Darüber liegt auf Straßenniveau die einstmals wirklich »Hohe Brücke«. Aus dem Nicolaifleet kommt eine Schute heraus, gepeekt, wie die Hiesigen das Staken nennen, von ihrem Ewerführer. Ein Schlepper hat sich quer vor die Ausfahrt gelegt und macht höllischen Lärm mit seiner Dampfpfeife. Er wird die Schute gleich auf den Haken nehmen, um sie in den Hafen hinauszuschleppen. Ein zweiter Schlepper – übrigens von Lütgens & Reimers, wie das weiß-rot-weiße Band am Schornstein verrät – lauert schon auf die nächsten Schuten aus dem Nicolaifleet.

◀ »Beim neuen Krahn« 1925
In Fortsetzung des Ufers am Binnenhafen folgt nach den »Kajen« der Straßenzug »Beim neuen Krahn«, so – in alter Schreibweise – nach dem Kran unmittelbar vor der Einfahrt ins Nikolaifleet benannt. Bis zum Turm des »Kaiserspeichers« reicht das Postkartenmotiv. Die ganze Häuserzeile »Beim neuen Krahn« ist in Fachwerkbauweise ausgeführt. Besonders auffällig ist das kompakte Eckhaus gestaltet, damals Fabrikationsstätte der Groß-Destillation und Spirituosenfabrik W. L. Kösters. Im Erdgeschoß ist die Hafenkneipe »Roggenbaum« untergebracht, die mit »Holsten Bier« wirbt. Links daneben werden die Seeleute für ihre Arbeit richtig ausgestattet: »Berufskleidung – Herrenwäsche«. Rechts neben der Destillation sieht man einen Teil des schmiedeeisernen Brückengeländers der »Hohen Brücke«.

Mit dem Nicolaifleet durch Alt-Hamburg

Elbe, Binnenhafen und Nicolaifleet – Vogelperspektive

Man schaut bis zum Südufer der Elbe und sieht dort im Dunst die Helgengerüste von Blohm & Voss verschwinden. Links daneben identifizieren wir den Ausrüstungskran der HAPAG im Kuhwärder Hafen. Dann folgt nach links der Einschnitt zwischen Steinwärder und dem Kleinen Grasbrook. Dort, wo vor dem Sloman-Haus die Hochbahn in die Steilkurve Richtung Rödingsmarkt abbiegt, hatte einst am Baumwall das »Baumhaus«, ein beliebtes Ausflugslokal mit Hafenblick, gestanden. Von dort aus war auch der »Baum« – die alte Hafeneinfahrt mit Zoll- und Akzisegrenze – bis zur Aufhebung der Torsperre 1860 verwaltet worden. Der »Baum« lag auf der Linie der hier sichtbaren Niederbaumbrücke. Diese war in Stahl mit drehbarem Mittelteil in den Jahren 1878–1880 zur Verbindung vom Baumwall zur Kehrwiederspitze erstellt worden. Die vor Jahrhunderten mit dem »Baum« in die Stadt geholte Wasserfläche, heute als Binnenhafen bezeichnet, galt noch im Mittelalter als der eigentliche Seehafen. Gegenüber auf dem Grasbrook nimmt die Speicherstadt den Platz eines ehedem lebhaften Hafenviertels ein. Vierundzwanzigtausend Menschen hatten dort gewohnt und umgesiedelt werden müssen, ehe nach Unterzeichnung (1881) der Bismarckschen Zollanschlußgesetze der dort bestehende Stadtteil abgerissen (1883) werden konnte. Auf der Kehrwiederspitze hatten bis 1840 bedeutende Werften gearbeitet, die erst dann auf das Südufer der Elbe umgesiedelt wurden. Direkt unter uns fließt die Alster – hier als Nicolaifleet bezeichnet – dem Binnenhafen zu. Heute quält sie sich unter einer flachen Brücke hindurch. Als »Hohe Brücke« hält sie die Erinnerung an stärkere Rücksichtnahme auf die größeren Schiffe im Mittelalter lebendig.

Schuten-Stau im Nicolaifleet

Nichts geht mehr – weder vorwärts noch rückwärts. Das Nicolaifleet ist so mit Schuten angefüllt, daß man beinahe nur über Holz von einem Ufer zum anderen hinüberjumpen kann. Gerade ist der Hochwasserstand erreicht. Wir dürfen annehmen, daß zur Zeit auf dem Hopfenmarkt der Verkauf mächtig läuft und die leeren Schuten hier bis zum Ende der Marktzeit liegen bleiben, um dann wieder mit den nicht verkauften Waren und den leeren Körben aus der Stadt zurückzukehren.

Ewer mit trocknenden Segeln

Eine Gruppe von sieben Ewern liegt im Päckchen nebeneinander mit dem Bug zum Ponton und dem Heck zur Strommitte vor den Speichern hinter der Neuen Burg. Hier oberhalb der Reimers-Brücke und gegenüber dem Steckelhörn ist das Fleet breit genug. Die Segel sind während der Mittagszeit nur zum Trocknen gesetzt. Auf dem Deck des ersten, stählernen Besan-Ewers türmen sich die leeren Weidenkörbe und deuten auf das Ende der Marktzeit hin. Bald wird man die Segel wieder herunternehmen, die Masten legen und unter der Reimers-Brücke, der Holzbrücke und der Hohen Brücke hinaus auf die Elbe fahren. Die meisten Schiffe mußten dabei gestakt werden, weil sie noch keinen eigenen Motor besaßen.

Vierländer Gemüsehändler an der Holzbrücke

Von der Holzbrücke aus ist es nicht mehr weit bis zur Nicolaikirche und dem westlich davor liegenden Hopfenmarkt. Darum machten die Ewer, Schuten und kleineren Fischereifahrzeuge, so weit sie den Mast legen und unter den Brücken ins Fleet einfahren konnten, seit eh und je an den Pontons der Holzbrücke fest. Von hier aus schafften sie die zum Verkauf bestimmten »Consumptibilien« zu den Marktständen. Wir schauen von der Holzbrücke flußaufwärts in Richtung der Reimersbrücke, wo sich die Transportfahrzeuge in Päckchen drängen. Vierländerinnen, schon fürs Auge des Kaufpublikums in Tracht aufgeputzt, laufen über Bohlen auf die Schiffe, um Obst, Gemüse, Käse etc. in abgedeckten, aus Weidenzweigen geflochtenen Körben abzuholen. Damit sich die Händler auch schon in aller Herrgottsfrühe, wenn es noch stockdunkel ist, orientieren können, sind schön verzierte, eiserne Gaslaternen auf den Pontons aufgestellt worden.

Reimersbrücke und St. Katharinenkirche

Im Hintergrund erscheint der 112,50 m hohe Turm der Katharinenkirche. Peter Marquard hat ihn in den Jahren 1657/58 erbaut. Die berühmte goldene Krone, für die angeblich das Gold aus dem Schatz des Seeräubers Klaus Störtebeker verwendet worden sein soll, fertigte H. Rentzel. Die Reimersbrücke im Mittelgrund ist von Johann Hermann Maack 1857/58 erneuert worden.

Vierländer auf dem Hopfenmarkt
Köchinnen und vornehme Hausfrauen betrachten prüfend das in Weidenkörben ausgestellte Gemüse. Woher es kommt, erkennen sie bereits von weitem an den zu Werbezwecken angelegten, örtlich leicht differenzierten Trachten der Vierländerinnen. Der Hopfenmarkt zu Füßen der nach dem Hamburger Brand von 1842 im neugotischen Stil wieder aufgebauten St. Nicolaikirche gehört mit zu den ältesten der Stadt. Er wurde 1889 auf 5000 qm vergrößert und reichte jetzt aus, um 659 überdachte Verkaufsstände aufzunehmen. Hier wurde von diesem Zeitpunkt an nur noch Gemüse und Obst verkauft.

Rollwagen auf der Nord-Süd-Achse am Hopfenmarkt
Nur noch ein paar Schritte auf dem Kleinen Burstah nach vorn, dann zeigt sich zur linken Hand der Hopfenmarkt mit der Nicolaikirche. Gerade zu Marktzeiten war hier mit Pferd und Wagen kaum mehr ein Durchkommen. Wir schauen über den Markt hinaus über die Holzbrücke in die Mattentwiete bis zur Brooksbrücke – es ist der gleiche Weg, den im Jahre 1401 Störtebeker zur Hinrichtungsstätte auf dem Grasbrook gehen mußte.

Die »venezianischen« Alsterarkaden
Nach dem Großen Hamburger Brand (1842) hatte der Architekt Alexis de Chateauneuf die Kleine Alster nach Nordwesten hin mit den »venezianisch« anmutenden Alsterarkaden ausgestattet und damit eine elegante Flanierzone zwischen Schleusenbrücke und Reesendamm geschaffen. Die Postkarte zeigt auch, daß zahlreiche Schuten im Päckchen in der Südost-Ecke der Kleinen Alster festgemacht haben, und zwar – hier nicht sichtbar – an der Viertelkreis-Landungstreppe.

Aus dem Ewer in den Pferdewagen
An der Nordwest-Ecke der Binnenalster gab es einen kleinen, winkelig hervortretenden, gepflasterten Landeplatz, der auch von segelnden Berufsfahrzeugen, die zumeist auf der Elbe zu finden waren, besucht wurde. Wir sehen hier zwei Ewer liegen, die gerade zehn Minuten benötigten, um ihre Masten zu legen, wenn sie eine Brücke passieren wollten. Anschließend stellten sie den Mast wieder, damit das Tauwerksgewirr des stehenden und laufenden Gutes nicht an Deck liegenblieb und Mast und Großbaum als Ladegeschirr beim Löschen und Laden wieder zur Verfügung standen. Der vorn liegende Ewer hat gerade seine Ladeluke geöffnet. Säcke werden von Bord geschleppt und auf den bereitstehenden Pferdewagen verladen. Zwischen den Schiffsmasten entdecken wir am Horizont den Turm der Petrikirche. Weiter nach rechts folgen St. Katharinen, der Rathausturm und die Nicolaikirche.

Ein kühlendes Bad an der Lombardsbrücke

Hamburgs ältestes Freibad war 1793 auf Anregung der Patriotischen Gesellschaft nördlich des Reesendamms in der Binnenalster angelegt worden. Nach dem Hamburger Brand von 1842 wurde es an die Nordseite der Lombardsbrücke verlegt. Den Namen »Alsterlust« erhielt die Badeanstalt, als Georg Thielen sie 1887/88 noch einmal völlig neu gestaltete. Auf 900 in die Alster gerammten Pfählen entstand eine Insel mit schnuckeligen, zweigeschossigen Galerien in Fachwerk zur Umrahmung zweier Plansch- und Schwimmbecken für Damen und Herren, aber auch zur Aufnahme der Umkleidekabinen sowie der Restaurant-Facilitäten. Während Turngeräte und Sprungbretter für die sportlicheren Naturen zur Verfügung standen, sorgte der von Wellenrädern in den Schwimmbecken erzeugte Schwell mehr für ein allgemeines, juchzendes Wohlbehagen. Der Staat erbaute zusätzlich geschwungene Steganlagen und machte diese für »Dampfböte zugänglich, welche an der breiten Terrasse vor dem Restaurant anlegen«.

D-1929
Riesenflugboot Do X auf der Alster
Gesamtlänge ca. 42 m, Flügelspannweite 48 m
Besatzung 10 - 12 Mann, Personenbelastung ca.
170 Pers. Aktionsradius ca. 2500 km. Höchstgeschwindigkeit 220 km. Innenraum 3 Stockwerke
12 Motore mit insgesamt 7200 P. S.

Mit dem Flugzeug zur Badeanstalt

Die Sensation des Jahres 1932 stellte die Landung des von Dornier entwickelten Riesenflugbootes Do X auf der Außenalster neben der Badeanstalt »Alsterlust« dar. Es machte direkt vor dem Restaurant am Landesteg der Badeanstalt für die »Dampfböte« fest. Ganze Rudel von Ruderbooten schossen von allen Bootsstegen auf das Flugzeug zu, um es möglichst aus der Nähe zu bewundern. Hunderte bestaunten von den Steganlagen aus das Wunderwerk der Technik.

Vom Grasbrook zur Speicherstadt

Es war einmal »Der Brook«

Wo am Ende des Binnenhafens die Ufer mit den Straßen »Kehrwieder« und »Beim Neuen Krahn« aufeinander zuliefen, überquerte ehedem die erste Brücke – eine hölzerne Klappbrücke – die Einfahrt in das Dovenfleet. Die »Brooksbrücke« hatte ihren Namen nach dem Großen Grasbrook, zu dem sie hinüberführte. Geradeaus lief man damals in die kurze Straße »Auf dem Sande« hinein und auf das »Sandtor« am Stadtgraben zu. Von der Straße »Auf dem Sande« ging im rechten Winkel »Der Brook« ab, eine der ältesten und vornehmsten Straßen mit schönen Fachwerkbauten und traditionsreichen Geschäfts- und Amtshäusern. Manche von ihnen wiesen durch ein geschmiedetes Herbergsschild wie das »Kranzhaus« rechts auf ihre amtlichen Funktionen hin. Wenigstens erinnern heutigentags an Ort und Stelle noch einige Straßennamen an den »Brook« und das alte Hafenviertel auf dem Grasbrook, das 1883 nach den Zollanschlußverträgen zwangsentvölkert, niedergerissen und durch die Speicherstadt ersetzt worden war. Fünf Jahre zuvor ist die Fotovorlage für unsere schöne Postkarte hergestellt worden.

Die neue Wandrahmsbrücke

Im Jahre 1906 wurde als Ersatz für die baufällige Vorgängerin eine neue Wandrahmsbrücke beschlossen, welche – aus Stahl konstruiert – eine Breite von 20 m erhielt und eine Durchfahrtsweite von 62,5 m überspannte. Zu der sehr aufwendigen Rahmenarchitektur gehörten Tore auf beiden Ufern mit je zwei Türmen verschiedener Größe und Gestaltung. Nach der Stadtseite zu stand im Osten ein 45 m hoher Uhrturm aus Muschelkalkstein über einem als Torbogen ausgebildeten Fußgängerdurchlaß. Genau so war auch das Pendent westlich davon im Erdgeschoßbereich gestaltet, jedoch saß darüber kein turmartiger Abschluß, sondern ein kleines Fachwerkhaus. Zwischen dem Uhrturm und dem Fachwerkhäuschen überquerte eine Art Wehrgang den Hauptdurchfahrtsbogen für den Rollfahrzeugverkehr. Außerdem gab es reichlich ornamentale und figürliche Holzbildhauerarbeit. Auf diese Weise wurde die Vorstellung von einer mittelalterlichen Stadttorburg mit den technischen Erfordernissen des Brückenverkehrs verbunden. Alfred Lichtwark kommentierte den stilistischen Mummenschanz im Jahre 1911: »Auch hier sind sehr erhebliche Mittel aufgewandt, um eine zwecklose, störende, romantische Dekoration zu schaffen, die heute höchstens noch für Ausstellungszwecke in einem Alt-Nürnberg, Alt-Hamburg, Alt-Lübeck ernsthaft wäre.«

Verkauf aus dem Schiff bei der neuen Wandrahmsbrücke
Der Uhrturm der Wandrahmsbrücke stellte von jeher einen wichtigen Orientierungs- und Treffpunkt für Fremde und Leute vom Lande dar, die sich im Stadtverkehr zurechtfinden mußten. Östlich davon führt eine bewegliche Brücke schräg zu einem Ponton herunter, der den in Päckchen dicht an dicht liegenden Schuten als Anleger dient. Flink balancieren Hausfrauen und Köchinnen auf der Bordkante der Schuten und den quer darüber gelegten Planken, um sich über die in den Schuten präsentierten Angebote schlau zu machen. Die meisten von ihnen tragen schon ein Joch auf der Schulter, an dem sie je zwei Körbe oder Eimer mit ihren Einkäufen nach Hause tragen werden.

Gemüsemarkt am Deichtor
Um die Jahrhundertwende wurde zur Entlastung der älteren Märkte der Gemüsemarkt am Deichtor zwischen Brooktor- und Neuer Wandrahmsbrücke eingerichtet. Auf dieser Strecke wurden vor dem Ufer zum Oberhafen Pontons ausgelegt, die zusammen eine Länge von 515 m besaßen und Liegeplätze für etwa 100 Fahrzeuge boten. Zu den Pontons führten sechs Brücken hinab. An Marktgebäuden entstanden unmittelbar am Oberhafen der 112 m lange Fruchtschuppen mit einer Ausstellungsfläche von 2.000 qm, die südliche Markthalle mit 2.370 qm für 203 Stände und die nördliche Halle mit 1.800 qm für 86 Stände.

Wintertag am Zollkanal

Zwischen der Brooksbrücke und der Neuen Wandrahmsbrücke, die den Zollkanal nach Westen und Osten begrenzen, führten noch zwei weitere Brücken zum Großen Grasbrook hinüber, die Jungfernbrücke – nur für Fußgängerverkehr – und die Kornhausbrücke. Letztere stellte ehemals in Verlängerung der Brandstwiete die kürzeste Verbindung zwischen dem St.-Petri-Kirchspiel und dem Kornhaus auf dem Großen Grasbrook sowie zur Bastion Nicolas her. Nach Verbreiterung des Dovenfleets zum Zollkanal, der auch das riesige Fachwerkgebäude des Kornhauses zum Opfer gefallen ist, führte die neue Kornhausbrücke (1899/1900) nach St. Annen 1, dem sog. »Rathaus« und Zentrum der Speicherstadt hinüber. Die vier Granitpfeiler an den Ecken der Brücke wurden mit den Statuen berühmter Entdecker – Columbus, Vasco da Gama auf der Stadtseite sowie Cook und Magellan auf der Grasbrookseite – geschmückt.

Die Speicher gegenüber gehören zu der hinter ihnen liegenden Straße »Neuer Wandrahm« auf dem Großen Grasbrook. Unmittelbar davor verläuft durchs Wasser die unter Zuhilfenahme von Maschendrahtwänden gegen Zolldelikte geschützte Freihafengrenze. Vor dem stadtseitigen Ufer liegen zwischen stählernen Dalbenbündeln Schwimmpontons, an denen Dampfschlepper der Firma Lütgens & Reimers festgemacht haben.

Dampfschlepper vor der neuen Wandrahmsbrücke
Vom Ufer der Speicherstadt am Zollkanal aus wird der auf die Wandrahmsbrücke zusteuernde Schleppverkehr beobachtet. Ein kleinerer Schlepper, der unter der Brücke hindurchfahren kann, ohne den Schornstein zu legen, hat einen Ewer »auf dem Haken«. Der hat seinen Mast schon an Deck liegen. Im Hintergrund fährt in gleicher Richtung ein größerer Schlepper, dessen Schornstein gerade umgelegt werden muß, ehe er die Brücke erreicht. Beide Schlepper geben gleichzeitig mit ihrer Dampffeife ein Signal, wie man leicht an den dabei ausgestoßenen Dampfwölkchen feststellen kann.
Auf dieser Postkarte zeigt sich auch die Rahmenarchitektur der Brücke auf der Grasbrookseite. Wieder entstand ein asymmetrischer Torburgenkomplex, der an mittelalterliche Architektur anknüpft und zugleich den Torbogen über dem Hauptfahrweg sowie die beiden Fußgängerdurchlässe einbezieht. Festzuhalten bliebe noch, daß der Meßberghof auf der Stadtseite noch nicht existiert.

Ein neues Programm: Das Maklerhaus
Am Ostende des sich am Sandtorkai lang hinziehenden, ältesten Speicherblocks der Speicherstadt steht das Maklerhaus, später die Kaffeebörse. An dem Bauwerk, das geradezu einen programmatischen Auftakt bilden sollte, wirkten gleich vier der sieben Rathaus-Architekten mit, nämlich B. Hansen, E. Meerwein, H. Stammann und G. Zinnow. Das Maklerhaus wurde ein Jahr vor Gründung der Hamburger Hafen- und Lagerhaus AG 1884 errichtet.

Wie die Finger einer Hand

Die Häfen am Nordufer der Norderelbe

Dalmanns Sandtorhafen
Die Entwicklungschancen für Hafenanlagen am Sandtorkai mit seeschifftiefem Wasser davor hat zuerst Hamburgs berühmtester Hafenbaudirektor vorausgesehen, Johannes Dalmann. Seit 1856 hatte er für einen offenen Tidehafen gekämpft und ihn in den Folgejahren verwirklicht, indem er den alten Stadtgraben zum Hafenbecken erweiterte. Dalmann ermöglichte ferner das Zusammentreffen der Wasserstraße mit der Landstraße und einem Schienenweg, so daß hier am entstehenden Sandtorhafen alle Transportmittel am gleichen Ort und zu gleicher Zeit zusammenwirken konnten. Es läßt sich leicht ermessen, wie ungeheuer groß der Zeitgewinn gegenüber dem Löschen und Laden der noch an Duckdalben im Strom befestigten Segler mit Hilfe von Schuten, Ewern und Leichtern aller Art veranschlagt werden durfte. Schon 1867 legten 665 Dampfschiffe hier an. Auf Schienen direkt über der Mauerkante standen 27 Kräne, d. h. 19 Dampfkräne und 8 hydraulische Handkräne, bereit, um das Umsetzen des Ladegutes auf Eisenbahnwaggons oder Fuhrwerke zu erleichtern.

Der »Kaiserspeicher« mit dem Zeitball

Das dem Sandtorkai am Sandtorhafen gegenüberliegende Ufer wurde Kaiserkai genannt. An seiner Westspitze, dem Kaiserhöft, entstand 1873/74 der Kaispeicher A, ein riesiger Silospeicher mit einem hohen Westturm. Er galt umgehend als eines der Wahrzeichen im Hamburger Hafen und hieß bald nur noch »Der Kaiserspeicher«. Auf Drängen des Nautischen Vereins wurde 1876 ein Gerüst mit einem Zeitball auf dem Turm installiert, der mittags Schlag zwölf Uhr herabfiel. Hiernach wurden im Hafen, auf den Schiffen und in der ganzen Stadt die Uhren gestellt. Der Kaiserspeicher brannte im April 1892 aus und wurde in gleichen Dimensionen umgehend wiederhergestellt.

Dampfbarkasse am Strandhöft

Es ist Feierabend. Eine mit Arbeitern vollbesetzte Barkasse verläßt den Strandkai in Richtung Stadt. Wir folgen dem Postkartenmotiv an den Dalbenbündeln des Strandhöfts vorbei und über die Einfahrt des Grasbrookhafens hinweg nach Nordwesten bis zum Kaiserspeicher.

Die Häfen am Nordufer aus der Vogelschau

Mit dem Kaiserspeicher finden wir links im Bild die Einfahrt zum Sandtorhafen (Fertigstellung 1866) wieder. Parallel dazu in Richtung Elbe wurde 1872 als nächster Einschnitt in den Grasbrook der Grasbrookhafen mit Dalmannkai und Hübnerkai eingerichtet. Der Geländekopf zwischen Kaiserkai und Dalmannkai, d. h. die kurze Elbseite am Kaiserspeicher entlang, wurde 1872 nach den ursprünglich hier belegenen Werften Schiffbauerhafen benannt. Es folgte im Jahre 1879, Rücken an Rücken zum Hübnerkai, ein elbseitiger Kai, der jetzt als Strandkai bezeichnet wurde. Mit den Dalben davor hieß die ganze Anlage »Strandhafen«. Am Ostende des Schiffbauerhafens lag der Fähranleger für den Fährverkehr zum Kleinen Grasbrook hinüber, der später mit der Bezeichnung »Fähre II« zum Amerikahöft umgelenkt wurde. Weiter rechts folgt das Gaswerk. Es war von dem berühmten englischen Ingenieur William Lindley bereits 1843 hier verwirklicht worden. Das zugehörige Terrain begrenzt der quer zum Strom in nordöstlicher Richtung in den Großen Grasbrook hineingegrabene Magdeburger Hafen (1888). Zu diesem gehören der Westliche Kai und der Magdeburger Kai. Der gezeigte Bildausschnitt gehört zu einem Stahlstich von Adolf Eltzner mit der Gesamtansicht Hamburgs aus der Vogelschau.

Großsegler am Strandhafen
Der Blick geht vom »Kaiserspeicher« zurück zum Strandhöft und die zierlich gestaltete Schauseite des Speichers Nr. 18 an der Einfahrt zum Grasbrookhafen nach links. Gegenüber dem Strandkai liegen an der zum Strandhafen gehörigen Dalbenreihe mehrere Vollschiffe und Barken.

Überseedampfer am Strandhafen
Wir haben noch die vorhergehende Abbildung im Kopf und erinnern uns an die auffällig gestaltete Schauseite des Speichers Nr. 18 auf dem Strandhöft, die hier wieder erscheint. Links an den Dalben vorbei schauen wir durch die Einfahrt in den Grasbrookhafen auf den Dalmannkai. Ein kleineres Küstenschiff liegt an der Innenseite der zum Strandhafen gehörigen Dalbenreihe. An der Außenseite der Dalbenreihe hat ein schwarzer Überseedampfer mit drei goldgelben Schornsteinen festgemacht.

Fähre vom Gaswerk zum Kleinen Grasbrook

Den Verkehr zwischen dem Großen und dem Kleinen Grasbrook hatte vom 12. Januar 1852 an eine Seilzugfähre auf kürzester Strecke abgewickelt, bevor noch die gewaltigen Hafenbaumaßnahmen am Nord- und Südufer der Norderelbe in Gang gekommen waren. Sie beförderte alle Rollfahrzeuge vom Leiterwagen bis zur Postkutsche, welche über die 1852 zum Fahrdamm ausgebaute alte Franzosenbrücke (1813) vom Kleinen Grasbrook nach Wilhelmsburg und von dort mit der Fähre über die Süderelbe nach Harburg weiterfahren wollten. Als Nachfolgerin der Seilzugfähre diente von 1860 bis 1887 eine Dampffähre, die durch den Endausbau der Elbbrücken nach Harburg ihre Bedeutung verlor. Außerdem konnte sie von diesem Zeitpunkt an keine sinnvolle Verbindung nach Harburg mehr anbieten, da mit Baubeginn der Segelschiff-, Hansa- und Indiahafengruppe alle Wegeführungen geändert und ausschließlich auf die Bedienung dieser Hafengruppe ausgerichtet wurden.

Das Foto zeigt die Dampffähre in ihrem letzten Dienstjahr zwischen den Pfählen ihres »Terminals« am Kleinen Grasbrook.

Schraubendampfer RUGIA
Nur bei sehr genauem Hinschauen können wir am Backbordbug den Namen des Schraubendampfers RUGIA *entziffern, der hier am Kai unter den Halbportalkränen liegt. Der 125 m lange und 16 m breite Frachter war 1905 vom Bremer Vulkan in Vegesack an die HAPAG abgeliefert worden. Nach dem ersten Weltkrieg mußte das Schiff 1920 im Zuge von Reparationsleistungen an die Alliierten abgegeben werden, doch erwarb die HAPAG es ein Jahr später zurück. Die der Postkarte zugrundeliegende Fotografie läßt sich gut datieren, weil ebenfalls der Name des kleineren Dampfschiffes, das an Steuerbordseite neben der Rugia festgemacht hat, wenn auch nur schwach, gelesen werden kann: die* UNSTRUT *war ein Leichter mit Schraubenantrieb von nur 41 m Länge, 1901 in Hogezand erbaut und mit 363 BRT vermessen. Ab 1911 fuhr die* UNSTRUT *als Binnenschiff.*

Verholen eines Woermann-Dampfers
Noch geht vom Heck des Woermann-Dampfschleppers DARESSALAM *eine Schlepptrosse hinüber zum Heck des Woermanndampfers, den er rückwärts an den freien Platz des Petersenkais verholt. Unter den Halbportalkränen hindurch geht der Blick nach Nordwesten bis zur Turmspitze der Nikolaikirche.*

Die Woermann-Dampfer
Vom Petersenkai aus schauen wir elbaufwärts und hinüber auf die andere Seite, wo zwischen den Dalbenbündeln und dem Versmannkai in Päckchen die grauen Woermann-Dampfer nebeneinander liegen. Geschäftig durchqueren moderne Schuten, Leichter und kleine Schlepper den Baakenhafen, um beim Geschäft des Löschens und Ladens behilflich zu sein.

Stückgut verladen am Petersenkai
Die elektrisch angetriebenen und auf Schienen die Kaimauer entlang laufenden Halbportalkräne sind neben dem Stückgutfrachter auf Position gegangen und arbeiten bereits. Daß dabei viel Handarbeit für die Schauerleute übrig bleibt, zeigt die handkolorierte Postkarte. Sie wurde im April 1911 abgeschickt.

Getreide löschen im Baakenhafen

Mit 171 m Länge und 19 m Breite gleicht der Zweischrauben-Dampfer Pennsylvania *in mancher Hinsicht dem Frachter Patricia, nur daß dieser als Neubau bei Harland & Wolff in Belfast und zwei Jahre früher schon, nämlich 1897 für Rechnung der HAPAG entstanden war. Sie wurde während des Ersten Weltkrieges von den Alliierten beschlagnahmt und der amerikanischen Handelsflotte einverleibt. Unsere Postkarte, die einen Poststempel des Jahres 1907 trägt, geht auf ein um 1905 geschossenes Foto zurück. Es demonstriert, wie die* Pennsylvania *an der mittleren Dalbenreihe im Baakenhafen beim Löschen des Getreides liegt und dieses staubige Ladegut von Getreidehebern in eine bereitliegende Schute umgeladen wird. Die schwimmenden Getreide-Elevatoren wurden durch Schlepper verholt und mit Dampfkraft betrieben. Sie lüfteten und reinigten das Getreide beim Löschen und Laden gleichzeitig von Staub und Pilzbefall. Benötigte man bis dahin für das Löschen eines Schiffes mit 8.000 t Getreide im Handbetrieb 16 bis 20 Tage lang 150 Leute, so genügten zur Bedienung des Getreidehebers 15 Mann, die ihre Arbeit in nur 4 Tagen erledigten.*

HAMBURG-AMERIKA LINIE
Abteilung Luftschiffahrt

Deutsch-Ost-Afrika Woermann-Hafen
Petersen-Quai passierend.

Die Häfen am Nordufer der Elbe

Ein Foto aus der Vogelperspektive zeigt die bis 1891 fertiggestellten Häfen für Seeschiffe. Nunmehr waren alle Möglichkeiten für den Hafenausbau am Nordufer der Elbe ausgeschöpft, zumal die 1872 errichtete Eisenbahnbrücke – unten links – jeder Ausdehnung nach Osten eine Grenze gesetzt hatte. Wir schauen zurück auf die Pfahlreihe (Kohlenkai) im Strom vor dem Kirchenpauerkai und den Baakenhafen rechts davon mit Petersen- und Versmannkai.

Rahsegler im Kirchenpauerhafen

Wie üblich, liegen die Schiffe mit dem Bug stromabwärts. Der Fotograf hat seinen Standort auf der Back eines Rahseglers gewählt, der außerhalb des Baakenhafens (1887) am Kirchenpauerkai (1891) liegt. Zur Belebung des Motivs posiert ein als Wache auf dem Schiff zurückgebliebener Seemann mit einer kleinen Spleißarbeit in Händen. Schräg gegenüber haben an der Dalbenreihe in der Elbe, auch Kohlenkai genannt, einige an ihren Schornsteinen kenntliche Woermann-Dampfer festgemacht, dazwischen einige Segler und Schuten. Kaum durch das Gewirr der Masten und Rahen verdeckt, erscheinen im Hintergrund die Elbbrücken (1872/1888).

Die Bezeichnung Kohlenkai ist auf die Tatsache zurückzuführen, daß hier oft Schiffe in Warteposition vor ihrer Bekohlung lagen. Am Kirchenpauerkai gegenüber standen mehrere kleine Kräne, ein Vollportalkran und ein Kohlenkipper zur Erledigung dieser Arbeit zur Verfügung. Der Kohlenkipper, der bis zu 30.000 kg trug, konnte einen beladenen Eisenbahnwagen bis zu 11 m anheben und bis zu 4,50 m über die Kaikante hinausschieben. Auf diese Weise war es möglich, hier auch Schiffe mit hoher Bordwand leicht zu bedienen. Bis zu 20 Eisenbahnwaggons konnten hier pro Stunde abgekippt werden.

Die »neue« Elbbrücke

Im Zusammenhang mit dem Ausbau des Freihafens, der auch das Südufer der Elbe einbeziehen sollte, wurde der Bau einer Brücke für den Straßenverkehr zwingend notwendig. Mit ihren turmartigen Toranlagen unverwechselbar dem Baustil der Speicherstadt verwandt, konnte die »neue« Elbbrücke 1888 – mit Fertigstellung der Speicherstadt – für zweieinhalb Millionen Mark hergestellt und dem Verkehr übergeben werden. Die aufwendigen Toranlagen schlugen hierbei allein mit 40.000,– Mark zu Buche. Hierzu äußerte sich der Baumeister, Franz Ferdinand Carl Andreas Meyer: »Es schien mir angemessen, für die steinernen Portale ein Projekt in Vorschlag zu bringen, welches in seiner architektonischen Ausbildung der Brücke als einzigem städtischen Verkehrswege über die Elbe Rechnung trägt. In den heimatlichen Formen der alten Backsteinthore der Mark, Mecklenburgs, Lübecks usw. tragen sie die Wappen der deutschen Hansestädte und auf ihrer Spitze den Boten des Seewindes, die Seemöwe.«

Die Häfen am Südufer der Norderelbe

Das Überseeheim der HAPAG
An der Freihafengrenze entlang führt ein Bahndamm nach Harburg. Im spitzen Winkel zwischen dem Bahndamm und dem Müggenburger Zollhafen liegt ein Gelände, das vonder HAPAG zu Beginn des Jahrhunderts zur Errichtung eines Überseeheims für die Unterbringung der Auswanderer genutzt wurde. In der Tat entstand ein kleines Dorf, das – gemessen an den zuvor hier herrschenden Verhältnissen – sogar mit einigem Komfort aufwarten konnte. Dazu gehörten u. a. ein eigenes medizinisches Zentrum, eine Sanitäter-Station, Kirchen und Kapellen für alle Glaubensrichtungen.

Nur Dampfer im Segelschiffhafen
Aus der Vogelperspektive erkennt man erst recht die Größe des hier nur noch mit Dampfschiffen gefüllten Segelschiffhafens. Ein einziger Rahsegler liegt wie ein Fossil dazwischen. Kaum vorstellbar, daß hier einmal an die 100 Großsegler untergebracht werden konnten und noch viele kleinere Schiffe dazu! Wir schauen nach Nordwesten, sehen gegenüber das Gaswerk und den Magdeburger Hafeneinschnitt in das Nordufer. Rechts hinter dem Asiakai wird der Moldau-Hafen sichtbar und links im Vordergrund der Hansa-Hafen angeschnitten.

Löschen und Laden mit Segelschuten

Vom Amerikakai aus in Richtung Nordwesten betrachten wir das Gewimmel der Segelschuten zwischen den Großseglern, die mit Waren aus der Stadt oder anderen Häfen der Ober- und Niederelbe hier gelandet sind. Sie werden sie den seegehenden Fahrzeugen an Bord geben, um zugleich deren Ladungen von hier mitzunehmen und an den jeweiligen Bestimmungsort zu verfrachten.

Verholen der Segelschuten

Wir befinden uns in der trichterförmigen Ausweitung des Hansahafens nach Süden, schauen aber in Richtung Elbe. Unter all den vielen Schuten auf der linken Seite läßt eine ihr sprietgetakeltes Großsegel erkennen. Ihr Eigner wird versuchen, mit günstigem Wind segelnd oder unter Zuhilfenahme des Peekhakens diesen Platz wieder zu verlassen. Schneller gelangt die Schute, welche direkt auf uns zukommt, ans Ziel, weil sie sich seitwärts von einem kleinen Dampfschlepper bugsieren läßt. Der Mast liegt unbenutzt mittschiffs an Deck. Rechts im Hintergrund ist ein HAPAG-Dampfer zu erkennen, der am Amerikahöft festgemacht hat.

Großsegler am Amerikakai

Wir schauen nach Nordwesten am Amerikakai entlang. Da ist kaum mehr Platz für weitere Segelschiffe. Die Dampfer fehlen hier noch ganz. Nicht einmal Schlepper werden angetroffen. Auch die Dalbenreihe in der Mitte und ebenso der Asiakai rechts sind voll besetzt. Es verlangte schon beträchtliches seemännisches Können, die großen Segelfahrzeuge oftmals nur mit Leinen oder mit Hilfe eines ausgebrachten Ankers zwischen die Pfähle zu verholen.

TASMANIA ***im Hansahafen***

Die Flensburger Schiffbaugesellschaft hatte sie gebaut und am 7.11.1913 an die Deutsch-Australische Dampfschiffs-Gesellschaft abgeliefert. Die TASMANIA *war 147 m lang, 19 m breit und mit 7.514 BRT vermessen. Die Vierfach-Expansionsmaschine brachte 4.500 PS auf die Schraube. Das Schiff wurde 1920 an die alliierten Siegermächte abgegeben und unter gleichem Namen mit Heimathafen London in Fahrt gehalten.*

Schwimmender Kohlenheber
Das Löschen und Laden der von den Dampfern benötigten oder aber in schwimmenden Kohlenlagern bis zum Weiterverkauf verwahrten Steinkohle geschah mit Hilfe der sog. Kohlenheber, die mit mehreren Rüsseln gleichzeitig arbeiten konnten. Die rußgeschwärzten Giraffen waren ähnlich konstruiert wie die Getreideheber.

Der Kran vom Amerikahöft
150.000 kg konnte der Dampfdrehkran am Amerikahöft tragen. Noch 1887 handelte es sich um den größten Kran der Welt. Er wurde bis zu seinem Abbruch im Jahre 1937 benutzt.

»Bekohlung« am Afrikahöft

Nach einer Runde durch den Hansa- und den India-Hafen fahren wir am Afrikakai entlang wieder nach Nordwesten hinaus. Im Dunst sehen wir weit entfernt jenseits der Elbe den Michel und davor den Kaiserspeicher. In diesem Augenblick taucht unmittelbar vor uns am Afrikahöft ein kleinerer Dampfer, vermutlich ein Tender auf, der hier liegt, um »bekohlt« zu werden. Mit Abstandshaltern wird das Schiff von der Kaimauer abgedrückt, damit zwischen dieser und der Bordwand mehrere mit Kohle beladene Leichter hineinfahren können. In der Bordwand hat sich eine Luke geöffnet, und davor ist wie ein Balkon eine breite Plattform aufgehängt worden. Auf dieser stehend, kann ein Kohletrimmer die schwarze Last in geflochtenen Körben entgegennehmen. Daneben hängt eine Leiter, welche es ihm ermöglichen wird, in das Boot zurückzuklettern. Daß bis nach der Jahrhundertwende derart umständliche und zeitraubende Verfahren in Gebrauch waren, spricht für die Geringfügigkeit der Entlohnung dieser schweren körperlichen Arbeit. Die Szene wird von zwei Herren am Ufer angelegentlich betrachtet. Der eine trägt eine riesige Kamera und der andere ein Stativ. Sie gehörten möglicherweise zu dem Fototeam, das im Auftrage des Verlags Knackstedt & Näther auch diese Aufnahme hergestellt hat, oder gar zur Konkurrenz.

Werftarbeit zur Musik der Nietenhämmer

Im L-Dock der Reiherstiegwerft

Inzwischen sind wir vom Afrikahöft auf die Elbe zurückgekehrt und reisen stromabwärts am Grenzkanal vorbei, den wir an Backbord liegen lassen. Wir passieren gerade die Reiherstiegwerft, die bereits 1706 am Reiherstieg in Wilhelmsburg begründet und erst 1861 zu diesem Platz an der Einmündung des Reiherstiegs in die Elbe verlegt worden war. Wir schauen zurück auf den Bug des Schleppers SEEADLER *der Reederei W. Schuchmann, Bremerhaven, der neben uns im Dock I der Werft, dem L-Dock, liegt. Dieses Schwimmdock entstand 1885 nach Plänen der Firma Clarke & Standfield in London. Die technische Bezeichnung lautet »Off shore-Dock«, während »L-Dock« nur die Form des Querschnitts in Gestalt des großen Buchstabens »L« bedeutet, weil dieses Dock nur aus einem waagerechten Boden und einer lotrechten Seitenwand besteht. Es besitzt eine Länge von 100 m, eine Breite von 25,9 m und eine Tragfähigkeit von 5.800 t. Man hatte sich überlegt, daß mehrere Docks nahe hintereinander liegenbleiben könnten, wenn es gelänge, die zu dockenden Fahrzeuge seitwärts ins Dock hinein- oder aus diesem wieder hinauszubugsieren. Gleichwohl verdient festgehalten zu werden, daß diese an sich geniale Idee sich nicht bewährt hat. Hoch über dem Dock schwebt an dem Gerüst der Kabelkrananlage das Transparent mit der Aufschrift SCHIFFSWERFT u. MASCHINENFABRIK. Die Werft wurde 1927 von der Deutschen Werft übernommen.*

Blick auf die Docks der Reiherstiegwerft
Von einem erhöhten Standpunkt aus schauen wir zurück auf das L-Dock, das unmittelbar an der Einmündung des Reiherstiegs liegt. Im Dock erkennen wir einen Dampfer mit dem am Bug deutlich lesbaren Namen LARACHE, *der hier repariert oder nur überholt wird. Durch den Dunst und Rauch der Dampfschiffe schauen wir hinüber bis zum Gaswerk auf dem Großen Grasbrook.*

Wilhelminenbad/Steinwerder ▶
Mit diesem Motiv blicken wir von dem Fährkanal aus von Ost nach West in das »Wilhelminenbad« hinein. Wahrscheinlich stand der Fotograf auf der Ostmole des ringsum gegen das Fahrwasser aus Sicherheitsgründen abgeteilten Schwimmbades. »Nichtschwimmer«, so besagt eine Schrift auf der elbseitigen Nordmole, »dürfen nur vom Strande aus und nicht weiter als bis zur Brusttiefe ins Wasser gehen«.
Das Wasser war hier gegen den Schwell und den Sog größerer Schiffe, die auf der Elbe vorbeifuhren, durch eine weiter in den Strom hineingesetzte Schwellschutzmauer geschützt, die beim Molenkopf an der Westseite des Fährkanals ansetzte und im Abstand von etwa zweihundert Metern parallel zum Nordufer Steinwerders nach Westen verlief, aber nur eine Öffnung zwischen den Dalben gegenüber dem Schanzengraben frei ließ und erst bei den Schwimmdocks östlich vom Lotsenhöft endete. Der »Alte Elbtunnel« unterquerte später das Wilhelminenbad, so daß das Empfangsgebäude des Tunnels genau südlich der Badeanstalt stand.

IMPERATOR *am Hachmannkai*

Erst nach dem Köhlbrandvertrag zwischen Hamburg und Preußen stand ab 1908 das Gelände für den Neubau einer Filiale der Stettiner Vulcan-Werft zur Verfügung, die 1909 gegründet wurde und nach einem rasanten Aufbau es möglich machte, daß auf ihren Anlagen 1912 schon das größte Schiff der Welt, die IMPERATOR, *von Stapel lief. Die Kaianlagen verschwinden hinter dem riesigen Rumpf. Allein der 200-t-Hammerkran der Vulcan-Werft und Teile von zwei kleineren Kränen werden sichtbar. Ein Kohlenheber hat gerade an Backbordseite festgemacht, um das Riesenschiff für seine nächste Ausfahrt mit Brennstoff auszurüsten. Der Fotograf hatte seinen Standort gegenüber am Roßkai gewählt. Direkt vor ihn hat ein Flußschiff aus Magdeburg festgemacht.*

Werft Heinrich Brandenburg beim Fährkanal/Steinwerder

Die Aufnahme wurde vom Westufer des Fährkanals, und zwar von der Brücke aus, gemacht, die zum Anlegeponton der »Fähre V« im Vordergrund hinabführt. Der Ponton war durch Dockschlösser mit Holzpfählen verbunden, zwischen denen er mit auflaufendem Wasser aufschwamm oder bei Ebbe fiel. Am Ponton liegt der kleine, zur »Fähre V« gehörende Fährdampfer Repsold. *Hier pflegten die Werftarbeiter aus- und einzusteigen, allerdings auch Badegäste, welche die westlich des Fährkanals belegene Badeanstalt benutzen wollten.*

Bereits 1848 wurde der Fährverkehr zu dem unmittelbar neben der Anlegestelle erbauten Fähr- und Wirtshaus aufgenommen. Nach stärkerer Zunahme der Bevölkerung erhielt Steinwärder 1864 ein eigenes Schulhaus, das am 3. Januar 1865 eröffnet wurde. Im August des Jahres 1864 wurde auch der öffentliche Badeplatz, das »Wilhelminenbad«, fertiggestellt und der Öffentlichkeit übergeben.

Den Mittelgrund beherrscht ein eingedockter Stückgutfrachter mit doppeltem Ladegeschirr vor und hinter den Aufbauten, die sich hellweiß von dem im übrigen dunkel gehaltenen Schiffsrumpf absetzen. An seiner Steuerbordseite liegt ein kleineres Schiff. Die Dockanlage gehört zur Werft Heinrich Brandenburg, die seit 1845 existierte und 1879 hierher verlegt worden war. Später wurde das hier abgebildete 7200-t-Dock erworben. Am häufigsten lagen hier die Schiffe der Reederei Sauber Gebr. zur Reparatur bzw. Überholung, nachdem Sauber sich mit 50 % des Kapitals am Neuaufbau der Werft an dieser Stelle beteiligt hatte. Die Aufnahme entstand ungefähr um 1900. Im Jahre 1912 erwarb die sich ständig ausweitende Reiherstiegwerft das Familienunternehmen Brandenburg.

Der »Werfthafen« von Blohm & Voss auf Kuhwerder
Auf den Helgen liegt der Neubau eines Passagierdampfers. Unmittelbar vor dem Helgengerüst erkennt man einen »Versetzkran«. Einige Barkassen beleben die Wasserfläche des »Werfthafens« vor den Helgen, darunter auch eine Dampfbarkasse der »Kayverwaltung«.
Im Jahre 1877 war auf Kuhwerder westlich des Schanzengrabens die Werft Blohm & Voss gegründet worden. Eine erhebliche Erweiterung des Geländes auf 560.000 qm mit einer 3 km langen Wasserfront gelang im Jahre 1905. Eine eigene Stahl- und Bronzegießerei sowie neue Helgen von 320 m Länge und 55 m Breite wurden oberhalb des Werfthafens gebaut. Die um 1909/1910 hinzugefügten Helgengerüste besaßen eine Höhe von bis zu 68 m. Der Aussichtsturm darüber war noch einmal 10 m höher. Über dem Helgenfeld bewegten sich auf Schienen 38 Laufkräne, welche mit einem Versetzkran je nach Bedarf auf andere Schienen umgesetzt werden konnten. Die Laufkräne, die jeweils nur 5 bzw. 7,5 Tonnen zu heben vermochten, konnten mit Hilfe von Traversen auch so zusammenwirken, daß sich Lasten bis zu 45 Tonnen auf einmal anheben ließen.

Stapellauf der* BISMARCK *bei B & V
Als drittes Schiff der sog. Imperator-Klasse lief am 20. Juni 1914 der Vierschrauben-Schnelldampfer BISMARCK *für Rechnung der HAPAG hier von Stapel, nachdem eine ebenso glanzvolle Schiffstaufe schon ein Jahr zuvor für das zweite Schiff dieser Klasse, die* VATERLAND, *am 3. April 1913 bei B& V stattgefunden hatte. Wie die ziemlich baugleichen Vorgänger, die bei der Hamburger Niederlassung der Stettiner Vulcan-Werft fertiggestellte* IMPERATOR *und die* VATERLAND, *galt auch die* BISMARCK *wieder aufgrund ihrer Abmessungen als das größte Schiff der Welt. Es war 277,98 m lang, 30,48 m breit und hatte eine Seitenhöhe von 19,20 m. Mit 56.551 BRT vermessen, fuhr es mit einer Maschinenleistung von 60.000 PS immerhin 22,5 kn schnell. Es konnte in der I. Klasse 700, in der II. 600 und in der III. 1.050 Personen befördern und hatte eine Besatzung von 1.200 Mann. In 83 Rettungsbooten konnten 5.900 Personen Platz nehmen. Wegen Ausbruch des Ersten Weltkrieges am 1. August 1914 blieb die* BISMARCK *unvollendet am Ausrüstungskai liegen. Nach dem Kriege wurde sie an England ausgeliefert und unter dem Namen* CALEDONIA *in Fahrt gebracht.*

Nur noch Kriegsschiffbau bei B & V
Wo vormals für die HAPAG die größten Dampfer der Welt gebaut wurden, entstanden in der Zeit des Ersten Weltkriegs fast ausschließlich Kriegsschiffe. Vom Stapellauf eines Zerstörers am 15. Dezember1914, der Baunummer 238, an wurden bis zum Kriegsende 1918 mit einer einzigen Ausnahme – Bau eines Docks für die Türkische Marine – nur noch Aufträge der Kaiserlichen Marine abgewickelt. Gebaut wurden fast ausschließlich U-Boote. Als erstes Handelsschiff nach dem Kriege lief am 28. Juli 1920 die URUNDI *der Deutschen Ost-Afrika-Linie von Stapel. Entsprechend ruhig geht es im »Werfthafen« vor den Helgengerüsten zu.*
Die Handelsschiffahrt hatte seit Verhängung der britischen Seeblockade über Deutschland im August 1914 vollkommen darnieder gelegen. Kein Schiff erreichte mehr den Hafen, und keines lief in Richtung See aus.

Kaiser Wilhelm II. anläßlich des Stapellaufs eines Kriegsschiffs bei Blohm & Voss

Löschen und Laden im Kuhwerder Hafen

Man fährt aus dem Werfthafen heraus und geht nach backbord um Kuhwerderhöft herum, um in den 1902 geschaffenen »Kuhwerderhafen« zu gelangen. Bald nach seiner Fertigstellung ist das Foto entstanden. Auf der Backbordseite des Steinwerder Ufers sollten der Werft B & V nach ihrer Erweiterung im Jahre 1905 zusätzlich 1.080 m Kailänge zur Verfügung stehen. Dort wurden in der Folgezeit nach Inbetriebnahme Schiffsschäden behoben, die oberhalb der Wasserlinie lagen und daher keine Dockung erforderlich machten. Für derlei Arbeiten sollte auch noch ein besonderer Kran beschafft werden, ein 250-t-Hammer- oder Turmkran von 70 m Höhe, der auch noch vorn bis zum Winkel von 45° angehoben (»getoppt«) werden und dann die Höhe von 110 m erreichen konnte.

Das Grevenhof-Ufer genau gegenüber hat eine Kailänge von 1.015 m. Die Schuppen 69–70 sowie A–F werden als Lagerhäuser benutzt. Das »Mittelufer« am Kopf des Hafens ist mit 125 m wiederum sehr kurz. Hier stehen Getreidespeicher.

Der Fotograf stand bei Herstellung dieser Aufnahme auf dem Mittelufer und schaute aus dem Hafen hinaus. Die rechts liegenden Dampfer – der nächste von ihnen hat als Schornsteinmarke ein dunkles Balkenkreuz auf hellem Grund – haben ihre Ladebäume seitwärts über den danebenliegenden Schuten ausgebracht, um die Vorgänge des Löschens oder Ladens in Gang zu setzen. Das Balkenkreuz am Schornstein kennzeichnete die Schiffe der von Ballin 1894 gekauften Hansa-Reederei. Das Foto kann also kaum jüngeren Datums sein.

Von einer Inanspruchnahme des Hafens seitens der Werft Blohm & Voss ist denn auch hier noch nichts zu spüren. Später einmal werden deren Docks die Mitte des Hafens einnehmen, wo jetzt noch Liegeplätze an den Dalben genutzt werden. Nach backbord hinüber geht ein Hafenschlepper mit einer leeren Schute im Schlepp.

Am Ausrüstungskai der Hamburg-Amerika Linie

Die »Fliegeraufnahme aus 200 m Höhe« erfaßt das »Kaiser-Wilhelm-Höft« zwischen dem »Kuhwerder Hafen« links und dem »Kaiser Wilhelm Hafen« rechts, welcher ausschließlich der HAL zur Unterbringung ihrer Schiffe diente. Leicht entdecken wir den zierlich gestalteten Leuchtturm – hier noch in der ursprünglichen Form –, der nachts rot befeuert war, um die Backbordseite der Einfahrt in den »Kaiser Wilhelm Hafen« zu markieren, während der Turm auf dem Ellerholzhöft gegenüber mit Grünlicht die Steuerbordseite kennzeichnete. Der Kaiser-Wilhelm-Höfter Leuchtturm zeigte außerdem in einem hochrechteckigen Feld den jeweiligen Wasserstand an. Dahinter links findet sich eine längere Halle, die mit einer Balkenüberschrift den Eigner angibt: »HAMBURG-AMERIKA LINIE«. Am Ausrüstungskai liegen zwei Schiffe und ein Arbeitsprahm »im Päckchen«. An der Innenkante liegt das Vierschornsteinschiff Deutschland, das als Neubau für Rechnung der HAL am 22. Juni 1900 beim Stettiner Vulcan vom Stapel gelaufen war. Noch im gleichen Jahr hatte der 201 m lange und 20,5 m breite Schraubendampfer für seine Reederei das »Blaue Band« gewonnen. Für den Vortrieb sorgten 35.000 PS.

Der »Kaiser Wilhelm Hafen« der HAL

Mit Hilfe der Vogelperspektive wird hier der ausschließlich von der HAL genutzte und 1903 fertiggestellte »Kaiser Wilhelm Hafen« erläutert. 1,35 Millionen Goldmark Pacht zahlte die HAL vor dem Ersten Weltkrieg für diesen Hafen und den Mönckebergkai im benachbarten Ellerholzhafen an den Hamburger Staat. Links erkennen wir den schräg auf den Kaiser-Wilhelm-Höft zulaufenden Ausrüstungskai wieder, der nach einem stumpfen Winkel in den Hafen hineinläuft und in den »Auguste-Victoria-Kai« von 1.090 m Länge übergeht. In dem hier belegenen Schuppen 73 a, der als Kai-Kühlhaus ausgebaut worden war, lagerte vorwiegend amerikanisches Gefrierfleisch, große, in Sackleinen eingenähte Lendenstücke etc. Der gegenüberliegende Kronprinzenkai ist nur 915 m lang. Am Kopf des Hafens, am Reiherkai, stehen noch einmal 180 m Kailänge für Leichter und technische Fahrzeuge zur Verfügung. Außerdem wird das Liegeplatzangebot noch durch Dalbenreihen in der Mitte des Hafens erweitert.

Der »technische Betrieb« am Reiherkai
Zunächst springt das große Verwaltungsgebäude der HAL ins Auge. Links daneben erscheinen der Akkumulatorenturm und das zentrale E-Werk mit dem hohen Schornstein für die Licht- und Energieversorgung der auf Kuhwerder bestehenden Hafenanlagen. In dem niedrigen Gebäude links vom Schornstein standen die Elektropumpen, die Frischwasser aus Tiefbrunnen emporholten und durch Wasserleitungen an die Entnahmestellen – vor allem an die wichtigste am Kohlenkai – weiterpumpten. Am Kohlenkai startete das staatliche Frischwasserboot zur seeseitigen Versorgung der Schiffe im Hafen.

Ballins Kräne am Reiherkai
Mit einer Gegenaufnahme vom Dach des Verwaltungsgebäudes aus werden alle Kaianlagen des Kaiser-Wilhelm-Hafens – die aufgedruckte Bezeichnung »Kuhwärderhafen« ist falsch – und Schiffe an der mittleren Dalbenreihe erfaßt. Im Vordergrund erkennen wir die der Hamburg–Amerika Linie eigenen Hebezeuge am Reiherkai. In der Mitte steht der 20-t-Hammerkran, z. Zt. flankiert von zwei auf Schienen laufenden Turmkränen. Unmittelbar rechts vor dem Turmkran hat am Kai der Schwimmkran der HAL, dessen unterer Gerüstteil hinter der Uferkante verdeckt ist, festgemacht.

Zweimal Ballins Schwimmkran

Mitten im dichten Gewimmel von Schuten, Leichtern und Dampferhecks fällt der Schwimmkran der HAL besonders auf. Es handelt sich um einen mit Dampf betriebenen Scherenkran, der auf einen Schwimmponton montiert ist. Von dem etwas höher im Krangerüst montierten Kranführerhaus aus werden die Hebearbeiten im ständigen Zusammenwirken mit dem Dampfmaschinisten unter Deck mit eingespielter Präzision durchgeführt. Der Kran hat noch keinen eigenen Schraubenantrieb, sondern wird von dem Schlepper Expedient *der HAL zum jeweiligen Einsatzort geschleppt. Hier gehen Schlepper und Kran gerade im Verband am Kaiser Wilhelm-Höft vorbei in den Kaiser Wilhelm-Hafen hinein.*

Die zweite Aufnahme ist nur ein wenig früher aufgenommen, noch bevor der aus Expedient und Schwimmkran bestehende Verband ins Hafengewimmel eintaucht. Beide Bilder zeigen sehr deutlich, daß der schwere Kranhaken mit einer Trosse fest an Deck verzurrt ist, um Unfälle, wie sie bei von fremden Schiffen verursachtem Schwell auftreten könnten, von vorn herein zu vermeiden.

Die »Primuskatastrophe« 1902

Nach einem Tagesausflug auf der Niederelbe am 21. Juli des Jahres 1902 befand sich der kleine Raddampfer Primus mit den Angehörigen der »Liedertafel Treue« auf der Rückfahrt nach Hamburg, als er nach Hereinbrechen der Dunkelheit von dem entgegenkommenden Schlepper HANSA *der Hamburg–Amerika Linie überlaufen wurde. Der Ausflugsdampfer sank sofort. Von den Mitgliedern des Gesangsvereins verloren 101 Personen innerhalb weniger Minuten ihr Leben.*
Die Postkarte zeigt das Wrack nach Bergung mit Hilfe eines Tauchers auf dem Slip einer kleinen Werft am Köhlbrand. Sollte die aufgedruckte Beschriftung in etwa das Richtige meinen, so gehören die Häuser hinter den hohen Bäumen gegenüber zur Elbinsel Waltershof. Dann läge das Wrack auf der Brandtschen Werft auf Neuhof, die sich dort befand, wo der unmittelbar östlich neben dem Köhlbrand plazierte Pfeiler der Köhlbrandbrücke heute steht.
Vor dem Werftplatz haben eine Schute mit weiteren Wrackteilen und an ihrer Außenkante der TAUCHER *der Bergungsfirma Beckedorf festgemacht. Auf dem Wrack und dem Werftplatz bewegen sich mehrere Personen, die ganz offensichtlich einer Untersuchungskommission angehören.*

Querab die Deutsche Werft auf Finkenwerder

Gerade tauchen im Morgennebel backbord voraus die Helgengerüste der Deutschen Werft auf – ein neues, weithin sichtbares Wahrzeichen Finkenwerders.
Vor uns gehen zwei Schleppverbände elbabwärts bei leichtem Kabbelwasser. Der weiter backbord fahrende Verband besteht aus zwei Besan-Ewern, die entweder noch keine eigene Maschine besitzen oder eine günstige Gelegenheit nutzen, sich am Haken eines kleinen Schleppers mitnehmen zu lassen.

Petroleumhafen und Yachthafen/Waltershof

Die Luftbildaufnahme zeigt mit dem Petroleumhafen den ältesten und am weitesten westlich liegenden Seeschiffhafen jener Hafengruppe, für die das Inselgebiet zwischen Köhlbrand und Köhlfleet bis 1914 erschlossen wurde. Angeschnitten wird gerade noch am unteren Bildrand die Zufahrt von der Elbe her über den Parkhafen, wo genug Raum für Wendemanöver gelassen wurde. Die Backbordseite der Einfahrt wird durch eine nach Westen vorspringende Mole nur ein wenig eingeengt. Sie trägt den Namen »Athabaskahöft« nach einem Dampfer Athabaska, *der am 7. Oktober 1891 hier nach einem Ramming gesunken und so weit wie möglich aus dem Fahrwasser heraus an Land gezogen worden war.*

Die Öltanks auf beiden Seiten des Petroleumhafens sind noch einmal besonders eingedeicht. Von vornherein waren sie mit Schaumlösch-Sprinkleranlagen gegen Feuergefahr gesichert.

Rechts hinter dem Kopf des Petroleumhafens erscheint noch ein ovales Hafenbecken, ein zur Zeit der Aufnahme intensiv genutzter, heute nicht mehr existierender Sportboothafen mit einer ringförmig ausbildeten Pontonanlage. Man erreichte ihn, wenn man außen herum am Parkhafen vorbei und elbabwärts am stumpfwinklig abknickenden, von einer Dalbenreihe begleiteten »Bubendey-Ufer« entlangfuhr und kurz vor dem schönen Schumacherbau der Lotsenstation auf dem »Lotsenhöft« die eigens für den Yachthafen geschaffene Einfahrt nutzte. Von dort aus hatte man einen schönen Blick über den Yachthafen hin auf das in Klinkerbauweise ausgeführte, heute noch stehende ehemalige Yacht-Clubhaus.

Jenseits des Köhlfleets zeigen sich die starken Veränderungen am Ufer von Finkenwerder, das durch Ansiedlung der Deutschen Werft zum Industriestandort umgewertet worden ist. Unschwer erkennt man auch die in die Landschaft gerammten Wohnblöcke für die Werftarbeiter. Weiter aufwärts am Köhlfleet stehen die kleineren Werften für Küsten- und Fischereifahrzeuge, daneben liegt der Fischereihafen. Kurz vor dem linken Bildrand mündet die Aue, welche Finkenwerder von der Dradenau trennt, in das Köhlfleet ein.

Feierabend im Hafen
An Bord eines Seglers ist nach des Tages Arbeit Ruhe eingetreten. Ein junger Seemann liegt halbwegs auf einem Poller und denkt vielleicht über den Abschied aus dem Hafen nach. Ein zweiter macht sich noch ein wenig in den Wanten zu schaffen. Es versteht sich von allein, daß es sich um eine gestellte Aufnahme handelt, bei der die fotografierten Seeleute für ein Trinkgeld den choreographischen Anweisungen des Fotografen gefolgt sind, der beim Verkauf des Postkartenmotivs ein wenig Seefahrer-Romantik als Vorsprung gegenüber der Konkurrenz herausholen wollte.

Vom Fluß zum Kanal

Die Verbesserung des Elbfahrwassers

Die bedeutenden Fortschritte des Hafens hätten Hamburg ebenso wenig genützt wie Großaufträge für Riesendampfer den Werften Vulcan oder B & V, wäre inzwischen nicht mit gleichem Ernst die Verbesserung des Elbfahrwassers betrieben worden. Die bloße Vorstellung mutet schon grotesk an, daß der Hafenausbau bereits weitestgehend abgeschlossen war, ehe nach dem Staatsvertrag mit Preußen über die Niederelbe-Regulierung vom 10. Mai 1897 der besonders tückische »Bönhasensand«, der jedes tiefergehende Schiff bis dahin bei Teufelsbrück zum Ausweichen nach Süden gezwungen hatte, in den Jahren von 1903 bis 1906 mit Hilfe der Bagger besiegt werden konnte. Riesige Findlinge im Wasser vor Nienstedten bis Blankenese machten es ferner notwendig, bei Austiefung der Fahrrinne auf 10 m (1897–1902) einen größeren Abstand von dem abbruchgefährdeten Höhenrücken am Nordufer der Elbe zu wahren. Die Umlenkung des Stroms geschah durch die Staffelwirkung rechtwinklig zum Ufer angeordneter Stacks.

Durch den bloßen Baggereinsatz waren meist nur vorübergehende Verbesserungen zu erzielen. Dauerhafte Lösungen durfte man sich da schon eher von regulierenden Strombaumaßnahmen erhoffen, welche von der Natur der Elbe ausgingen. Jahrzehnte währende Beobachtungen und die Erfahrungen von Generationen zählten. Man mußte wenigstens die Hauptrichtungen des Stroms bei Ebbe und bei Flut und deren Veränderung auf Höhe der verschiedenen Wasserstände kennen, wie hier nur anhand besonders wichtiger Beispiele skizziert sei: Vor Änderung der Köhlbrandmündung drückte jeweils mit ablaufendem Wasser dessen Strom beinahe rechtwinkling zum Altonaer Hafen hinüber und häufte dort immer wieder den »Altonaer Sand« auf. Abhilfe konnte einmal durch Schaffung einer stärker nach Westen weisenden, tangential in das Hauptfahrwasser eingeführten Köhlbrandmündung, sowie durch Einengung und Beschleunigung des Hauptstroms erzielt werden. Ferner taten hier ab 1902 ein 1 km langer Leitdamm vor dem Altonaer Hafen und die erhebliche Aufhöhung des 800 m breiten, mit Schotter armierten Finkenwerder Nordufers zusammen die rechte Wirkung.

Bis 1845 hatte ein weiteres, besonders gefürchtetes Hindernis im Fahrwasser, die »Blankeneser Barre« westlich von Finkenwerder, die Elbe für alle Schiffe mit einem Tiefgang von mehr als 4,30 m sogar bei Hochwasser unpassierbar gemacht und dazu gezwungen, vor Brunshausen/Stadersand auf Reede zu ankern und einen Teil der Ladung mit Hilfe von Ewern, Segelschuten und Tendern zu leichtern. Ein achtarmiger Wasserstandsanzeiger auf einem Turm zu Brunshausen am Nordufer der Schwinge zeigte den Lotsen und Schiffern schon vorher genau an, ob an eine Weiterfahrt zu denken war oder »das Eisen weggeworfen«, d.h. geankert werden mußte. Das Anheben eines Armes bedeutete jedesmal 50 cm mehr Tiefe unter dem Wasserspiegel im Bereich der schrecklichen Barre.

Die Ursache für das Entstehen der Barre bildete wenigstens zum Teil die Ablagerung der von der Norder- und Süderelbe mitgeführten Sandmassen. Diese beruhigten sich bei der Vereinigung beider Flußarme erst einmal in einem westlich von Finkenwerder auf vierfache Breite anwachsenden Strombett und sanken dann ab. Der Maler Adolf Vollmer hat die durch Fahrwassertonnen exakt bezeichnete, äußerst schwierige Passage, die bereits in Elbkarten des 17. Jahrhunderts charakterisiert war, zum Gegenstand eines kleinen Ölgemäldes – heute im Museum für Hamburgische Geschichte – gemacht. Die erste englische, 1852 eingerichtete Dampferlinie Richtung Hamburg hatte noch der Barre wegen Glückstadt als Zielhafen gewählt. Zwar haben die ab 1832 im Hamburger Hafen tätigen Dampfbagger (s. o.) von 1845 an eine allmähliche Verbesserung der Fahrwasserverhältnisse gerade bei Blankenese bewirken können, doch sollte eine durchgreifende Stromregulierung zwischen Finkenwerder und Lühemündung erst unmittelbar vor dem Ersten Weltkrieg in Gang kommen.

Auf der Südseite war bis dahin – bei auflaufendem Wasser – ein weiteres Problem beobachtet worden: Dort war immer die erste Flut in weit nach Süden ausholendem Bogen ca.15 Minuten schneller als an der Nordseite aufgelaufen und hatte dann, umgelenkt durch den Zustrom der Süderelbe querab der Estemündung, wieder zur Nordseite gewechselt, wo es das Auflaufen der Flut im Hauptfahrwasser sogar noch hemmte – zumindest beruhigte. Dieser Effekt hatte der »Blankeneser Barre« am Nordufer die Ablagerung weiterer Sandmassen zugeführt.

Hier half man sich auf der Linie Hanskalbsand – Schweinesand mit einem Leitdamm, der oberhalb der Lühemündung den auflaufenden Strom bis zur Höhe des mittleren Niedrigwassers größtenteils in das nördliche Hauptfahrwasser und teilweise durch ein südliches Nebenfahrwasser – die Hahnöfer Nebenelbe – in Richtung Blankenese bzw. bis zur Estemündung hinaufleitete. Zwischen Faschinendämmen zu beiden Seiten des Leitdamms sollten dann dem Hanskalbsand und dem von diesem durch eine Querrinne zu trennenden Schweinesand neue, langrechteckige Grundrisse gegeben werden, die mit Baggergut »beschüttet« werden sollten. Man hatte sogar geplant, die Mündung der Norderelbe quer durch das Mühlenberger Loch nach Nordwesten voranzuschieben, um deren Räumkraft für die Freihaltung der Fahrrinne von der Este her bis hin zum Hauptfahrwasser praktischer ausnutzen zu können. Auch bei dieser Lösung war man übrigens darauf aus, über eine längere Strecke hin den Großschiffsverkehr vom Binnen- und Flußschiffsverkehr zu trennen.

Mit großen Eimerbaggern wurde auf Dauer die Vertiefung des Fahrwassers von Hamburg bis Krautsand besorgt. Einen weiteren Schwerpunkt des hamburgischen Baggereiwesens bildete der Schlickanwachs am Osteriff, der mit Saugbaggern bearbeitet wurde. In den Jahren 1910 bis 1913 fielen bereits je 10 Millionen Kubikmeter Baggergut an, die nur mit Schwierigkeit untergebracht werden konnten. Auf Waltershof, Finkenwerder und Hahnöfersand waren schnell alle Lagerflächen voll ausgenutzt. Pagensand und Griesensand (bei Schulau) wurden hinzuerworben, um neue Unterbringungsmöglichkeiten zu gewinnen.

Durch vielfältige Anwendung sowohl der Bagger als auch der Regulierung durch Strombaumaßnahmen gelang es schließlich, zwischen Hamburg und Brunsbüttel eine Solltiefe von 9 bis 10 m und von dort bis in die See von wenigstens 11 m zu gewährleisten.

Elbschiffahrt bei Tag und Nacht

Die regulierenden Eingriffe, gelegentlich sogar die Verlagerung des Flußbetts mit Hilfe von Durchstichen, Ablenkung des Stroms durch Stacks und Leitdämme, aber auch die Schaffung neuer Nebenfahrwasser und Einmündungen von Nebenflüssen forderten schon bald zu einer modernen Bezeichnung des vollkommen veränderten Fahrwassersystems mit allen seinen Verästelungen in der gesamten Niederelberegion heraus. Hamburg führte 1889 eine – auf der Grundlage der vom Bundesrat 1887 einheitlich für die deutschen Küstengewässer geregelte – Neubetonnung durch. Von See her kommend, lagen von jetzt ab auf der Steuerbordseite rote Spierentonnen und auf Backbordseite schwarze Spitztonnen zur Bezeichnung der südlichen bzw. nördlichen Fahrwassergrenze. Bei Abzweigungen wurden Ecktonnen, groß wie Baken, benutzt und mit einem Topzeichen in Gestalt eines Kreuzes als »Kreuztonnen« bezeichnet. Die Steuerbordtonnen wurden mit großen lateinischen Buchstaben, die Backbordtonnen mit arabischen Ziffern aufsteigend durchnumeriert.

Um die Elbe nun aber auch den Anforderungen der modernen Zeit entsprechend nachts befahrbar zu machen, suchte man, die in ungenügenden Ansätzen bereits vorhandene Befeuerung zu einem funktionstüchtigen Richtfeuersystem auszubauen. Abgesehen von der 1644 in Betrieb genommenen »Feuerblüse« auf Neuwerk und dem 1630 ebenfalls durch die Hamburger auf Helgoland installierten Feuerturm – auf beiden loderten ab 1761 tatsächlich in jeder Nacht die Kohlefeuer – baute Hamburg in Cuxhaven 1802 nach dem Zusammenbruch der zuvor dort befindlichen Ross-Bake seinen ersten Leuchtturm. Dieser wurde 1805 mit einem ganz neuen Leuchtapparat ausgestattet, nämlich der »Argand'schen Reflektorlampe«, mit deren Hilfe ganz unerhörte Reichweiten erzielt wurden. Es verstand sich von allein, daß der Leuchtturm von Helgoland (1811) und der große Turm von Neuwerk (1814/15) umgehend mit gleichen Reflektorlampen ausgerüstet wurden.

Die Einführung der mit Petroleumbrennern arbeitenden Reflektorlampen ermöglichte eine weitere Verbesserung des Leuchtfeuerwesens. Bei der Konstruktion der Petroleumlampe konnte die Brandgefahr so weit ausgeschaltet werden, daß man diese Lichtquelle auch auf Schiffen benutzen konnte. So konnte denn schon 1816 ein erstes »Leuchtschiff« zur Ansteuerung der Elbmündung bei der »Rothen Tonne« in Linie Scharhörnbake und Neuwerker Turm ausgelegt werden, wo man bis dahin am Tage schon die »Lotz Galliot« vor Anker hatte antreffen können. Das mit elf Mann Besatzung operierende Leuchtschiff bot zugleich allen Lotsen Unterkunft, die den passierenden Schiffen angedient wurden. Zwei weitere Feuerschiffe erleichterten 1826 und 1854 die Fahrt durch die Außenelbe, landseitig ab 1853 unterstützt durch die Befeuerung der Kugelbake auf der Cuxhavener Mole.

Das bereits 42 km vor Cuxhaven einsetzende System der Elbfeuerschiffe wurde schließlich bis auf fünf Stationen ausgebaut, die auf folgenden Positionen lagen:

ELBE I – auf 22 m Wassertiefe, knapp nördlich der Linie Scharhörn-Bake und Ost-Bake. Das dort belegene Schiff BÜRGERMEISTER O'SWALD trug zwischen zwei Masten auf einem Turm (16,2 m ü. Meeresspiegel) eine Laterne, deren Licht bereits aus 13 Seemeilen (abgek. »sm«) Entfernung zu erkennen war.

ELBE II – auf 16 m Wassertiefe, in Linie Leuchtfeuer des Turms zu Neuwerk und Nordbake/Neuwerk. Das Schiff BÜRGERMEISTER ABENDROTH trug in 15 m Höhe ü. Meeresspiegel am mittleren seiner drei Masten zwei Feuer übereinander, die über eine Entfernung von 10 sm ausgemacht werden konnten.

ELBE III – auf 14 m Wassertiefe, rechtweisend Nord von der Nordbake/Neuwerk. Das dreimastige, BÜRGERMEISTER BARTELS genannte Schiff zeigte ein Feuer in 12,5 m ü. Meeresspiegel, das 8 sm weit leuchtete.

ELBE IV – auf 12 m Wassertiefe. Deckpeilung Ostbake/Neuwerk und Roses Hotel/Neuwerk. Das Schiff SENATOR BROCKES führte am Großmast zwei Feuer senkrecht übereinander 13,8 m ü. Meeresspiegel und leuchtete über 8 sm Entfernung.

ELBE V – auf 15 m Wassertiefe, in Linie katholische Kirche und Wasserturm zu Cuxhaven an der Nordseite des Fahrwassers. Die BÜRGERMEISTER KIRCHENPAUER – so der Name des Feuerschiffes – ließ ein Feuer am Großmast in 10,9 m Höhe ü. Meeresspiegel aus 6 sm Entfernung erkennen.

Außerhalb dieser Zählung blieb das Feuerschiff

OSTE RIFF – auf 6 m Wassertiefe an der Südseite der Ostebank, ca. 0,9 sm oberhalb der Ostemündung.

Das einmastige Schiff zeigte ein Feuer in 12,4 m Höhe ü. Meeresspiegel, das 5 sm weit gesehen wurde.

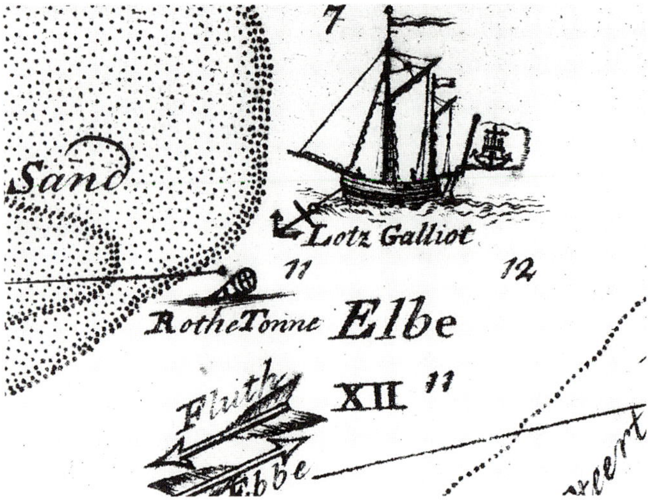

»Lotz Galliot« vor Anker bei der »Rothen Tonne«
Die Admiralitätsflagge am Heck der Galliot kennzeichnet das Schiff als Hamburger Dienstfahrzeug. Es handelt sich um ein zweimastiges gaffelgetakeltes Fahrzeug. Wichtig war das diese Schiffe sehr schnell, wendig und äußerst seetüchtig waren, da es ihre Aufgabe war, Lotsen auf sehr viel größere Segler zu versetzen.
Der Kartenausschnitt stammt aus der in Kupfer gestochenen »Accuraten Charte vom Elbe Strom, von oben Geesthacht zu der Stadt Hamburg, … zu Kuckshaven bey der Rothen Tonne in der See bis Helgoland mit deren Signalen nach dem Compas entworfen durch Capitain C. M. Wohlers & Sohn« (Cornelis Martin u. Christian Peter Wohlers 1775). Die Vorlage wird dem Museum für Hamburgische Geschichte verdankt.

Zwischen Cuxhaven und Hamburg kamen anfangs feststehende Rundumlichter auf Holzgerüsten hinzu, so bei Schulau 1850, vor der Lühe 1868, bei Altenbruch und Brunsbüttel, vor Pagensand und Juelssand sowie im Esch 1873 und Finkenwerder 1874. Endlich folgten weitere Lichter vor der Störmündung, vor der Einfahrt zur Bösch Lotsenstation bei St. Margarethen, vor der Hafeneinfahrt nach Glückstadt und der Einfahrt in die Schwinge bei Brunshausen. Von den selten gewordenen Holzgerüsten, die heute längst ihrer Feuer beraubt sind, findet man in wenigen Fällen in Ufernähe noch die als Eisabweiser gedachten, stromaufwärts und abwärts zeigenden Dreiecksgerüste zu beiden Seiten eines Dalbens, der ehedem die Lampe trug.

Die Vermehrung dieser Rundumlichter ermöglichte allerdings noch nicht zugleich eine leichtere Orientierung über die Fahrwassermitte. Hier halfen ab Ende der achtziger Jahre die sog. Ober- und Unterfeuer. Die in größerem Abstand von einander gebauten, zueinander gehörigen Ober- und Unterfeuer standen für den Schiffsführer genau übereinander, wenn er in der Mitte des Fahrwassers blieb. Sobald der aufgrund einer Flußbiegung von diesem »Feuer in Linie« auf ein zweites umschwenken und das neue Richtfeuer achten sollte, wurde er hierzu durch ein plötzlich von der Seite des Stroms zugeschaltetes »Quermarkenfeuer« aufgefordert. Bis 1914 bestand die »Richtfeuerkette«, gezählt vom Feuerschiff »Elbe V« bis zum Hamburger Hafen, aus insgesamt elf Unterfeuern und zehn Oberfeuern.

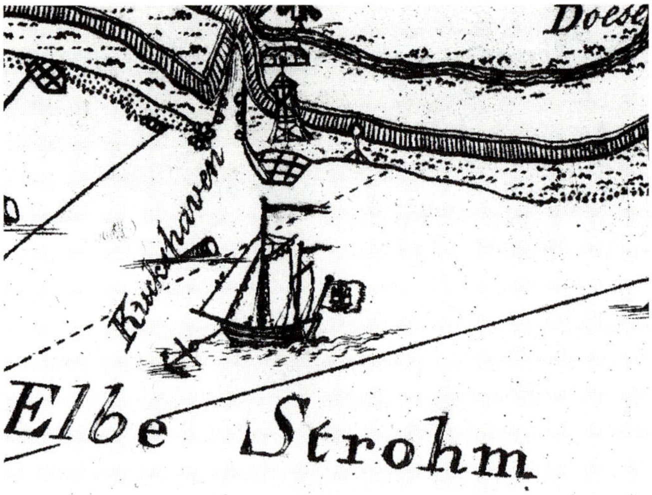

»Lotz Galliot« auf Reede vor »Kuckshafen« ankernd
Der Fahrzeugtypus ist mit dem vorigen identisch, der Einsatz ähnlich zu denken, nur eben von Cuxhaven aus. Der Ausschnitt entstammt derselben Karte.

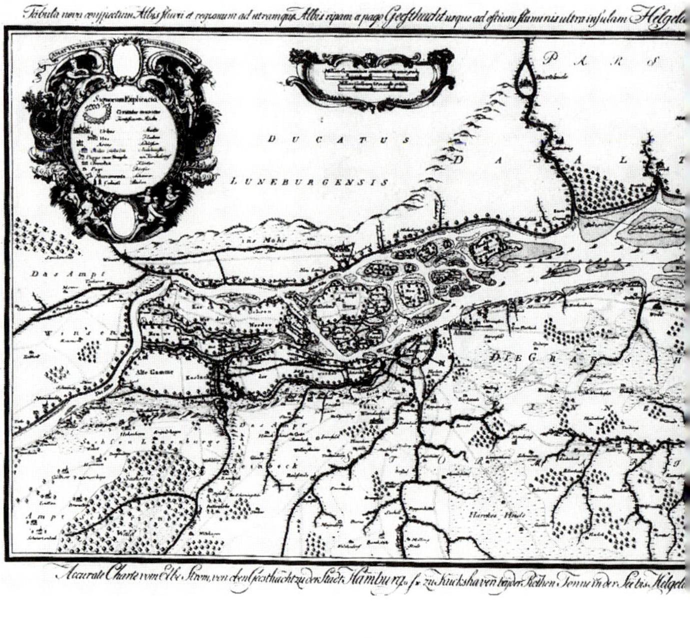

Zu den Elbkarten und dem Lotswesen

Auch wenn wir mit Staunen die allmählichen Verbesserungen der aus verschiedenen Anlässen gezeichneten Elbkarten zur Kenntnis nehmen, so muß man doch festhalten, daß bis zum Ende des 18. Jhs. keine einzige von diesen auf der Grundlage exakter Vermessungen gezeichnet worden war. In jedem Falle handelte es sich um mehr oder minder zutreffende Charakterisierungen, die nur unter Zuhilfenahme von Segelanweisungen für die Navigation zu benutzen waren. Für Karten entsprechend skizzenhafter Qualität hat sich der niederländische Begriff »Schetskaarten« eingebürgert. Zu den besonders schönen Schetskaarten gehört die hier mehrfach in Ausschnitten und im Ganzen abgebildete *»Accurate Charte vom Elbe-Strom …«* des Kapitäns C. M. Wohlers.

Erst zu Beginn des 19. Jhs. konnte man Hoffnung auf eine moderne, wissenschaftlich begründete Entwicklung der Hydrographie an unseren Küsten hegen, als der Franzose C. F. Beautemps-Beaupré in den Jahren 1810 bis 1812 unter Anwendung sorgfältigster Messungen ganz neuartige Karten entwickelte und so auch die »Carte de l'Elbe«. Die Veröffentlichung erfolgte erst in den Jahren 1815 bis 1821. Wie nach der Befreiung von der Franzosenherrschaft auch manche positiven Ansätze einer Verbesserung der Verwaltung oder die Gleichheitsgrundsätze der Französischen Revolution gern wieder über Bord geworfen wurden, negierte man aus Unfähigkeit oder Borniertheit den französischen Fortschritt und knüpfte bei der Tradition der Schetskaarten wieder an. Anders lassen sich die von der Hamburger Hafen- und Schiffahrtsdeputation veranlaßten Elbkarten von 1815, 1825 und 1831 nicht bewerten. Den Dänen blieb es vorbehalten, den nächsten Fortschritt zu erzwingen, indem ihr Admiral Zarthmann 1840 im Zuge einer trigonometrischen Vermessung Westjütlands auch ein Blatt mit dem Titel »Elben fra Hamborg til Twielenfleth« und ein weiteres 1841 zu »Helgolands Bugden« herausgab. Der erste Deutsche, der sich einer wissenschaftlichen Bearbeitung gewachsen fühlte, war der oberste Lotse von Cuxhaven E. Abendroth. Seine »Charte der Elbmündungen« kam 1846 heraus.

Ab 1861 wurde das Hydrographische Bureau tätig, um das ihm vorgeordnete Preußische Marineministerium mit guten Seekarten zu versorgen, indem es »Preußen's Seeatlas« von 1841 fortschrieb. Nach der Einverleibung Schleswig-Holsteins und Hannovers (1864/66) konnte es an eine vollständige Aufnahme der deutschen Küsten herangehen.

Unstreitig war sehr verdienstvoll, daß der am 11. Januar 1868 gegründete »Nautische Verein Hamburg« gerade diesem Thema viel Aufmerksamkeit widmen sollte. Schon ab Juni 1868 wurde heftig über die hoffnungslos veralteten Elbkarten diskutiert, die nach Auffassung der Mitglieder häufiger korrigiert werden

»Accurate Charte vom Elbe-Strom
von dem Geesthacht zu der Stadt Hamburg u. s. w. zu Kuckshaven, bey der Rothen Tonne in der See bis Helgoland mit deren Signalen nach dem Compas, entworfen durch Capitain C. M. Wohlers & Sohn.« Die Vorlage nach einem Exemplar des Kupferstichs wird dem Museum für Hamburgische Geschichte verdankt.

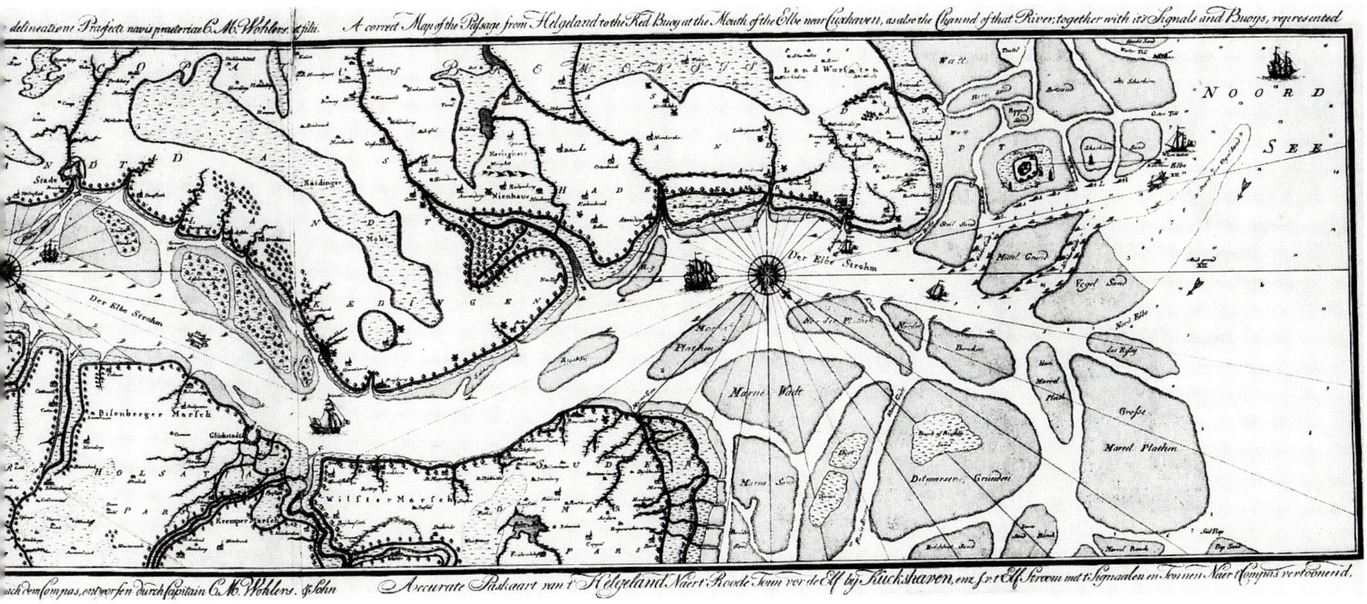

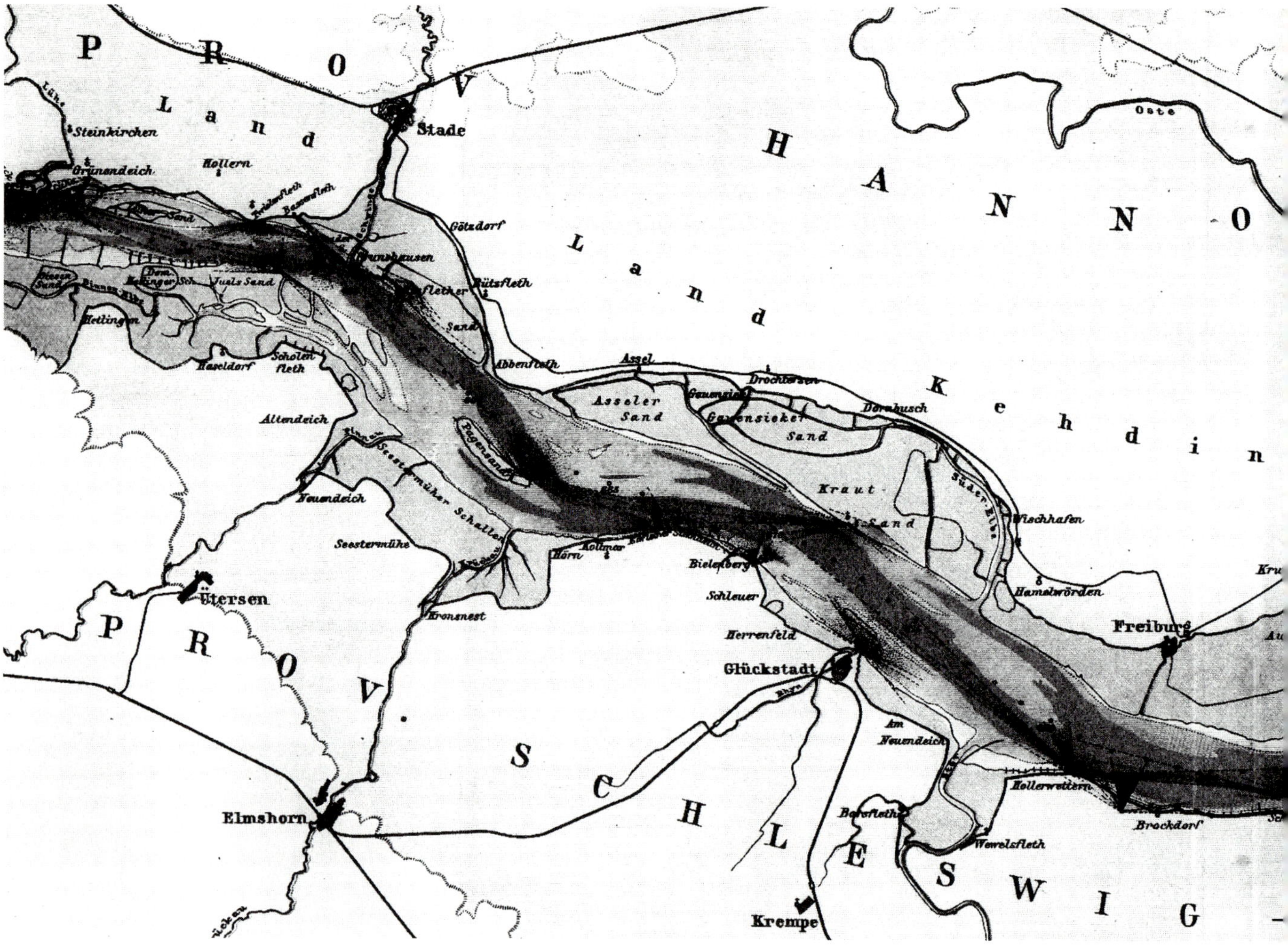

Die Elbe von Geesthacht bis Cuxhaven 1927
Die Karte wurde vom »Kartographischen Bureau der Wasserbaudirektion Hamburg« 1927 herausgegeben. Sie charakterisiert die wichtigsten der damals bestehenden Haupt- und Nebenfahrwasser, Sände und Untiefen. Sie deutet ferner die Wasserbaumaßnahmen zwischen Blankenese und der Lühemündung an und zeigt die einer erforderlichen großräumigen Planung hinderlichen Staatsgrenzen.

müßten. Hier tat sich der kenntnisreiche Kompaßmacher Carl Plath hervor, der ein entsprechendes Gesuch an die »Schiffahrts- und Hafen-Deputation« formulierte. Dalmann wurde vom Senat beauftragt, zu prüfen, ob Abhilfe geschaffen werden könne. Freilich mußte jedermann klar sein, daß Hamburg schon aus Kostengründen keine eigenen Initiativen mehr zur Hydrographie der Elbe würde beisteuern können.

Außerdem fehlten bis dahin immer noch vernünftige Regelungen für das wahrhaft chaotische Elblotswesen. Seit 1749 gab es neben Hamburg und Cuxhaven noch eine dritte Lotsenstation, die »Bösch«. So hieß vermutlich nach einem alten Flurnamen der Sammelplatz beim Bütteler Hafen im Vorland von St. Margarethen für die Oevelgönner Oberlotsen, die von jenem Zeitpunkt an für das Aufbringen der Schiffe nach Hamburg verantwortlich waren. Später wurden sie in dieser Aufgabe von hannöverschen Oberlotsen unterstützt. Die Lotsenstation »Bösch« wurde mit dem Jahre 1768 noch wichtiger, als vom Bütteler Hafen aus der Bütteler oder auch sog. Kudenseer Kanal einen neuen Schiffahrtsweg über den Kudensee und die Burger Au bis nach Burg hinauf eröffnete. Seit Inkrafttreten der Gewerbefreiheit am 7. November 1864 schienen nicht einmal mehr die uralten Verordnungen über das Lotswesen sicher zu sein. Am 3. Oktober 1868 lasen die Hamburger darüber in der kritischen Zeitung »Reform«:

Bekanntermaßen sei das Fahrwasser von der Bösch … bis Hamburg wegen verschiedener Sände schwieriger zu bewältigen als von der Bösch bis Cuxhaven. Daher würden als Voll-Lotsen hier nur jene 80

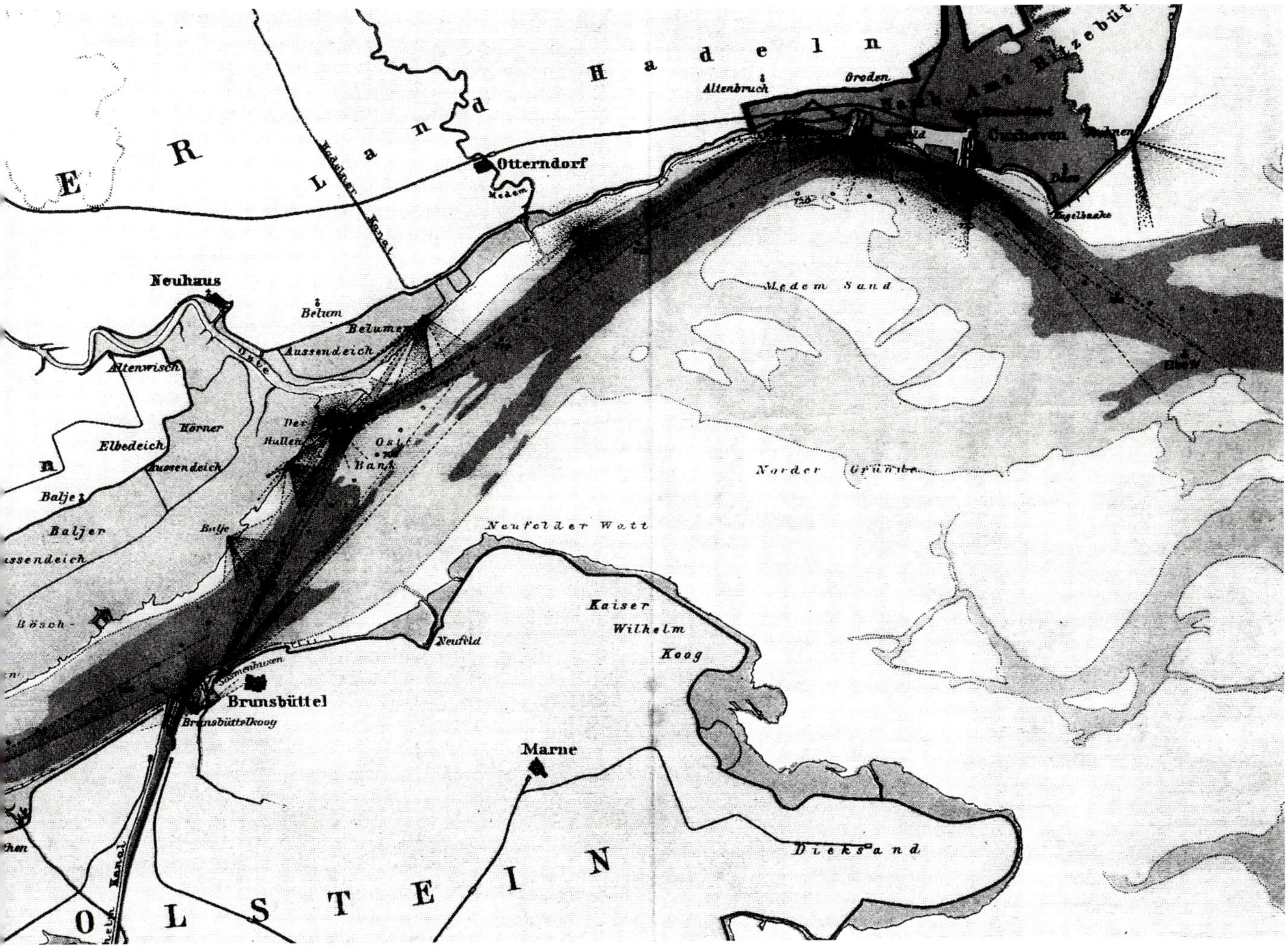

Männer gelten, die an der Bösch stationiert und berechtigt seien, sowohl elbabwärts nach der Bösch und weiter als auch elbaufwärts von der Bösch bis Hamburg zu lotsen.

Alle übrigen sog. Patentlotsen dürften nur die abwärts fahrenden Schiffe bedienen; nur wenn im einzelnen Fall einmal kein Voll-Lotse an der Station anwesend sein sollte, würde alsdann auch ein Patentlotse das Schiff aufwärts übernehmen dürfen.

Die Tätigkeit eben dieser Patentlotsen: nämlich das Lotsen elbabwärts von hier bis zur Bösch und weiter bis Cuxhaven, gelte jetzt in Hamburg als gänzlich freies Gewerbe, so daß jeder Beliebige für diese Aufgabe gewählt werden könne. Hamburger machten von dieser Möglichkeit nie Gebrauch, indem sie nur feste Lotsen für ihre Schiffe bestellten. Anders die auswärtigen Schiffer, die auch Lotsen ohne Patent annehmen würden. Sonst gelte ein solches Verhalten an der ganzen Elbe als strafwürdig, nur merkwürdigerweise in Hamburg nicht.

Das übliche Lotsgeld von 3 Mark Crt. per Fuß Tiefgang und 3 Mark über den Sand sei zu Zeiten eingeführt, da das Geld ohnehin vielmehr wert gewesen sei.. Zu befürchten stehe, daß in Zukunft die Patentlotsen durch Schleichlotsen soweit in ihrem Preis gedrückt werden könnten, daß sich die Ausbildung zum Voll-Lotsen schon gar nicht mehr lohne und damit die Sicherheit des Elbfahrwassers nicht mehr gewährleistet werden könne.

Die gleichen Verhältnisse herrschten 1873 immer noch, so daß der Nautische Verein am 10. März vom Senat nunmehr energisch die Einrichtung einer »Oberlotsbehörde« zur einheitlichen Verwaltung des gesamten Elblotswesens mit Lotsenkontoren in Hamburg und Cuxhaven forderte.

Entsprechend den gleichzeitigen Regelungen für alle übrigen deutschen Wasserstraßen, ging die Elbhoheit mit allen hieraus erwachsenden Verpflichtungen am 21. April 1921 an das Reich über.

Hamburgs Nachbarn an der Niederelbe

Der Fahrplan ging bis Boizenburg

Boizenburg

– 1255 gegr., seit 1267 Stadt lübschen Rechts

Von Lauenburg stromaufwärts galt Boizenburg im wendischen Kreis am Nordufer der Elbe als der nächst bedeutende Schiffahrtsort, der mit »Schiffsgelegenheiten« fahrplanmäßig von Hamburg aus zu erreichen war, und ehedem als »dritte Handelsstadt« des Großherzogtums Mecklenburg-Schwerin. Zugleich war es Zollstation für die bergauffahrenden Schiffer. Obwohl der Hafenplatz auch vor Einbau der Staustufe Geesthacht vom Gezeitenstrom nie berührt wurde, ist er hier dennoch aufgrund der traditionell starken Einbindung in das System der von Hamburg aus zur Niederelbe verkehrenden Ewer berücksichtigt worden.

Der Elbübergang zum hannöverschen Ufer und zur Straße Brakede – Bleckede – Lüneburg wurde mit einer städtischen Fähre sichergestellt. Ihren Namen verdankt die Stadt der Lage in der Talniederung der hier in die Elbe einmündenden Boize sowie der Gründung als Burgfestung durch Graf Guncelin von Schwerin (1255). Überschwemmungen haben oft den ganzen Ort mit Ausnahme der »Fünf-Häuser-Straße« unter Wasser gesetzt.

Zu Beginn des 19. Jhs. reiste wöchentlich ein Fracht-Ewer von Hamburg nach Boizenburg und zurück. Der Schiffer nahm Aufträge im Hamburger Kellerlokal, Kehrwieder Nr. 29, entgegen (Hamb. Adressb. 1808). Eine Branntweinbrennerei, eine Eisengießerei, zwei Schiffswerften und eine Dampfmühle boten zusätzliche Arbeitsplätze, während die Flußfischerei auf Lachs und Neunaugen mit zunehmendem Dampferverkehr schnell zurückging. Der Marktort *»erhielt Waarenzufuhr aus den entlegensten Theilen des Landes, und selbst in der Wismarer Gegend waren Wegweiser nach Boizenburg nichts besonderes«* (Wilhelm Raabe, Mecklenb. Vaterlandskunde, 2. Aufl. 1894). Die Stadt nahm einen wesentlichen Aufschwung nach Ausbau des Hafens in den Jahren 1887–1889. Die im 18. Jh. gegründete Holz- und Eisenschiffswerft F. Lemm beschäftigte um 1890 siebzig Mitarbeiter. Hier wurden Dampfer und Wasserfahrzeuge aller Art gebaut, und zwar seit 1878 ausschließlich in Eisen und Stahl. Zugleich stieg die Einfuhr von böhmischer Kohle auf jährlich 500.000 Zentner, aber auch englische Kohle, Roheisen und Getreide wurden hier umgeschlagen.

Die wirtschaftliche Situation verbesserte sich noch nach Einrichtung einer »Stadt- und Hafenbahn«, welche am 1. 9. 1890 eröffnet wurde und die Verbindung zu der in entsprechender Entfernung vorbeiführenden Preußischen Staatsbahn von Wittenberg nach Hamburg herstellte. Insbesondere die Anzahl der »Dampfschiffahrtspassagiere« konnte erheblich gesteigert werden.

Lauenburg und Elbe-Lübeck-Kanal

– 1182 gegr., Stadtrecht seit 1260

Die frühere Hauptstadt des Herzogtums und spätere Kreisstadt Lauenburg liegt an der Einmündung der Delvenau in die Elbe. Ihr Name ist von der altslawischen Bezeichnung für »Elbe« = »Labe« abzuleiten. Für die Wahl des Hafenplatzes sprach der Vorteil mit, daß er eben noch von dem – vor Einbau der Staustufe über Geesthacht hinauswirkenden – Gezeitenstrom erreicht wurde, der im Tidentakt seine Richtung alle sechs Stunden umkehrte und so die Schiffe bald bergauf oder bergab mit sich nahm.

Der schöne Einfall, eine »Uferfeste« auf einem Geländevorsprung des hart an das Elbufer herandrängenden Geestabhangs zu plazieren, war Herzog Bernhard I. v. Askanien gekommen (1182). Etwa fünfzig Jahre später entstand unterhalb der Burg, von der nur noch der »Schloßturm« übriggeblieben ist, die gleichnamige Stadt an der Einmündung der Delvenau in die Elbe. Unterdessen hatten die Besitzer häufig genug gewechselt: 1189 war es Heinrich der Löwe gewesen, wenig später Adolf III. von Schauenburg, dann waren die Dänen gekommen. Und deren Vertreibung am Maria-Magdalenen-Tage des Jahre 1227 sollte die wenig später erbaute Gemeindekirche ihren Namen

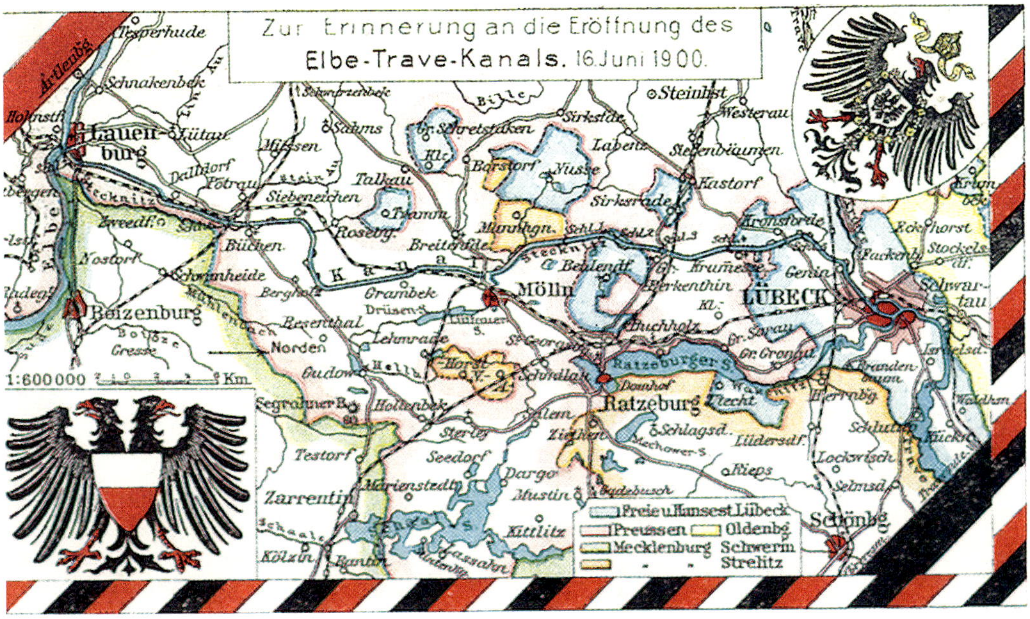

Der neue Wasserweg von Lübeck zur Elbe

Nach vier Jahren Bauzeit wurde am 16. Juni des Jahres 1900 auf der Linie des mittelalterlichen Stecknitz-Kanals der Elbe-Trave-Kanal feierlich eröffnet. Pünktlich zu diesem Ereignis erschien die hier abgebildete Sonderpostkarte mit Darstellung der Streckenkarte, die auch am 16. 6. 1900 geschrieben, eingesteckt und gestempelt worden ist.

Auf Reede vorm Elbe-Trave-Kanal

Unmittelbar vor Eintritt in die Elbe weitet sich die Stecknitz-Mündung zu einem breiten Strom. Sie wird als Zubringer zur ersten Schleuse des Elbe-Trave-Kanals oberhalb Lauenburgs genutzt. Die Wasserfläche reichte hier stets aus, um Schuten – wie hier im Bild – einzeln oder »im Päckchen« auf Reede ankern zu lassen.

Lauenburg 1938
Vom niedersächsischen Ufer aus betrachtet, vermittelt die um die Maria-Magdalenen-Kirche gescharte und den Geesthang hinaufdrängende Häusermasse noch den Eindruck von mittelalterlicher Siedlungsdichte und Wohlhabenheit. In der Tat hat Lauenburg, auf halbem Wasserwege zwischen Lüneburg und Lübeck belegen, über die hier ansässigen Schiffer im Mittelalter vom Salzumschlag kräftig profitiert.
Die Aufnahme ist insofern ein wichtiges Dokument, da sie im Jahre 1938 geschaffen wurde und den Kirchturm noch mit seinem spitzen Helm zeigt.

verdanken. Sie wurde der Heiligen Maria Magdalena geweiht. Das einschiffige Langhaus, wie es sich heute präsentiert, gehört allerdings einem Nachfolgebau aus der Zeit um 1300 an. Zwei bemerkenswerte Sandsteinportale stammen aus den Jahren 1598/99. Erst um die Mitte des 19. Jhs. wurde der 55 m hohe, neugotische Turm angefügt. Lauenburg verdankt seine historische Bedeutung als Elbschifferstadt der Schaffung einer künstlichen Wasserstraßen:

»Im Jahre 1391 ward der Canal – fertiggestellt 1398 *– an der Stecknitz zwischen der Elbe und der Stadt Mölln gegraben, so daß hinführo die Waaren zu Schiffe von Lauenburg und Lüneburg auf Lübeck, so wie auch von Hamburg nach Lübeck und umgekehrt, konnten verführt werden.«* (Peregrinus pedestris, Der Holsteinische Tourist. Hamburg 1833). Nächst den berühmten Kanälen aus der römischen Kaiserzeit in Frankreich stellt der Stecknitzkanal die älteste künstliche Wasserstraße Europas dar. Sie ermöglichte den schnellen Transport des Lüneburger Salzes zur Ostsee, das in großen Massen für die Konservierung des bei Falsterbo und Skanör in Süd-Schonen verarbeiteten »Schonen-Herings«. Hölzerne Kammerschleusen regulierten zunächst die Wasserstände. Vom weiteren Ausbau des Wasserweges im frühen 18. Jh. zeugt noch heute die von Johann Palm in den Jahren 1724 bis 1726 bei Lauenburg eingerichtete »Palm-Schleuse«. Am besten informiert sowohl über die Kanalgeschichte als auch die Lauenburger Elbschiffahrt das im alten Rathaus, Elbstraße Nr. 59, untergebrachte, bedeutende Elbschiffahrtsmuseum. Von 1417 bis 1844 genossen die Lauenburger Schiffer – *»menen scheepluden de unse Elve plegen op onde nedder tho vahrende«* – das Privileg, die von den Lüneburgern bis Lauenburg, bzw. die von den Lübeckern nach hier geschafften Frachten an Bord zu nehmen und nach Hamburg zu transportieren und umgekehrt. So konnte sich Lauenburg bereits im Mittelalter zu einem bedeutenden Stückgutumschlagplatz entwickeln und erhielt seinen ersten »Kaufhof« im Jahre 1587.

Um den Schiffern ihr Auskommen zu sichern, wurde die Anzahl der nach Hamburg verkehrenden Schiffe auf 21 Fahrzeuge begrenzt. Doch blieb es bei dieser Zahl natürlich nicht über die Jahrhunderte. Nach Aufhebung des Elbprivilegs (1844) wurden im Jahr 1853 noch 74 Elbschiffer festgestellt. Gleichzeitig verkehrten auf dem Stecknitzkanal ganze 25 Stecknitzkähne, obwohl hier drei Jahre zuvor noch 98 Fahrzeuge im Einsatz gewesen waren. Damals hatten sie eine Länge von 20 m, eine Breite von 4 m und eine Tragfähigkeit von 20 t. Die einstige Bedeutung der Lauenburger Schiffahrt wird auch noch heute durch die traditionsreiche »Schipperhöge« unterstrichen, den im Winter abgehaltenen Festumzug.

Vermutlich schon seit Gründung war Lauenburg bis 1863 Zollstation. Die Stadt lebte auch nach Einsetzen der Industrialisierung wesentlich von Schiffahrt und Schiffbau, ferner von der Zündhölzerherstellung, Holzverarbeitung, Textil- und Faßfabrikation. Da aus »militärischen Gründen« eine an dieser Stelle längst erwogene Brücke unerwünscht war, mußte ab 1864 zunächst eine Dampffähre, die fünfzehn Jahre lang Dienst tat, den transelbischen Verkehr für die Eisenbahn Lübeck – Lüneburg sicherstellen. Sie wurde 1878 von einer eingleisigen Eisenbahnbrücke abgelöst, die 1945 aus ebenso unsinnigen »militärischen Gründen« gesprengt und 1951 wieder aufgebaut wurde.

Artlenburg und der Elbe-Seitenkanal

Westlich von der Artlenburg beginnt heute der 115 km lange, an Lüneburg und Uelzen vorbei nach Süden führende Elbe-Seitenkanal, der nach achtjähriger Bauzeit 1976 endgültig fertiggestellt wurde. Der Lüneburger Heide, die er durchquert, verdankt er den Ökelnamen »Heide-Suez«. Wenige Wochen nach einer ersten Inbetriebnahme war er aufgrund technischer Fehler über eine Strecke von 40 km ausgelaufen. Eine fürchterliche Flutkatastrophe war die Folge gewesen. Die Reparatur vor einer Wiedereröffnung sollte neun Monate in Anspruch nehmen. In der Zwischenzeit hatte die Bundesbahn ihre Gütertransportkapazitäten den in Frage kommenden »Kanalkunden« zu günstigen Tarifen angedient und diese vom Wasserweg auf die Schiene gelockt.

Mit einer Wassertiefe von 4 m und einer Breite von 53 m war tatsächlich eine ausgezeichnete Binnenwasserstraße geschaffen worden, welche den Anschluß an den Mittellandkanal herstellte und den Schiffsverkehr von Hamburg mit den Industriegebieten im südöstlichen Niedersachsen und im Ruhrgebiet, aber auch nach Sachsen-Anhalt, Brandenburg und Sachsen unabhängig von den jeweiligen Wasserständen der Mittelelbe ermöglichte. Leider entspricht die heutige Nutzung nicht annähernd den wirtschaftlichen Perspektiven, die während der Planungszeit angenommen worden waren.

Die Einrichtung eines Kanals auf dieser Strecke machte den Bau des größten Doppel-Senkrechtschiffshebewerks bei Scharnebeck, nahe Lüneburg, notwendig. Um den beachtlichen Höhenunterschied von der Marsch zum Geestrücken hinauf zu überwinden, werden die Schiffe, in Trögen schwimmend, in nur 15 Minuten 38 m hinauf- oder hinabbefördert.

Krümmel

Kernkraftwerk und Pumpspeicherwerk

Bei einer Fahrt elbabwärts entdeckt man zunächst das kastenförmige Reaktorgebäude des Kernkraftwerks Krümmel an Steuerbordseite. Nur einen Augenblick später sieht man dann in einer Waldschneise drei Rohre von dem unterirdisch am Ufer angelegten Krafthaus aus den hier besonders nah an die Elbe herantretenden Geestrücken hinaufsteigen. Die Rohre haben jeweils einen Durchmesser von 3,8 m, sind 610 m lang und transportieren vor allem des nachts bei Überschußkapazitäten aller HEW-Kraftwerke das Elbwasser hinauf in ein Speicherbecken, das bis zu 3,8 Millionen cbm fassen kann, bei einer Größe von 500 x 600 m 17 m tief ist und bis zu einer Wasserspiegelhöhe von 90,6 m über NN aufgestaut wird. Im Falle besonderer Belastungsspitzen im Versorgungsgebiet der HEW kann das gestaute Wasser durch die gleichen Pumprohre wieder abgelassen werden und stürzt dabei über Stromgeneratoren bis zum Elbwasserspiegel 86,6 m hinunter. Auf diesem Wege können 120.000 KW erzeugt werden.

Das Pumpspeicherwerk hätte aber gar nicht an dieser Stelle gebaut werden können, wenn nicht die noch einmal 1 km elbabwärts eingerichtete Wehr- und Schleusenanlage durch Aufstauung einen Mindestwasserstand von 4 m über NN garantieren würde.

Die Wasserwege der Vier- und Marschlande

Geesthacht

– seit 1924 Stadt, seit 1937 im Kreis Hzgt. Lauenburg

Der Ort liegt am Abhang einer bis zu 97 m aufragenden, bewaldeten Dünenkette, die das steil ansteigende Ufer der Hohen Geest bis Lauenburg begleitet. Von 1420 bis 1867 befand er sich in beiderstädtischem Besitz Hamburgs und Lübecks und gehörte noch bis 1937 zur Landherrenschaft Bergedorf. Bei normalen Tidenverhältnissen läuft und lief die Flutwelle bis hier, doch war sie zumindest vor Errichtung der Elbstaustufe (1957–1959) und Hebung des Wasserstandes um 2 m bei starker Springtide in ihren Auswirkungen noch oberhalb Lauenburgs zu spüren.

Bis zur ersten Hälfte des 19. Jhs. blieb die Bedeutung des Ortes gering. Immerhin gab es fahrplanmäßige Schiffsverbindungen nach Hamburg. Und in der Kellerwirtschaft des Hauses Dovenfleth Nr. 38 zu Hamburg waren Schiffer zu finden, die dort Frachten für ihre täglichen Fahrten nach Geesthacht zu buchen pflegten (Hamb. Adressb. 1808).

Die Segnungen der Industrialisierung setzten erst 1865 mit Anlage einer Sprengstoff-Fabrik im benachbarten Krümmel ein, wo Alfred Nobel zwei Jahre später die Erfindung des Dynamits gelang, sowie mit der Errichtung einer Pulverfabrik 1876 in Düneberg bei Geesthacht. Für beide Werke war übrigens der Bau der 15,5 km langen »Bergedorf-Geesthachter Eisenbahn« im Jahre 1907 von entscheidender Bedeutung, zumal vom Bahnhof »Bergedorf Süd« eine Stichverbindung zum dortigen Hauptbahnhof mit Gleisanschluß zur »Berlin – Hamburger Eisenbahn« geschaffen wurde. Vor dem Ersten Weltkrieges verkehrten auf der eingleisigen Strecke täglich 12 Züge in beiden Richtungen. Nach dem Kriegsbeginn am 1. August 1914 steigerte sich der Verkehr auf bis zu 76 Zugpaare, die in erster Linie Munition und die Arbeiter zu den Fabriken transportierten. Nach einem schweren Zusammenstoß wurde 1916 ein zweites Gleis verlegt. Es versteht sich von allein, daß im Zweiten Weltkrieg die Produkte aus Geesthacht wieder Konjunktur hatten und die Eisenbahn ebenfalls gut beschäftigt war. Erst 1945 war es mit dem Teufelszeug vorbei – die Munitionsfabriken wurden abgerissen. Die Eisenbahn überlebte noch bis 1953, als der Personen- und der Güterverkehr eingestellt werden mußten.

Geesthacht zu Füßen des »Runden Bergs«
Vom »Runden Berg« aus, einem besonders prachtvollen Exemplar in der Dünenkette vor dem Elbufer-Höhenzug, schauen wir hinab in den kleinen Industrieort Geesthacht, dessen Bekanntheit zu Beginn unseres Jahrhunderts der Produktion von Sprengstoffen und Waffen zu verdanken war.

Bergedorf

– erstmals 1162 als »Bergerdorp« erwähnt

Als am weitesten westlich gelegene Siedlung des von Heinrich dem Löwen begründeten Bistums Ratzeburg existierte Bergedorf samt seiner Kirche »St. Petri und Pauli« bereits 1162 unter dem Namen »Bergerdorp«, gelegen an dem auf dem Rande der Hohen Geest von Hamburg nach Artlenburg entlang führenden Elbufer-Höhenweg. Zu Schiff wurde Bergedorf erst um die Mitte des 15. Jahrhunderts erreichbar – allerdings nie über die Bille, die trotz mancher Versuche im Laufe der Geschichte nicht schiffbar gemacht werden konnte. Die Bille wurde bereits im Jahre 1208, um eine Wassermühle einrichten zu können, durch einen Damm aufgestaut, der zugleich als Fahrdamm am Ende des entstehenden Mühlenteiches diente. Die Hebung des Wasserstandes reichte außerdem zur Anlage einer Wasserburg oberhalb des Mühlenstaus im Jahre 1225, die als »feste hus« bezeichnet wurde, sowie des im ältesten Stadtbuch 1437 erstmals beschriebenen »Blickgrabens« (Stadtgraben). Als ein Marktort des Herzogtums Sachsen-Lauenburg für das umliegende Landgebiet zählte Bergedorf schon 400 Einwohner, als es 1275 Stadtrecht erhielt.

Im Rahmen einer aggressiven Territorialpolitik zur Sicherung gemeinsamer Verkehrswege eroberten die Hansestädte Lübeck und Hamburg 1420 die Vierlande, Bergedorf, Geesthacht und die Riepenburg als Zollstelle an der Elbe und unterstellten das Gebiet einer bis 1868 währenden »beiderstädtischen Verwaltung«. Der verkehrstechnischen Anbindung und Sicherstellung der Getreide- und Holztransporte nach Hamburg diente der 1443 erbaute Schleusenkanal (s. u.). Als erste feste Landstraße durch das von jedem Regenschauer aufgeweichte, morastige Marschgebiet wurde 1568 der »Curslacker Heerweg« in Richtung Süden zur Zoll- und Fährstelle Zollenspieker eingerichtet. Einer entschiedenen Verbesserung der verkehrstechnischen Infrastruktur dienten der Ausbau der Chaussee Bergedorf – Wentorf – Schwarzenbeck – Lauenburg im Jahre 1837, die Pflasterung der Chaussee über Sande, Boberg nach Hamburg im Jahre 1839 und die Eröffnung der ersten norddeutschen Eisenbahnlinie von Hamburg nach Bergedorf im Jahre 1842 sowie deren Weiterführung nach Berlin 1846.

»Bergedorf liegt zwei starke Meilen von Hamburg entfernt, im Amte gleichen Namens, wozu die Landschaften Neuengamm, Kirchwärder, Altengamm und Curslak, sowie auch das Kirchdorf Geesthacht gehören. Sie enthalten zusammen fast 8.000 Morgen Landes, und sind ein außerordentlich gesegneter Erdstrich, von dem üppigsten Wachsthum. Waizenfelder und Gemüsegärten, Obstanpflanzungen und Blumengärten, Kräuter-Anlagen und Erdbeeren-Felder wechseln miteinander durch das ganze Land ab. Der Hauptbetrieb der Einwohner von Bergedorf besteht in Holzhandel, Lohgerberei, Bierbrauerei, verbunden mit Ackerbau, Viehzucht und etwas Kornhandel und Krämerei. Zwei Jahrmärkte werden gehalten, einer am 2ten Mai, der andere am 5ten Septbr.«, wie uns ein Reiseführer des Jahres 1833 unterrichtet (Peregr. pedestr.).

Die von Lübeck und Hamburg am 1. Juli 1854 für die im »Gebiete des Amts und Städtchens Bergedorf belegenen Fabriken« ausgesprochene Befreiung vom Bergedorfer Ausgangszoll stellte das Startsignal für die Ansiedlung zahlreicher Industriebetriebe dar. Im gleichen Jahre noch konnte der Versuch der Gründung einer Glasfabrik am niedrigeren Ostufer des Kanals verzeichnet werden, die allerdings mitsamt der Arbeiterwohnungen in einer Sturmflut vom 1. Januar 1955 unterging. Im Zusammenhang mit der Gründung der Gasanstalt (1855) nahmen die Kohle- und Kokstransporte auf dem Kanal in erheblichem Maße zu. Ein Eisenwerk, neue Brauerein und Glashersteller, Zucker- und Honigfabrikanten, Produzenten von Manschettenknöpfen und Hufnägeln, sogar zwei Stuhlrohrwerke siedelten sich in Bergedorf an – die meisten auf dem linken, höher gelegenen und daher hochwasserfreien Ufer des Schleusenkanals. Knapp fünfzig Jahre nach dem Gas hielt auch die Elektrizität in Bergedorf Einzug. Die Industrialisierung hielt auch während und nach den Weltkriegen an und erreichte ihren vorläufigen Höhepunkt mit der Schaffung der Hauni-Zigarettenmaschinenfabrik Körber AG. mit ca. 4.000 Arbeitsplätzen.

Heute ist Bergedorf ein Stadtteil Hamburgs, der einem ganzen Bezirk mit 100.000 Einwohnern seinen Namen gibt.

Der Schleusengraben – ein Stichkanal für Bergedorf

Nachdem Hamburg und Lübeck die Vier- und Marschlande sowie den Flecken Bergedorf 1420 erobert und der beiderstädtischen Herrschaft unterstellt hatten, sorgten sie durch Regulierung eines alten Billearms für die Entwässerung der Marschniederung westlich des Curslaker Neuen Deichs nach Süden hin. Es entstanden bei dieser Gelegenheit der »Schleusengraben« und aus dem Aushub an seinem Westufer der

Kampdeich (1440–1443). Zugleich wurde eine Verbindung über die Dove-Elbe zur Elbe hin geschaffen, um Holztransporte vom Sachsenwald nach Hamburg auf dem Wasserwege zu ermöglichen. Immerhin lebten bereits im Jahre 1570 unter den insgesamt 900 Einwohnern neben zahlreichen Handwerkern und Ackerbürgern elf Schiffer im »Städtchen«.

Der Schleusengraben begann unmittelbar hinter dem Mühlendamm mit einem Mühlenkolk, in welchen eine Kornmühle und eine Lohmühle über ihre Gerinne einen Teil des der Bille entnommen Wasssers wieder abgaben. Das übrige Wasser lief über ein aus Eichenholz erbautes Freigerinne, das 1888 erneuert wurde. In dem alten Namen dieser wasserbautechnischen Einrichtung – »Serrahn« – spiegelt sich eine mittelalterliche Konstruktion wider: Pforte, Tor oder Gatter aus besonderem Eichenholz wurden häufiger als »Serre« bezeichnet. Der breite und tiefe Kolk unterhalb des Serrahn bot sich der Schiffahrt zunächst als ausreichender Wendeplatz an. Hier beginnend, wurde im Jahre 1900 am Westufer auf Drängen der Bergedorfer Industrie eine Kaimauer erbaut und auf dieser im Folgejahr ein 5-t-Elektrokran errichtet.

Weiter stromabwärts war bereits 1893 der nach Osten abzweigende und im Haken das alte Bauhofgelände umschließende Gewässerarm »Am Schiffwasser« hafenmäßig mit Spundwänden ausgerüstet worden. Weitere Teilstücke von Kaimauern entstanden unmittelbar vor dem Kampdeich an der Westseite des Schleusengrabens, hinter dem das Gelände je nach Bedarf der dort sich ansiedelnden Fabriken inzwischen aufgehöht worden war.

Seit Mitte der achtziger Jahre hatten es die segelnden Berufsfahrzeuge, die Gemüse-Ewer, die Oberländerkähne und Segelschuten, sehr schnell aufgegeben, unter Ausnutzung des Windes in Bergedorf aufzukreuzen. Denn ab 1885 boten zwei Reedereien ihre Dienste an. Die »Bergedorfer Schleppdampfschiffahrt-Gesellschaft« sowie »Meyer & Consorten« waren in der Lage, mit ihren Schleppdampfern HANSA und BERGEDORF gleich mehrere Schuten oder Gemüse-Ewer hintereinander auf den Haken zu nehmen, wenn sie frühmorgens nach Hamburg fuhren oder abends von dort zurückkehrten.

Noch 1930 wurde aufgrund der starken Inanspruchnahme des Schleusenkanals eine neue Schleuse, die Kraphofschleuse, gebaut, weil die alte Curslacker nicht mehr ausreichte. Die neue erhielt eine Kammer von

Bergedorfer Hafen vor der Serrahnbrücke
Die Brücke hinter dem Kran verdankt ihren Namen einer mittelalterlichen Konstruktionsbezeichnung für das hölzerne Wehr, das sie überquert. Denn die Brücke gehört zu dem Mühlendamm, über den die Holstenstraße geführt wird. Über das Freigerinne unter der Brücke stürzt das aufgestaute Billewasser in einen Mühlenkolk, der zum Hafen ausgebaut worden ist. Im Vordergrund liegen Schuten vor der gerade fertiggestellten Kaimauer. Und auch der just aufgestellte 5-t-Elektrokran arbeitet schon.

110 m Länge und 12 m Breite, so daß sie jetzt leicht Schiffe von 1.000 BRT Größe aufnehmen konnte. Inzwischen haben die konkurrierenden Verkehrsangebote über Schiene und Straße alle Frachten an sich gezogen, so daß die mittelalterliche Wasserstraße nur noch für die idyllischen Barkassenfahrten der Alstertouristik genutzt wird.

Schleusenkanal im Gegenlicht
Von der Serrahnbrücke (Holstenstraße) aus schauen wir nach Süden über den Schleusenkanal hin. Rechts im Hintergrund taucht mit ihrem Schornstein die Hamburg – Bergedorfer Stuhlrohrfabrik von Rudolf Sieverts & Co. im Gegenlicht auf. Links hinter den kahlen Bäumen erkennt man die Gebäude der Holzhandlung Behr, die vor ihrer schräg verlaufenden Spundwand noch viel Holz im Wasser liegen hat. Den Fotografen interessierte allerdings mehr das Alltagsgeschehen im Hafen. Rechtzeitig, ehe der Schlepper kam, mußte er an diesem schönen Herbstmorgen mit seinem Gerät aufnahmebereit auf der Serrahnbrücke stehen, um ein ganz bestimmtes Manöver einzufangen.
Ganz neu, als sei sie gerade fertig geworden, erscheint die leicht angeschrägte Kaimauer mit mehreren Treppchen für die Schiffer und mit lotrecht eingesetzten Holzfendern ausgerüstet. Dazwischen verbergen sich in nur handgroßen Mauernischen eiserne Haken zum Festmachen der Schiffe beim Löschen und Laden. Der 1901 installierte 5-t-Elektrokran hat seinen Ausleger zur Landseite hingewendet. Am Ufer stehen schon wieder mehrere Pferdewagen, noch mit dem gleichen Ladegut bis zum Rande gefüllt, das man auch im Bauch einer noch nicht wieder zugedeckten Schute sieht – möglicherweise werden Kartoffeln verladen. Dieses und ein weiteres Fahrzeug, beide kräftig aus Holz gebaute Schuten, lassen sich just in diesem Augenblick »achteraus sacken«. Obwohl der Kanal abgeschleust ist, läuft doch noch ein wenig Strom, den sie für dieses Manöver nutzen müssen, da beide Schiffe noch nicht mit eigener Maschinenkraft ausgerüstet sind. Sie scheren aus dem am Kai liegenden »Päckchen« rechtzeitig aus, um sich von dem kleinen Dampfschlepper, der den Kanal gerade heraufkommt, »aufpicken« zu lassen. Die Schiffer sind in Eile. Und der Schlepper kann nicht warten. Daher stehen die Masten noch, die auf den Schuten zum Ladegeschäft verwendet werden. Vor Erreichen der Eisenbahnbrücke, die man im Hintergrund bereits sieht, müssen sie gelegt sein. Es war nicht einmal Zeit genug, die Lukendeckel zu schließen. Dies wird dann unterwegs nach Hamburg der Decksmann besorgen.

Schiffswerft Ernst Menzer

Sobald man, vom Bergedorfer Hafen kommend, in Richtung Süden in den Schleusengraben einfährt, kommt eine Eisenbahnbrücke in Sicht, die den Schienenverkehr vom Güterbahnhof zum Bahnhof Bergedorf-Süd ermöglicht. Nachdem man sie passiert hat, öffnet sich an Backbordseite ein Einschnitt am Ostufer, welcher für die Werft Ernst Menzer als Werfthafen angelegt worden ist. Das Foto aus der Zeit um 1930 zeigt den Dampfschlepper La Noya, *der nach Reparatur und Neuanstrich gerade abgeslippt worden ist.*

Fabrik für berühmte Schiffsdieselmotoren

Auf unserer Fahrt weiter nach Süden erscheinen jetzt die Gebäude der ehemals hier tätigen »Hanseatischen Motoren-Gesellschaft m.b.H.« (»HMG« abgekürzt). Der Firmengründer Erich Puls hatte sich hier angesiedelt, um zunächst die von seinem Schwiegervater Heinrich Callesen in Apenrade entwickelten Zweitakt-Glühkopfmotoren und später auch dessen Zweitakt-Dieselmotoren nachzubauen und in der Nähe Hamburgs mit um so größerem Erfolg an den Mann zu bringen. Sie waren für Küsten-Schiffe, Fischereifahrzeuge und als Schiffshilfsmaschinen oder aber auch an Land stationär für Kraftantriebe und die Erzeugung von Elektrizität geeignet. Um 1935 wurden die berühmten »Bergedorfer« in Größen von 8 bis 300 PS in alle Welt geliefert. Stolz war das Werk besonders auf den erfolgreichen Einsatz seiner Motoren für den Weltumsegler Hamburg *des Kapitäns Kircheiß und das Südsee-Expeditionsschiff* Mynonie R. Kirby.

Das ausgewählte Foto präsentiert den Schlepper Woterküken *um 1930 an der Rückseite der Fabrik im Schleusengraben. Es ist mit einem 50 PS H.-M-.G.-Zweitakt-Dieselmotor ausgerüstet.*

Die Dove- und die Gose-Elbe

Unterhalb von Geesthacht weicht die Elbe in einem großen Bogen von der in gerader Linie über Escheburg, Börnsen, Bergedorf auf Wandsbek zu verlaufenden Kante der Hohen Geest nach Süden aus. Dort hatte sie sich ihr drittes Hauptstrombett gesucht. Zwischen der Geestkante und dem jüngsten Elbebogen liegen tief eingebettet die fruchtbaren Vier- und Marschlande, die seit Menschengedenken den wichtigsten Beitrag zur Versorgung der Hamburger Märkte mit Obst und Gemüse zu leisten hatten und noch bis auf den heutigen Tag leisten. Westlich des Altengammer Gebiets zweigte ein erst später dahin verkommener »Altarm«, die Dove-Elbe (Doeff-Elbe = taube, totgelegte Elbe), von der »großen« Elbe ab und floß, Altengamme, Curslak und Billwerder nach Süden begrenzend, an der Hamburger Stadtgrenze der Norderelbe wieder zu. Ursprünglich hatte man sie mit einem eigenen Flußnamen »Gamme« bezeichnet. Sie war tatsächlich einmal Hauptstromrinne der großen Elbe gewesen wie nach ihr die Gose-Elbe (Goess-Elbe = Gänse-Elbe). Die letztere umfloß nach Verlassen des Hauptstroms das Neuengammer Gebiet von Westen her und führte ihr Wasser wieder der Dove-Elbe zu. Gose-Elbe und der Unterlauf der Dove-Elbe begrenzen Kirchwerder und Ochsenwerder von Norden her. Weil beide Wasserläufe schon sehr früh von oben her an ihren Abzweigungen verlandeten, war es möglich, die Dove-Elbe 1482 und von 1488 bis 1492 auch die Gose-Elbe gegen die »große Elbe« abzudeichen, so daß diese von jenem Zeitpunkt an nur noch von unten her durch den Flutstrom ihr Wasser im Tidenrhythmus erhielten. Von diesem wurden sie erst 1952 durch den Bau der Tatenberger Schleuse abgeschnitten.

Damit die Deichwege geschont wurden, wurde ein polizeiliches Verbot erlassen, diese als Transportwege für den um die Mitte des 18. Jahrhunderts Richtung Hamburg stark expandierenden Gemüsehandel zu benutzen. Eindrucksvoll bezeugte Hübbe in seiner Schrift »Der Hamburger Ausruf«, wie um 1808, als die Hamburger Torsperre noch galt, das Gemüse nach Hamburg verschifft wurde: *»Die Grünhöker ... segeln mit nächtlicher Ebbe ab, und liegen dann, oft in stürmischem und regnichtem Wetter bis zur Öffnung am Baum«* (gemeint ist der Oberbaum zur nächtlichen Verschließung des Oberhafens auf der Höhe des Deichtors) *»... um ihrem Gewerbe sogleich nachgehen und bald wieder absegeln zu können.«*

Angesichts der morastigen Landwege, die während der regnerischen Jahreszeiten kaum ein Durchkommen erlaubten, stellten die Dove- und die kleinere Gose-Elbe ohnehin die brauchbarsten Transportwege sowohl für den Versand von Obst und Gemüse zu den Märkten als auch für die auf dem Lande benötigten Lieferungen von Baumaterialien (Bauholz, Ziegelsteine, Zement) und Brennstoffen (Brennholz, Torf, Kohle etc.) dar. Zur Verbesserung dieser Verkehrswege wurden beide Altarme 1922/23 noch einmal ausgebaggert und 1924 die Reitschleuse am Eingang der Gose-Elbe erbaut.

Gegen Ende des 19. Jahrhunderts ließen die Segelschuten und Gemüse-Ewer ihre Segel zu Hause, bildeten an Sammelplätzen Schleppzüge von acht bis zehn

Die Reitbrooker Mühle in Sicht
Wir wenden uns jetzt dem breiteren Unterlauf der Dove-Elbe zu. Sobald man einer leichten Biege nach Nordwesten gefolgt ist, erscheint rechts voraus am Südufer unvermittelt und großartig die Reitbrooker Mühle.

Fahrzeugen und ließen sich von kleinen Schleppdampfern auf den Haken nehmen.

Neben der Vielzahl kleiner Hafeneinschnitte wurden mit dem Durchstich der Kaltehofe für ein neues Bett der Norderelbe sowie mit dem Bau einer neuen Einmündung der Dove-Elbe große Wasserflächen von insgesamt 295.000 qm frei – nämlich die alte Mündung der Dove-Elbe und die Billwerder Bucht –, auf welchen jetzt Hunderte von Liegeplätzen für überwinternde Oberelbekähne und die neuen Holzhäfen eingerichtet wurden.

3 Abbildungen zum Thema »Vernichtung durch Arbeit« an der Dove-Elbe bei Neuengamme

Man fährt aus dem Schleusengraben durch die Kraphof-Schleuse in die Dove-Elbe hinein. Wer von hier aus nach backbord durch die Dove-Elbe-Schleuse noch weiter flußaufwärts geht, sieht alsbald Curslack zur Linken und Neuengamme zur Rechten liegen. Wenig später zweigt auf Steuerbordseite ein Stichkanal ab, der zu einem Klinkerwerk auf dem Gelände des ehemaligen Konzentrationslagers Neuengamme führt. Es handelt sich um eine alte, längst aufgegebene Ziegelei, die 1938 von der SS unter dem Firmennamen »Deutsche Erd- und Steinwerke GmbH« wieder in Gang gesetzt werden sollte. Den Kanal haben die Nazis bauen lassen, um die ebenfalls hier zu produzierenden Ziegel schneller in Richtung Altonaer Elbufer abtransportieren zu lassen, denn massenweise Ziegel wurden dort für das ehrgeizige Projekt einer Errichtung protziger Führer-Bauten benötigt. Um hierfür Arbeitssklaven zu gewinnen, wurde 1938 Neuengamme eigens als Standort für ein Außenlager des Konzentrationslagers Sachsenhausen eingerichtet. Die Arbeit wurde in verheerender Weise wirkungsvoll nach dem Prinzip »Vernichtung durch Arbeit« organisiert, wobei fast jeder zweite Häftling umkam. Allein 1.600 Menschen starben im Winter 1941/42 an Fleckfieber. Vor allem waren es russische Kriegsgefangene, die zuvor schon im KZ Flossenburg geschwächt worden waren und nun hier zu Tode kamen.

Zuletzt »durften« die Häftlinge im Frühjahr 1945 unter fürchterlichen Witterungsbedingungen Panzergräben bei Oortkaten ausheben. Gauleiter und Reichsstatthalter Kaufmann wollte in Berlin mit solchen Maßnahmen unterstreichen, daß er die Verteidigung Hamburgs bis zum letzten Blutstropfen mit allem Nachdruck betrieb.

Bis zur Befreiung durch die Alliierten im Jahre 1945 kamen in Neuengamme entsprechend zuverlässigen Schätzungen 55.000 Menschen um.

DEMAG
Duisburg

Eine Werft für Binnenschiffe
Sobald man die Mühlenbrücke hinter der Reitbrooker Mühle passiert hat, taucht an Steuerbordseite die Werft Allermöhe *auf. Wo heute im Sommer viele Sportboote und noch mehr von diesen Fahrzeugen im Winter an Land liegen, wurden ehedem Schuten sowie sonstige Binnenschiffe gebaut und repariert.*

Ein Dreh-Ewer an Land
Auf dem Reitbrooker Ufer, dem Südufer der Dove-Elbe, wird nach wenigen Augenblicken auf einer Wiese vor dem Hofe Langeloh unter Bäumen ein rostiges Ungetüm bemerkt, das sich, aus der Nähe betrachtet, als ein sog. Dreh-Ewer entpuppt. Es handelt sich um ein schweres, aus Platten genietetes, plattbödiges Fahrzeug, das an seinen jeweiligen Bestimmungsort geschleppt werden mußte. Verschiedene Rollen an Steuerbordseite ermöglichten es ehedem, mit Hilfe eines langstieligen Keschers, der ins Wasser hinabgelassen wurde, Schlickboden zur Austiefung des Fahrwassers zu entnehmen und in das Schiff zum Abtransport einzuladen.

Der »nordische Kahn« am Südufer
Einige wenige Ruderfahrzeuge aus älterer Zeit haben hier überlebt, die noch gelegentlich auf dem Fluß benutzt werden. So liegt der abgebildete »nordische Kahn«, der vormals auf der Niederelbe und ihren Nebenflüssen zu Hunderten alltäglich im Einsatz war, als einzelnes Exemplar zu Füßen der »Schule Seefeld«. Sie ist auch Eignerin des Kahns. Diese Boote zeichnen sich durch eine recht stabile Bauweise aus, sind – wie auch in diesem Falle – Eiche auf Eiche gebaut und leicht daran erkennbar, daß sie sowohl einen größeren Heckspiegel als auch einen kleineren Bugspiegel besitzen. Ein kräftiges Bergholz und eine derbe Scheuerleiste schützen das Boot gegen leichtere Berührungen. Es kann sowohl gerudert als auch gesegelt werden.

Ein Marschländer Transportkahn
Aus drei Planken konnte man ehedem dieses wendige und für alle Gräben geeignete, spitzgattige Plattbodenschiff bauen. Um die Transportfläche zu vergrößern, legte man breite Platten über das Boot. Hierauf standen dann in hohen Stapeln die Obst- oder Gemüsekörbe.

Eine wahrhaft protestantische Kirche

Wir steuern nunmehr Allermöhe an, das am Nordufer hinter der »Kirchenbrücke« erscheint. Die Kirche zur Rechten ist erst nach 1611 erbaut und am 2. Februar 1614 feierlich durch Pastor M. Albertus Wichgreve, der die Festpredigt hielt, zu Ehren der »hochgelaueden unde hilligen Dreyfoldicheit« eingeweiht worden. Sie sollte innen und außen eine moderne, von protestantischem Geist geprägte Kirche werden, wie schon bei der Schaffung der Inneneinrichtung und der Aufstellung des von dem Hamburger Bildschnitzer Hein Baxmann gefertigten Altars zu vernehmen war. Dies konnte erst geschehen, nachdem »dat olde papistische Altar ys removeret.« Leider ist die wegen geplanter Restaurierungsarbeiten vorübergehend ins Pastorat ausgelagerte Innenausstattung am 27. Juni des Jahres 1900 verbrannt. Das 1718 erbaute Pastorat, ein strohgedecktes Gebäude, brannte vollkommen nieder.

Eine »papistische« Kirche muß es hier bereits zum Beginn des 14. Jhs. gegeben haben, da sie wie die Gotteshäuser von Billwerder und Moorfleet im Jahre 1331 ihre Glocke zum Verkauf hergeben mußte, um nach einer fürchterlichen Sturmflut Deichreparaturen finanzieren zu können.

Ein Hafen für die Kirchenbesucher

Der Allermöher Kirche genau gegenüber findet sich ein von Bäumen umstandener Einschnitt am Südufer der Dove-Elbe, der alte Bauernhafen. Dieser ist angelegt worden, um den Kirchgängern die Möglichkeit zu bieten, den Gottesdienst zu Schiff zu besuchen. Tatsächlich waren die Wege und Pfade in den Vier- und Marschlanden nur in wenigen Wochen des Jahres so brauchbar, daß man nicht gleich mit Pferd und Wagen oder gar zu Fuß mit den Schuhen im Morast stecken blieb. Da aber jeder Hof über Gräben und kleine Landeplätze mit der Dove- und auch der Gose-Elbe verbunden war, nutzte man gelegentlich gern das eigene Boot, um die ganze Familie im Sonntagsstaat sicher und sauber auf dem Wasserwege zur Kirche zu bugsieren. Man mußte nur noch eben mit der Fähre hinüber, um am Gottesdienst teilnehmen zu können. Erst jüngeren Datums ist die an Stelle der Fähre errichtete Kirchbrücke.

Der Eichbaum-Pegel auf dem Trockenen

Nur noch einige Minuten begleiten uns die alten Ufersäume flußabwärts, da öffnet sich schon die Dove-Elbe zu einer in die Landschaft säuberlich hineingeschnittenen Regattabahn. Bojen markieren die 2 km lange Rennstrecke der Wettruderer. Wir halten uns hiervon frei, indem wir zunächst an Steuerbordseite bleiben und bei Gelegenheit anlegen. Vom Hafen der »Sportbootgemeinschaft Moorfleeter Deich« aus gehen wir einige Schritte nach Nordosten und lassen den ebenfalls neu geschaffenen »Eichbaumsee« rechts liegen. Hier stoßen wir alsbald bei dem Ort Eichbaum auf den alten Deich, der ehedem das ganze dahinterliegende Land der Gemeinde Allermöhe schützte.

Am Fuße des Deiches treffen wir auf ein mitten in Büschen und jetzt weit vom Fahrwasser abgelegenes Pegelhäuschen. Daß es immer noch so hübsch in Schuß ist, verdankt es gewiß den Bemühungen des Hamburger Denkmalschutzamtes. Hier, dicht unterhalb des Eichbaumer Deiches, verlief früher die Dove-Elbe. Sie holte zu einem großen Bogen nach Norden aus, der heute durch die Regattastrecke abgeschnitten und teils durch das stehende Gewässer des Eichbaumsees ausgefüllt wird. Der Pegel aber hat seine Bedeutung durch den Bau der Tatenberger Schleuse im Jahre 1951 verloren, weil mit ihrer Einrichtung der Hochwasserschutz für die Vier- und Marschlande bis an die Norderelbe vorverlegt werden konnte und zugleich die Wasserstraßen der Dove- und der Gose-Elbe tidenunabhängig wurden.

Gruss aus Vierlanden-Hamburg.
Verlag von Joh. Kroeger's Buchdr., Blankenese. Nachdruck verboten
GARBERS CIGARRENFABRIK HAMBURG-ZOLLENSPIEKER
AUTO-CHROM
Vierländer Trachten.
Brautpaar.

Vierländer Trachten
Vier Frauen und ein Mann präsentieren sich in Vierländer Trachten, wie sie um 1850 ausgeformt waren. Sie wurden geradezu Markenzeichen der mit den besten Obst- und Gemüsesorten handelnden Bauern. Den Reklamecharakter unterstreicht das Bemühen einer beim Zollenspieker ansässigen Cigarrenfabrik Garbers, mit solchen und ähnlichen Postkartenmotiven den Absatz ihrer Rauchwaren zu intensivieren.

◀ ***Die Reitschleuse***
Wir besteigen wieder unser Boot und queren die Regattabahn in südlicher Richtung. Wir halten auf die Gose-Elbe zu und müssen deshalb die Reitschleuse passieren.
Sie wurde 1924 dem Verkehr übergeben. Nachdem über Jahrhunderte hin die Gemeinden Reitbrook, Ochsenwärder und Kirchwärder immer wieder bei Sturmfluten auf der Elbe den schlimmsten Verwüstungen durch Hochwasser ausgesetzt waren, bildete im Rahmen der in den zwanziger Jahren notwendigen Flutschutzmaßnahmen der Schleusenbau das wichtigste Teilstück. Bei Vorverlegung des Hochwasserschutzes an die Norderelbe durch Bau der Tatenberger Schleuse im Jahre 1951 verlor die Reitschleuse ihre ursprüngliche Bedeutung.
Aus Gründen der Ökologie darf die Gose-Elbe von Motorbooten nicht mehr befahren werden. Damit hat sie den Charakter einer Wasserstraße endgültig verloren und wird auch nicht mehr ausgebaggert. Inzwischen überwuchern Bäume und Büsche vom Ufer her in einem undurchdringlichen Dickicht diesen Altarm der Elbe und bieten der hier ansässigen Tierwelt ein einzigartiges Paradies.

Treffpunkt Zollenspieker
Die traditionsreiche Zollstation war in mehrfacher Hinsicht ein bemerkenswerter Kristallisationspunkt für örtliche Belange. Hier traf man sich an der Fähre zur gemeinsamen Fahrt über die Elbe, hier gab es einen kleinen Hafen mit Anlagen zum Löschen und Laden, die 1905/06 noch einmal erweitert wurden. Zollenspieker besaß ferner eine eigene Stakmeisterei, für die 1904 neben dem Gasthof ein neues Magazin errichtet wurde. Und ab 1912 verfügte man sogar über eine überdachte Hellinganlage. Da konnte es nicht ausbleiben, daß auch der Gasthof 1909 eine Erweiterung durch einen Anbau mit Wintergarten nach Süden erfuhr.
Den Höhepunkt aller Festveranstaltungen des Jahres bildete für Vierländer Begriffe der Zollenspieker Markt im September. Schon am Vorabend, dem Kramerabend, ging es heiß zu mit Tanz und Gelage. Auch am Haupttag blieb kein Auge trocken.
Am Anleger zu Füßen der Gastwirtschaft hat das Fährboot Flora des Eigners H. Klockmann festgemacht, der auch den Gasthof betreibt. Weiter rechts erkennt man gut das Pegelhäuschen, in welchem die Elbwasserstände automatisch aufgezeichnet werden.

Der Querverkehr nach Lüneburg

Die Ilmenau

Wie alle Nebenflüsse der Niederelbe ist auch die Ilmenau heute gegen das Eindringen von Sturmfluten durch ein Sperrwerk bei Hoopte geschützt. Es sichert zugleich auch die Luhe, einen kleinen Nebenfluß, der oberhalb von Stöckte in die Ilmenau einmündet.

Vom Sperrwerk aus sind die ersten 11 Streckenkilometer der insgesamt 28 km weit hinauf schiffbaren Ilmenau kanalisiert, aber tidenabhängig geblieben. Dann trifft man auf die erste Schleuse bei Fahrenholz. Weitere Schleusen folgen bei Wittorf und Bardowick. Die Schiffahrt des in der Lüneburger Heide entspringenden Flusses endet in Lüneburg. Da das Getreide – vormals das wichtigste Ladegut der Ilmenau-Schuten – inzwischen auf anderen Wegen transportiert wird, ist die seit dem Mittelalter hier tätige, traditionsreiche Berufsschiffahrt 1976 ganz eingestellt worden.

Hoopte

Unmittelbar nach Passieren des Ilmenau-Sperrwerks findet sich an Steuerbordseite ein größerer Hafeneinschnitt, der alte Hoopter Staatshafen. Hier sind bereits seit Ende des 18. Jahrhunderts bis um 1900 Gemüse- und Stroh-Ewer sowie Fischer-Ewer für die Oberelbe, später auch größere Binnenschiffe gebaut worden. Von der Werfttätigkeit zeugen noch heute die dort vorhandenen älteren Slip-Anlagen. Ab 1839 stand hier eine Dampfschiffs-Gesellschaft mit ihrem Schleppdampfer »Delphin« bereit, um Ilmenau-Ewer und Schiffe aus Winsen auf den Haken zu nehmen und von der Ilmenau-Mündung aus nach Hamburg zu bugsieren. Außerdem fuhr der 1840 von den Harburger Fährschiffern in Betrieb genommene Raddampfer PRIMUS auf seiner Linie Hamburg–Harburg–Hoopte und retour Hoopte täglich an.

In Bardowick an der Ilmenau
Am Anleger im Unterwasser der Schleuse Bardowick hat die Motorschute CATHARINA *festgemacht. In voller Länge liegt sie am Kaffeegarten des hinter den Bäumen versteckten Gasthofs »Zum Anker«. Seit die Ilmenau im Hinblick auf den Transport des Lüneburger Salzes nach Lübeck schiffbar gemacht worden war, existiert auch die Bardowicker Schleuse.*

Lüneburg

– 956 als »Luniburc« erwähnt

Zu Füßen der Burg des Sachsenherzogs Hermann Billung auf dem Kalkberge entwickelte sich Lüneburg mit zunehmender Bedeutung der Salinenausbeutung zu einer der reichsten Hansestädte. Hierzu trugen Privilegien des 13. Jhs. bei, die der Stadt Verfügungsrechte über den Verkehr auf der unteren und mittleren Ilmenau garantierten. Sein Hafen gegenüber dem »Kaufhaus« lag 22 km von der Einmündung in die Elbe entfernt.

Nachweislich hat Lüneburg seit dem 14. Jh. erhebliche Aufwendungen für die Ausbaggerung des Fahrwassers (1322) auf sich genommen. Es strebte an, auch für die größten Lüneburger Schiffe ebenso bequeme Fahrwasserverhältnisse auf der Ilmenau, der Neetze, der Jeetze wie auch auf der Elbe sicherzustellen. Vor allem war es den Lüneburgern um die Stecknitzfahrt zu tun, die dem Transport des Salzes von ihrem Hafen aus bis zu den Salzspeichern nahe dem Holstentor zu Lübeck diente. Während der zweiten Hälfte des 15. Jhs. verließen im Jahresdurchschnitt 350 Salzschiffe die Stadt in Richtung Lauenburg, in Spitzenjahren sogar 1.500 Einheiten. Hier wurde es aus den Lüneburger »Eichen« – so nannte man die deftigen Wasserfahrzeuge auf der Ilmenau nach dem verwendeten Baumaterial – gelöscht und auf die Stecknitzkähne zur Weiterbeförderung nach Lübeck umgeladen. Den Fahrwasserzustand der Ilmenau wie aller anderen

Das »Kaufhaus« am Hafen zu Lüneburg
Mit dem Schiff konnte man ehedem unmittelbar am Lüneburger »Kaufhaus« (1745) anlegen, um Handelswaren über den Kranbalken in die Luken der Speichergeschosse hineinzuhieven oder von dort neue Fracht mitzunehmen. Einige Schritte weiter durften die Schiffer gegen ein festgelegtes Entgelt den hölzernen Drehkran für alle übrigen Lasten benutzen. Genau die gleiche Ansicht, wie wir sie hier abgebildet finden, bot sich bereits vor Jahrhunderten von der »Salzstraße am Wall« aus, wenn man beim Viskulenhof, dem ältesten Hafenspeicher, haltmachte und von dort aus über den Hafen blickte.

Flüsse des Fürstentums Lüneburg kontrollierte alljährlich die Bereisungskommission der »Aueherren«. Und um den Zoll, den die Hamburger und Lübecker nach der Einnahme Bergedorfs und der Vierlande ab 1420 beim Zollenspieker gegenüber der Ilmenaumündung kassierten, zu umgehen, gruben die Lüneburger eine neue Elbeeinfahrt wenige Kilometer stromaufwärts und versuchten damit zugleich, den Weg zum Stecknitzkanal zu verkürzen, allerdings ohne andauernden Erfolg.

Übrigens läßt sich zu Beginn des 19. Jhs. keine fahrplanmäßig direkt nach Hamburg verkehrende »Schiffsgelegenheit« nachweisen (Hamb. Adressb. 1808). Aufgrund eines Privilegs von 1417, das erst 1844 aufgehoben wurde, durften ausschließlich die täglich von Lauenburg abgehenden Schiffe all jene für Hamburg bestimmten Frachten der Ilmenau-Ewer und der Stecknitzfahrer weitertransportieren.

Winsen

– Winhusen gen. 1158; Winsen 1293

Die Kreisstadt liegt an der Luhe und nahe ihrer Einmündung in die Ilmenau. Sie schiebt sich auf einer Sandhöhe vom Geestrand her bis ganz dicht an die Elbe heran. Früher lebte die Stadt von Papier-, Tabak-, Kunstwolle-, Bier- und Branntweinherstellung. Nach Korrektion und Bedeichung der Ilmenaumündung verbesserte sich die landwirtschaftliche Nutzung auch der tiefer gelegenen Teile der Winsener Marsch, die sonst jährlich mehrfach unter Wasser stand. Auch Winsen als zentraler Marktort profitierte in zunehmendem Maße von dieser Verbesserung, indem von hier aus die Produkte der lebhaften Milchviehwirtschaft und schließlich das neuerdings angebaute Obst nach Hamburg verschifft wurden. Im Jahre 1905 zählte Winsen 4.450 Einwohner.

Vor der Lüneburger »Ratsmühle«
Neben dem Fachwerkgebäude der »Ratsmühle« erscheinen rechts erst der alte und dann der neue Wasserturm.

Der »Gasthof zur Friedrichsbrücke«
Am Nordufer der kanalisierten Ilmenau steht noch heute beim Streckenkilometer 16 ein stattliches Bauwerk, an dessen Wasserseite man mit Mühe den in unserer Bildüberschrift wiederholten Namen des Gasthauses ablesen kann. Es ist aus roten Ziegeln erbaut, wobei die Fassaden durch weiß hervorgehobene Pfeilervorlagen und querlaufende weiße Friesbänder strukturiert sind. Wirtshäuser im gleichen Stil noch aus der Zeit vor und um die Jahrhundertwende finden sich in stattlicher Zahl in der Nähe von Wasserbauwerken an Schleusen und Brücken im Niederelbegebiet, die in jener Zeit entstanden oder weiter ausgebaut worden sind.

Die »Friedrichsbrücke« war, wie die Postkarte aus der Zeit um die Jahrhundertwende zeigt, als Klappbrücke in reiner Holzkonstruktion ausgeführt, damit auch Schiffe mit stehenden Masten in Richtung Lüneburg passieren konnten. Vor dem Gasthaus hat an den Pfählen rechts der Brücke ein Dampfschlepper festgemacht. Davor auf der Wiese stehen drei ältere Herren und zwei Kinder, die gewiß zum Gasthof gehören, der hier mit einer Werbepostkarte vorgestellt wird. Die alte Beschriftung hebt als moderne Errungenschaft hervor, daß der Inhaber H. Harms auch telefonisch über die Nr. 33 beim Amt Winsen zu erreichen ist.

Mit der Süderelbe durch das Stromteilungsgebiet

Die Süderelbe

Bei der Bunthäuser Spitze trennt sich der Strom in Norder- und Süderelbe. Von der Süderelbe zweigte wiederum hinter Harburg und südwestlich von Wilhelmsburg der Köhlbrand ab. Die Süderelbe teilte sich noch ein weiteres Mal vor Finkenwerder in zwei Arme, deren einer – weiterhin »Süderelbe« genannt – links an der Insel vorbei verlief und sich hinter dem Neßhaken wieder mit dem Hauptstrom vereinigte. Im Mittelalter war dieser Seitenarm so gut schiffbar, daß der Harburger Verkehr nach der Unterelbe auf diesem Wege, fernab vom Hamburger Zwangsstapel verlief. Der andere Arm schlängelte sich als »Dradenau« – oder auch nur »Aue« genannt – östlich an Finkenwerder vorbei. Kurz vor ihrer Einmündung in das Köhlfleet – etwa im Bereich des heutigen Fischereihafens – lagen die von Cölln'sche und die Wriede'sche Werft, wo die Finkenwerder Fischer ihre Ewer und Kutter bauen und reparieren lassen konnten. Als im 17. Jahrhundert die Dradenau versandete, wurde der Köhlbrand zum Hauptfahrwasser der Süderelbe ab Harburg.

Moorwerder

Seit dem Ende des 14. Jahrhunderts ist Moorwerder hamburgische Enklave. Hamburg kaufte es im Jahre 1392 zusammen mit Ochsenwerder den Grafen Otto und Adolf von Schauenburg ab. Der Besitz Moorwerders war für Hamburg schon deswegen so wichtig, weil an dem südöstlichen Zipfel, der sog. Bunthäuser Spitze, die Wasserzufuhr zur Norderelbe durch Leitwerke verbessert werden konnte. 1561 wurde es wie Moorburg der Hamburger Landherrenschaft Bill- und Ochsenwerder unterstellt. Eine alte Fährverbindung ging von dem Punkt aus, wo heute das Haus Moorwerder Hauptdeich 105 steht, über die Norderelbe nach Spadenland. Sie wurde – abgesehen von einer kurzen Unterbrechung von 1922 bis 1924 – fahrplanmäßig

Stuhlmanns Gasthof am Anleger Moorwerder
Von der Norderelbe aus schauen wir auf den Anleger, von dem aus eine Brücke auf vielen Stelzen ans Ufer führt. Links die Windmühle diente der Verarbeitung des auf der Insel angebauten Getreides. Rechts folgt das zweistöckige Gebäude von »R. Stuhlmann's Gasthof«, einem beliebten Ausflugslokal, das sich auf der Rückseite der Karte als »Garten-Etablissement mit großem, neuerbautem Tanzsaal« andient. Die Karte wurde am 18. April 1904 abgeschickt.

Naturschutzgebiet Heuckenlock
Bei der Bunthäuser Spitze teilen sich Norder- und Süder-Elbe. Von hier aus wird das Südufer Moorwerders und Stillhorns parallel zur Süder-Elbe bis zur Autobahnbrücke Stillhorn von einem breiten, vor dem Deich liegenden Ufersaum begleitet. Trotz häufiger Überflutungen gedeihen hier reiche Baumbestände, Büsche und Pflanzen, die in ihrem urwaldartigem Charakter belassen wurden. Das unter Naturschutz gestellte Gebiet wird von einem windungsreichen Priel durchzogen, nach dem es als »Heuckenlock« bezeichnet worden ist.

bis 1938 betrieben. Seit 1790 fuhr eine weitere Fähre von Bunthaus nach Ochsenwerder, die 1922 nach Einrichtung einer regelmäßig durch die Bunthäuser Stackmeisterei nach Ochsenwerder betriebenen Fähre ihrer Existenz beraubt wurde. Schließlich sei auch noch die seit 1900 vom Moorwerder Süderdeich aus über die Süderelbe nach Bullenhausen verkehrende Fähre genannt. Sie hielt ihren Betrieb bis zum Mai 1945 aufrecht.

Vom Fährbetrieb profitierten vor allem die Gastwirtschaften und Tanzlokale. Der Ausflugsverkehr zu den Elbinseln hob sich noch, als ab 1861 die Lauenburger Dampfschiffe CONCORDIA, GERMANIA und FORTUNA die Anleger zwischen Hamburg und Lauenburg abklapperten, ja gelegentlich auch noch Dömitz und Wittenberge anfuhren.

Kirchlich wird das seit Menschengedenken nach Ochsenwerder eingepfarrte Moorwerder von dort aus noch heute mitbetreut. Verwaltungstechnisch und politisch gehört es indessen zum Bezirksamt Harburg.

Wilhelmsburg

– 1672 nach dem neuen Eigner, Herzog Georg Wilhelm von Braunschweig–Lüneburg, so benannt.

Nordwestlich von Moorwerder liegt die Elbinsel Wilhelmsburg. Im Norden stößt sie an den Hamburger Freihafen. Westlich wird sie durch den Reiherstieg begrenzt, im Süden durch die Süderelbe. Ihren Namen trägt sie, seit es Herzog Georg Wilhelm gelang, aus dem Besitz der zuvor dort ansässigen Familie Groten am 4. September 1672 im Stromteilungsgebiet eine kleinere Inselgruppe, nämlich den Stillhorn, die Güter Bauwiesen, Rotehaus und Georgswerder, anzukaufen und diese mit den bereits in seinem Eigentum befindlichen Gebieten, dem Reiherstieg und dem Vorwerk Schlüsgrove, zur *»Herrschaft Wilhelmsburg«* zu vereinigen.

Zuvor hatte dort erst das »Lüneburger Burgmannengeschlecht« der Schacken gehaust, das ab 1333 mit Unterstützung der Einwohner Ochsenwerders, soweit diese an Erwerb von Neuland interessiert waren, den Stillhorn einzudeichen begonnen hatte. Kirchlich wurden sie daher weiterhin von Ochsenwerder aus betreut, bis sie 1397 endlich eine eigene Kirche erhielten. Dem ersten Koog, dem sog. *Stillhorner Feld*, folgten noch im 14. Jh. das *Jenerseiter*, das *Neue*, das *Siede* und das *Finkenrieker Feld*. Unter den neuen Herren, dem Adelsgeschlecht der Groten, wurden die Stillhorner Deichbauarbeiten mit Gewinnung eines weiteren Kooges, des *Schönen Feldes*, im Jahre 1491 abgeschlossen. Erst im Laufe des 16. und 17. Jahrhunderts wurden die Inseln Reiherstieg, Rotehaus und Georgswerder an den Stillhorn herangedeicht. Nur so wird erklärlich, daß das eigentliche Machtzentrum der späteren Herrschaft Wilhelmsburg auf der Ursprungsinsel, dem Stillhorn, entstand, und zwar auf einem alten Dünenzug in Kirchdorf. Hier jedenfalls wurde um 1600 eine Wasserburg in üppigem Renaissancestil errichtet, die Matthaeus Merian in seiner *Topographia Germaniae* von 1654 einer Abbildung wert erachtet hat. Sie wurde 1672 in die *Wilhelmsburg* umgetauft und 1724 bis auf einige erhaltene Kellergewölbe gänzlich erneuert.

Nach dem Tode Herzog Georg Wilhelms wurde die Herrschaft Wilhelmsburg 1705 den landesherrlichen Domänen zugeschlagen und als eigenes königlich hannoversches Amt von der Wilhelmsburg aus, jetzt als *Amtshaus* bezeichnet, verwaltet. Weil das so geschaffene Amt Wilhelmsburg aber auf Dauer zu klein war, wurde es im Jahre 1859 aufgehoben und nun mit dem Amt Harburg vereinigt.

Abgesehen von der besonders bedeichten Insel Neuhof konnten bis 1852 alle hinzuerworbenen Teilgebiete durch einen gemeinsamen Außendeich zur Elbinsel Wilhelmsburg zusammengefaßt werden. Zu diesem Zeitpunkt standen an die 2.000 ha Land für landwirtschaftliche Nutzung zur Verfügung. Soweit es den Erwerbszweig der Nahrungsmittelherstellung betrifft, stellte sich der Ackerbau entsprechend den Bedürfnissen der nahelegenen Großstadt schon sehr bald auf Gärtnereibetrieb und Gemüseanbau um. Das Gemüse wurde mit dem *Gemüse-Ewer* nach Hamburg gesegelt und auf den Markt gebracht. Alle anderen Bauern, die von der Viehhaltung lebten, überließen den überregionalen Vertrieb der Milch sog. *Melkern*, die in Gruppen von bis zu fünf Kollegen gemeinsam einen *Milch-Ewer* – man konnte ihn kaum vom Gemüse-Ewer unterscheiden – gemeinsam betrieben und beschickten. Nach oftmals schwieriger Überfahrt am frühen Morgen machten sie in der Regel am Stadtdeich vor oder hinter dem Deichtor fest und belieferten von dort aus einen festen Kundenstamm in Hamburg. Bei Eisgang benutzten sie mit Schlittenkufen ausgestattete Boote, die sie über das Eis schoben und in die sie schnell einstiegen, sobald Wind oder Strom die Schollen auseinandertrieben. Viele Melker haben bei derart waghalsigen Manövern ihr Leben eingebüßt.

Seit den siebziger Jahren des siebzehnten Jahrhunderts hatte sich ein bedeutender Holzhandel am Reiherstieg etabliert. Wir wissen von zunehmender Flößerei, die zu Beginn des 18. Jhs. Verbesserungen der

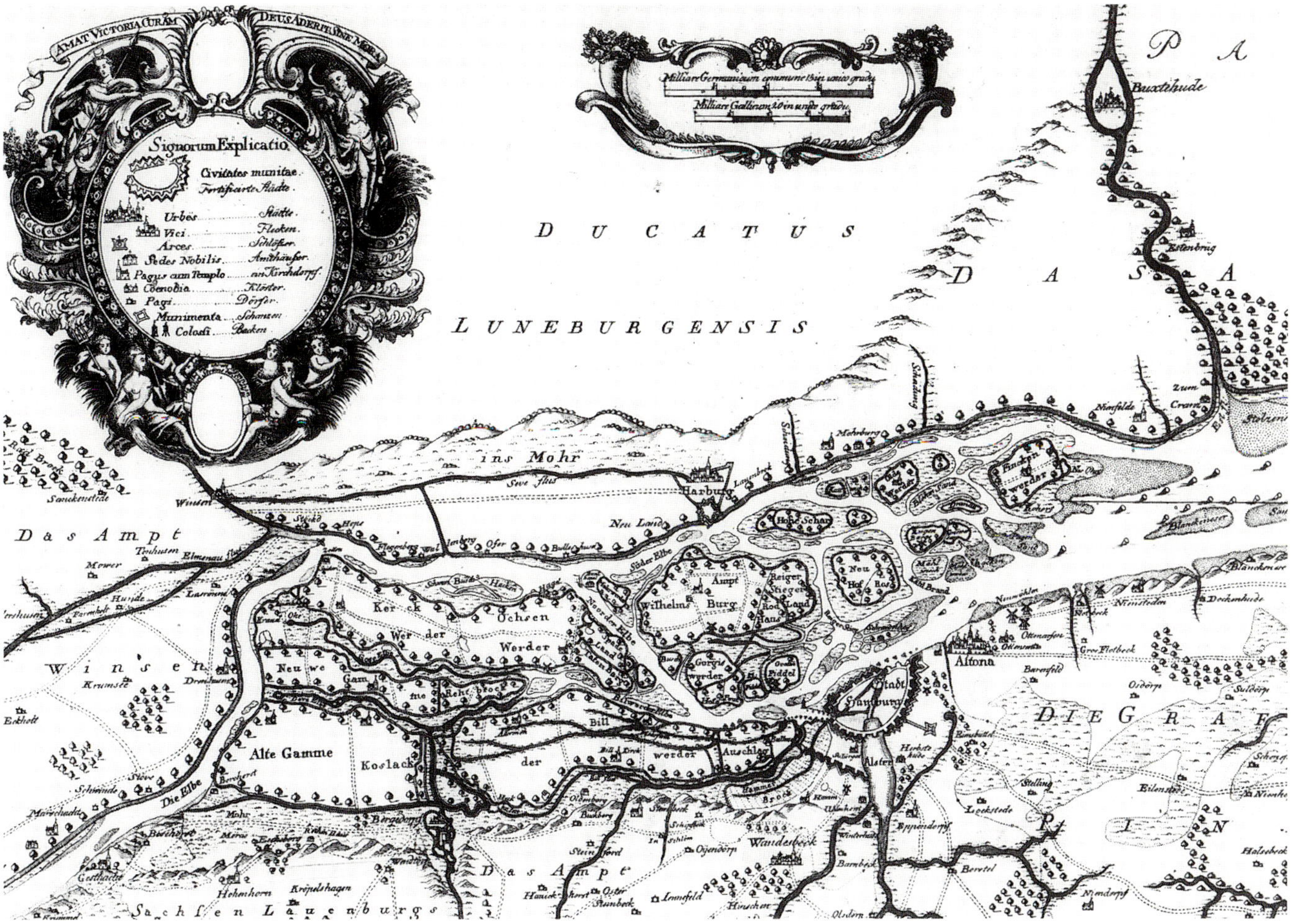

Das »Ampt Wilhelmsburg« im Stromteilungsgebiet
Im Jahre 1775 wurde die Elbkarte von C. M. Wohlers in Kupfer gestochen. Sie verzeichnet sehr genau u. a. den damaligen Zustand aller Elbinseln im Stromteilungsgebiet, zeigt die trockenfallenden Sände und die benutzbaren Schiffahrtswege zwischen Norder- und Süderelbe.

Hafenfazilitäten erforderlich machte. Eine erste durch Windkraft angetriebene Sägemühle durfte schon 1698 am Reiherstieg ihren Betrieb aufnehmen. Es konnte nicht ausbleiben, daß sich in unmittelbarer Nachbarschaft 1705 eine erste Werft etablierte, die dem Grönlandfahrer und Reeder Lucas Kramer gehörte. Im gleichen Jahre wurde Berend Roosen, Mitglied einer aus Holland nach Altona zugewanderten Menonitenfamilie, in Altona geboren. Der Vater siedelte 1713 nach Hamburg über und erwarb dort 1730 das Bürgerrecht. Ein Jahr später heiratete Roosen die Tochter des Grönlandfahrers und Werftbesitzers Kramer. Er wurde 1736 Teilhaber und nach dem Tode des Schwiegervaters 1758 Inhaber. Die Kramers und Roosens bewohnten nebeneinander die schönen Häuser Nr. 3 und 4 an den Vorsetzen in Hamburg. Berend Roosen erweiterte das Geschäft, indem er den Fang seiner Grönlandschiffe in eigenen Tranbrennereien an der Hafenstraße in St. Pauli verarbeitete. Unter Roosen wurde die Wilhelmsburger Reiherstieg-Werft zum Großbetrieb, als er 1779 neben der Grönlandfahrt die Schiffahrt nach Amsterdam, London und Archangelsk, Frankreich, Spanien und Portugal aufnahm und hierfür weitere Schiffe benötigte. Er starb am 3. Juni 1788.

Während der Franzosenzeit niedergebrannt, wurde die Werft von der Roosen'schen Familie nach 1819 wieder aufgebaut und, wenn auch mit weit geringerem Engagement, bis 1849 fortgeführt. In diesem Jahre wurde sie an Johann Cesar Godeffroy für 30.500 Courantmark weiterverkauft.

Als sich um 1850 die Gemüsebauern und Melker mit ihren Ewern und Schlitten immer noch über die Norderelbe quälten, mußte die neuen Werftherren am Reiherstieg schon längst aufgrund spürbaren Platzmangels über einen neuen Bauplatz an der Einmündung des Reiherstiegs in die Norderelbe nachdenken. Im Jahre 1864 wurde die Werft zum Kleinen Grasbrook verlegt. In nur sechs Jahren baute Godeffroy auf beiden Werftplätzen nacheinander noch 18 Holzschiffe, und zwar Schoner, Briggen, Barken und Vollschiffe, von denen er eines REIHERSTIEG (250 BRT) und ein zweites WILHELMSBURG (1.194 BRT) taufen ließ.

Wilhelmsburg erlebte im Zuge der Industrialisierung eine nie geahnte wirtschaftliche Entwicklung, die es allerdings mit einem ebenso brutalen Verlust an landschaftlicher Identität erkaufte. Es begann mit der Errichtung einer Leimsiederei und Düngerfabrik, gefolgt von einer chemischen Fabrik, einer Reepschlägerei, dem großen Eisschuppen auf dem Hövel an der Wilhelmsburger Dove-Elbe, der Weizenmühle und den Deutschen Erdölwerken, einer Ziegelei, den Zinnwerken Wilhelmsburg, den Palminwerken und 1890 der Wollkämmerei, die im Jahre 1906 bereits 12 Millionen Kilogramm Schafswolle verarbeiten sollte.

Der Ausbau der verkehrstechnischen Infrastruktur konnte da kaum mithalten. Die sog. *Schlafdeiche* – die nach Zusammendeichung der Inselgruppe zu Binnendeichen geworden waren – hatte man von vornherein in dem bei Regenwetter nicht überquerbaren Marschenland als Fahrstraßen benutzt. Als solche sind sie noch heute in Gebrauch. Die erste wirklich leistungsfähige Fahrstraße von Nord nach Süd über die Insel wurde auf persönlichen Befehl Napoleons durch den Hamburger Standortkommandanten General Davout 1813/14 in nur hundert Tagen ausgebaut. Vom Hamburger Brooktor aus überquerte die Niederungen des Großen Grasbrook eine Holzbrücke bis an das Fahrwasser der Norderelbe heran. Gegenüber überbrückte man das morastige Vorland Wilhelmsburgs bis zum Rothäuser Deich, schuf Verbindungen zum Grünen und Haulander Deich, überwand auch die Harburger Schweineweide bis zum Fahrwasser der Süderelbe. Von deren Südufer ging es dann nochmals mit einer Brücke über Morast bis zum Harburger Schloß. Die Seilzugfähren über die Norder- und Süderelbe sollten nach den Vorstellungen Napoleons so konstruiert sein, daß sie 100 Pferde und 500 Mann Infanterie zugleich übersetzen konnten. Nach der Franzosenzeit wurde die Brückenstraße auf Betreiben Hamburgs im Jahre 1817 wieder abgebaut und erst 1851 auf weitestgehend gleicher Trasse wiederhergestellt. Heute trägt sie den Namen »Georg-Wilhelm-Straße«. Die neue Fähre nach Harburg mußte vom Sommer 1853 an mit zwei Fahrzeugen betrieben werden, denen sich im November 1854 eine geräumigere Dampffähre, die SÜDERELBE, hinzugesellte. In den achtziger und neunziger Jahren galt es, jährlich an die 100.000 Personen und 50.000 Fuhrwerke zu transportieren, weswegen 1899 die Fahrbrücke gebaut werden mußte. Auf der Hamburger Seite hatte eine solche schon 1887 ihren Betrieb aufgenommen.

Weitere Fähren stellten seit dem Ende des 18. Jhs. den Verkehr über den Reiherstieg nach Neuhof, von Georgswerder über die Norderelbe nach Spadenland ab 1879 und von Neuhof nach Waltershof über den Köhlbrand ab 1884 sicher. Die letztere wurde 1913 in eine Trajektfähre zum Tranport von Eisenbahnwaggons umgewandelt.

Die seit Ende des 19. Jhs. bis heute geschaffenen Nord-Süd-Verbindungen von Hamburg nach Harburg haben den einheitlichen Charakter Wilhelmsburgs zerschnitten und eine soziale Abschnürung des westlichen Industriegebiets und eines Arbeiterwohnbezirks von dem in alten Strukturen belassenen Inselteil östlich der 1872 fertiggestellten Eisenbahnlinie begünstigt. So wurde 1890 sogar ein Antrag auf gänzliche Trennung vom westlichen Teil Wilhelmsburgs beim Oberpräsidenten in Harburg gestellt, da sich die Einheimischen im Ostteil vor Steuererhöhungen aufgrund vermehrter Schul- und Armenlasten fürchteten, die mit dem ständigen Zuzug weiterer Industriearbeiter verbunden waren. Im Westteil wurde ab 1890 das Gelände für Industrieansiedlung und Wohnzwecke durch eine Terraingesellschaft aufgehöht. Es folgten der Bau des nord-süd-gerichteten Veringkanals, ferner des Schmitt-Kanals sowie die Anlage der Vering- und der Schmittstraße. Damit lag zugleich die Ausgangssituation für die weitere Geländeaufteilung in rechtwinkelige Straßensysteme fest, und der Bau mehrstöckiger Mietshäuser konnte beginnen. Um die kirchliche Versorgung der rasch wachsenden Bevölkerung sicherzustellen, wurden eine neue Gemeinde gebildet und in Rotehaus ein Gotteshaus in neugotischem Stil 1896 fertiggestellt und geweiht. Im Jahre 1914 besaß Wilhelmsburg bereits 25.000 Einwohner.

Wilhemsburg erhielt am 1. September 1925 Stadtrecht, wurde jedoch schon am 1. Juli 1927 mit Harburg vereinigt. Zusammen mit Harburg geriet es im Rahmen des Groß-Hamburg-Gesetzes am 1. April 1937 an Hamburg. Die Zahl der Opfer war hier mit 207 Toten besonders hoch, als in der Nacht vom 16. auf den 17. Feburar 1962 die Wassermassen der verheerenden

Sturmflut zunächst den Reiherstieger Deich überspülten und dann Grundbrüche von 50 und mehr Meter Breite in den zugleich mit dem Spreehafen 1888 parallel zum Berliner Ufer errichteten Deich riß. Für viele Bewohner der Schrebersiedlung, die hinter der am Deich entlanggeführten Harburger Chaussee lag, kam jede Hilfe zu spät. Hier trugen ganz eindeutig jene schlampigen Deichbauer die Schuld, welche 1888 statt eines Deiches, der diesen Namen verdient hätte, einen breiten, aber doch absolut nicht widerstandsfähigen Wall aus dem Schlick des Spreehafens und Flußsand aufgeschüttet hatten.

Der Werftherr am Reiherstieg
Berend Roosen sitzt am Schreibtisch seines Werftkontors. Er arbeitet konzentriert an einem Geschäftsbrief. Es ist warm. Darum hat er vier Knöpfe seines schwarzen Rocks geöffnet. Links hinter ihm befindet sich ein Schrank mit der Aktenablage für die Korrespondenz mit »Amsterdam, London, Bremen, Bordeaux, Bresslau, Archangelsk, Wien, Livorno, Porto, St. Petersburg, Paris«. Und direkt neben der großen, weiten Welt schweift der Blick aus dem Fenster auf die Sägemühle und die Werft am Reiherstieg. Sie liegt auf einer kleinen Halbinsel im Vorland, das hier mit einer alten Wehle im Bogen – mehr Halboval als Halbkreis – wohl vor langer Zeit einmal ausgedeicht worden ist.

Harburg

– 1142 als »Horeborg«, 1395 »Horborch« genannt

Die »Horeborg« (= Sumpf-Burg) wurde am Nordrand der Lüneburger Heide auf einer Sandinsel in den Sumpfniederungen am Südufer der Süderelbe erbaut. Sie befand sich 1142 zunächst im Besitz des Bremer Erzbischofs, ab 1257 der Herzöge von Lüneburg. Zugleich entstand auf den sandigen Terrassen des Flußufers ein »oppidum«, eine Siedlung, die 1297 mit Lüneburger Recht ausgestattet wurde.

Im Laufe des 16. Jahrhunderts wurde der Schloßgraben mit der Elbe durch die beiden Festungsschleusen verbunden und zum Binnenhafen ausgebaut. Bereits seit 1518 bestand hier der Zusammenschluß einer Schiffergilde. Die Entwicklung des Hafens setzte sich mit dem Umzug Herzog Ottos I. (1527–1549) nach Harburg und der Gründung eines Kaufhauses zum Stapeln, Löschen und Laden von Kaufmannsgütern fort. Mit den damals geschaffenen Anlagen begnügte man sich über die nächsten beiden Jahrhunderte. Es verdient der Erwähnung, daß Regulierungsarbeiten am Köhlbrand in den Jahren von 1726 bis 1732, wenn auch nicht sehr erfolgreich, zum Zwecke der Fahrwasserverbesserung durchgeführt wurden. Die Zerstörung der zur Festungsschleuse gehörenden Ebbetore während der Franzosenzeit warf den Hafen abermals zurück. Mit deren Reparatur und der Verbesserung des Fahrwassers auf der Süderelbe durch den Bau von Buhnen ging es ab 1818 allmählich wieder aufwärts.

Wie beschaulich die Schiffahrt noch zu Beginn des 19. Jhs. hier aussah, läßt sich sogar dem Hamburger Adressbuch von 1808 entnehmen. So wandte sich jeder, der von Hamburg aus Frachten nach Harburg aufzugeben hatte, dort an das Lokal Bergen, Hohebrücke 99, um den Schiffer des täglich von Steinhöft abgehenden Ewers mit der Spedition zu beauftragen. »Extrafahrzeuge«, die komplett gechartert werden konnten, wurden »Vorsetzen 35, bei Eger im Keller« vermittelt.

Alle Pläne zur Errichtung eines Harburger Seehafens gehen erst auf das Jahr 1832 zurück. Im Auftrage der »Hannoverschen Regierung« wurden zwei Projekte vorgelegt, von denen das bedeutendere zum Zuge kam. Es bestand darin, *»die Elbe durch einen mit Schleusen versehenen Canal mit den auszubaggernden Gräben der Citadelle* (= Harburger Schloß) *zu verbinden und diese zu Docks, ähnlich denen in London, einzurichten ... Die Harburger Citadelle eignet sich aber* *für die Anlage von Docks ganz besonders. Wir glauben auch, daß die Regierung dieselbe, da sie für militairsche Zwecke eigentlich ganz werthlos ist, zur Anlage von Docks wohl abtreten würde«* (Grupens, Hannovers Seeschiffahrt). Noch vor Drucklegung seiner Schrift sind die von Grupens unterbreiteten Vorschläge in den Jahren 1845 bis 1848 verwirklicht worden. Dies geschah im Zusammenhang mit dem Ausbau der Eisenbahnstrecke Hannover – Lehrte – Harburg, weil die Königliche Regierung an dieser Stelle die Herausbildung eines Brückenkopfes für die Seeschiffahrt ins Auge gefaßt hatte. So entstanden für 1,4 Mio. Mark der »Überwinterungshafen«, der »Verkehrshafen«, der »östliche Kanal« parallel zu den Schienenanlagen des hier endenden Kopfbahnhofs und die »neue Kammerschleuse«.

Grupens hatte u. a. die Notwendigkeit erkannt, *»1) den großen Seeschiffen es möglich zu machen, daß sie mit voller Ladung den Harburger Hafen erreichen können; möge dies nun durch eine von Hamburg erzwungene Vertiefung des Köhlbrandes, oder durch eine von uns zu schaffende Anlage eines Canals nach der Unterelbe vollführt werden; ... 2) eine Dampfschiffahrt von Harburg nach England und Amerika herzustellen und 3) ..., daß die Lüneburger Saline das Salz, welches sie jetzt nach Altona sendet, ... von nun an ... nach Harburg sende. Der Lüneburger Schiffer kann wenigstens ebenso wohlfeil nach Harburg als nach Altona das Salz bringen. Die Lagerungskosten sind in dem ersten Orte geringer als in dem letzteren. Da die nach Ostfriesland gehenden Schiffe selten oder fast nie einen größeren Tiefgang als 5 bis 6 Fuß (ca. 1,50–1,80 m) besitzen, so können sie schon jetzt den Köhlbrand sehr wohl passiren.«* Hinzuzufügen wäre noch, daß im Köhlbrand damals eine Wassertiefe von durchschnittlich 3,50 m zur Verfügung stand. Durch weitere Austiefungen – 1856 auf 5 m, 1896 auf 6 m und schließlich im Rahmen des Köhlbrandvertrages von 1908 auf 10 m – gelang es, den Seeschiffsverkehr in verstärktem Maße nach Harburg zu ziehen. Im Zuge der gleichen Planung waren bereits zwischen 1904 und 1906 die neuen offenen Seehafenbecken 1 bis 3 mit zusätzlich 77 ha Industriefläche erbaut und erschlossen worden.

Das Jahresregister des Germanischen Lloyd von 1914 verzeichnet zwei Harburger Werften. Wir heben

Die beiden Elbbrücken von der Harburger Seite
Als bedeutende Verbesserung des Straßenverkehrs nach Hamburg war die Fertigstellung der Chaussee mit Fähranschlüssen über Süder- und Norderelbe im Jahre 1851 aufgenommen worden. Wer in Harburg auf dem Bahnhof mit dem Zug eintraf, konnte von hier aus mit dem Pferdeomnibus bis nach Hamburg weiterreisen. Ein wahrhaft neues Zeitalter brach mit Schaffung der Eisenbahnbrücke (1868/72) – rechts im Bild – an. Die Straßenverkehrsbrücke über die Süderelbe – links – wurde erst 1899 fertiggestellt. Sie konnte bereits ab 1902 zweigleisig von der Straßenbahn befahren werden. Die am 28. August 1910 abgestempelte Postkarte zeigt ein Wartehäuschen vor der Brücke und die im Fahrdamm eingelassenen Straßenbahnschienen.

Die Sennhütte bei Hausbruch
Ein Ausflugslokal von beachtlicher Größe findet sich in der landschaftlich reizvollen Umgebung von Hausbruch. Von seiner großen Veranda aus muß es einen herrlichen Blick über das Elbtal erlauben. Der Poststempel zeigt das Datum des 1. Aprils 1910.

hier nur die Schloßwerft hervor, welche Schiffe von maximal 25 m Länge, 1,80 m Tiefgang und 80 t auf ihrem Patentslip bauen oder reparieren konnte.

Auf der anderen Seite war es die Eisenbahn, die mit Errichtung der Elbbrücken (1872) der Harburger Industrialisierung und zugleich der ganzen Stadtentwicklung einen weiteren Impuls verlieh. Sie begünstigte die Entwicklung der Industriestandorte unmittelbar an der Hafenkante, wobei die Verarbeitung von Ölfrüchten – Leinsaat aus Rußland, Indien und Südamerika, Baumwollsaat aus Ägypten, Kopra aus der Südsee und Sesamsaat aus Ostasien sowie Erdnüsse und Palmkerne aus Westafrika – zu Öl die erste Stelle einnahm, gefolgt von der Gummiproduktion.

Durch ein preußisches Hafengesetz von 1923 wurde ein ca. 500 ha großes Gelände im Bereich des Gutsbezirks Kattwyk/Hoheschaar gegenüber den Harburger Seehäfen beplant, was zum Ausbau des Reiherstiegs und der Rethe führen sollte.

Hausbruch

»Überhaupt ist die Aussicht von Hausbrock vielleicht eine der angenehmsten in ihrer Art ... Eigentlich breiteten sich die Elb-Inseln vor uns aus, als wir oben auf dem Abhange saßen ... Uns gegenüber lagen die Städte Hamburg und Altona schwesterlich vereint. Weiterhin die hohen Ufer der Elbe bis an Blankenese. In der Mitte die niedlichen Werder mit Häusern, Wiesen, und malerischen Gestalten, und hie und da mit Gehölz umschlossen.«

Moorburg

Im Jahre 1375 erwarb Hamburg im Stromteilungsgebiet zur Sicherung und Verbesserung seiner Verkehrswege Glindesmoor, das mit der »Moorburg« (1390) befestigt wurde, und Ochsenwerder. Die Moorburg diente zugleich der Hamburger Stapelpolizei als »Spieker«, um hier Schiffe abzufangen, die den Weg über die Süderelbe nahmen, wenn sie den Hamburger Stapel umgehen wollten. Vor allem die von der Oberelbe herabkommenden Getreideschiffe sollten gezwungen werden, ihre Ladung erst drei Tage lang in Hamburg zu den dort gültigen Preisen anzubieten, ehe sie dann mit dem nicht verkauften Rest weitersegeln durften. Es versteht sich von allein, daß die Frachtleute daran interessiert waren, ihr Handelsgut so teuer wie möglich zu verkaufen, und deswegen alles daran setzten, den Hamburger Zwangsstapel zu umgehen. Schiffe, die von den Stapelpolizisten »geschnappt« wurden, nahm man bis Hamburg in Schlepp, entlud und versenkte sie, indem man ihnen einen spitzen Pfahl durch die Kielplanke trieb.

Das zu Hamburg gehörige Moorburger Marschengebiet, das sich als breiter Geländestreifen zwischen

Moorburg bei Harburg/Süderelbe

dem Deich an der alten Süderelbe und der ehemals preußischen Staatsgrenze erstreckte, bildete das östlichste Teilstück des Alten Landes. Es begleitete die Alte Süderelbe bis an jenen Scheidepunkt hinauf, wo diese sich vom Köhlbrand trennte, und bis an die großen Seehafen-Einschnitte 1–4 des Harburger Hafens heran.

Unmittelbar vor den Harburger Seehäfen befanden sich die Moorburger Anleger, vom Deich aus weit in die Süderelbe vorgeschoben. Der Zugang für die mit

Südgrenze Moorburgs
Wer sich der wenig erfreulichen Mühe unterzieht, einmal nachzuschauen, wie die »industrielle Nutzung« Moorburgs heute dort aussieht, wo sich ehedem die am weitesten nach Süden belegenen Hafeneinschnitte Moorburgs befanden, dem eröffnet sich hinter der metallenen Flutschutzmauer der Blick auf eine einzigartig vermüllte Mondlandschaft: in den Hafeneinschnitten liegen verkommene Wracks und auf den Landzungen dazwischen Schrottberge, bekrönt von Containerburgen, in denen Schrottverwerter hausen!

dem Dampfer ankommenden Ausflügler war sogar mit einem schützenden Dach versehen worden. Von hier aus gelangte man zu Fuß am schnellsten in die Harburger Berge.

Die in Moorburg bestehende Ritscher-Werft war 1914 in der Lage, Schiffe von bis zu 75 m Länge, 1,50 m Tiefgang und 1.600 t zu bauen, wie der Registerband des Germanischen Lloyd für dieses Jahr festgehalten hat. Die Werft war mit den modernsten technischen Einrichtungen ausgestattet. Sie besaß einen Patentslip mit elektrischem Aufzug in Form eines Wagens.

Im Rahmen des Hafenerweiterungsgesetzes vom Oktober 1961 sollte Moorburg zusammen mit anderen Gebieten südlich und nördlich der Alten Süderelbe »plattgemacht« und für industrielle Zwecke durch Aufspülung entsprechend erhöht werden.

Von der Sturmflutkatastrophe vom 16./17. Februar 1962 wurde Moorburg besonders hart getroffen: 36 Deichbrüche, 16 zerstörte Häuser, 12 Tote sowie massenweise verendetes Groß- und Kleinvieh waren das grauenvolle Ergebnis.

Altenwerder

Die zwischen der Alten Süderelbe und dem Köhlbrand belegene Insel wurde bereits in den Jahren 1277–1290 eingedeicht, und zwar etwa in der Form eines Rechtecks. Es wurde durch einen West-Ost-Weg und einen Nord-Süd-Weg, an deren Schnittpunkt die Kirche und der Kirchhof lagen, in vier Sektoren geteilt. Im Zentrum der Insel wurde ein stattlicher Wasserturm errichtet, den eine artesisch sprudelnde Quelle speiste. Bis dahin war man wie auf Finkenwerder auf Zisternenwasser oder das Wasser aus den Gräben, ja sogar direkt aus der Elbe angewiesen. Die Einwohner lebten vorwiegend von Viehzucht und Milchwirtschaft, aber auch vom Obstanbau. Im Gegensatz zu den Finkenwerder Hochseefischern konzentrierten sich die Altenwerder auf Elb- und Lüttfischerei. Der nette Ort mit seinem hübschen Fischereihafen machte einen geradezu modernen Eindruck, weil in einer Feuersbrunst von 1872 allein 30 Bauernhöfe zerstört worden waren.

Hamburg hatte Altenwerder im Rahmen des Köhlbrandvertrages im Jahre 1908 von Preußen erhalten. Es wurde von vornherein für Hafenerweiterungspläne

Gruß aus Altenwerder
Die Karte ist am 18. Juli 1898 eingesteckt worden. Man schaut von Osten her über den Köhlbrand hinweg auf die Werft- und Hafenanlagen der Insel. Zwei Dampfer begegnen hier einander, von denen der größere durch die Namensaufschrift als Fährdampfer Union identifiziert werden kann. Er kommt gerade aus St. Pauli und wird die Transitreisenden nach Hannover und Bremen an den Eisenbahnzug nach Harburg bringen. Natürlich kann man aber auch in Altenwerder Station machen und Erfrischungen in »H. J. Kochs Fährhaus« zu sich nehmen.

benötigt. Erst im Jahre 1961 wurde es per Gesetz in das Hafenerweiterungsgebiet einbezogen. Im Oktober 1973 war es soweit. Es wurde bekannt, daß der früher so genannte Sandauhafen unter dem Namen »Hansaport« demnächst der Aufnahme von Massenschüttgut, vor allem für Kohle, Baustoffe und Erz dienen sollte. Die Fortschreibung der Hafenplanung hatte zwingend zur Folge, daß vor ihrer Verwirklichung 2.000 Bewohner mit 714 Haushalten und 990 Gewerbebetriebe umgesiedelt werden mußten.

Finkenwerder

– 1236 als »Vinkenwerder« erwähnt

Wie bei der Bunthäuser Spitze Norder- und Süderelbe beginnen und von dort aus die vormals als *»Wärder«* bezeichneten Inseln des sogenannten Stromteilungsgebietes umströmen, so kommen die beiden Flußarme wieder unterhalb des am weitesten im Westen liegenden Wärders dieser Inselgruppe zusammen. Es handelt sich um den 1236 erstmals erwähnten »Vinkenwerder«. Der eine wie der andere Punkt waren stets von ausschlaggebender Bedeutung für eine wirkungsvolle

Ewer auf der Aueinsel – Finkenwerder um 1900

So schön war das Finkenwerder, nach dem sich der niederdeutsche Heimatdichter Gorch Fock zurücksehnte – eine Insel, noch weitestgehend im Naturzustand. Der Blick wandert aus Südosten »Am Ploos« über den Durchstich vom Köhlfleet zur »Alten Aue«, die sich ehedem von der Süderelbe her als »Dradenau« in Windungen durch das Vorland entwickelte und als Aue schließlich beim »Stack« in das Köhlfleet einmündete. Im Mittelgrund liegen zwei Transportschiffe, ein Besan- und ein Giek-Ewer, die rechts an der von der Aue umflossenen Aueinsel festgemacht haben.

Tief hinter der Häuserreihe am »Steendiek« neben dem Wassertum befindet sich, den Augen des Betrachters dieser Karte verborgen, das vor Ort noch gut erkennbare »Auebrack«. Es handelt sich um eine von einem älteren Deichbruch übriggebliebene Wehle – einen inzwischen längst ausgetrockneten Tümpel, der früher durch Regen und Schnee immer wieder aufgefüllt wurde und in heißen Sommern, wenn die eigenen Zisternen überhaupt nichts mehr hergaben, zwangsweise ebenso zur Wasserversorgung der Fischerhäuser ringsum genutzt werden mußte wie der trübe Lauf des Landscheidegrabens.

Nirgendwo war die Wasserversorgung in den »Hamburgischen Landgebieten« so katastrophal wie auf Finkenwerder. Diese vom Staat bis dahin kaum beachtete Situation war die Hauptursache für den traurigen Rekord, daß Finkenwerder prozentual die meisten Seuchenopfer in dem heißen Cholera-Sommer 1892 zu beklagen hatte.

Als aufgrund der von Prof. Robert Koch – er war zur Seuchenbekämpfung von Berlin nach Hamburg beordert worden – unterbreiteten Vorschläge die Wasserversorgung für ganz Hamburg geändert wurde, erhielt Finkenwerder jetzt seinen 32 m hohen Wasserturm mit der tiefsten Brunnenbohrung Norddeutschlands: Erst in 370 m Tiefe wurde brauchbares Trinkwasser gefunden.

Kontrolle der Schiffahrt, weshalb Hamburg die nördliche Hälfte der Insel bis zum Landscheidegraben, einem alten Elbarm, im Jahre 1445 aus dem Besitz des Grafenhauses Holstein erwarb. Den südlichen Teil hatte das Haus Braunschweig – Lüneburg bereits 1227 zusammen mit der Grafschaft Stade in Besitz genommen. So war Hamburg von 1445 an in der Lage, seine Stapelrechte mit aller Härte auch auf der Süder-Elbe durchzusetzen. Bis zum Groß-Hamburg-Gesetz von 1937 sollte die alte Landesgrenze Finkenwerder von Ost nach West am Landscheidegraben entlang teilen.

Damit war das Hamburger Interesse an Finkenwerder aber auch erschöpft, und es tat nicht viel für die von Sturmfluten ständig bedrohte Insel, bis Wilhelm Amsinck sich ihrer ab 1800 als der für den Senat zuständige »Landherr« annahm und Mittel für die Verbesserung des Hochwasserschutzes zur Verfügung gestellt wurden. Hierzu gehörte auch der Neßdeich im Norden der Insel. Schon vor diesem Zeitpunkt waren viele Inselbewohner in Richtung Hamburg oder Altona abgewandert. Hatte lüneburgisch Finkenwerder aufgrund günstigerer Voraussetzungen sich in verstärktem Maße der Landwirtschaft zugewandt, so betrieb die Bevölkerung des nördlichen Teils Fluß- und in zunehmendem Maße Seefischerei zur Sicherstellung ihres Lebensunterhalts.

Im Jahr 1800 fuhren erst zwei Fischer mit ihren Ewern auf Hochseefischfang. Noch bis zur Mitte des 19. Jhs. widmeten sich die hiesigen Fischer überwiegend der Flußfischerei, wie Carl Reinhardt in seiner Reise nach Helgoland 1856 meinte: »*Etwas oberhalb Blankenese liegt am andern Ufer das Fischerdorf Finkenwärder, dessen Einwohner denselben guten Ruf (als Fischer) genießen, wie die Blankeneser. Die Finkenwärder Fischer fischen meistens in der Elbe bis Cuxhaven, während die Blankeneser in der See fischen und besonders bei Helgoland ihre Netze auswerfen.*« Zu diesem Zeitpunkt »klüsten« allerdings schon an die 50 Finkenwerder Ewer in der See, und zwar mit der Baumkurre, die sie um 1820 bei niederländischen Kollegen abgeguckt hatten. Bis 1888 sollte die Finkenwerder Flotte noch bis zur Anzahl von 186 Hochseefischereifahrzeugen ansteigen.

Zu den Werften, welche die Fischer mit Fahrzeugen belieferten, gehörte auch die von Joachim Behrens. Er hatte sich an der Süderelbe im lüneburgischen Teil der

Fischer beim Netze flicken.
Lichtdruck v. Knackstedt & Näther, Hamburg.
194

Fischer beim Flicken der Netze
Bevor mit der Konkurrenz seitens der ersten Fischdampfer Sagitta *und* Solea *(1885/86) die Industrialisierung der Fischerei einsetzte, konnten sich die Finkenwerder Fischer wenigstens im Winter einige Wochen zuhause ausruhen. Bereits 1896 beschrieb August Bargheer die ursprüngliche Situation: »Von Michaelis bis zum Eintritt des Frühlings wurde aufgelegt. Im Winter beschäftigte man sich damit, neue Netze zu stricken und alte auszubessern. Den dazu nöthigen Hanf hatten die Frauen der Fischer während des Sommers gesponnen und gezwirnt. Letztere sponnen und nähten auch die Segel. Nur das Zuschneiden besorgte der Segelmacher.«*

Winter am Stack – Finkenwerder um 1920
Die Ausbaupläne für den Hamburger Hafen, die noch um die Jahrhundertwende von einer vollständigen Verdrängung der Finkenwerder Fischerei nach Cuxhaven ausgingen, erfaßten zunächst das Ostufer am Köhlfleet von der Alten Aue an und das Nordufer der Insel. Nach Ausbau der Auemündung wurde deren Nordufer durch ein Stack verlängert, hinter dem die Fischereifahrzeuge Schutz fanden, segelnde Ewer und Kutter, die für sich, wenn sie den Winter über in großer Zahl hier festlagen, einen Mastenwald bildeten.

Insel niedergelassen und arbeitete dort seit 1876. Nach Durchdeichung der Süderelbe mußte die Werft ihren alten Standort verlassen und den ihr am Rüsch-Kanal auf hamburgischem Gebiet zugewiesenen Platz einnehmen. Auf hamburgisch Finkenwerder arbeitet noch heute am Köhlfleet die Von Cöllnsche Werft, die hier seit 1825 tätig war. Ewer-Fahrzeuge in großen Stückzahlen lieferte vor allem in den Jahren zwischen 1824 und 1875 die nacheinander von Joachim, Carsten und Julius Wriede auf hamburgisch Finkenwerder betriebene Werft.

Trotz aller technischen Verbesserungen an den kleinen Schiffen, vom Ewer über den Kutter-Ewer zum Hochseekutter, war es dennoch ebenso verwegen wie tragischerweise unausweichlich, sich in die Konkurrenz mit den ab 1885 auftauchenden »Smeukewern« einzulassen, wie man die ersten Fischdampfer nannte. Symbolschiffe für diese Entwicklung waren die Fischdampfer SAGITTA von Geestemünde (1885) und SOLEA von Altona (1886), die von Großunternehmern so erfolgreich eingesetzt wurden, daß bis 1909 schon über 200 Fischdampfer unter deutscher Flagge in Fahrt kamen.

Zunahme der Fischdampfer bis 1913:

Jahr	Deutschland	Hamburg und Altona
1900	122	22
1913	254	50

Viele der Kutterfischer sahen sich wegen des Preisverfalls jetzt gezwungen, bei schlechtestem Wetter bis in den November hinein zu fischen. Manche von ihnen fischten anschließend bis Ende März nordwestlich von Helgoland auf Austern. Eine mörderische Konkurrenz fürwahr: Von 1882 bis 1899 blieben 176 Fischer auf See. Den schrecklichen Höhepunkt an Menschenverlusten brachte das Jahr 1909 mit dem Orkan vom 3./5. Dezember, bei dem acht Kutter mit 29 Menschen an Bord verlorengingen. Aus Anlaß dieser Katastrophe hat Gorch Fock kurz darauf seiner Heimatinsel in dem Roman *»Seefahrt ist not«* ein eindrucksvolles Denkmal gesetzt.

Neben anderen entscheidenden Neuerungen trug die Einführung des Schiffsmotors ganz entschieden zur Sicherheit, aber auch erst recht zur Wirtschaftlichkeit der kleineren Fischereifahrzeuge bei. Gleichwohl ist die Bedeutung dieses Erwerbszweiges bis heute ständig zurückgegangen, zumal die Insel nach Ausweisung als Hafenerweiterungsgebiet ihren Charakter als Fischerort vollkommen einbüßen sollte. Zum Zweck der Industrieansiedlung wurde noch mit der Aufspülung der Schallen vor dem Norderdeich im Unglücksjahr 1909 begonnen. Bald arbeiteten hier die Deutsche Werft, die AEG, und Reihenhaussiedlungen und Mietskasernen für die Industriearbeiter prägten bald stärker das Bild der Insel als die Behausungen der Fischer. Eine Flugzeugwerft kam nach 1936 an der Westseite der Insel hinzu. Sie sollte den Ausgangspunkt für die heutige Airbuswerft von Messerschmidt-Blohm-Bölkow (MBB) bilden. Inzwischen sind mit einem Rußwerk, einem Stahlwerk und einem Aluminiumwerk weitere Segnungen des auslaufenden Industriezeitalters hinzugetreten.

Finkenwerder büßte seinen Inselcharakter ein, als man nach der großen Sturmflut von 1962 die Alte Süderelbe im Osten und im Westen durchdeichte und auf diese Weise das Eiland an das Festland anschloß. Im Jahre 1992 aber fiel aus ökologischen Gründen der Entschluß, die Alte Süderelbe wieder zu öffnen, was in erster Linie dem schönen und unverletzt erhaltenen Südufer Finkenwerders zugute kommen wird.

Das »Finkenwärder Gaffel-Consortium«
Im Frühjahr 1995 wurden mit der Freien und Hansestadt Verträge für die Liegeplätze des »Finkenwärder Gaffel-Consortiums« geschlossen. Diese Institution besitzt den Vorzug, daß sie zwar gemeinsame Interessen formuliert und vertritt, ohne jedoch Vereinsstrukturen anzustreben oder bürokratische Ideale zu verkörpern. Demnach werden in Zukunft folgende Fahrzeuge, die vormals im Museumshafen Oevelgönne lagen – vergleiche dort ausführlichere Angaben zu allen Schiffen –, hier zu finden sein: Die Torfmutte DELPHIN, *die Austernsmack* BETTY, *der Krabbenkutter* FAHREWOHL, *die Seetjalk* HELENA *und die Besan-Ewer* EULE, MÖWE, FRIEDRICH *und die von Joachim Kaiser entsprechend zugerichtete* VERÄNDERUNG. *Besonders imponierend ist der im Vordergrund manövrierende Giek-Ewer* FRIEDA, *der als einmastiges Schiff mit einem riesigen Gaffel-Großsegel ausgestattet ist. Diese zumeist mit internationalen Auszeichnungen für gute Restaurierungsarbeit bewerteten Fahrzeuge sind u. a. deswegen hierher verlegt worden, weil sie sich als zu empfindlich gegen Beschädigungen durch Schwell- und Sturmeinwirkungen im offenen Reedehafen Oevelgönne erwiesen haben.*

Die FREUNDSCHAFT ***– Nachbau eines Stint-Ewers***
Wie wohl die Vorfahren des Fischer-Ewers von der Niederelbe ausgesehen haben mögen? Diese Frage hat die Schiffshistoriker seit Jahrzehnten beschäftigt. Mit mehr oder weniger Erfolg sind wenigstens drei Nachbauten auf der Grundlage dieser Forschungen entstanden, von denen ohne Zweifel dem Pfahl-Ewer FREUNDSCHAFT *der Rang des mutigsten und interessantesten Projekts zuerkannt werden muß. Nach Rekonstruktionszeichungen von Joachim Kaiser auf der Basis eines Linienrisses aus der Zeit um 1860 wurde der Rumpf in Tönning auf der Dawartz-Werft erbaut und 1984 von Stapel gelassen. Die Deckseinteilung und die Takelweise des Riggs orientierten sich am Erscheinungsbild der Altenwerder Stint-Ewer. Da beim Bau in Abweichung von den Zeichnungen der Rumpf nicht breit genug ausfiel, geriet das Schiff derart rank und instabil, daß der beherzte Auftraggeber sich nochmals zu einem Umbau entschließen mußte. Auf den zweiten Stapellauf, der gewiß glücklicher ausfallen wird, wartet voller Spannung die große Gemeinde der Gaffelriggfreunde.*

Am Süll entlang in die Marsch

Altona

– erste Nennung 1536, zur Stadt erhoben 1664

Im Jahre 1536 beantragte der Fischer Joachim von Lohe, dessen bisherige Existenz auf einer der kleineren Elbinseln gerade durch eine Sturmflut vernichtet worden war, die gräfliche Konzession für einen Bierausschank. Als Namensbezeichnung gab er vor der Antragsbehörde »Krug Altona« an. Vermutlich benutzte er nur zum besseren Verständnis für topographisch Eingeweihte die unter Einheimischen wohl längst übliche Ortsbezeichnung für eine erste Häusergruppe nahe dem Grenzbach (Pepermölenbek, erstmals 1361 genannt) zwischen Hamburg und der Grafschaft Pinneberg, im Bereich des heutigen Altonaer Fischmarkts. Hier sollte der neue Krug entstehen. Mit guten Gründen nehmen einige Forscher an, »Altona« sei ein verschliffener Wortrest des auch anderenorts häufiger auftretenden Flurnamens »Alten Aue« (vgl. auch Finkenwerder!).

Seit der Reformation ging Altona, das seit 1548 mit Bahrenfeld und Othmarschen zum Kirchspiel Ottensen gehörte, seine eigenen Wege. Nach Herzog Albas Einfall in die Niederlande (1567) öffnete es sich den um Aufnahme nachsuchenden Reformierten, die der übelsten Verfolgung ausgesetzt waren. Hier wurden ihnen Religions- und Gewerbefreiheit sowie ein eigenes Gericht zugestanden. Ihnen folgten die Menoniten, die in Hamburg besonders angefeindeten Katholiken und die sephardischen Juden aus Portugal, die der aufblühenden Ortschaft neue wirtschaftliche Verbindungen nach der Westsee eintrugen.

Unter König Christian IV. von Dänemark (1588–1648) sollte Altona wie Glückstadt zur Konkurrentin Hamburgs an der Elbe avancieren. Doch es geriet zum Spielball der Mächte im Dreißigjährigen Kriege (1618–1648), erlitt Plünderungen, Seuchen und wurde nahezu entvölkert.

Ein erstes positives Zeichen in Richtung Hafenausbau setzte der König 1641 mit der Errichtung einer

Altona Fischereihafen
Sonntags in der Frühe: Vor dem Schwell der auf der Elbe passierenden Dampfer geschützt, liegen die kleinen Boote der »Smietnett-Fischer« oder auch »Lütt-Fischer« jeweils mit dem Heck an der Innenkante der zum Altonaer Fischereihafen gehörigen Pontonreihe nebeneinander. Hausfrauen und Köchinnen drängen sich an die Boote heran, um vor dem Einkauf direkt aus dem Schiff das Fischangebot in Augenschein zu nehmen. Dazwischen lungern einige »wohlbehütete« junge »Keerls« im »Sonntagsstaat« herum, vermutlich Mannschaften von größeren Fischereifahrzeugen, die ihre Freiwache zu einem Spaziergang nutzen.

Altonaer Hafenpanorama
So überfüllt der Hafen zur Zeit des Fischmarkts ist, so ruhig geht es an der gleichen Brücke gelegentlich in der Woche zu. Die Pontons liegen parallel zum Strom zwischen den Dalbenbündeln. Während die größeren Fahrzeuge – hier links außen – an der Außenkante festmachen, liegen die kleineren Kutter und Boote besser geschützt an der Innenkante im Hafen.

ersten Landebrücke. Er stärkte die Wirtschaftskräfte der Stadt gegen Hamburg, indem er den ansässigen Glaubensminderheiten besondere Freiheiten einräumte und Altona auf diese Weise für damalige Begriffe mit attraktiven »Standortvorteilen« ausrüstete. Die günstigen Voraussetzungen führten dazu, daß in dem bis dahin unbedeutenden Ort Textil- und Lederverarbeitung , Stärke- und Malzfabrikation Fuß faßten. In den Verband des dänischen Gesamtstaates gelangte Altona jedoch erst 1660.

Für die weitere Entwicklung waren die Stadtrechtsverleihung und die Gewährung eines Freihafenprivilegs im Jahre 1664 von entscheidender Bedeutung. Einhundertundzehn Jahre später waren hier inzwischen 148 Fabriken tätig.

Johann Hermann Stoewer hat im 7. Brief seiner unter dem Titel »Niedersachsen« 1787 veröffentlichten Reisebeschreibung eine besonders schöne Darstellung Altonas von der Elbseite her gegeben: *»Das (Hamburg) so nahe liegende Altona verschönert den Prospekt ungemein. Es formirt einigermaßen in der Ferne eine Art von Amphitheater, liegt um ein beträchtliches höher, luftiger und sichtbarer.«* So charakterisierte er das damals nur spärlich bebaute Ufer mit seinem Höhenzug, der – sich von Osten her aus den Niederungen der Pepermölenbek allmählich entwickelnd – dann in einem Bogen bis zur Höhe der 1650 begonnenen und 1743 gerade fertiggestellten Trinitatiskirche zurücktrat, um etwa beim Altonaer Balkon wieder ganz nah und steil an die Elbe zurückzukehren. Gerade ein Jahr vor Stoewers Veröffentlichung hatte der dänische Baumeister Christian Frederik Hansen 1786 den westlichen Bogenabschnitt dieses Höhenkamms mit einer reizvollen Silhouette, und zwar mit den ersten Privathäusern geschmückt, die zusammen mit den noch bis 1825 vollendeten Gebäuden – heute zwischen Max-Brauer-Allee und Königstraße – einmal zur prächtigsten Straße Altonas beitragen sollten. Sie ist inzwischen unter dem Namen *Palmaille* längst in die europäische Baugeschichte eingegangen.

In den östlichen, flach auslaufenden Abschnitt des Höhenzugs – heute durch den Bogen der Breiten Straße zur Elbe hinunter markiert – schmiegt sich der Altonaer Fischmarkt, das alte Zentrum städtischen Lebens. Hier landeten die Finkenwerder Ewer und Kutter, aber auch die Binnenfischer von Altenwerder und den anderen Elbinseln ihre Fänge an. Dabei stieg die Nachfrage weiter, da Fisch erst gegen Ende des 19. Jahrhunderts zum Volksnahrungsmittel avancierte. Hierher fuhren ab 1885 auch die ersten Fischdampfer,

Altonaer Fischmarkt
Demnächst wird die volkstümlichste Institution Altonas dreihundert Jahre alt. Seit 1703 wird hier zwischen Breite Straße und Elbe der Altonaer Fischmarkt an jedem Sonntag in der Frühe abgehalten.
Nach Abriß einer ganzen Häusergruppe im Jahre 1883 geht der Blick jetzt frei von der Breiten Straße über die vergrößerte Marktfläche zur Elbe hinunter. Noch steht der sog. »Fischmarktblock«, in dem Wohnungen und Kontore untergebracht waren, mitten auf dem Platz. Er fiel im Jahre 1895 der Spitzhacke zum Opfer.

welche am deutlichsten die Industrialisierung der Fischerei anzeigten. Und hier begann am 22. Juni 1887 der aus Finkenwerder gebürtige Johann Cohrs (1848–1907) mit seinen berühmten Fischauktionen, die innerhalb von zwei Jahren den Umsatz auf dem Altonaer Fischmarkt um das Zehnfache nach oben schnellen ließen. Um die von Jahr zu Jahr zunehmenden Mengen des angelandeten Fischs auf Dauer vernünftig vermarkten zu können, wurde 1895/96 die kürzlich sehr sorgfältig restaurierte Altonaer Fischauktionshalle erbaut. Errichtet nur 7,50 m über Hamburger Null, unmittelbar am Elbufer belegen, gehört sie zu jenen Bauwerken, bei denen das Eindringen des Hochwassers im Falle einer Sturmflut vom Entwurf her mit eingeplant wurde.

Vom Fischmarkt aus führt die Große Elbstraße an den ältesten Hafenanlagen entlang nach Westen. Zu diesen zählt der Holzhafen, der zu Beginn des 18. Jahrhunderts als ein rechtwinkeliger Einschnitt in das Ufer hineingegraben wurde, um zunächst den Großseglern und nach einer Erweiterung ab 1893 nur noch Küsten- und Binnenschiffen den notwendigen Schutz gegen jede Art von Schwell und Seegang zu gewähren. Innerhalb des Einschnitts waren ferner die Auswirkungen des Stroms, ob bei Ebbe oder Flut, so weit gemindert, daß die Schiffe ruhiger an ihren jeweiligen Liegeplatz zum Löschen und Laden manövriert werden konnten. Zwei von Hand bediente Kräne sowie ein Gleisanschluß über die Große Elbstraße (1895) standen zur Erleichterung des Warenumschlags zur Verfügung. Östlich des Holzhafen kam 1850 für Dampfschiffe ein in der Elbe verankerter Ponton als Anleger hinzu, der ab 1880 über die heute noch existierende, stählerne Gitterträgerbrücke zu erreichen war. Die Hafenarbeiter aus der Oberstadt nutzten die Köhlbrandtreppe, um von der Palmaille hinunter und durch die Carsten-Rehder-Straße in gerader Linie zum Holzhafen zu gelangen.

Weiter westlich führt die Große Elbstraße, gesäumt von hierzu gehörenden Gebäuden, am Fischereihafen vorbei. Hier zweigt eine zunächst parallel nach Westen steil ansteigende, Elbberg genannte Straße ab, die dann in einem scharfen Bogen nach Norden mit einer Brücke ein Eisenbahngleis überquert und in die Kaistraße einmündet. Diese nun ist nach Art einer langen Schiefen Ebene konstruiert, welche vom ehemaligen, 28 m oberhalb des Elbufers gelegenen Altonaer Bahnhof – heute Altonaer Bezirksamt – in Richtung Westen nach Neumühlen hinunterführt. Bis nach Neumühlen war der Altonaer Hafen 1840/41 erweitert worden. Bei dieser Gelegenheit wurden die bis dahin für alle Altonaer Hafenanlagen bestehenden Probleme einer praktikablen verkehrstechnischen Anbindung gelöst.

Eine zeitgenössische Charakterisierung klärt uns über den Zweck der Schiefen Ebene auf: *»Am Ende des Altonaer Hafens läuft ein Gleis der Kieler Eisenbahn den Berg herunter und verbindet hier die Elbe mit der Ostsee. Die beladenen Wagen werden durch eine Dampfmaschine an Drahtseilen herauf- und hinabgezogen, und die Güter direct aus den Schiffen in die Transportwagen geladen«*. Diese Erläuterungen finden sich in Carl Reinhardts Reisebeschreibung »Von Hamburg nach Helgoland« aus dem Jahre 1856. Schon die Überwindung der steilen Rampe war allgemein bestaunt worden. Sie vermittelte den Anschluß an die am 18. September 1844 eröffnete »König Christian VIII. Ostseebahn« von Kiel nach Altona. Als nun noch am 18. Januar 1876 ein 395 m langer Tunnel vom Hafen bis zum Bahnhof hinauf fertiggestellt wurde, welcher den Transport von Eisenbahnwagen über die Rampe überflüssig machte, pries man das Bauwerk beinahe als ein Altonaer Weltwunder. »Schellfischbahn« nannten

Elbberg und Eisenbahntunnel
Durch den sommerlich belaubten Park windet sich ein Fußweg den Elbberg hinauf und überquert mit Hilfe einiger Treppenstufen einen Tunnel, um schließlich in den von einem Gitter umgebenen Aussichtsplatz westlich der Palmaille einzumünden. Ganz klein entdeckt man im Hintergrund das charakteristische, von einem Adler bekrönte Siegesdenkmal, das 1873 am Westende der Palmaille errichtet wurde.
Der Tunnel war am 18. Januar 1876 fertiggestellt worden. Er stellte die Verbindung von der Altona-Kieler Eisenbahn zur Hafenbahn her. Die 395 m lange Tunnelstrecke wurde 1895 nochmals auf 961 m verlängert, als der Altonaer Bahnhof von der Palmaille aus an den endgültigen Standort verlegt wurde.

die Altonaer das so entstandene System ihrer Hafenbahn. Die Tunnelstrecke wurde nach Anlage des neuen Altonaer Hauptbahnhofs auf 961 m ausgeweitet und am 16. November 1895 erneut dem Verkehr übergeben. Noch in den frühen zwanziger Jahren existierte übrigens eine elektrische Schleppbahn, welche schwere Straßenfuhrwerke über die Rampe der Kaistraße beförderte.

Wir wollen von »Hamburgs schöner Schwester« nicht Abschied nehmen, ohne uns zuvor ein weiteres Bild vom Verkehr der von Altona aus sichtbaren vielen kleinen segelnden Berufsfahrzeuge durch den Zeitzeugen Reinhardt übermitteln zu lassen: *»Hier fängt nun der Altonaer Hafen an, der besonders durch die kleine Schiffahrt sehr belebt wird und seine meiste Frequenz dem Umstande verdankt, daß Altona Freihafen ist. Etwa der Mitte des Hafens gegenüber strömt der südliche Elbarm, ›Köhlbrand‹ genannt, in die nördliche Elbe. Er fließt bei Harburg vorbei und bespült die erwähnten Milchinseln, von denen aus alle Morgen eine Flotte kleiner Fahrzeuge mit roth angestrichenen (= gelohten) Segeln nach Hamburg steuert, um die Stadt mit Kaffeemilch zu versorgen. Diese Fahrzeuge sind meistens ganz ausgezeichnete Segler, die gegen Wind und Wasser aufkreuzen, und deren Führer beim größten Sturm tollkühn darauf lossegeln, wodurch schon mancher zu Grunde gegangen ist. Dieselben Fahrzeuge werden wegen ihres geringen Tiefganges sehr häufig zum Transport verschiedener Sachen benutzt; am hübschesten sehen sie aber aus, wenn sie mit einer Ladung frischen Grases, das mit Blumen durchwirkt ist, zwischen den Wiesen herauskommen.«*

Oevelgönne

Die alten Fischerorte Oevelgönne und Neumühlen liegen am Abhang einer beim Altonaer Rathaus beginnenden und sich bis nach Blankenese hinziehenden Hügelkette. Diese wurde ursprünglich »Süll« genannt, was soviel wie Schwelle heißt. Heute ist der alte Name nur noch in dem letzten, nach Westen vorspringenden Hügel dieser Kette erhalten, dem Süllberg in Blankenese.

Bereits im 15. Jh. gab es hier zwei »Fischerbuden«, die 1464 von Hamburger Fischern »bei nachtschlafener Zeit« aus Gründen unerwünschter Konkurrenz abgefackelt wurden, und zwar an der Stelle »tom Cruce voer Negenstede«. Auf der Elbkarte von Melchior Lorichs von 1568 findet sich hier ein weithin sichtbar

Uferbebauung in Oevelgönne
Blick vom Wasser aus auf die mehrgeschossigen Wohnbauten und Ausflugslokale mit ihren durch Stützmauern gesicherten Gartenterrassen. Zur Zeit herrscht Flut, wie die zahlreichen kleinen an Bojen befestigten Ruder- und Segelboote erkennen lassen, die mit dem Bug gegen das auflaufende Wasser zeigen.

aufgestelltes Kreuz, nach welchem übrigens die Fahrwassertonne im Strom querab als Kreuztonne bezeichnet wurde. Sogar eine der beiden »Fischerbuden« ist in der Karte eingetragen.

Um 1750 lagen hier regelmäßig an die 50 Großsegler vor Anker, die wegen der vom Köhlbrand aufgeworfenen Barre, wechselweise als »Altonaer« oder »Hoppenhöfer Sand« bezeichnet, hier zu löschen bzw. zu laden gezwungen waren. Aus den Fischern rekrutierte sich der Nachwuchs für die seit eh und je ortsansässigen Lotsen, die 1745 eine eigene Brüderschaft bilden sollten. Neben Fischern und Lotsen ließen sich vor allem Leimsieder (1691) sowie Hersteller von »Amidam« (= Kartoffelstärke) in Oevelgönne und bei der »Neuen Mühle«, einer der zahlreichen Wassermühlen, nieder, die am Elbabhang auf Grund des Wasserreichtums betrieben werden konnten. So mancher Betrieb siedelte sich hier an, welcher der Geruchsbelästigung wegen – man denke an die Leimsieder – oder wegen Feuersgefahr in der Stadt nicht arbeiten durfte. So hatte sich denn 1687 auch eine Pulvermühle in Neumühlen etabliert. Hinzu kamen gleich mit Beginn des 19. Jahrhunderts die Fabriken und Gewerbebetriebe des von Johann Daniel Lawaetz unterhalb seines Parks verwirklichten, sozialutopischen Projekts, das der Ausbildung und Beschäftigung bis dahin arbeitsloser Stadtbewohner galt.

Nur wenige hundert Meter weiter östlich entstand 1856/57 auf dem Gelände des von zahlreichen Geistesgrößen der Aufklärung besungenen »Tuskulum«, dem Landsitz der Sievekings, ein »Schloß«. Conrad Hinrich Donner, der mit einer Schnupftabakfabrik und der von ihm begründeten Bank reich geworden war, etablierte sich hier mit einem Landhaus in neugotischem Stil, welches mit Zinnen, Türmchen und allerlei sonstigem Zierrat phantasievoll ausgestattet war. Doch bald sollten sich zahlreiche Handwerksbetriebe, Straßen und Gleisanlagen zwischen dem Donner-Park und dem Elbufer nach Westen vorschieben. Gleichwohl waren hier noch die Kaiser Wilhelm I. und II. häufig zu Gast. Nach intensiver Nutzung für kulturelle Zwecke in den zwanziger Jahren bedienten sich die Nationalsozialisten ab 1934 der glanzvollen Residenz. Nachdem sie durch Bomben gänzlich rui-

Sonnenbaden in Oevelgönne
Wie heute noch, so belebte sich der Strand vor Oevelgönne an sonnigen Tagen mit Erholung suchenden Menschen. Vorn rechts entdecken wir einen mit weißer Hose und hellem Elbsegler gekleideten Wassersportler. Links dagegen stapft ein mit Stock bewaffneter Herr in Melone und dunklem Sonntagsanzug durch den Sand. Junge Damen wühlen sich, ihre komplizierten Kleidung kaum achtend, wonnig in den Sand. Hinter bunten Sonnenschirmen links entdecken wir plötzlich einen am Ufer errichteten Geschützturm. Wir ahnen es schon – die Aufnahme entstand an einem Sommertag während des Ersten Weltkrieges.
Wir schauen in Richtung Hamburg elbaufwärts. Zwischen den großen Dalbenbündeln im Strom liegen die Neumühlener Anlegepontons, zu denen eine in Stahl konstruierte Brücke hinüberführt.

niert worden war, mußte sie 1949 gesprengt werden.

Als eines der letzten Industriegebäude entstand 1926/27 am Westende des bis hierher ausgedehnten Altonaer Hafengebiets das von Heinrich W. Müller und Erich Elingius für eine englische Betreibergesellschaft geschaffene »Kühlhaus Union«, das der Aufnahme argentinischen Gefrierfleisches, gefrorener Butter und von Fisch dienen sollte. Das »als Wahrzeichen die den Elbstrom aufwärts fahrenden Schiffe grüßende« Bauwerk wurde 1991 abgerissen. An gleicher Stelle entstand aus gleichem Ziegelmaterial und in gleichen Dimensionen ein schönes Seniorenwohnheim, daß die turmartige Wirkung des alten »Wahrzeichens« vollkommen übernommen und zugleich eine Steigerung sowohl durch die bekrönende Glaskuppel als auch die stimmige Durchfensterung der Turmfassaden erfahren hat.

Hans Leip hat einmal Oevelgönne *»ein abgeschlossenes Wunder für sich«* genannt. *»Gelangt man an die Gegend der großen Landungsbrücke, ... hat man den Eindruck eines prominenten Badeortes.«* Er beschreibt auch den schmalen Weg vorbei an den *»niedrigen, roten, fensterladigen Lotsenhäusern, ... auf dem zwei Paare eben einander ausweichen können«.*

Museumshafen Oevelgönne

Hamburg ist nun schon seit einigen Jahren um ein attraktives Ausflugsziel reicher geworden. Der »Museumshafen Oevelgönne« beim Anleger Neumühlen nördlich vom Altonaer Union-Kühlhaus wurde zum Hafengeburtstag im Mai 1977 von einer »Vereinigung zur Erhaltung segelnder Berufsfahrzeuge« gegründet und seitdem ohne staatliche Zuschüsse allein durch Spenden und Mitgliedsbeiträge finanziert. Der Hamburger Staat baut und ergänzt, soweit erforderlich, alle wasserseitigen Anlagen zur Unterbringung des kostbaren Fahrzeugbestandes und stellt diese gegen geringe Nutzungsgebühren zur Verfügung. Der Museumshafen revanchiert sich, indem er beim Hafengeburtstag und allen großen Schiffsparaden Flagge zeigt. Denn alle Schiffe sind fahrtüchtig und stellen dies zur Freude der Spaziergänger am Elbufer an manchen Wochenenden oder sogar noch am Dritten Advent mit prachtvollen Manövern bei der »Consul-Kloeben-Regatta« Jahr für Jahr unter Beweis. Wir schildern hier den Fahrzeugbestand, wie er sich noch 1988/89 darbot, bevor einige der schönsten Schiffe aufgrund widriger Umstände den Hafen verlassen haben.

Von der Gruppe der dort gezeigten Lastensegler gehören die Giek- und Besan-Ewer einem besonders urigen Schiffstypus an, der nach Ausweis der Hamburger Kämmercirechnungen bereits im 14. Jahrhundert als »envar« bekannt war. Kennzeichnend waren und sind der geringe Tiefgang und der breitflächige Plattboden, die es den Ewern erlaubten, jeden noch so seichten Hafenpriel anzulaufen.

Museumshafen Övelgönne (1977) mit Kühlhaus
»Im Päckchen« nebeneinander liegen die Fahrewohl von Büsum, ein im Jahre 1912 bei Gustav Junge in Wewelsfleth erbauter Krabbenkutter (links), und der bei Johann Brandt 1889/90 in Neuhof am Köhlbrand entstandene Kutter-Ewer Catarina von Altenwerder. *Im Hintergrund erhebt sich das 1926 von der Architektengruppe Schramm & Elingius im Auftrage einer englischen Kühlwarengesellschaft ausgeführte zehnstöckige »Kühlhaus Union«. Unmittelbar rechts neben dem Kühlhaus stand noch bis in die siebziger Jahre der »Probepfeiler« eines Brückenbauprojekts, das im Rahmen einer von den Nazis monumental geplanten Elbuferbebauung nach dem »Endsieg« realisiert werden sollte.*

Der früher HERTHA genannte, inzwischen umgetaufte Fracht-Ewer JOHANNA mußte 1903 von seinem Konstrukteur Johannes Thormählen in Elmshorn mit 18,62 m Länge und 4,76 m Breite gerade so und nicht anders vermessen werden, damit er durch die Alsterschleuse paßte. Denn solange das Schiff in der Berufsschiffahrt Verwendung fand – immerhin bis zum Jahre 1962! –, transportierte es auf den meisten Fahrten Salz von Stade nach Hamburg in die Stadt hinein. Bis zu 70.000 Ewer dieser Art fuhren noch in den achtziger Jahren des vorigen Jahrhunderts nach Legen des Mastes durch die Alsterschleuse, um über die Fleete bis an alle Märkte heranzufahren, Kaufmannswaren bis hinter den Speicher zu liefern oder auch direkt aus dem Schiff bestimmte »Consumptibilien« an die Hausfrauen zu verhökern. Vor dem Ausladen mußten die Masten wieder gestellt werden, damit man Mast und Baum als Ladegeschirr wie einen Kran verwenden konnte.

Der »Lägerdorfer Ewer« mit dem Namen MOEWE (1907 bei Fack, Itzehoe, gebaut) sollte seinem Elbschiffer in Wilster dazu dienen, englische oder oberschlesische Kohle von Hamburg nach Lägerdorf zu transportieren, wo diese in Massen für das Brennen von Kalk und die Herstellung von Zement benötigt wurde. Es versteht sich von allein, daß sie Lägerdorfer Zement nach Hamburg zurückbrachte. Um die Schleusen des Lägerdorfer Kanals passieren zu können, mußte sie 0,75 m schmaler als die JOHANNA konstruiert werden. Aus Anlaß einer Tagung des International Congress of Maritime Museums 1984 in Hamburg wurde die sorgfältige Restaurierung der MOEWE durch eine Jury der anwesenden Fachleute mit einem ersten Preis ausgezeichnet.

Ähnliche Abmessungen wie die der MOEWE sind auch für die FRIEDA charakteristisch, die 1909 auf der Jungewerft an der Stör als »Lägerdorfer Ewer« erbaut worden ist. Bereits 1896 hatte Johann Junge den Bau dieses auf Dauer erfolgreichsten Typs unter den Frachtseglern auf Stahl umgestellt. Nur der Boden wurde weiterhin aus Holz gefertigt und hat übrigens häufig den zugehörigen Schiffsrumpf überlebt! In den Jahren von 1896 bis 1914 liefen bei Johann Junge immerhin 65 eiserne Fracht-Ewer vom Stapel.

Flacher noch als die Elb-Ewer gehen die holländischen Plattbodenschiffe FORTUNA (1914) und ROSINANTE (1909). Mit einem Tiefgang von nur 0,60 m können diese Binnen- und Küstensegler auch über die Nordseewatten hinter den ostfriesischen Inseln entlang nach Hamburg segeln. In früheren Jahrhunderten ist diesen Schiffen der Plattboden bei Sturm oft zum Verhängnis geworden, weil sie dann seitwärts auf Legerwall abdrifteten, ohne sich wie die schärfer gebauten Kielschiffe freisegeln zu können. Erst gegen Ende des 16. Jahrhunderts wurden die sogenannten Seitenschwerter (englisch »leerudder«) erfunden, die beim Segeln am Wind jeweils in Lee heruntergelassen wurden und die seitliche Abdrift wie ein Kiel oder ein Mittelschwert verminderten.

Nach gleichem Prinzip, jedoch mit starkem Sprung und am Bug sehr hoch gezogener Schanz, waren die Fischer-Ewer konstruiert, die zuerst von Blankenese und später in immer größerer Zahl von Finkenwerder aus im Elbmündungsbereich und der Deutschen Bucht auf Schollen fischten. Da die hölzernen Originale bis auf den im Deutschen Museum zu München verwahrten Fischer-Ewer MARIA VON FINKENWÄRDER verloren sind, sind Mut und Enthusiasmus jener zu begrüßen, die mit Hilfe von alten Bauplänen und Fotos die sogenannten Pfahl-Ewer nachgebaut haben. Hier sei an erster Stelle die FREUNDSCHAFT genannt, deren Rumpf 1984 bei Dawartz in Tönning fertiggestellt worden ist (siehe Seite 128). Von dem zuvor erwähnten Finkenwerder Hochsee-Fischerewer MARIA ist 1983 ebenfalls eine Kopie bei Dawartz entstanden, die heute im Museumshafen Kappeln liegt.

Das älteste original erhaltene Fischereifahrzeug dieser Art ist der 1889/90 in Neuhof am Köhlbrand bei Johann Brandt erbaute Kutter-Ewer CATARINA VON ALTENWÄRDER. An der weich schwellenden Entenbrust erkennt man sofort die Zugehörigkeit zur Ewer-Familie. Die Verbindung zu einem hier bisher fremden Stammbaum läßt sich nicht leugnen, da das Schiff anstelle des platten Ewer-Heckspiegels ein stark überhängendes Kutterheck und statt der Seitenschwerter einen Balkenkiel mit Mittelschwert erhielt. Diese Übergangslösung zeigt deutlich, daß die zuvor an der Küste fischenden Fahrzeuge nach Einsetzen des gnadenlosen Konkurrenzkampfes mit den Fischdampfern ab 1885 härteren Bedingungen auf Hochsee und sogar im Winter ausgesetzt und angepaßt werden mußten. In schweren Stürmen gingen ganze Flotten von Finkenwerder Fischer-Ewern verloren, weil das Seitenschwert beim Orkan nicht mehr gegen die Abdrift ausreichte und die Schiffe auf Legerwall scheiterten.

Die konstruktiven Mängel des Fischer-Ewers haben besonders die Phantasie des begabten Schiffbauers Gustav Junge (1861–1941) herausgefordert. Auf der Werft seines Vaters in Wewelsfleth erbaute er 1884 den ersten »scharfen« Kutter mit Mittelschwert, der den Fischer-Ewer in wenigen Jahren ganz von der See verdrängen sollte. Den im Museumshafen liegenden kleinen Krabbenkutter FAHREWOHL hat er 1912 für einen Büsumer Fischer gebaut. Die FAHREWOHL und der fast baugleiche Elbfischkutter GRETA gehörten zu einem besonders erfolgreichen Typus, der an unseren Küsten massenhaft Verwendung gefunden hat. Man erkennt ihn sofort an dem senkrecht abfallenden Vorsteven. Er war auch gerade deswegen so beliebt, weil man für Fahrzeuge dieser Größe kein besonderes Schifferpatent benötigte. Mit nur 0,80 m Tiefgang blieben sie in den Watten genauso wendig wie die alten Fischer-Ewer. Kam aber Sturm auf freier See, ließen sie das Mittelschwert herunter und waren dann durchaus in der Lage, sich vor jeder Küste freizusegeln.

Gewaltig groß nimmt sich gegenüber derartig zarten Geschwistern, wie wir sie soeben betrachtet haben, der Finkenwerder Hochseekutter PRÄSIDENT FREIHERR VON MALTZAN aus, der 1928 bei Sietas in Cranz als Motorsegler mit Ruderhaus, verkleinertem Rigg und entsprechend geändertem Rumpf erbaut wurde. Der Museumshafen hat dieses Schiff, da weitere Kutter älterer Bauart nicht in Sicht waren, 1989 dem Aussehen der Hochseekutter um 1900 entsprechend rekonstruiert und ihm durch Unterbolzen eines Kiels von ausreichender Tiefe entsprechende Segeleigenschaften zurückgegeben. Inzwischen ist nun noch ein Originalexemplar dieser Gattung – LANDRAT KÜSTER – aufgetaucht, das unter gestrenger Aufsicht des Schiffahrtshistorikers und Journalisten Joachim Kaiser, der längst als »Ewerpapst« in die Annalen der norddeutschen Museumshäfen eingegangen ist, restauriert werden soll. Die Konstruktion eben dieser Fischkutter war übrigens so weit ausgereift, daß man zu Beginn des Jahrhunderts mit ihm auch noch in Konkurrenz zu den Fischdampfern Hochseefischerei im Spätherbst und Winter betreiben konnte.

Das durch die Segler widergespiegelte Bild unserer norddeutschen Küstenregion wäre unvollständig, wollte man auf die Präsentation der wichtigsten maschinengetriebenen Fahrzeuge verzichten, die doch gleichzeitig im Hafen, auf der Elbe und auf der Nordsee Dienst taten.

Museumshafen im Winter
Vom Lüfterbauwerk des neuen Elbtunnels aus sehen wir die Schiffe des Museumshafens im dicken Eis liegen, und zwar vorn links zwischen den Pfählen die stählerne »Skutje« (= kleine Schute, niederl.) FORTUNA *aus Westfriesland von 1914, dann der Eiche auf Eiche im Jahre 1912 erbaute Krabbenkutter* FAHREWOHL VON BÜSUM *sowie der 1910 bei Janssen & Schmilinsky in Hamburg von Stapel gelaufene Schlepper* TIGER. *Rechts vorn am Ponton liegt die* NOSTRA, *der aus Bremen-Vegesack stammende, leicht an seiner Fischereinummer »B.V. 2« erkenntliche Heringslogger. Er wurde 1895 aus genietetem Stahl beim Bremer Vulkan fertiggestellt. Nach erheblichen Sturm- und Schwellschäden haben inzwischen die kleineren, aus Holz gebauten Originalfahrzeuge den besonders bei Orkan aus Südwest gefährdeten Hafen verlassen und Aufnahme beim »Finkenwärder Gaffel-Consortium« im dortigen Fischereihafen am Stack gefunden.*

Blankenese
– 1302 erwähnt

Der Name des Ortes hielt das verhängnisvollste Fahrwasserproblem der Niederelbe bis ins 20. Jh. hinein in Erinnerung, nämlich *de blanke nees,* die weiße Nase. So hieß von jeher die Blankeneser Barre, eine die Fahrrinne gefährlich einengende Sandbank, derer man erst mit Hilfe weiträumig angelegter Wasserbaumaßnahmen unmittelbar vor Ausbruch des Ersten Weltkrieges Herr wurde.

Am Steilhang des 75 m hohen Süllbergs (= Schwellenberg) gelegen, war Blankenese zu Beginn des 19. Jhs. der bedeutendste Fischerort, in dem 1806 noch 172 Ewer beheimatet waren. Hinzu kamen 150 plattbödige Frachtschiffe, so daß die von hier ausgehende Schiffahrt beachtlicher als die Altonas war. Diese Tatsache ist um so bemerkenswerter, da hier als »Hafen« einzig der breit am Fuße des Süllbergs hingelagerte Strand zur Verfügung stand. Deswegen konnte Blankenese nur von solchen Fracht- oder auch Fischereifahrzeugen besucht werden, die als Plattbodenschiffe konstruiert waren. Mit dem auflaufenden Hochwasser pflegten sie nach Werfen des Ankers so weit auf den Strand hinaufzufahren, daß sie beim nächsten Hochwasser bequem aufschwimmen und sich an der Ankerleine wieder in tieferes Wasser verholen konnten, um dann erneut die Segel zu setzen. In der Zwischenzeit lagen

Giek-Ewer auf dem Blankeneser Sand
Das kleine hölzerne Frachtschiff ist auf dem um die Jahrhundertwende noch recht breiten Blankeneser Sand »trockengefallen«. Mit der Flut war es so hoch wie möglich auf den Sand gefahren, um dann das Fallen des Wassers bei Ebbe abzuwarten. Weil es einen vollkommen platten Boden besitzt, legt es sich – anders als die Kielschiffe – nicht auf die Seite sondern bleibt aufrecht stehen. Es wartet dann auf den Leiterwagen, der bei Ebbe über den Sand bis ans Schiff fahren kann, um zu löschen und zu laden. Der Schiffer nutzt die Zeit bis zum nächsten Hochwasser, um den Anstrich des Unterwasserschiffs auszuführen oder auszubessern. Aus diesem Grunde sieht man ihn auch mit einem waagerecht gehaltenen, langstieligen Farbquast unter dem Heck stehen. Außerdem wird das gute Wetter für einen Waschtag genutzt. An einer Leine unter dem »Baum« sind Hemden und Tücher bereits zum Trocknen aufgehängt.
Hölzerne Fracht-Ewer wie der hier abgebildete sind längst ausgestorben. Nur noch in Itzehoe kann man ein einziges Exemplar dieser Gattung – aber auch nur noch an Land – bewundern, den Ewer Hermann. Der Typus war auf der Niederelbe mit ihren Nebenflüssen in großer Zahl zu finden. Charakteristisch waren die Seitenschwerter, die beim Segeln jeweils in Lee herabgelassen wurden, um ein Abdriften zur Seite zu vermeiden und das Schiff auf Kurs zu halten. Ebenso bezeichnend war das herzförmig geschnittene Heck mit dem dahinter hängenden Ruder. Spätestens seit der Jahrhundertwende wurde der Rumpf gelegentlich unter Beibehaltung der Form auch in Stahl ausgeführt. Ein schönes Beispiel dieser Art stellt der Ewer Eule dar, der jetzt mit den wertvollen Originalfahrzeugen des Finkenwärder Gaffel-Consortiums zusamen im dortigen Fischereihafen am Stack beheimatet ist.

sie lange genug »hoch und trocken« – mit senkrecht stehendem Mast – auf dem Strand. Die Pferdewagen mußten dann nur noch zum Löschen und Laden an die Bordwand herangerollt werden. *»Von den Blankeneser Fischerfahrzeugen kommen die besten und zuverlässigsten Elblootsen her«*, hatte Carl Reinhardt noch 1856 feststellen können. Der Niedergang der Blankeneser Schiffahrt begann schon in der zweiten Hälfte des 19. Jhs. Waren hier noch 1852 immerhin 57 seegehende Ewer mit Heimathafen gemeldet, so im Jahre 1899 kein einziger mehr.

Erst mit Aufkommen der fahrplanmäßig geordneten Elbe-Dampfschiffahrt wurde ein tideunabhängiger Anleger benötigt, also ein Schwimmponton, der vor dem Strand verankert und mit einer Brücke zum Land hin verbunden wurde. Die plötzlich auftretende Nachfrage nach geeigneten Pontons war gar nicht so leicht zu befriedigen. Deswegen verwendete man oftmals statt der nicht verfügbaren Pontons ausgediente Alsterschuten, die volksläufig »Bullen« genannt wurden. Die Bezeichnung geht auf »bowl«, ein englisches Wort für Schiffsgefäß, zurück. Daher kommt es, daß die Blankeneser ihre Anlegestelle auf den Namen »Bull'n« getauft haben.

Blankenese profitierte vor allem vom Bau einer Eisenbahnlinie nach Altona, die 1867 mit Fertigstellung des Bahnhofs eröffnet werden konnte. Und je mehr Kurgäste mit dem neuen Verkehrsmittel hierhergelangten, um so schneller stellten die Fischer ihre mittelständischen Betriebe auf das weit einträglichere Beherbergungsgewerbe um. Das Fahrplan-Angebot nach Blankenese gestaltete sich noch günstiger, als die vom »Zoll« in Barmbek nach dem Mühlenberger Weg in Blankenese verkehrende Straßenbahn 1899 ihren Betrieb aufnahm. Die Verbesserungen im Hamburger Nahverkehr und Gründe der Wirtschaftlichkeit machten es allerdings schon zwei Jahre später notwendig, diese Strecke wieder erheblich zu verkürzen und die Straßenbahn nur noch zwischen Blankenese und Altona–Ottensen einzusetzen. Diese Verbindung sollte bis 1921 bestehen bleiben.

Im Jahre 1927 wurde Blankenese zu einem Ortsteil der Stadt Altona und mit dieser zusammen 1937 durch das Groß-Hamburg-Gesetz Hamburg zugeschlagen.

Der Alte Anleger vor Blankenese
So sah er aus, der leichte Steg auf seinen hohen Stelzen, wie er ehedem zum »Bull'n« hinabführte. So hieß im Volksmund der als Anleger benutzte Schwimmkörper. In diesem Fall hatte man nicht etwa einen Ponton, sondern eine ausgediente Alsterschute gegenommen. Und Alsterschuten wurden in Hamburg »Bullen« genannt. Diese Bezeichnung ist aus dem englischen Wort bowl = Schiffsgefäß abzuleiten.

Um 1910 konkurrierten mit ihren Fahrplanangeboten am Bull'n gleich zwei Linienreedereien. Mit ihren Schiffen Elbe, Baurat Bolten, Cranz I, Estebrügge und Borstel fuhr die »Buxtehuder-Altländer-Dampferlinie« alltags siebenmal, sonn- und festtags sogar elfmal den Bull'n an. Die »Hamburg-Stade-Altländer-Linie« (Unter-Elbe-Dampfschifffahrt) verkehrte sogar täglich zwölfmal nach Blankenese.

HAPAG-Fahrgastschiff, querab Blankenese

Vom Süllberg herab schweift der Blick über die Uferbebauung und den Fähranleger von Blankenese, die Elbe und das Mühlenberger Loch in Richtung Neuenfelde. Zwar verschwindet der Horizont im leichten Dunst, um so deutlicher aber erscheint im Licht der Spätnachmittagssonne der Zweischornsteindampfer, der an seinen Schornsteinringen leicht als Schiff der Hamburg–Amerika Linie (HAL) oder nach dem älteren Firmennamen als HAPAG-Dampfer auszumachen ist. Man kann zwar den Schiffsnamen am Bug nicht lesen, und doch wissen wir, daß es sich um eines der vier bei Blohm & Voss gebauten Schwesterschiffe ALBERT BALLIN, DEUTSCHLAND, HAMBURG *oder* NEW YORK *handeln muß. Die letzteren beiden scheiden aus, weil sie trotz aller übrigen Übereinstimmungen in den Abmessungen zwar zwei Schornsteine, aber nur zwei Masten fuhren. Die beiden anderen besaßen vier Masten. Die* ALBERT BALLIN *wurde in Hamburgs schwierigster Zeit, während der Inflation ‚gebaut und am 16. Juni 1923 abgeliefert. Sie war 182,90 m lang und 24 m breit. Sie wurde von Getriebeturbinen über zwei Schrauben angetrieben und entwickelte bei einer Maschinenleistung von 13.330 PS – es mußte an Brennstoff gespart werden – nur 16 Knoten Geschwindigkeit. Die anderen drei Schiffe wurden in den Jahren 1923 bis 1927 von B & V abgeliefert.*

Die Geländestruktur des Südabhanges hat von jeher die Grundstücksgrenzen der meisten Häuser derart beschränkt, daß wesentliche Veränderungen des pittoresken Erscheinungsbildes in der Folgezeit bis heute ausgeblieben sind. Zwar sind die kleinen, mit Stroh gedeckten Fischerhäuschen inzwischen mehrfach umgebaut worden, um Pensionsgäste aufzunehmen, oder gar Hamburger Wochenendbehausungen im »Schweizerhausstil« gewichen, doch haben gerade diese den Charakter des Ortes als eines vor der Jahrhundertwende neu entdeckten Ausflugs- und Ferienziels für »Sommerfrischler« erst geprägt. Die Bekrönung des Süllbergs mit dem »Restaurant von Rohr« – auch dieses ein Haus mit einer bis 1837 zurückreichenden Geschichte – bildete in dieser Hinsicht den absoluten Höhepunkt. Schon 1850 war dicht daneben ein Aussichtsturm errichtet worden, der 1887 noch einmal erneuert und auf eine Höhe von 20 m gebracht wurde. So entstand eine besonders liebenswürdige und bewahrenswerte Silhouette. Es scheint so, als ob deren Erhaltung in näherer Zukunft gar nicht mehr so sicher ist.

Kutter-Ewer auf dem Blankeneser Sand
Weil es sich auch hier um ein »Plattbodenschiff« handelt, kann dieses Wasserfahrzeug aufrecht auf dem Strand stehen. Allerdings fehlen die Seitenschwerter, und zwar deswegen, weil man in diesem Falle ein Mittelschwert eingebaut hat, das durch einen Schlitz im Kiel abgesenkt werden kann. Das Schiff ist als »Besan-Ewer« getakelt. Man bezeichnet es so nach dem kleineren zweiten Mast, den man »Besan« nennt. Das Heck zeigt schon eine abgewandelte Form, jedoch noch nicht die des reinen Kutterhecks. An dem Fehlen höherer Aufbauten, dem schärferen Sprung und der höheren Schanz erkennt man leicht das Fischereifahrzeug. Das Groß- und das Besansegel sind zum Trocknen aufgehängt. Sobald die Flut wiederkehrt, wird sie den Kutter-Ewer wieder zur Nordseeküste zurücktragen, damit die Fischerei fortgesetzt werden kann.

Schulauer Hafen und Willkommhöft

Beim Passieren des Schulauer Fährhauses wird jedes größere Schiff begrüßt oder verabschiedet, ob es die Hamburger Hafengrenze ansteuert oder hinter sich läßt: die Nationalhymne muß sein! An der Westseite des Fährhauses geht es in den Schulauer Hafen hinein, der ehedem zahlreichen Fischern als Liegeplatz gedient hat. Eigens für ihre Bedürfnisse ist das künstliche Hafenbecken erst 1899 geschaffen worden. Bereits im 18. Jh. war der Schulauer Schiffbau bedeutend. Die dort befindliche Werft J. H. Claussen & Co besaß einen Patentslip, mit dem sie Schiffe bis zu 50 m Länge, 3 m Tiefgang und einem Gewicht von 500/600 t aufslippen konnte (Germ. Lloyd Register). Seit 1797/1800 war oberhalb des Umschlagplatzes am Ostufer bereits die Werft Behrens mit dem Bau von Ewern, Schonern und Briggen beschäftigt. Ein wenig elbaufwärts hatte zu Beginn des 18. Jhs. die Schiffbauerfamilie Finck im Vorland unterhalb des Parnaß-Hügels mit der Konstruktion von Ewern, Galaessen und Schonern begonnen.

Wedeler Tonnenhafen

Um nicht jedesmal bis Hamburg zurückfahren zu müssen, haben sich die Hamburger Tonnenleger auf dem Weg der Niederelbe bis zur Mündung mehrere Materialdepots geschaffen, in denen Fahrwassertonnen, Leuchtbojen, Leuchtfeuer und Betriebsstoffe vorrätig gehalten, gepflegt bzw. ausgebessert werden. Zugleich war der Wedeler Tonnenhafen, der 1930 angelegt wurde, als ein günstiger Standort für die auf der Elbe eingesetzten Eisbrecher gedacht.

Wedeler Au und Hetlinger Binnenelbe

Sobald man elbabwärts den neuen Wedeler Yachthafen und die dahinterliegende Baumgruppe passiert hat, findet man vor der roten Tonne 120 im Watt die Einfahrt in die Wedeler Au. Ihre Wassertiefe reichte aus, daß beim Eintreten des Hochwassers die tief abgeladenen Ewer bis zum Stadtrand von Wedel hinaufsegeln konnten. Sie ist heute noch bei MThw 3,5 m tief und etwa 2 km ins

Land hinein schiffbar. Ein Sperrwerk mit einer Durchfahrtshöhe von 5,6 m führt durch den neuen Deich. Die Weddeler Au zählte einmal zu den wichtigsten Nebenfahrwassern der Elbe auf holsteinischer Seite.

Die Einfahrt in die Wedeler Au ist zugleich auch die Einfahrt in die Hetlinger Binnenelbe. Sie zweigt unmittelbar hinter dem neuen Deich nach backbord von der Wedeler Au ab und verläuft parallel zum Außendeich nach Nordwesten bis zum alten Haseldorfer Hafen, indem sie die früher unbedeichten Sande – den Fährmannssand, den Giesensand und den Hetlinger Schanzensand – an Backbordseite läßt. Außerhalb des neuen Deiches bleibt heute der Juelssand, der durch diesen an der Ostseite, an der Westseite durch die Elbe und nach Norden durch das Dwarsloch begrenzt wird. Melchior Lorichs hat diese Situation auf seiner Elbkarte von 1568 recht zutreffend charakterisiert, wobei er allerdings den damaligen Verhältnissen entsprechend die Hetlinger Binnenelbe sehr breit und ebenfalls die Durchlässe zwischen den Sänden ziemlich weit angegeben hat.

Fischkutter im Schulauer Hafen

Bis kurz vor Schulau reicht das »Süll«, die von Hamburg bis hierher das Elbufer begleitende Geländeschwelle. Weiter nach Westen erstrecken sich die Marschen. Entsprechend flach erscheint der Bildhintergrund.

Im Vordergrund liegt ein Fischkutter an den schräg nach oben weisenden Sturmpfählen, an denen die Schiffe noch weiter nach oben steigen können, wenn die Uferkante schon längst überschwemmt ist. Das Fahrzeug ist mit der vormals für Schulau geltenden Fischerei-Nummer S.S. 81. gekennzeichnet. Das Foto muß in den zwanziger Jahren entstanden sein, als man begann, größere Dieselmotoren auch in der Fischerei zu verwenden. Jetzt konnten es sich die Fischer erlauben, ein Ruderhaus auf dem Deck zu installieren, wobei das hinter dem Mast geführte »Großsegel« von unten her erheblich eingekürzt werden mußte. Man kann auf dem Foto den »Großbaum« gut verfolgen, dessen hinteres Ende auf dem Ruderhaus liegt. Parallel über dem Großbaum liegt die »Gaffel« mit dem darunter eingebundenen Großsegel. Mit der Gaffel, bestehend aus einer Stenge und einer Klaue, die wie eine Gabel um den Mast greift, wird das Großsegel am Mast emporgezogen. Das »Vorliek«, die Vorderkante des Großsegels, ist mit Mastringen am Mast befestigt. Diese gleiten beim Setzen des Segels am Mast empor. Der vom Bug schräg zum Mast hinaufführende Draht wird »Fockstag« genannt, weil an ihm das mit »Stagreitern« ausgerüstete wichtigste Vorsegel, die »Fock«, aufgezogen wird.

Um noch ein weiteres Vorsegel, nämlich den »Klüver«, setzen zu können, muß erst der »Klüverbaum« ausgefahren werden. Zur Zeit ist er eingeholt, so daß nur das mit weißer Farbe gemalte vordere Ende aus einer Klüse in der Buglippe hervorschaut.

Neben dem Mast sehen wir noch ein kleines Stück des Fischernetzes herabhängen. Das Deck ist ganz aufgeräumt. Links lehnen nebeneinander mehrere leere Fischkisten an der Schanz. Wir dürfen vermuten, daß der Fischer am Sonntagmorgen seinen Fang auf dem Fischmarkt verkauft hat und sich nun daheim ein wenig Ruhe gönnt, ehe er erneut zum Fischfang ausläuft.

Der neue Wedeler Yachthafen

Mit Aufgabe des alten Hamburger Yachthafens am Lotsenhöft gegenüber von Finkenwerder mußte eine neue Einrichtung dieser Art geschaffen werden, die 1962 eröffnet werden konnte. Nebenbei wurde erreicht, den größten Teil der Segelboote aus dem Hamburger Hafenverkehr herauszuhalten.
Manfred Schulze-Alex hat das Motiv vom Hubschrauber aus fotografiert.

Wedel

– Ernennung zur Stadt 1875

Der Flecken in der Marsch verdankte seinen Wohlstand während des Mittelalters der Lage am Endpunkt des schleswig-holsteinischen Ochsenweges und am Elbübergang sowie dem von diesem Standortvorteil profitierenden Viehhandel. Der Ort erlebte einen wirtschaftlichen Höhepunkt im 15. und 16. Jahrhundert. An jene Zeit erinnert noch heute der 1558 am Ochsenmarkt aufgestellte Roland. Der Rückgang des Viehhandels und der Brand von 1731 warfen den Flecken weit zurück.

»*Wedel ist ein Flecken in der Herrschaft Pinneberg, und hat über 200 Häuser. Ackerbau und Bierbrauerei sind die Haupterwerbszweige der Bürger. Es wird hier jährlich im Frühling, am 23sten April, ein großer Ochsenmarkt gehalten*«, wie der »Holsteinische Tourist« im Jahre 1833 mitteilte. Bei Carl Reinhardt lesen wir 23 Jahre später: »*Hier liegt der kleine Ort Wedel, von wo in alter Zeit die Hauptfähre nach dem andern Ufer abging.*«

Die Herstellung von Zucker und Schießpulver blieben die einzigen nennenswerten Industrien am Ort, während der Handel mit landwirtschaftlichen Produkten aus der Haseldorfer Marsch weiterhin als bedeutendster Erwerbszweig zu gelten hatte. Erst 1883 erhielt Wedel Bahnanschluß nach Blankenese.

Wasserwege zwischen Haseldorf und Glückstadt

Haseldorf

– Haseldorpe, 1195 als Kirchspielort erwähnt

Zum ersten Mal taucht der Name im Jahre 1190 auf, als ein Herr und Ritter Frideric von Haseldorpe im Gefolge Graf Adolfs III. von Schauenburg genannt wurde. Zuletzt hören wir von der Familie im Jahre 1276. Außerdem wird in einem Brief, den Propst Sido von Neumünster um 1195 an Gozoin, den Geistlichen der Kirche zu Haseltorpe gerichtet hatte, das Vorhandensein einer Pfarrei erstmals bestätigt. Das umliegende Land, die Haseldorfer Marsch, wird bereits 1276 nach dem Zentralort »terra transalbina Haselthorpe« genannt. Die zum gleichen Territorium gehörigen Kirchspiele Sestermühe, Sesterau und Bishorst gingen in der zweiten Hälfte des 14. Jahrhunderts in den Fluten der Elbe unter. So auch zu Beginn des 16. Jahrhunderts Asfleth, das älteste Kirchspiel, dessen Funktionen in der Folgezeit von Kollmar aus wahrgenommen wurden.

Man kennt aus dieser Umgebung kein zweites Beispiel dafür, daß eine beinahe nur vom Wasser aus erreichbare Burg inmitten der um 1140 bereits eingedeichten Marsch am Elbufer errichtet wurde. Die Gründung an dieser Stelle war nur sinnvoll, sofern in unmittelbarer Nachbarschaft ein günstiger Landeplatz genutzt werden konnte. Nach einer bereits im vorigen Jahrhundert geäußersten Vermutung (Detlefsen) passierte hier ein ehedem »Haselau« genannter, heute kaum mehr wahrnehmbarer Nebenarm der Pinnau den Deich, in dessen Vorland später der alte Haseldorfer Hafen entstand. Schon 1257 mußten die alten Eigentümer die Burg den Bremer Erzbischöfen überlassen. Sie wurde 1258 in einer Fehde, in welche sich auf Bitten der Grafen von Holstein das mächtige Hamburg einschaltete, zerstört. Sie »*schicketen zwo Köggen, wohl ausgerüstet, vor Hasseldorpe ...*« (Trazigers Hamb. Chronik bei Westph. 2, 1289), womit denn eine direkte Erreichbarkeit von der Wasserseite bestätigt wird. Gemäß der von den Holsteiner Grafen ausgefertigten Friedensurkunde von 1259, die natürlich in erster Linie die Interessen der Stadt Hamburg berücksichtigen mußte, durfte die Burg in der Folgezeit nicht wieder aufgebaut werden. Dennoch entstand sie neu im Jahre 1345. Von dort aus betrieben die damals ansässigen Ritter von Barmstede in den nächsten Jahren Wegelagerei mit Mord, Totschlag und Freiheitsberaubung in derartiger Form, daß 1352 Kaiser Karl IV. einen brieflichen Befehl an die Grafen von Holstein, Stormarn und Schauenburg richtete, solchen Untaten Einhalt zu gebieten. Unter den dort gelegentlich Eingekerkerten stammten manche aus Stade, jedenfalls vom Südufer der Elbe.

Das Geschäft der Räuberei gestaltete sich um so einträglicher, als ehedem von hier aus seit Menschengedenken ein besonders intensiver Fährbetrieb zum Südufer unterhalten wurde, um jährlich Tausende von Ochsen aus den Elbherzogtümern und Dänemark überzusetzen. Noch 1494 wurde die Fährgerechtigkeit bei einem Verkauf des Gutes Haseldorf als zu diesem gehörig weiterveräußert, obwohl der Hauptbetrieb aufgrund veränderter Fahrwasserverhältnisse damals längst schon zur Fähre nach Wedel abgewandert war.

Auf dem alten Burghügel steht heute eine zum Gut Haseldorf gehörige Grabkapelle. Um dieses Zentrum legten sich zwei im Gelände noch sichtbare Verteidigungsgräben, zwischen denen dann späterhin das Schloß entstand. Das Herrenhaus, ein eleganter Putzbau, ist als bedeutende Schöpfung von C. F. Hansen aus dem Jahre 1804 zu betrachten. Die ganze Anlage springt mit dem alten Elbdeich wie eine Bastion vor die alte Deichlinie.

Die Haseldorfer Kirche nimmt den ersten Rang unter den spätromanischen Backsteinbauten der Elbmarschen ein. Sie entstammt dem zweiten Viertel des 13. Jahrhunderts.

Auf der Werft von Detlef Schwarz sind insbesondere in den Jahren 1834 und 1843 mehr als fünfundzwanzig Ewer in allen Größen, darunter auch Galeass-Ewer erbaut worden. Sie konnte hier gut existieren, zumal gegen Ende des 19. Jhs. 16 seegehende Fracht-Ewer den Namen des Ortes als den ihres Heimathafens am Heck führten. Das Register des Germanischen Lloyd erwähnt für 1914 nur noch die Ladiges-Werft. Nach gleicher Quelle ernährten sich in Haseldorf vor dem Ersten Weltkrieg sieben Familien von der Schifffahrt.

Heute leben die bedeutenden Höfe in der einer Gar-

Der Haseldorfer Hafen mit den Augen des Malers
Die kaum mehr vorstellbare Atmosphäre des alten, gerade trockengefallenen Hafens gibt eine schöne Aquarellskizze von Rolf Zander aus dem Jahre 1955 wieder. Nach der Sturmflut von 1962 wurde er im Zuge einer Verkürzung der früheren Deichlinien mit dem Vorland zusammen eingedeicht, aufgehoben und durch einen weiter draußen vor dem neuen Deich errichteten Hafen ersetzt.

Der Neue Hafen und das Dwarsloch aus der Luft
Vor dem neuen Seedeich erkennen wir einen rechteckigen Einschnitt, der den neuen Hafen bildet. Rechts davon ist der Umschlagplatz mit Betonsteinen gepflastert. Küstenmotorschiffe sieht man hier noch gelegentlich liegen, obwohl die Nutzung durch Sportboote heute eindeutig überwiegt. Bei dem links oben am Bildrand erscheinenden Gewässerarm handelt es sich um das Dwarsloch, das zur Elbe hinüberführt. Die Hubschrauber-Luftaufnahme wird Manfred Schulze-Alex verdankt.

Lüttfischer an der Haseldorfer Binnenelbe
Ein Lüttfischerboot liegt am Schilfrand, nur mit einer Leine von Land her gesichert. Es verfügt über ein großes, gegenwärtig zum Trocknen am Pfahlmast vorgeheißtes Netz und zwei kleine Kescher. Es herrscht absolute Windstille und das Wasser ist spiegelglatt. Heute gehört die Haseldorfer Binnenelbe mit der dort befindlichen Inselwelt zu den wenigen Gebieten, die von der Kanalisierung und der Industrialisierung verschont geblieben sind.
Das Motiv mit dem Fluß im Urzustand ist für Richard Lindes Buch über »Die Niederelbe« (1908) aufgenommen worden. Die Fotoplatten, die unserer Aufnahme zugrunde liegen, sind im Besitz der Einzelblattsammlung des Museums für Hamburgische Geschichte.

tenlandschaft gleichenden Haseldorfer Marsch vom Obstbau. Sie wurden nach dem Zweiten Weltkrieg mit der notwendigen Kühltechnik ausgestattet, um eine monatelange Lagerhaltung für Äpfel zu gewährleisten.

Haseldorfer Binnenelbe

Die Haseldorfer Binnenelbe bildete ehedem die ungetrennte Fortsetzung der Hetlinger Binnenelbe, und beide liefen deswegen früher auch unter dem gemeinsamen Namen »Holsteiner Binnenelbe«. Nun sind sie oberhalb des neuen Haseldorfer Hafens durch einen neuen Außendeich voneinander abgeschnitten. Von der Elbe aus kann man Haseldorf und die Haseldorfer Binnenelbe durch das Dwarsloch anfahren. Vom Dwarsloch aus verläuft die Binnenelbe nach Nordwesten bis zur Pagensander Binnenelbe. An ihrer Backbordeite bleiben die Sände Drommel, Auberg und Bishorster Sand, die mit dem Juelssand und der Binnenelbe zu einem wunderbaren Naturschutzgebiet zusammengefaßt sind.

Der Pagensand

Von welcher Seite man sich heute dem Pagensand auch nähert, man gewinnt immer den Eindruck einer stattlich großen Elbinsel, von der man glauben möchte, daß sie schon seit jeher hier unverändert lag. Dabei ist die Geschichte des heute etwa 5 km langen Pagensandes sehr jung. Auf der von S. G. Zimmermann und J. O. Hasenbank gezeichneten sowie von Christian Fritzsch gestochenen Elbkarte von 1721 ist eindeutig charakterisiert, daß zwar die Lage in etwa der heutigen entsprach, daß aber der Pagensand im Gegensatz zu den höheren Schilf- und Binseninseln westlich der Haseldorfer Binnenelbe durch jede Flut überspült wurde. Um 1770 unterschied man zwischen einem höheren Kern – *»das Pagensand läuft bey ordinairer Fluth 2 F. unter Wasser«* – und seiner flacheren Umgebung – *»Watt, wie es bey niedrigster Ebbe blosläuft«*.

Auf einer weiteren Karte der Unterelbe, herausgegeben vom Senat Hamburg im Jahre 1865, wurde zwischen einem fest umgrenzten, gegenüber Kollmar und der Krückau liegenden Sand – »Pagensand« genannt – und einem zweiten, ebenso scharf umrissenen Sand gegenüber den Mündungen der Haseldorfer Binnenelbe und der Pinnau unterschieden, der mit »Zum hungrigen Wolf« bezeichnet wurde. Den Namen verdankte der Sand seiner besonderen Eigenschaft eines Mahlsandes. Jedes Wrack und alle hier verlorenen Gegenstände wurden von dem feinen Mahlsand binnen kurzer Zeit verschlungen und in die Tiefe gezogen. Noch heute treten beim Pagensand besondere Versandungsprobleme auf, an deren Entstehen die Strömungsverhältnisse mitwirken: Der durch die Mündung der Haseldorfer Binnenelbe ablaufende Ebbstrom ist gegen die Südostspitze des Pagensands gerichtet. Auf dieselbe Stelle strömt aus Nordwesten das ablaufende Wasser der Pinnau zu. Beide Ströme werden wiederum durch einem dritten, noch stärker wirkenden Strom von ihrem Zielpunkt abgelenkt, nämlich jenen der östlich um den Pagensand herumlaufenden Pagensander Nebenelbe.

Der Pagensand hat im Laufe seiner älteren Geschichte bald zugenommen, bald Abbruch erlitten.

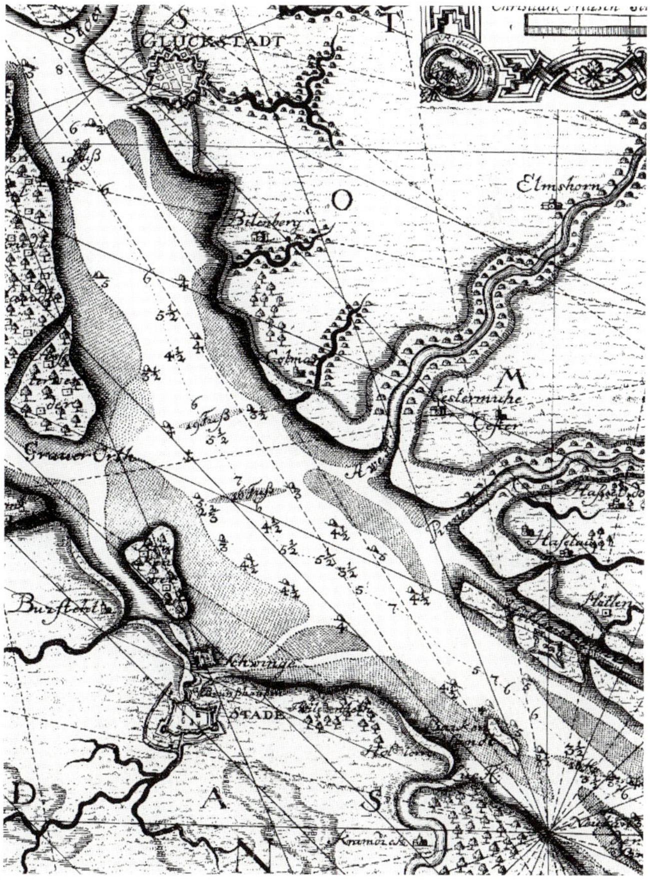

Die Elbe zwischen Stade und Glückstadt
Der Ausschnitt aus der Elbkarte von S. G. Zimmermann und J. O. Hasenbank, 1721 von Christian Fritzsch in Kupfer gestochen, zeigt den Pagensand vor den Mündungen der Pinnau und der Krückau (»Awe Fl.«) noch nicht als Insel, sondern als eine Sandbank, die bei Flut unter Wasser liegt und bei Ebbe trockenfällt.

Er ist aus beiden Teilen in einer Phase des Zugewinns zusammengewachsen. Eine Bedeichung konnte so weit entfernt von Land aus Gründen der Wirtschaftlichkeit nie in Betracht gezogen werden, wie die umfassendste Arbeit zu diesem Thema, »Das Wasserwesen an der schleswig-holsteinischen Nordseeküste« in einem Spezialband über »Die Elbmarschen« (1957), unterstrichen hat. Der Hamburger Staat hat den Pagensand gekauft, um dort Baggergut unterzubringen. Die Nordwestspitze ist in jüngster Zeit durch Sandaufspülungen um ein weiterreichendes Stak verlängert worden. An der Ostseite existiert ein kleiner Anleger, der der Versorgung des einzigen Bauernhofes auf der Insel dient und von Behördenfahrzeugen

Die Pinnau-Mündung vom Hubschrauber aus
Die Aufnahme entstand auf dem Wege flußabwärts kurz vor dem 1969 fertiggestellten Flutsperrwerk. Im Mittelgrund liegt der Pagensand, dahinter das Elbe-Hauptfahrwasser. Manfred Schulze-Alex ist die Hubschrauber-Aufnahme zu verdanken.

benutzt wird. Der Pagensand ist mittlerweile als Vogelschutzgebiet sinnvoll in das Naturschutzkonzept für die benachbart liegenden Elbinseln integriert.

Die Pinnau

Vor der Südostspitze des Pagensandes zweigt von dem Hauptfahrwasser in Richtung Norden die Pagensander Nebenelbe ab. In diese münden sehr dicht beieinander die Haseldorfer Binnenelbe und die Pinnau ein.

Die Pinnau ist seit 1969 mit einem Flutsperrwerk gesichert, das in die gleichzeitig vorgeschobene, aber verkürzte Deichlinie eingebaut worden ist. Auch diese Maßnahmen sind nach den verheerenden Folgen der Sturmflut von 1962 ergriffen worden. Die Pinnau ist beinahe über eine Länge von 20 km bis Pinneberg hinauf schiffbar.

»Diese Pinnau ist ein kleiner Fluß, der nahe bei Kaltenkirchen, im Amte Segeberg entspringt. In seinem Laufe berührt er Ulzburg, Kaden, Quickborn, Pinneberg und Uetersen, und fällt dann etwas oberhalb Haselau in die Elbe. Für kleine Torfschiffe ist er bis nach Pinneberg hinauf schiffbar.« (Peregr. ped., Der Holsteinische Tourist, Hamburg 1833).

Uetersen
– 1235 erstmals erwähnt

Die Entwicklung des Ortes hat ihren Ausgangspunkt in der Stiftung eines 1235 erstmals erwähnten Frauenklosters. Nach der Reformation wurde es wie die meisten Institutionen dieser Art in ein »Adeliges Damenstift« umgewandelt.

»Es ist ein ziemlich ansehnlicher Flecken an der Pinnerau, welche bei der nur eine Meile großen Entfernung der Elbe zu einiger Schiffahrt, besonders mit Torfewern Gelegenheit giebt ... Der Flecken zählt mehr als 500 Häuser. Der Hauptbetrieb der Einwohner außer dem Landbau und Viehzucht besteht in Kalkbrennerei, Töpfereien und Amidams-Fabriken« (= Kartoffelstärke-Hersteller) (Peregr. pedestr. 278). Hinzu kamen bis 1840 Garn- und Strumpffabrikation, Seifensiedereien, Zichorienherstellung und Schiffsbrotbäckereien. Der Absatz der Ausfuhren sowie die Beschaffung von Rohstoffen lief hauptsächlich über den Pinnau-Hafen, aber auch zum geringeren Teil über Landtransporte. Bezeichnenderweise wehrten die Getreidehändler und Fuhrunternehmer 1844 eine Linienführung der Kiel-Altonaer Eisenbahn über Uetersen ab, so daß die Trasse über Tornesch geführt werden mußte. Eine Stichbahn nach Tornesch wurde daher erst 1873 realisiert, übrigens drei Jahre nach Erhebung zur Stadt, die wegen der qualitätvollen Züchtungsergebnisse und entsprechend großer Plantagen heute gern als »Stadt der Rosen« apostrophiert wird.

Um 1900 hatten sich bereits bedeutende Großbetriebe – Mühlenindustrie, Branntweinproduktion, Bierbrauerei, Lederverarbeitung – hier angesiedelt. Noch zur Zeit der Weimarer Republik kamen Papierfabrikation und Kunstdüngerherstellung hinzu. Diese besonders erfolgreichen Industriezweige haben nicht unerheblich das Bevölkerungswachstum in der Folgezeit begünstigt.

Um 1900 waren hier 18 seegehende Fracht-Ewer beheimatet. Vor Beginn des Ersten Weltkrieges bestanden hier schon 20 Reedereien, wie das Jahresregister des Germanischen Lloyd von 1914 zeigt. Bedeutend war nach Auskunft der gleichen Quelle die Werft der Gebrüder Schedelgarn. Sie konnte auf ihrem Slip Schiffe von 25 m Länge, 1,90 m Tiefgang und 150 t Gewicht aufnehmen. Schedelgarn hatte sich auf diesem Platz am Klevendeich bereits seit 1827 sehr erfolgreich mit dem Bau von Ewern befaßt.

An dieses wirtschaftliche Wachstum konnte Uetersen nach dem Zweiten Weltkriege wieder anknüpfen. Eine bedeutende Hafenerweiterung in den sechziger Jahren war die Folge.

Moorrege

Der Schedelgarnschen Werft gegenüber lag auf dem Gebiet des Fleckens Moorrege die Jacobs-Werft. Ihre Anlagen reichten aus, um Wasserfahrzeuge von bis zu 30 m Länge, 1,70 m Tiefgang und 100 t Gewicht zu bauen. Auch sie war 1827 von einem Schiffbauer aus der Familie Schedelgarn gegründet worden. Schon 1832 übernahm Johann Hinrich Finck den Betrieb. Er baute vor allem hölzerne Ewer, aber auch hochseetüchtige Galeass-Ewer. Nach seinem Tod im Jahre 1850 führte sein Schwiegersohn Hans Jacobs den Betrieb weiter. Auch er stellte hölzerne Ewer her, etwa 50 insgesamt, die er an der ganzen Westküste bis nach Tondern hinauf verkaufte. Vier Jahre nach des Vaters Tod war Johann Hinrich Jacobs nach Lehr- und Gesellenjahren – zuletzt bei Heinrich Kremer in Elmshorn – so weit, daß er den väterlichen Betrieb 1887 übernehmen konnte. Noch zehn Jahre lang liefen hier Holzschiffe von Stapel. Dann wurde der Betrieb ganz auf

Stahlschiffbau umgerüstet. Johann Hinrich Jacobs hat ca. 100 Ewer gebaut, davon allein 67 stählerne Ewer in den Jahren 1898 bis 1914.

Die Krückau

Wie die Pinnau mündet auch die Krückau in die Pagensander Nebenelbe ein. Auch hier ist die Passage durch den vorgeschobenen Außendeich mit einem Flußsperrwerk gesichert worden. Die Krückau ist über 11 km weit ins Land hinein schiffbar bis Elmshorn. Ihr heutiger Name hat sich erst im Laufe des 19. Jhs. durchgesetzt und ist zurückzuführen auf die Bezeichnung »Krocker Aue«, die sich wiederum von Kruck bei Elmshorn herleitet. Ganz anders noch hieß der Fluß im Mittelalter, nämlich erst »Ciestere« (1141), dann Zeistere, Zesterowe, also Seester Aue.

»Der Holsteinische Tourist« beschreibt im Jahre 1833 den Zustand des Flusses namens Krückau, *»oder nur Au genannt, welcher bei Alvesloh unweit Ulzburg entspringt, nach Barmstedt, und so fort den Flecken vorbeigeht, wo er schon für kleine Torfschiffe fahrbar ist, bis er bei Seestermühe in die Elbe fällt.«*
Von jeher boten sich an beiden Ufern der Krückau zahlreiche Liegeplätze für Fischer, die von hier aus auf die Elbe hinausfuhren, Störfang betrieben oder ab 1921 bis in die Watten der Elbmündung vorstießen. Sie schlossen sich zunächst der im Jahre 1887 in Glückstadt gegründeten »Genossenschaft der Fischer an der Unterelbe« an. Unter ihrem Dach etablierte sich als »Bezirk Krückau und Seestermühe-Haseldorf« im Jahre 1903 mit eigenständiger Verwaltung der »Fischereiverein Krückau«, der es bereits im Jahre 1910 auf 138 Mitglieder brachte. Bei Eintragung in das Elmshorner Vereinsregister im Jahre 1912 machten sich die Mitglieder per Satzung den Schutz und die Pflege der Fischbestände auf der Elbe zur Pflicht, wobei sie besonders ausführliche Reglements für die Störfischerei formulierten, die allerdings ihren Höhepunkt längst überschritten hatte. Trotz abträglicher Folgen der beiden Weltkriege konnte sich der Verein stets gut halten.

Nach 1945 stieg die Zahl der Mitglieder zunächst wieder auf 144 an. Auf Betreiben des Vereins wurde 1958 ein neuer Kutterhafen am Seesterauedeich fertiggestellt und in Nutzung übernommen. Die Fischer haben nach der Sturmflut von 1962 in Diskussionen über den neuen Verlauf des Außendeichs und über die Lage des künftigen Sperrwerks eigene richtungsweisende Anregungen gegeben.

Elmshorn

– 1141 als »villa Elmshorne« an der »Ciestere« genannt

Das Kloster Neumünster durfte – aus diesem erfreulichen Grunde geschah die erste Erwähnung – von der *»villa«* (d. h. dem Dorfe) *»Elmshorne«* zu beiden Seiten der Krückau, die im Mittelalter noch *»Seesterau«* oder auch einfach nur *»Aue«* hieß, den Zehnten kassieren. Es lag an einem besonders günstigen Flußübergang des hier oberhalb der Marschen die Krückau querenden Elbuferhöhenweges. Zugleich markierte es einen wichtigen Kreuzungspunkt für Schiffs- und Landverkehr. Dieser stellte eine wichtige Voraussetzung für die Herausbildung zentraler Funktionen für die nächste Umgebung dar, wie sie durch die älteste Bezeichnung Elmshorns als eines Kirchspielortes bezeugt werden. Eine Brücke wurde erstmals im Jahre 1386 aus Anlaß der Einnahme von Brückengeld erwähnt.

Eine Beschreibung Elmshorns aus dem Jahre 1833 hebt hervor: *»Der Ort ist freundlich, nahrhaft und betriebsam, hat eine ziemlich ansehnliche Kirche und mehrere Armen-Stiftungen. ... Elmshorn besteht aus drei verschiedenen Theilen, hat zusammen mehr als 400 Häuser und zählt jetzt weit über 2.500 Einwohner. Die Wirthschaften sind bequem und höchst reinlich eingerichtet. Der Hauptbetrieb der Einwohner, dem sie ganz vorzüglich und mit Erfolg obliegen, ist die sogenannte kleine Schiffahrt auf der Elbe, insbesondere nach Hamburg, wohin sie hauptsächlich Kartoffeln, Holz, Torf, Butter, Käse, Korn, Holzkohle und dergleichen liefern und einen nicht unbeträchtlichen Handel mit denselben treiben. Man rechnet gegen 200 kleine Fahrzeuge, Ewer und Segelboote, die den Einwohnern gehören»* (Peregr. ped., Der Holsteinische Tourist). Als Wohnquartier bevorzugten die Schiffer Klostersande.

Im Jahre 1838 waren zwei Roßölmühlen, vier Tabaksfabriken, Lederfabriken und Lohgerbereien in Betrieb. Die dort tätigen Manufakturen und Fabriken nahmen einen beträchtlichen Aufschwung durch die über Elmshorn verlaufende, älteste Bahnverbindung von Kiel nach Altona sowie die Ausbildung zum Schienenverkehrsknotenpunkt nach Bau der Strecken in Richtung Glückstadt und Itzehoe. Hinzu kamen die 1875 fertiggestellten und 1891 nochmals erweiterten Hafenanlagen, deren Effizienz durch Ergänzung mit einer Hafenbahn gesteigert zu werden vermochte (M. Halfpap 1989). Ein bedeutender Arbeitgeber war in den Jahren von 1907 bis 1939 die Steingutfabrik C. & E. Carstens, *»eine der modernst angelegten Fabri-*

Schiffbauplatz in Klostersande/Elmshorn
Welchen Zwecken der Sägeplatz an der Krückau bei Elmshorn dient, geht nur aus der Art des dort scheinbar unordentlich herumliegenden, in Wahrheit jedoch sehr kostbaren Holzes hervor. Die Krummhölzer und Astgabeln sollen zu Schiffsspanten und Bauchstücken verarbeitet werden. Rechts liegt in dem zur Werft gehörigen Hafeneinschnitt ein kleiner Ewer, er ist möglicherweise bis auf das Rigg für den Besanmast gerade fertiggestellt worden. Noch weiter rechts dient der schmauchende Ofen der Verarbeitung von Muscheln, welche die Fischer haufenweise aus der Nordsee mitbringen, zu Muschelkalk.
Die nähere topographische Einordnung ergibt sich aus der Einzeichnung der Elmshorner Nikolaikirche im Hintergrund – damals noch ohne Turm – sowie der Aubrücke. Das heraufdämmerne Industriezeitalter kündigt sich mit der Eisenbahn auf dem Bahndamm rechts hinter den Bäumen an.
Wilhelm Heuer, der immer wieder besonderes Interesse an dem Zusammenklang von Gewerbe und Vorstadtlandschaft unter Beweis gestellt hat, ist dieses schöne um 1850 entstandene Blatt gelungen, das in der Lithographieanstalt bei Charles Fuchs in Druck ging. Das hier als Vorlage verwendete Exemplar gehört zur Einzelblattsammlung des Museums für Hamburgische Geschichte.

ken dieser Branche«. Um 1920 waren bei »Pott-Carstens« 400 Mitarbeiter tätig – sie nannten sich die »Porzelliner«. Zum gleichen Zeitpunkt wurden insgesamt 3.000 Mitarbeiter von dem Elmshorner Unternehmen aus, das inzwischen zahlreiche Filialen außerhalb gegründet oder hinzuerworben hatte, in ganz Deutschland gesteuert. Die Produkte waren zunächst vorrangig für den Export nach Skandinavien bestimmt, doch ließen sie sich schon bald ebenso gut in Deutschland absetzen. Im Hinblick auf den Export, aber auch zur Beschaffung der Kohle und des Tons aus England sowie des Kaolins aus Sachsen war der Betrieb ganz und gar auf einen günstigen Hafenstandort angewiesen. Ein eigener Stichkanal zur Krückau wurde gebaut, und an diesem wurden ausgedehnte Krangerüste zum Löschen und Laden errichtet. Darum müssen hier auch noch die wichtigsten Daten zur Elmshorner Schiffahrt folgen:

Von 1817 bis 1870 beteiligten sich Elmshorner Schiffe am Walfang und Robbenschlag. Der Bau von Ewern wurde hier seit 1824 über kürzere oder längere Zeit von immerhin fünf Werften betrieben, wobei die von Kremer/Klostersande (1824–1902), Kremer/ Wisch (1834–1890) und Thormählen/Wisch jeweils über 25 Fracht-Ewer liefern konnten. Siebzehn Fracht-Ewer – unter diesen 6 reine Binnenschiffe – bezeichneten 1899 Elmshorn als ihren Heimathafen. Zwei Werften entwickelten sich bis 1914 so weit, daß ihre Anlagen für den Großschiffbau geeignet waren: Thormählen & Co besaß eine Helling von 50 m Länge, die Schiffe von bis zu 2 m Tiefgang und 500 t Gewicht aufnehmen konnte. Bei D. W. Kremer fielen die Neubauten etwas kleiner aus, weil hier mit dem Slip Schiffe von 25 m Länge, 1,20 m Tiefgang und 100 t Gewicht bearbeitet werden konnten. Außerdem gab es hier zur gleichen Zeit bereits neben der »Elmshorner Dampf- und Schlepp-schiff Aktien Gesellschaft« fünf weitere Reedereien (G. L. – 1914).

Die günstige Verkehrslage wirkte sich positiv auf die Getreide verarbeitende Mühlenindustrie aus, so daß Elmshorn zu dem wichtigsten »Getreidehafen Schleswig-Holsteins« avancierte. Vor 1914 und noch einmal 1928 lag der Elmshorner Getreideumschlag in Deutschland an dritter Stelle.

Hafenalltag in Elmshorn
Dicht gedrängt liegen die Schiffe nebeneinander, große und kleine Transportfahrzeuge, die Rohstoffe nach hier schaffen oder Produkte wie die bei H. Kölln erzeugten Lebensmittel über die Elbe nach Hamburg oder über See in alle Welt transportieren wollen. Vom größten Schiff aus, dem Dampfer Mineral, *können wir eine Rohrleitung verfolgen, die aus dem Vorschiff herauskommt und schräg nach oben zu einem Silo an Land läuft, das auf dem Foto nicht mehr erscheint. Die Rohrleitung gehört zu einem im Silo fest installierten Getreideheber, wie er zum Löschen und Laden benutzt wird. Die daneben liegenden kleineren Fahrzeuge, ob Ewer oder Segelschute, fanden noch über lange Zeit ihr Auskommen, weil sie noch voll unter Segeln fuhren und den teuren Treibstoff sparen konnten. Als flachgehende Plattbodenschiffe waren sie ferner in der Lage, nahezu konkurrenzlos jeden noch so kleinen Priel oder Strand anzulaufen. Auch wenn dort alle Hafenanlagen fehlten, waren sie doch in der Lage, ihren Großbaum als Kran einzusetzen und das Geschäft des Löschens und Ladens ohne fremde Hilfe durchzuführen.*

Kollmar

– 1377 und 1387 erste Erwähnungen

Zur Zeit der ältesten Erwähnungen gehörte Kollmar noch zur Pfarrei des Dorfes Asvlete, das um 1400 in den Fluten der Elbe untergegangen ist. Folgerichtig wurde die Kirche um 1400 nach Kollmar verlegt und das Dorf zum Kirchspielort erhoben. Im Jahre 1494 wurde Kollmar zusammen mit Haseldorf und der zugehörigen Marsch vom dänischen König an Hans von Ahlefeld verkauft. Nahe der Kirche erwähnt Henning Oldekops »Topographie des Herzogtums Holstein«, 2. Bd. (Kiel 1908) eine Wirtschaft mit Tanzsaal, ferner die Existenz zweier Handwerker und von vier Schiffern, *»welche mit eigenen Schiffen Küstenschiffahrt betreiben.«* Im Jahre 1899 waren hier 26 Fracht-Ewer – unter diesen 17 seegehende – beheimatet, die vorwiegend landwirtschaftliche Produkte nach Hamburg transportierten. Daher gehörte der Hafen zu den wichtigsten an der Elbe.

Gruß aus Kollmar, Hafen

Vom Hafen gibt es eine schöne zeichnerische Darstellung aus der zweiten Hälfte des 19. Jahrhunderts, die später für Postkartengrüße aus Kollmar und auch für Erinnerungsteller Verwendung gefunden hat. »Gruß aus Kollmar, Hafen« – so liest es sich auf dem hier reproduzierten Bild einer Porzellanplatte. Wir blicken mit dem Zeichner zusammen über den Hafen hinweg, in welchem drei Schiffe festgemacht haben, auf die Elbe. Am Horizont erscheint ein Dampfer, noch mit Hilfsbesegelung für den Notfall.

Der als Hafen benutzte Priel liegt hinter einer schmalen, hohen Landzunge mit mehreren Laubbäumen darauf. Die Hafeneinfahrt ist an Steuerbordseite rundlich ausgebuchtet und bietet größeren Fahrzeugen ausreichende Wendemöglichkeiten. Bei den im Hafenpriel liegenden Schiffen handelt es sich ausnahmslos um Transportfahrzeuge. Wenn auch die Seitenschwerter nicht dargestellt sind, so werden wir dennoch in dem einmastigen Schiff einen Giek-Ewer, hingegen in den beiden anderen zweimastigen Fahrzeugen Besan-Ewer erkennen. Der vorn liegende Ewer fährt die Gaffel des Großsegels besonders hoch, weil er eine hoch aufzustapelnde Deckslast aufnehmen soll. Zur Sicherung dieser Last sind bereits entsprechende Gestelle auf Deck nahe dem Großmast montiert worden. Die Lukendeckel sind zur Zeit alle geöffnet, so daß man in den Bauch des Schiffes mit seinen Spanten hineinschauen kann.

Für den Stand des Hafenausbaus wäre ferner festzuhalten, daß für die Schiffe keine Sturmflutpfähle zur Verfügung stehen. Außerdem ist die Einfahrt noch nicht mit Steinmolen gesichert. Dagegen sieht man aber deutlich hinter dem dritten Schiff ein hölzernes Schott, das zum Siel gehören muß. Sobald man es zieht – und dies geschieht immer bei eintretendem Niedrigwasser –, ergießen sich die dahinter aufgestauten Wassermassen durch den Hafen, um ihn von den ständig sich ablagernden Schlickmassen wieder zu befreien.

Von der Schiffahrt existierten hier vor dem Ersten Weltkrieg (G. L. – 1914) drei Familien.

Die Hafeneinfahrt am Ende der Steinmole
Eine mit Feldsteinen bewehrte Mole führt in den Hafen hinein. Dort sind die Uferkanten an Steuerbordseite mit hölzernen Spundwänden gesichert. Auf der Kaimauer stehen zum Festmachen zahlreiche Poller zur Verfügung. Schräg nach oben weisende Sturmflutpfähle geben den hier liegenden Schiffen auch dann noch Halt und lassen sie leichter in die Höhe gleiten, wenn Hochwasser – was im Außendeich häufig genug geschah – alle Kaimauern überflutete. Verhindert wurde so, daß die Schiffe von extremem Hochwasser auf Land gesetzt werden konnten. Die Postkarte zeigt gerade das Heck eines dicken stählernen Besan-Ewers mit einer entsprechenden Decksladung an der Spundwand. Hinter den ersten Sturmflutpfählen schaut eben noch eine kleine Jolle mit weißem Bugkeil heraus. Rechts dahinter liegt das Siel, von dem aus der Hafen durchgespült werden konnte. Links zwischen den Bäumen erkennen wir ein an Land aufgepalltes Boot, das neu aufgezimmert und kalfatet werden muß. Ganz im Hintergrund rechts steigt der Deich auf.

Im Päckchen an der Mole
Inzwischen sind aus den Ewern dicke Küstenmotorschiffe, sog. »Kümos« geworden. Sie haben anderen den Platz im Hafenpriel freigemacht, die dort löschen und laden wollen. Weitere Kümos sind in den Vorhafen eingelaufen und haben an der Steinmole festgemacht. Damit sie nicht vom Strom an Land gedrückt werden, liegen sie an sog. Streichpfählen, die vor der Mole im Wasser stehen. Deutlich erkennt man ferner, daß vom Heck des Fahrzeugs, das dem Ufer am nächsten liegt, eine Gangway als Landverbindung ausgebracht worden ist. Im übrigen ist auch einiges zugunsten der Fahrgäste geschehen, die mit den Fährdampfern abfahren möchten. Auf dem Anleger ist ein Wartehäuschen aufgestellt worden.

Wendemanöver vor der Hafeneinfahrt Kollmar

Das war immer ein großes Schauvergnügen, wenn man gerade am Sonntag nach der Kirche noch die Zeit zu einem Hafenspaziergang nutzen konnte! Die Kinder, aber auch die Mütter und jungen Mädchen in ihren langen Kleidern bleiben in gehörigem Abstand hinter dem Gatter, das den sandigen Umschlagplatz umgibt. Zwei würdige Herren stehen ganz vorn am Hafenrand, mit den Füßen beinahe vor den obersten Balken der hölzernen Spundwand. Weiter rechts, wo die Aufnahme endet, muß man sich den eigentlichen Hafenpriel denken. Jetzt sieht man auch, daß die Landzunge gegenüber mit einem Feldsteinbelag zusätzlich gesichert worden ist, der in eine steinerne, in die Elbe hineinführende Mole übergeht. Am Molenkopf ist ein Ponton ausgelegt, an dem die Ausflugsdampfer festmachen können. Einen solchen sehen wir gerade draußen am Anleger. Der Weg auf der Mole zum Anleger ist durch ein Gitter gesichert.

Das eigentliche Schauspiel bietet der stählerne Besan-Ewer, der bestimmte Manöver noch ohne Maschine ausführen muß. Vom Heck aus ist eine Leine an Land gebracht worden. Die oben schon erwähnten würdigen Herren nahe der Kaimauer werden sie nach Wunsch des Schiffsführers auf Zuruf lösen oder auf einen anderen Poller legen. Derweil legt vom Heck nach backbord eine Jolle ab, die eine Trosse mit dem Heckanker zusammen übernommen hat, um diesen weiter nach draußen in die Bucht zu bringen. Jetzt wird auch klar, was die Mannschaft beabsichtigt: Sobald der Heckanker ausgebracht ist, wird die Landleine beim Heck weggenommen und nach vorne zum Bug getragen. Dann werden die Männer am Bug die Leine allmählich einholen. Dabei geht der Bug langsam in den Wind, und das Schiff wird sich vorsichtig in Richtung Hafenpriel bewegen, während die Ankertrosse ebenso gemächlich gefiert wird. Auf diese Weise wird das Schiff genau auf Kurs gehalten und kann nicht etwa seitlich ausbrechen, um gar »op Schiet« zu geraten. Sobald das Schiff unmittelbar vor der Einfahrt in den Priel angelangt ist, wird einer der beiden würdigen Herren an Land die Landleine lösen und an der Kaimauer entlang weiter nach vorn tragen und dort neu befestigen. Die Mannschaft an Bord holt dann die Leine weiter ein und zieht zugleich das Schiff bis zu seinem Liegeplatz an der Kaimauer im Hafenpriel. Es versteht sich von allein, daß die letzte Arbeit darin bestehen wird, mit der Jolle die Heckankertrosse wieder einzuholen und den Anker wieder zum Schiff zu bringen.

Gasthof „Zur Post". C. H. Jürgensen.

Gruß aus Kollmar in Holstein 24/6 06.

Kollmar – ein typischer Bauernhafen
Hat man die Einfahrt erst einmal gewonnen, geht es gleich scharf nach backbord in den Hafen hinter der mit Feldsteinen befestigten Mole hinein. Jetzt wird auch gleich sichtbar, daß neben der Haupteinfahrt im Südosten auch noch ein Durchstich im Nordwesten existierte, so daß bei auflaufend und ablaufend Wasser der Strom durch den Hafen ging und diesen schlickfrei hielt. Die Störfischerei, für die Kollmar einst bedeutend war, hörte um die Jahrhundertwende auf. Schuld daran war die starke Zunahme der Elbverschmutzung. Später lagen hier neben kleineren Elbfischern die größeren Besan-Ewer – Frachtfahrzeuge, welche die vor Ort erzeugten landwirtschaftlichen Produkte immer noch am schnellsten und billigsten zu ihrem Bestimmungsort an der Elbe verfrachten konnten. Die Postkarte zeigt neben der kleinen Hafenabbildung den »Gasthof zur Post«, ein recht stattliches Gebäude, das mit einem ersten Obergeschoß und einem Kniegeschoß, welches im Walmdach versteckt liegt, einmal zu den größten in Kollmar gezählt hat.

Der Rhin

»Heute bin ich an der Südseite von Glückstadt in der Laurwigischen Wildniß, bis Herzhorn, gewesen. Man fährt auf einem Arm des so genannten Rhyns dahin, der durch Glückstadt in die Elbe fällt. Diese Fahrt ist sehr angenehm. Zu beyden Seiten des Stroms liegen fast alle Höfe und Wohnungen, die zu der genannten Wildniß gehören .... Es wird in diesen Gegenden viel Garten gewächs und Obst gebauet. Man sagte mir, daß über 30 offene Fahrzeuge und einige kleine Schiffe, allein darauf gehalten werden, es von hier nach Hamburg zu bringen. Der kleine Strom hat freylich aus seinen eigenen Quellen das Wasser nicht, was eine solche Fahrt erfordert, aber man läßt zu Glückstadt das Wasser der Elbe hineinlaufen, und macht alsdann die Schleusenthüren zu. So wird der Fluß befahren. Die Schiffe müssen zur Fluthzeit durch die Schleuse in den Glückstädter Hafen, und aus diesem in den Fluß übergehen« (Joh. Nic. Tetens, Reisen in die Marschländer an der Nordsee zur Beobachtung des Deichbaus in Briefen, Erster Band. Leipzig 1788. S. 320 f).

Die Wildnis

»Das Gebiet der Marsch, in welchem Glückstadt liegt, heißt die Wildnis. Es ist nach der Elbe wie nach der Landseite von einem Deich umgeben, den die auf den Eisenbahnen oder den Chausseen ankommenden Fremden in der Entfernung etwa einer halben Meile vor der Stadt überschreiten« (Detlefsen).

Glückstadt

– Gründungsbrief vom 22. März 1617

Die wenigsten wissen, welch hohen Beweggründen Glückstadt seine Gründung eigentlich verdankt. Bald nach seiner *»Annehmung«* in Hamburg (1603) – zu einer Huldigung war man dort nicht bereit – faßte König Christian IV. von Dänemark neue politische Ziele ins Auge, die in dem Wunsch gipfelten, seine Söhne zu Bischöfen in den norddeutschen Stiften zu machen und gar dem zweiten Sohn Friedrich die Erzdiözese Bremen zu verschaffen. Um solche dynastischen Pläne leichter durchsetzen zu können, baute er auf die Wirksamkeit militärischen Drucks, zu dessen Ausübung er Schiffe und einen geeigneten Hafen an der Niederelbe benötigte. Die Stadt Krempe, welche er zunächst mit beachtlichem Aufwand förderte, schien ihm wohl wegen des langen Anfahrtsweges zur Elbe ebensowenig wie Itzehoe als Flottenstützpunkt zu genügen. Aus rein strategischen Gründen verlegte er sich auf die Neuplanung einer Hafenstadt an der Rhinmündung, die den Namen Glückstadt erhielt.

Zunächst waren Wasserbaumaßnahmen, nämlich die Einpolderung der »Wildnis« beiderseits des Flüßchens Rhin zu leisten. Dabei wurde die Flußmündung trompetenartig erweitert und bedeicht (1615). Nach der Planung sollte der Rhin als Uferhafen ausgebaut werden und die Stadt in zwei gleiche Hälften teilen. *»1616 ist die Stadt Glückstadt abgestochen, 1618 ist die Kirche zu bauen damit angefangen, 1619 ist auf Allerheiligen die erste Predigt in der Kirche geschehen«*, beginnt der Stadtschreiber Woldemar Gagel seinen Bericht über die Stadtgründungsarbeiten. Dann folgen Mitteilungen über die sechseckige, sternförmige Festungsanlage. Der *»Schieff Haven«*, *»dat Bollwerk an beyden Sihden des Havens«* und der Deich, *»dar de hüse obstadt«*, sei von dem *»Ingeniör und Wärkmeister Eggert Spehrforck fadig gemakt«*, und zwar für 110.000 Mark. Der Hafen war im Januar 1622 so weit ausgebaut, daß ein fahrplanmäßiger Fährbetrieb nach Freiburg und Stade in Gang gesetzt werden konnte. Schon zehn Jahre später konnte man mit den Glückstädter Fähren auch nach Hamburg und Krempe reisen. Ab 1642 bildeten die dortigen Fährleute zum Schutze gegen Konkurrenten ein eigenes Amt, in welchem nur Mitglied werden konnte, wer Bürger der

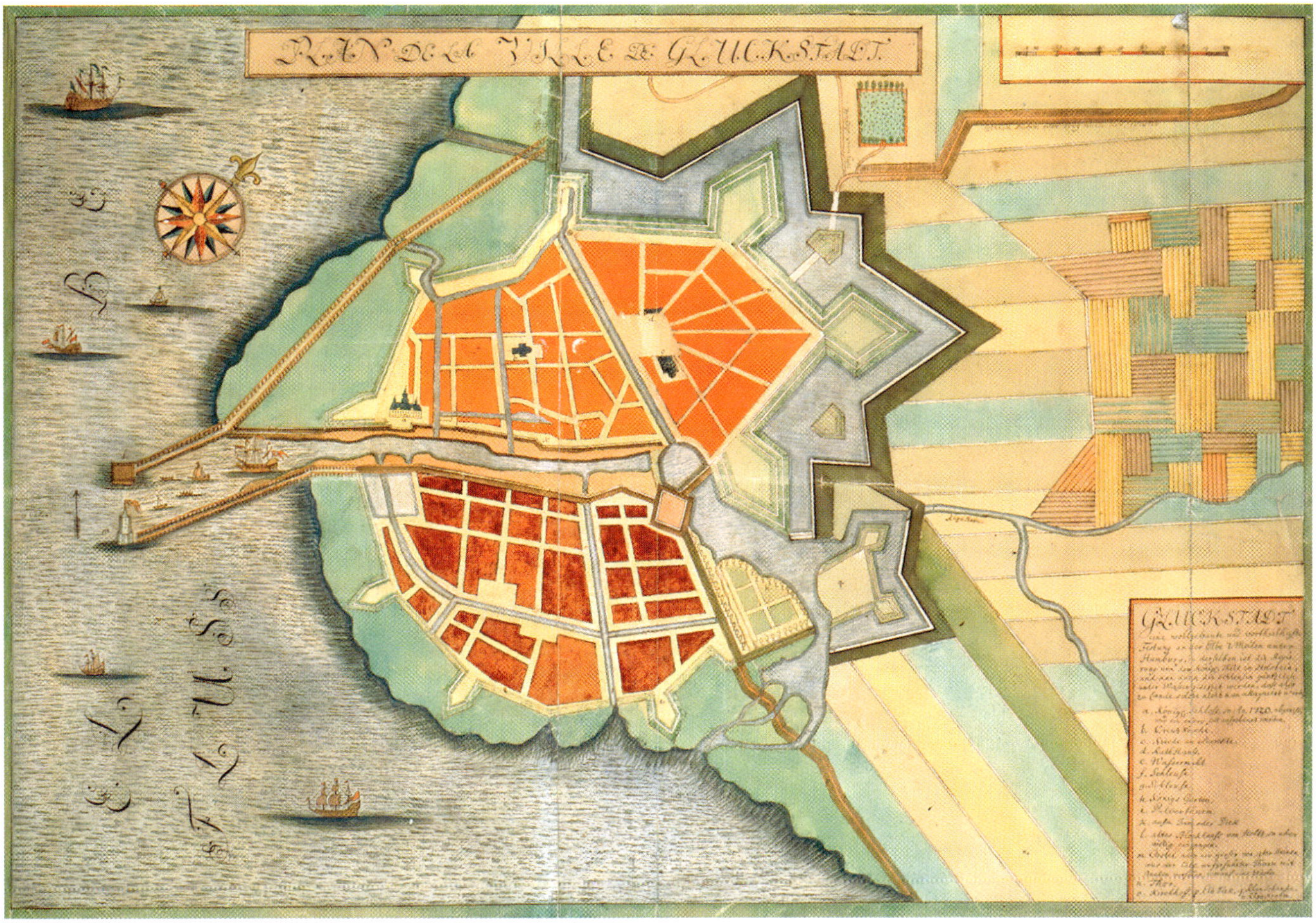

Grundriß der Stadtanlage. Aquarellierte Federzeichnung, um 1725/30 (Altonaer Museum).

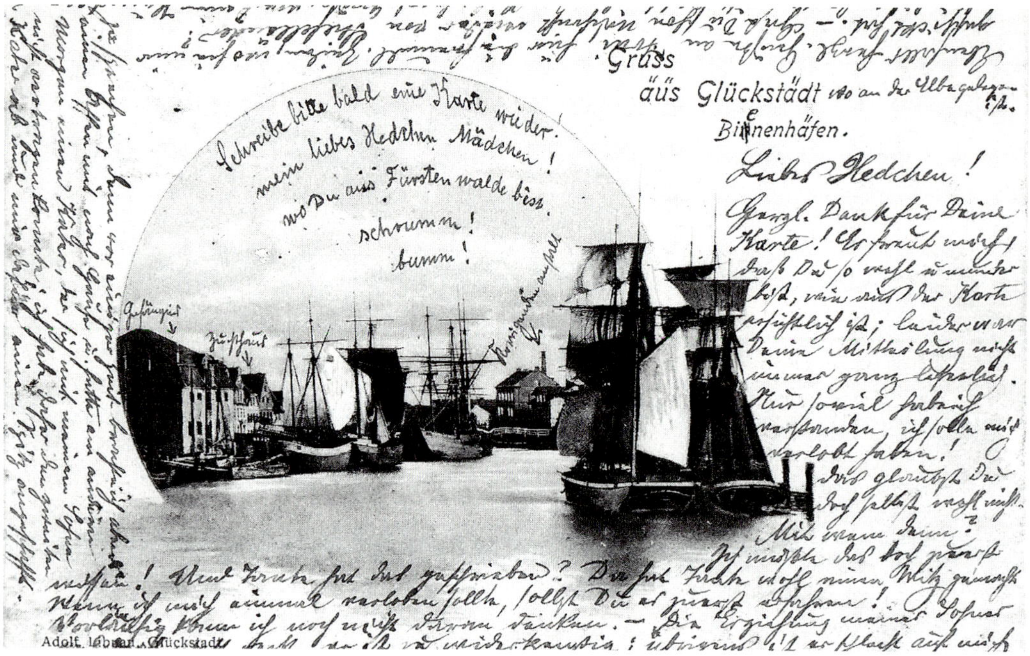

Walfänger im Binnenhafen von Glückstadt
Mit dem Jahre 1671 setzte in Glückstadt ein wichtiger Erwerbszweig ein, der in Hamburg schon fast seinen Höhepunkt erreicht hatte, nämlich die Ausrüstung und Aussendung von Walfangschiffen ins nördliche Eismeer. Im kleinen Binnenhafen drängten sich bereits 1818 immerhin siebzehn Dreimast-Vollschiffe und zweimastige Briggs, auf denen 800 Seeleute aus Glückstadt und seiner weiteren Umgebung Arbeit fanden. Eine annähernde Vorstellung von der malerischen Hafensilhouette, belebt von einigen Großseglern, bietet die gegen Ende des 19. Jahrhunderts gedruckte Postkarte mit Wiedergabe der ältesten fotografischen Aufnahme des Hafens aus den achtziger Jahren.

Stadt war und das sehr hohe Eintrittsgeld zu erlegen bereit war. Die Schiffer wurden auf Einhaltung der Abfahrts- und Ankunftszeiten verpflichtet, um die begrenzte Zahl der Anlegemöglichkeiten bei der beachtlichen Zunahme des Hafenverkehrs voll auszunutzen. Zum Fahrgasttransport durften übrigens nur solche Ewer benutzt werden, welche den Mitreisenden witterungsgeschützte Plätze unter Deck anbieten konnten. Hinzuzufügen wäre noch, daß man zur Winterszeit ein doppeltes Fährgeld zu entrichten hatte.

Um Bürger zu gewinnen, hatte der König in ganz Westeuropa per Anschlag geworben: *»er möchte seyn, was Religion er wolte, Portugise, Catolisch, Menonistisch, Calviner, die möchte frey darinnen bauen.«* Tatsächlich *»kamen viel fremde Nation, Calviner, Portugiß und trieben aller Handt Handwerk, vorneml. die Portugischen Juden, die hatten die Müntze im Ersten Anfange«*. Der eine produzierte Bayensalz aus Meerwasser, der andere war Zuckerbäcker und hatte noch eine holländisch gebaute Ölmühle, Seife wurde hergestellt. Kurz: *»Durch die Juden Nation ist Glückstadt im Anfange am meisten in Ansehen kommen.«*

Schon 1623 nahm eine isländische Handelskompanie von hier aus den Walfischfang auf. Weitere Kompanien folgten. Doch stagnierte die Entwicklung der Stadt nach anfänglicher Blüte schnell, so daß die Bevölkerungszahlen sanken. Wenigstens profitierte sie von der Einrichtung einiger Regierungsbehörden und der Erhebung zur Garnisonsstadt.

Der Hafen verschlickte schnell aufgrund der mangelnden Räumkraft des Rhinstroms, und das Anwachsen der Rhinplate, eines Sandes gegenüber der Hafeneinfahrt, begünstigte nicht gerade die Schiffahrt auf Glückstadt. Der Verflachung des Hafens wirkte man 1686 mit einem Bagger holländischer Bauart erfolgreich entgegen. Allein der Walfang vom 17. bis zur Mitte des 19. Jhs. sowie die Einrichtung von Trankochereien nach 1750 zahlten sich für Glückstadt aus. Schon 1844 war es mit diesem Erwerbszweig jedoch zu Ende.

Nach der Franzosenzeit richteten die Glückstädter Ewer einen fahrplanmäßigen Verkehr nach Hamburg ein. Die Schiffer erreichte man dort am Tag vor der Abfahrt im Kellerlokal Kajen 38. Zweimal die Woche, montags und donnerstags, nahmen sie alles, was ihnen

Ein traditionsreicher Werftbetrieb
Die Postkarte zeigt den Dockhafen um 1900 mit der inzwischen um mehrere Fuß niedriger gesetzten Hochwassermauer des Nordufers, von Osten her gesehen. Als Standort für die Aufnahme wurde die ins Wasser führende Schienenslipbahn der Werft J. und H. Gehlsen am Ende des Hafens gewählt. Auf ihr konnten 1914 Schiffe bis 29 m Länge, 2,50 m Tiefgang und 150 t Gewicht gebaut und geslipt werden (G. L. – 1914). Zuvor hatte sich Gehlsen in den Jahren von 1887 bis 1903 um so intensiver der Herstellung von Fracht-Ewern gewidmet. Seit 1838 waren außerdem fünf weitere Ewerbauereien, wenn auch jeweils nur für wenige Jahre, in Glückstadt tätig. Zur linken Hand sehen wir einen Logger der Heringsfischereigesellschaft liegen.

rechtzeitig an Bord übergeben wurde, nach Glückstadt mit. Das Transportgeschäft war so interessant, daß ab Juni 1827 das Dampfschiff DANDY auf gleicher Linie zweimal die Woche eingesetzt wurde.

Es entstanden Papier-, Baumwoll- und Zichorie-Fabriken, seit 1846 Zuckerraffinerien, Färbereien, Tabakfabriken und Essigbrauereien. Mit der Frühindustrialisierung kam 1845 der Eisenbahnanschluß nach Kiel. Für die neuen Transportaufgaben wurden Ewer benötigt, die hier schon vor 1830 auf zwei leistungsstarken Werften von insgesamt 50 Beschäftigten gebaut wurden. Allerdings bauten sie auch zahlreiche Vollschiffe. Einen regulären Fährdienst zum anderen Elbufer nahmen 1868 die Dampfschiffe AMALIE und ELBE auf, die später von der Barkasse GEORG und dem Schleppdampfer WALTER abgelöst wurden.

Nach Schleifung der Festungsanlagen im Jahre 1816, die bis dahin ein Teilstück des Elbdeiches und Hochwasserschutzes ausgemacht hatten, waren die den Hafen begleitenden Deiche ständig erhöht worden. Der Deich an der Nordseite des Hafens war überdies durch eine Mauer zusätzlich erhöht worden. Die Erdgeschosse der dahinterliegenden Häuser wären wohl zu Kellerwohnungen geworden, wenn man die Mauer entsprechend neuen Erfordernissen nochmals erhöht hätte. Aus diesem Grunde wurde in den Jahren 1869/70 der östlichste Teil des Hafens durch Einbau einer Dockschleuse, welche gleichzeitig die Deiche des so entstehenden Außenhafens miteinander verknüpfte, zu einem Dockhafen umgebildet.

Im Jahre 1893 wurde die Glückstädter Heringsfischerei Aktiengesellschaft gegründet, die bis 1914 immerhin 22 auf den Werften von Gehlsen/Glückstadt, Junge/Wewelsfleth und Cassens in Emden bauen ließ und in Fahrt setzte, und zwar 20 Segler und zwei Dampflogger. Zugleich wurden 300 Arbeitsplätze für Seeleute sowie 150 für Arbeiterinnen, Arbeiter und Angestellte geschaffen.

Dem Gebäude der Heringsfischerei stand an der Südseite des Binnenhafens das große Packhaus, das ehemalige Admiralitätspalais, mit zwei Kellern für je ein Salz- und ein Tonnenlager zur Verfügung. Im Jahre 1905 wurde im Westen an das Packhaus ein mit Fachwerk gegliedertes Speichergebäude zur Lagerung von ca. 1.000 t Salz angebaut. Vom Packhaus wurde zum Hafenbecken ein Weg geschaffen, indem man in den Rehthöveldeich eine Stöpe einsetzte. Am Hafenbeckenrand wurde dann eine 80 m lange Ladebrücke installiert, die 1904 um 63 m verlängert wurde. Die Gesellschaft hatte bis 1976 Bestand. In geringerem Umfang wurde seit 1893 übrigens auch Störfischerei auf der Elbe betrieben. Gegen Ende des Jahrhunderts lagen außerdem zehn Fracht-Ewer im Hafen.

Seit dem Jahr 1900 verkehrte die Fähre KAISER FRIEDRICH von Glückstadt aus dreimal am Tage nach Wischhafen und zurück. Sie konnte 100 Gäste mitnehmen, gelegentlich auch ein Auto, das dann zum Vergnügen der Zaungäste über die »Ochsenrampe«, eine bewegliche Brücke, an Bord geschafft werden mußte. Als Verbesserung empfahl ein Gutachten 1930 den Bau von Brücken in Wischhafen und Glückstadt, die jeweils fest mit dem Kai verbunden und beweglich auf einem Ponton aufliegen sollten, so daß sich die Brückenneigung entsprechend dem Wasserstand ändert. Auch wurden Fähren von 25 m Länge, 7,5 m Breite und 1,50 m Tiefgang empfohlen. Die angestrebte Verbesserung trat erst 1939 ein, als neben der Ochsenrampe ein elektrischer Fahrstuhl zur Überwindung des Höhenunterschieds gebaut wurde. Von jetzt an wurden 50 PKWs täglich transportiert. Echte Massentransporte wurden erst mit dem Bau einer neuen Verladebrücke 1955 möglich, die noch am Hafenrand steht, aber seit 1981 nicht mehr in Betrieb ist. Zum gleichen Zeitpunkt wurde ein neuer Fährterminal von Glückstadt aus ein wenig elbabwärts eröffnet. Nunmehr schafften die Fähren WISCHHAFEN, ERNST STURM, GLÜCKSTADT und ELBE bei dreißig Fahrten täglich 220.000 PKW, 20.000 LKW, 1.500 Busse und 600.000 Personen im Jahr. Wer sich noch an die Zeiten erinnert, als die Blechlawinen Glückstadts Straßen verstopften, mußte die Verlegung des Anlegers aus der Stadt heraus an die Elbe auf die Höhe des Oberfeuers mit Erleichterung begrüßen.

Die wirtschaftliche Belebung um 1950 ging auf die Tätigkeit der Firma Temming AG und eine Holzimportfirma zurück. Die ständig wandernde Rhinplate wurde gegenüber dem Hafen mit Stacks befestigt (1954). Ferner wurden die Hafen- und Umschlagsanlagen für Massengüter wie Holz, Kohle, Düngemittel und Baustoffe verbessert. Die Anerkennung als Stadtdenkmal (1984) und die Wiederherstellung der Straße »Am Fleth« mit ihrem alten Wasserlauf haben zur Verschönerung dieser Stadt nicht unerheblich beigetragen.

Landeplätze rechts der Stör

»Die Stör ist ein tiefer, aber in Vergleichung mit der Eyder nur ein schmaler Fluß. Unten bey Ivenfleth ist sie ohngefehr hundert Schritte breit, und bey Itzehoe halb so viel. Es tritt daher auch die Fluth merklich nicht höher herauf, als etwa eine Meile oberhalb Itzehoes, das ist drey bis viertehalb Meilen vor ihrer Mündung. Bis dahin gehen auch die Deiche an der Südseite. An der Nordseite hören sie schon unterhalb Itzehoe auf, weil der Fluß längst einem hohen Sandland fortläuft, und vor diesem kein Marschland angeschlammt ist, das mit Deichen zu umziehen der Mühe verlohnte. Eben darum ist sie auch nicht so weit herauf schiffbar, ob sie gleich mit kleinen Schiffen bis Itzehoe und mit Kähnen und Evern noch weiter hinauf bis Kellinghusen befahren wird« (Tetens, 1788).

Hinzuzufügen wäre dieser klugen Beschreibung noch, daß der Wasserweg von Störort bis Kellinghusen 50,6 Stromkilometer weit befahrbar ist und ehedem sogar die Möglichkeit bestand, mit flachen Bollen über die Bramau bis zum Bahnhof nach Wrist zu gelangen.

Wie auch auf der Elbe, wechselt auf der Stör die Stromrichtung, indem das Wasser bei Einsetzen der Flut mit einer Geschwindigkeit von zwei bis drei Knoten bergauf läuft, um mit Beginn der Ebbe wieder mit gleicher Geschwindigkeit abzulaufen. In jedem Falle mußten die zunächst noch nicht motorisierten Ewer und Segelschuten den Rhythmus der Tiden genau einhalten, um den Strom in der gewünschten Richtung flußauf oder -ab voll auszunutzen.

Wenn der Wind einmal ganz einschlief, wußte sich der Schiffer im Tidengewässer noch immer mit den stets mitgeführten, langen Riemen zu helfen. Hierzu hat Walter C. Bröcker 1925 eine bemerkenswerte Beschreibung im Rahmen eines Aufsatzes »Segelfahrten auf der Stör« im zweiten Band des »Heimatbuchs des Kreises Steinburg« geliefert: »*Wenn der Ewer ganz ohne Segel fuhr und sich nur mit der Strömung treiben ließ, unterstützten sie die Fahrt des Schiffes mit ihren langen Riemen. Denn nur, wenn das Fahrzeug eine gewisse Eigenbewegung über die Geschwindigkeit der Strömung hinaus hat, gehorcht es dem Ruder. Das Rudern geschieht auf eine eigene Weise mittels eines kurzen, ruckartigen Schlages, und schon von weitem hört man diesen klatschenden Ton der aufschlagenden Riemen. Es ist fast immer das gleiche, typische Bild. Vorn sitzt die Frau oder der Junge, mit dem Rücken zur Fahrtrichtung, den langen Riemen bewegend, während der Schiffer selbst stehend mit dem Gesicht zur Fahrtrichtung rudert und dabei gleichzeitig die erforderliche Steuerung besorgt.*«

Im Jahre 1895 wurde eigens auf Betreiben der Strombauverwaltung die Störschleife von Itzehoe mit Hilfe eines Durchstichs verkürzt, um so »*den oberhalb Itzehoes gelegenen Ortschaften die Flutwelle der Stör in stärkerem Maße zuzuführen …*«

Borsfleth

– als Kirchspielort erstmals 1307 erwähnt

Nicht weit südwestlich von hier befand sich auf einer Wurt im Vorland an der Störmündung das um 1230 nach den Regeln der Zisterzienser gegründete Nonnenkloster Ivenfleth. Es wurde wegen immer wiederkehrender Überschwemmungen 1256 nach Itzehoe verlegt, wie in einer Urkunde des Bremer Erzbischofs aus dem Jahre 1263 nachzulesen ist. Möglicherweise hat die Elbe die alten Baulichkeiten und auch den Grundbesitz im Außendeich verschlungen, es findet sich keine einzige Nachricht aus jener Zeit über klösterlichen Grundbesitz in Borsfleth.

Der alte Kirchort Borsfleth liegt an der Einmündung der Kremperau in die Stör. Da der Deich der Kremperau kurz vor Borsfleth niedriger war als der der Stör, hatte die Marsch in den folgenden hundert Jahren recht häufig unter folgenreichen Überschwemmungen zu leiden. Deswegen entschloß man sich, 1758 die »*Verlatschleuse*« – hier in dem Abschnitt KREMPE beschrieben – nach Borsfleth in den Stördeich zu verlegen. Zugleich konnten offensichtlich die Fahrwasserverhältnisse für die Regionalschiffahrt, die der morastigen Straßenverhältnisse wegen weiterhin unentbehrlich war, vorübergehend verbessert werden. War die Kremperau zunächst bis Steinburg hinauf schiffbar gewesen, so konnte man gegen Ende des 19. Jhs. gerade noch Süderau erreichen. Freilich blieb die Schiffahrt auf der Kremperau bis zuletzt in jeder Form schwierig, zumal die zahlreichen Krümmungen das Segeln unmöglich machten und alle Fahrzeuge hier entweder gestakt oder getreidelt werden mußten.

Borsfleth profitierte von der Kremperau, weil auf diesem Wege Holz, Torf und Manufakturwaren angeliefert und in der Gegenrichtung landwirtschaftliche Erzeugnisse sowie die in den umliegenden Ziegeleien produzierten Steine abgefahren werden konnten. Im Jahre 1899 waren hier drei Fracht-Ewer beheimatet.

Der allmähliche Ausbau der Landstraßen und die Zunahme des Rollverkehrs führten auf Dauer dazu, die Au mehr oder minder als Entwässerungskanal zu betrachten, weswegen die Schleusenöffnungszeiten reduziert wurden und schließlich auch die Regionalschiffahrt weitgehend zum Erliegen kam.

Krempe und die Kremper Marsch

– »Crimpa« als Kirchort erstmals 1234, danach mehrfach als Stadt ab 1240 erwähnt

Im Jahre 1237 gehörten zu ein und demselben Deichverband der Kremper Marsch die Dörfer Krempdorf, Elskop, Borsfleth, Hohenfelde und Süderau, die sich gemeinsam gegen die Sturmfluten der Nordsee und Hochwassergefahr auf der Kremperau schützen mußten. Für diese Ortschaften besaß Krempe die Funktion eines Verwaltungs- und Wirtschaftszentrums. Eine erste Kirche wurde hier für das Jahr 936 bezeugt, einer der Nachfolgebauten erhielt 1495 einen Turm. Der Turm wurde 1648 von einem Weststurm umgeworfen und 1654 erneuert. Zu den bemerkenswerteren Gebäuden gehört das Rathaus von 1570, das im Jahre 1908 sehr ordentlich restauriert worden ist. Befestigt wurde Krempe ab 1538 unter dem Dänenkönig Christian III., dem »Hauptförderer der Reformation«. Die Arbeiten vor Ort leitete Johann Rantzau. Befürchtet wurde damals ein Überfall des Kurfürsten Friedrich II. von der Pfalz, der mit dem katholischen Bremer Erzbischof im Bunde stand. Hierzu erklärt »Der Holsteinische Tourist«:

»*Die Stadt ist im sechzehnten Jahrhunderte von dem Ritter Johann von Rantzau mit starken Wällen und sechs Bollwerken befestigt worden … Im Jahre 1705 ist die Stadt entfestigt worden … Die Stadt ist zu beiden Seiten der Kremper Au gebauet, eines kleinen Flusses, der in der Gegend von Bokel, bei dem Kirchdorfe Hörnerkirchen entspringt. Er geht bei Glindesmoor, Halenbrook und Steinburg vorbei, durchschneidet der*

Länge nach die Stadt Krempe und fällt durch den Borsflether Außendeich nachher in die Stör« (Peregr. pedestr. 215 f.).

Seit eh und je lebte die Kremper Regionalschiffahrt vom Transport von Malz, Grütze, Getreide und anderen Waren besonders in Richtung Kellinghusen. Aber wie Wilster und Kellinghusen litt Krempe unter dem Stapelrecht Itzehoes (1260), das durch Auslegen von »Wasserbäumen« bis in die erste Hälfte des 19. Jhs. hinein erzwungen wurde. Dessen rigorose Durchführung verstand Krempe allerdings mit Hilfe eines Privilegs des Grafen Gerhards I. im Jahre 1271 wenigstens teilweise einzuschränken. Hiernach war es den Kremper Schiffern gestattet, *»mit ihren Salz führenden Schiffen bis oben in die Stör zu fahren, dort Getreide zu kaufen und herunter zu führen, so weit es ihnen nützlich, auch Holz dürfen sie die Stör abwärts führen«.*

Auf der anderen Seite hielten die Hamburger mit ihrem im Jahre 1465 erkauften Steinburger Stapelrecht – hier nachzulesen in dem Abschnitt »Steinburg« – den Seehandel der Elbmarschen bis um 1580 nieder. Über die glücklichen Zeiten danach berichtet das Kremper Kämmereibuch: *»Die Stadt Krempe hat Kauffleute gehabt, die nach Spanien, Portugall, Franckreich, Engelandt, Hollandt, Bremen, Stade, Hamburg etc. konnten abschiffen, wozu sie dann 6 a 7 Rah-Segel (d. h. Rahsegler), auch andere verschiedene kleine Fahrzeuge brauchten. So lieffen auch unsre Schiffe auf Caldin und Archangel ab und hatten die Kauffleute ihre ordinari Cantoren in Spanien und Portugall mit dieses Landes Unterthanen besetzet, welchen das Korn zum Verkauf übersandt worden und die Landfrüchte und Waaren remittieren mußten.«*

Die guten Zeiten währten bis zum Dreißigjährigen Kriege und zur Gründung Glückstadts. Schon damals machte sich eine stetige Versandung des Fahrwassers unangenehm bemerkbar. Als man noch 1636 einen Steindamm von Glückstadt bis Krempe errichtete und die Kremperau mit einem viel zu eng dimensionierten Schleusentor, der *»Verlatschleuse«*, einbezog, war Krempe mit einem Schlage von der Großschiffahrt abgeschnitten, die daraufhin prompt nach Glückstadt abwanderte.

Im Rahmen einer Rundreise lief von Hamburg ab 1810 ein Ewer auch Krempe an: *»Nach St. Margareta, Brunsbüttel, Marne, Meldorp, Heide, Busenhafen und Krempe kann man Güter zur Spedition auf der Herrlichkeit (Hamburg) im Dithmarscher Keller bei Friedr. Rieper, unter Nr. 90 abgeben«* (Hamb. Adressb. 1810). Aus so wenig erfreulichen Verhältnissen erhob sich die

Partie an der Kremperau
Von rechts und links stoßen die Häuser mit ihren Gärten bis an die Au. In der Ferne zeigt sich der Turm der Kirche. Im Vordergrund hat an Backbordseite ein Ewer mit gelegtem Mast festgemacht. Am Ruder stehen der Schiffer, zur Feier des Tages mit Bowler und Sonntagsanzug, und der Schiffsjunge. Ganz vorn erkennt man den Bestmann in Arbeitszeug.

Kremper Schiffahrt ein letztes Mal mit Einsetzen der Industrialisierung. 1868 waren in Krempe 30 Schiffe mit zusammen 103 3/4 Commerzlasten beheimatet, die neben *»Consumptibilien«* aller Art Getreide, Baustoffe, Heizmaterial, Heu, Stroh und Tierhäute für die Lederfabrik verfrachteten.

An dieser Stelle muß eine Bemerkung zur Entwicklung des Landverkehrs eingeschaltet werden, der für Krempe zunehmende Bedeutung erlangte. Schon 1848/49 wurde es durch eine Stichstraße nach Grevenkop mit der gleichzeitig erbauten Chaussee von Itzehoe nach Elmshorn verbunden und wurde nunmehr täglich von den Reisekutschen aus Itzehoe angesteuert. Schon 1857 erhielt Krempe einen Eisenbahnanschluß, als die Linie Itzehoe – Glückstadt gebaut wurde. Man hätte hier noch Jahre darauf warten können, wäre es nach dem Itzehoer Magistrat gegangen, der einen direkten Anschluß an die Altona-Kieler-Eisenbahn per Stichbahn von Itzehoe nach Horst wünschte und einen Umweg über Glückstadt und Elmshorn für untragbar hielt.

Gegen Ende des 19. Jhs. waren in Krempe noch sechs Fracht-Ewer beheimatet. Die Schiffahrt sank bis 1930 zur Bedeutungslosigkeit ab. Nach 1960 wurde die Au mit einem Stauwehr bei Borsfleth-Büttel für Schiffe unpassierbar gemacht. In Krempe wurde der für die Entstehung der Stadt vormals so wichtige Stadtarm verrohrt und unter die Erde verlegt, während der Hafen einem Parkplatz weichen mußte. So idyllisch der Ort auch weiterhin ist, so sehr ist es zu bedauern, daß mit der Kremperau ein besonderer Charakterzug seiner Schiffahrtsgeschichte sozusagen beerdigt worden ist.

Steinburg

– 1320 im Hamburger Urkundenbuch erwähnt

Die Steinburg war ein befestigter Sitz eines Vogtes und Verwalters der umliegenden Ländereien, zuständig für die Einahme von Abgaben und Steuern. Bis zum Jahre 1465 besaß der dänische König Christian I. die Lehensrechte an der Vogtei, die er von nun an aufgrund finanzieller Engpässe dem Rat der Stadt Hamburg zu verpfänden genötigt war. Die Hansestadt eignete sich bei so günstiger Gelegenheit die Stapelrechte für Korn, Mehl und Weizen auf der Stör an und weitete die drastischen Aktionen seiner gefürchteten Stapelpolizei bis auf die Stör aus. Der erste Hamburger Vogt, von dem wir wissen, war der 1468 eingesetzte Knappe Jörgen Krummendyk auf Heiligenstedten. Am meisten hatten die Marschbewohner unter den Finanzierungskünsten des Dänenkönigs zu leiden und wandten sich dessen Bruder, dem Grafen Gerhard von Oldenburg, zu. Die Hamburger stabilisierten die auch ihre Ansprüche gefährdende Lage, indem sie ihrem Schuldner, dem Dänenkönig, mit Schiffen und 1.000 Kriegern zu Hilfe kamen. Wie sehr sie die neue Pfründe schätzten, zeigte sich auch darin, daß sie 1470 für die Restaurierung der in Verfall geratenen Steinburg 3.000 Silbermark zu investieren bereit waren. Bei der Legalisierung des Hamburger Stapels im Jahre 1482 wurden die den Störhandel betreffenden Rechte soweit inkorporiert, daß Hamburg sie auch nicht wieder preisgeben mußte, als der dänische König 1485 den Steinburger Pfandvertrag wieder ablöste. Die umliegenden Kirchspiele wurden 1508 herangezogen, die Steinburg samt ihren Vorwerken neu zu befestigen, um von hier aus, wie vermutet wurde, die nicht gerade als besonders königstreu geltenden Marschbevölkerung besser im Zaum halten zu können.

Itzehoe

– Älteste Namensformen: *»Ekeho«* (12. Jh.), *»Ezeho«* (1196) Stadtgründung: 1238

Die Stadt verdankt ihre Entstehung an der Stör dem Umstand, daß allein hier die sonst unergründlichen Feuchtgebiete der Störniederungen durch das Zusammentreten fester Ufer überquert werden konnten. Das Flußbett der mäandernden Stör wurde nach neueren, gut untermauerten Erkenntnissen unter Liutger Billung um das Jahr 1000 an dieser Stelle vorübergehend trockengelegt und in die Form der heutigen Störschleife umgebildet. Auf der fast ganz von Wasser eingeschlossenen, flachen Schlickinsel ließ Liutger einen durch hölzerne Spundwandkonstruktionen gestützten, vor Hochwasser sicheren Ringwall von 7 m Höhe und 25 m Breite aufführen, um auf der Gesamtfläche der hier entstehenden Burg von 100 m Durchmesser die schutzbedürftigen Einrichtungen seiner militärischen Operationsbasis möglichst nahe der immer unsicheren Eidergrenze anzulegen. Im Hinblick auf die örtlichen Voraussetzungen und die technische Durchführung war sie das Vorbild jener Burg, die der Billunger Herzog Ordulf II. im Jahre 1061 in der Hamburger Alsterschleife auf einer Sandbank anlegen ließ. Wichtig ist noch, daß die Burg zunächst nach Heiligenstedten eingepfarrt war.

Bald nach der Burg muß mit dem Bau der Laurentiikirche begonnen worden sein, zumal das Patrozinium an ein hohes Alter der Kirchengründung denken läßt. Auf das zu ihr gehörige Territorium wurde um 1256 ein vorher bei Ivenfleth auf einer Wurt an der Störmündung 1230 gegründete Zisterzienserinnenkloster verlegt. Graf Gerhard I. beschenkte die Nonnen im Jahre 1286 mit der Laurentiikirche, ihrer Ausstattung und den zur Kirche gehörenden Einnahmen. Bis auf einen Teil des Kreuzgangs ist von der mittelalterlichen Pracht nichts übriggeblieben. Die Kirche wurde wegen Baufälligkeit bald nach 1700 abgerissen und in den Jahren 1716 bis 1718 völlig neu errichtet. Die unter der Obhut des Rates stehende, nahe dem Rat- und Ständehaus am Markt errichtete Nicolaikapelle – erstmals 1454 erwähnt – könnte noch auf das frühe 13. Jh. zurückgehen. Sie wurde 1875 wegen Baufälligkeit abgerissen. Das St.-Jürgen-Stift, ein Hospital für Leprakranke, bestand bereits 1303 an der Stadtgrenze.

Schon wenige Jahre nach der Stadtgründung entwickelte sich der Handel derart günstig, daß zugleich mit einer Ausweitung des Siedlungsareals die Vergrößerung des Marktes (1257) ins Auge gefaßt und durchgesetzt werden mußte. Damit standen ausreichende Marktkapazitäten zur Verfügung, die für eine wirkungsvolle Anwendung des 1260 verliehenen Stapelrechts unerläßlich waren. Das Stapelrecht zwang jedes die Stör aufwärts fahrende Handelsschiff, grundsätzlich alle Waren erst einmal auf dem Markt in Itzehoe feilzubieten, bevor die Weiterfahrt störaufwärts, etwa nach Kellinghusen, gestattet wurde. Es kam dahin, daß Itzehoe nicht allein den Zwischenhandel ins Hinterland bis nach Neumünster an sich zog, sondern zum Schaden Krempes und Wilsters den Störhandel überhaupt dominierte. Über Jahrhunderte hin profitierten die Itzehoer Kaufleute und Schiffer von diesem Stapelrecht, bis dieses durch die Verleihung bestimmter Privilegien (1629) an das durch Christian IV. im Jahre 1617 gegründete Glückstadt und spätere Sonderregelungen für Krempe und Wilster immer weiter ausgehöhlt wurde. Ganz aufgehoben wurde es erst im Jahre 1846.

Vom Aufblühen der Stadt im frühen 19. Jh. wußte »Der Holsteinische Tourist oder Wegweiser für Fußreisende« im Jahre 1833 zu berichten: *»Es hat eine angenehme und bequeme Lage an der schiffbaren Stör, die nach einem Laufe von drei Meilen von hieraus unterhalb Glückstadt in die Elbe fällt. Die Stadt selbst zählt fast an 3.000 Einwohnern, aber die vier Jurisdiktionen, die hier existieren, zählen im Ganzen 5.000 Menschen. Sie besitzt viele Armenstiftungen. Der Hauptbetrieb derselben besteht in der Verschiffung von Korn, Hülsenfrüchten, Butter, Vieh, Holz, Bork, Torf u.d.gl. nach dem Auslande.«*

Die Stör bei Itzehoe
Ein malerischer Anblick bietet sich, wenn man von der Langenbrücke aus die Stör hinunterschaut. Die Ufer sind auf beiden Seiten durch hölzerne Bollwerke verstärkt. Rechts vor uns kommen noch einige Dalben hinzu, die eine kleine Störjolle gerade zum Festmachen benutzt.

Der Hafen von Itzehoe
Mehrere Schiffe haben in der Außenkurve der Stör festgemacht. Rechts voraus liegt eine große Tjalk, etwas weiter im Hintergrund ein Kutter mit dem Namen Augusta. Hinten rechts erhebt sich der von J. Otzen 1893 neu erbaute Turm der St. Laurentiikirche.

Itzehoe – Klosterhof mit Kirche
Die Laurentiikirche ist 1637 vollkommen niedergebrannt. Der Wiederaufbau konnte erst 1718 abgeschlossen werden.

»Die Stadt ist an sich freundlich, und wegen der nahe belegenen Marschgegenden, und des tiefen Störstroms, so wie auch wegen des großen Vortheils, welcher den Bürgern unmittelbar aus dem jährlichen Pferderennen, welches hier stattfindet, entsteht, und einem bedeutenden Zufluß von Fremden aus allen Theilen Dänemarks und Nord-Deutschland's bewirkt, herrscht hier zuweilen ein sehr lebhafter Verkehr, und die Stadt nimmt merklich zu.« (Peregr. pedestr. 197). Andere Berichterstatter wußten sogar zu vermelden, daß zum Aufblühen der Stadt das Kloster, die seit 1631 bestehende Garnison und die vielen Beamten, welche hier wohnten, beigetragen hätten.

Vor allem profitierte die Stadt von der Entwicklung zu einem regionalen Wegekreuz, an dem Wasser- und Landstraßen sich kreuzten und der Schienenstrang noch hinzukam. Brauchbare Chausseen wurden nicht nur nach Rendsburg (1846) und Elmshorn (1848) auf der Geest entwickelt, sondern auch – zunächst nur für leichtere Wagen – durch die Marsch nach Wilster (1852) und weiter über St. Margarethen nach Brunsbüttel (1854) vorangetrieben. Von dort schob sich die Straßenbauerkolonne schließlich über Meldorf nach Heide (1854) voran. Beim Bau der Chaussee nach Elmshorn hatte man sogleich für die Abzweigung bei Grevenkop nach Krempe (1848) gesorgt, die erst 1853/55 bis nach Glückstadt verlängert wurde. Zur Finanzierung der kostspieligen Arbeiten dienten »*Wegegeldhebungsstellen*« an den neuen Straßen. Es versteht sich von allein, daß die Fuhrleute ihre Stunde nutzten und fahrplanmäßig Kutschfahrten zu den Nachbarorten anboten. Den Abschluß dieser Verkehrserschließungsmaßnahmen, die Holstein noch ganz seiner Zugehörigkeit zum dänischen Gesamtstaat dankte, bildeten die Eisenbahnverbindung nach Glückstadt (1854) und damit der Anschluß an die Kiel – Altonaer Eisenbahn.

Das Zeitalter der Industrialisierung bescherte Itzehoe eine kräftige Aufwärtsentwicklung im 19. Jahrhundert. Arbeitsplätze entstanden aufgrund der Zuckererzeugung, der Errichtung einer beachtlichen Netzstrickerei – und zwar der größten Europas! –, der Holzverarbeitung, Weberei, Färberei, Eisengießerei, der Herstellung von Zichorie und Kaffee-Ersatz. Zu erwähnen wären ferner eine Pumpenfabrik und ein Werk zur Herstellung von Kalksandstein.

Für eine darüber hinausgehende wirtschaftliche Entfaltung boten sich am südlichen Ufer mit der hier bis an die Stör heranführenden Geestinsel und den darunterliegenden Bodenschätzen besondere Chancen. Von hier bis nach Lägerdorf erstrecken sich unter der Erde riesige Kalk- und Kreidevorkommen, die schon deswegen abbauwürdig erscheinen mußten, weil die expandierende Nachfrage nach Baustoffen im nahegelegenen Hamburg, aber auch sonst an der Elbe und in Übersee gute Absatzmöglichkeiten verhieß und alle erforderlichen Transportkapazitäten kaum billiger als über das in unmittelbarer Nachbarschaft der Fördergruben verfügbare Wasserstraßensystem organisiert werden konnten. Es entstanden die Alsenschen Portland-Zementfabriken in Itzehoe und Lägerdorf, deren Tätigkeit im Jahre 1862 einsetzte.

Der die Neustadt umgebende Stadtarm der Stör und die Erhaltung seiner Schiffbarkeit boten in diesem Zusammenhang der Industrie die besten Standortvor-

Gruß aus Lägerdorf
Gerade oberhalb von Münsterdorf zweigt bei Streckenkilometer 19,5 die Breitenburger Schleuse ab. Ewer, die sie nach Länge und Breite gerade passieren konnten, wurden »Lägerdorfer Ewer« genannt. Von hier aus befuhren sie den Breitenburger Kanal bis nach Lägerdorf, um dort den in aller Welt bekannten Alsen-Breitenburger Portland-Cement einzunehmen. Die im Juli 1903 eingesteckte Postkarte zeigt in drei Ausschnitten das »Directionsgebäude«, den »Packschuppen« und eine »Gesammtansicht« der Zementfabrik. Wir sehen Ewer mit gelegten und wieder gestellten Masten, deren Rigg vor Ort als Geschirr zum Löschen und Laden verwendet zu werden pflegte.

teile, wie man sehr leicht an der Zunahme des Schiffsverkehrs ablesen kann. Zählte man 1843 noch 946 Schiffe, so durfte man 1878 bereits 2.179 und 1910 sogar 3.578 Einheiten registrieren. Den absoluten Höhepunkt brachte das Jahr 1912 mit 4.319 Einheiten. Die Stadt trug dieser Expansion Rechnung, indem sie das Brookgelände kaufte und südlich der Drehbrücke in den Jahren 1887 bis 1891 durch den Bau massiver Vorsetzen den Hafenumschlag erleichterte. Im gleichen Zuge wurde 1890 eine Hafenbahn geschaffen, deren Gleisanlagen im Jahre 1909 auf 1.100 m Gleislänge erweitert wurden. Um den Zugang für Seeschiffe zu erleichtern, wurde der Hafen 1905 auf 3,50 m Tiefe ausgebaut. So verwundert es nicht, daß schon fünf Jahre später von 3.500 Schiffen, die hier an- und ablegten, immerhin 224 Seeschiffe zu registrieren waren.

Weniger günstig wirkte sich der neue Durchstich auf der Linie des ursprünglichen Flußbettes aus, der am 12. Juni 1895 dem Verkehr übergeben wurde. Er hatte eine starke Verschlickung des jetzt nicht mehr ausreichend durchspülten Stadtarms zur Folge. Indessen war der enorme Rückgang der Schiffahrt nach dem Ersten Weltkrieg weniger auf die Hafenverhältnisse als auf die Konkurrenz des Schienen- und Straßentransportwesens zurückzuführen.

Itzehoe war zur Blütezeit seines Hafens für besonders leistungsstarke Werften bekannt. Vor allem ist hier die von Hans Fack zu nennen, der noch zwei Werften in Wilster und Burg erwerben sollte, die er später seinen Söhnen übergab. In Itzehoe baute er allein in vier Jahren (1852–1856) mehr als 25 Fracht-Ewer. Als sein dritter Sohn Johannes Heinrich Fack hier wieder eine Ewerwerft (1881–1900) gründete, war auch diese sehr erfolgreich. Als tüchtiger Konkurrent vor Ort wäre außerdem die Werft Johann Schmidt (1834– 1889) zu nennen. Eine günstige Voraussetzung für ihre Existenz darf man in der Tatsache erkennen, daß Itzehoe mit 25 Fracht-Ewern, von denen nur 7 auch in der Küstenschiffahrt eingesetzt wurden, einen der bedeutendsten Heimathäfen für die Binnenschiffahrt darstellte.

Lägerdorf

– 1440 Leggerdorpe erwähnt

Der Ortsname geht nach D. Detlefsen (Elbmarschen) auf das holländische Verfahren der Einpolderung neuer Köge zurück, wobei die »Leggers« für Errichtung und Schutz der Deiche Geld zusammenlegen.

Der Ort lebt von der »Münsterdorfer Geestinsel«, die sich mit Binnenlanddünen und Heide aus der Marsch nördlich von Krempe bei Kremperheide

Alsensche Kreidegrube
Der Abbau der wertvollen Kreide geschieht im Tagebau. Durch die Errichtung der Portland-Cement -Fabrik wurden besonders viele Arbeitsplätze geschaffen. Ganze Flotten von Lägerdorfer Ewern mußten gebaut werden, um das kostbare Produkt zum Verbraucher an der Elbe oder zu den Überseedampfern im Hamburger Hafen zu bringen.

erhebt. In den tieferen Erdschichten liegen Kalk und Kreide, die zur Entwicklung einer bedeutenden Portland-Zement-Industrie genutzt worden sind. Lägerdorf ist über den Breitenburger Kanal, der den Ort oberhalb Itzehoes mit der Stör verbindet, zu Schiff erreichbar. Die eigens für den Transport von Kohle nach Lägerdorf und Zement von dort nach Hamburg konstruierten »Lägerdorfer Ewer« durften nicht breiter als 4,15 m und nicht länger als 16,40 m sein, damit sie gerade noch die Lägerdorfer Schleuse passieren konnten.

Schloß Breitenburg

Eine kleine Geestinsel in der Störniederung kaufte Johann Rantzau vom Kloster Bordesholm im Jahre 1526, weil ihm dieser hochwasserfreie Platz als Baugrund für seine Residenz ausreichend sicher zu sein schien. Die Bautätigkeit begann hier im Jahre 1530. Er übte das Vogtenamt auf der Steinburg unter den Dänenkönigen Christian III. bis zu dessen Tode im Jahre 1559 und dessen Nachfolger Friedrich II. aus. Unter seiner persönlichen Leitung wurde die Stadt Krempe ab 1538 zur Festung ausgebaut. In das erste Regierungsjahr Friedrichs fiel der »erfolgreiche« Feldzug gegen die bis dahin selbständige Bauernrepublik Dithmarschen, welche sich von dieser Niederlage nicht mehr erholen sollte. Johanns Sohn Heinrich (1526–1598), ein gebildeter Humanist, ließ Breitenburg in den Jahren 1565–69 zu einem besonders kostbaren Herrensitz ausbauen. Von dieser Bauphase blieben allein die Schloßkapelle (1580/1590) und der schmiedeeiserne Baldachin des Hofbrunnens (1592) erhalten.

Kellinghusen

Genau 50,6 km muß man vom Stör-Sperrwerk aus den Fluß aufwärts fahren, um zum Hafen von Kellinghusen zu gelangen. Heute verirren sich nur noch wenige Schiffe hierher. Dabei ist der dortige Hafenplatz seit dem Mittelalter bekannt. Freilich war seine Entwick-

Der Besan-Ewer und ein »Wahrzeichen Itzehoes«
Der Ewer passiert gerade Sude und segelt mit einer leichten Brise aus West die Stör hinab. Er macht gerade noch so viel Fahrt durch das ablaufende Wasser, daß die Steuerfähigkeit erhalten bleibt. Schon bald wird er unter der Alsenschen Drahtseilbahn hindurchfahren, die von der Leipziger Firma Bleichert 1907/08 zur Überwindung einer Strecke von 12 km konstruiert wurde und damit die längste Seilbahn Europas darstellte. Die jetzt in Sicht kommenden Gerüstmasten müssen sehr hoch sein, damit Segelschiffe mit wenigstens 18 m Masthöhe unter der Seilbahn hindurchfahren können. Die Seilbahn bringt täglich an die 400 t Ton, der in Wacken, Agethorst und Nienbüttel abgebaut wird, in Loren zur Itzehoher Zementfabrik. Im Kostenvoranschlag waren 430.000 Mark für die bloße Herstellung der Drahtseilbahn ohne Montage veranschlagt worden.

Schloß Breitenburg bei Itzehoe
Die Burg wurde mit einem Wall gegen feindliche Überfälle gesichert. Die Grundmauern des Nordflügels, des eigentlichen Wohntraktes, stammen noch aus dem Ende des 16. Jahrhunderts. Dieser Teil wurde zu Beginn des 18. Jhs. erneuert. Im 19. Jh. wurden die flankierenden Türme angesetzt. Aus der Zeit Heinrich Rantzaus stammt die 1580–1590 erbaute Kapelle. An einer Giebelseite wurde 1634 der oktogonale Turm hinzugefügt. Im Dreißigjährigen Krieg wurde Breitenburg von Wallenstein belagert und gestürmt. Christian Rantzau (1614–1663) ließ sie 1651 wiederherstellen. Christian war es auch, der mit Philips Vingboons, dem bedeutenden Baumeister und Architekten in Amsterdam, Kontakt aufgenommen haben muß. Vingboons hat drei Zeichnungen hinterlassen, die planerische Überlegungen zum Wiederaufbau von Schloß Breitenburg im idealen Landhausstil verraten.

lung durch das 1260 gegebene Itzehoer Stapelrecht von Anfang an behindert.

Das als Bauholz allenthalben benötigte sog. Fadenholz (Buche, Erle, Birke, Hägebuche) bestimmte als wichtigstes Umschlaggut den Hafenverkehr. Die Hölzer aus den Wäldern bei Kellinghusen, Schenefeld und Bramstedt wurden in den charakteristischen Bollen über die Stör bzw. die Bramau nach Grönhude transportiert und dort auf Ewer und Prähme umgeladen. Die größeren Fahrzeuge der Glückstädter, Itzehoer und Kremper Schiffer faßten bis zu 40 oder 50 Faden. Bereits 1792 arbeiteten in der Sägemühle beim Hotel Deutscher Hof 20 Gattersägen. Um 1900 lebten in Kellinghusen 18 Kaufleute vom Holzhandel. Ebenfalls wurden zu Schiff die berühmten Kellinghusener Fayencen versandt, deren Herstellung von 1763 bis 1860 florierte. Bis nach Jever wurde Kellinghusener Ton, der sich durch eine blaue Farbe auszeichnete, auf die Reise gesandt. An die 200 Fuder davon gingen jährlich über die Stör und die Elbe nach Hamburg. Andere Flußfahrzeuge brachten argentinisches »Quebrachholz« nach Kellinghusen, das den für die örtliche Lederverarbeitung so wichtigen Gerbstoff »Tannia« enthält. Außerdem schuf man sich noch einen weiteren Verkehrsweg, indem in den vierziger Jahren eine Pferdebahn nach Wrist einrichtet wurde, um Anschluß an die schnellen Transportmöglichkeiten der Altona – Kieler Eisenbahn zu gewinnen. Die Pferdebahn fuhr zweimal täglich hin und zurück.

Als 1846 das Itzehoer Stapelrecht aufgehoben wurde, beschloß die Kellinghusener Fleckenkommune umgehend den Bau brauchbarer Hafenanlagen. Zunächst wurde am Overndorfer Störufer ein Wiesengrundstück von 1.500 qm Fläche erworben und so weit aufgeschüttet, daß Überflutungen weitestgehend ausgeschlossen werden konnten. Dann erhielt die Uferkante eine 180 m lange Kaimauer aus Eichenbohlen. Hinzu kam noch ein Bohlendamm. Jetzt konnten Schiffe mit einem Tiefgang bis zu 1,05 m den Hafen benutzen. Im April 1862 wurde der Betrieb dieser Anlagen genehmigt. Entsprechend einer Benutzerordnung von 1872 wurden für Löschen und Laden als

Gruß aus Kellinghusen
Wir schauen über die Stör auf die Hafenanlagen, den Bahnhof und die Eisenbahn. Über allem thront die Kirche mit ihrem abgestuften Dach und dem schönen Dachreiter. Bis hier herauf reicht die Störschiffahrt, wenn man davon absieht, daß die etwas unterhalb von Kellinghusen einmündende Bramau durchaus noch bis genau zum Bahnhof Wrist hin als Transportweg genutzt werden konnte.

Schiffsmalheur bei Kellinghusen
Unterhalb einer gerade noch im Hintergrund sichtbaren Brücke sind zwei Schiffe, eine Segelschute und eine Jolle, vermutlich nach Kollision gesunken. Zahlreiche Menschen, sogar die Frau des Schutenführers, befinden sich auf beiden Schiffen an Deck. Die untergeschnittene Jolle trägt den Namen Schleswig Holstein i *und war möglicherweise ein Behördenfahrzeug. Zu Bergungszwecken sind beide Fahrzeuge mit zwei quer über beide Schiffe laufenden Baumstämmen verbunden. Es hat den Anschein, als sei die Jolle im Vordergrund mit Hilfe dieser beiden Stämme gerade wieder an die Oberfläche gehebelt worden.*

Hafengebühr pro Tonne 15 Pfennig gezahlt. Ein Jahr später schon mußte der Hafen für 11.000 Mark um 2.000 qm Fläche erweitert werden. Die Bedeutung des Hafens nahm noch zu, als Kellinghusen 1889 durch Anlage einer Stichbahn von Wrist über Kellinghusen und Lokstedter Lager nach Itzehoe mit dem Hauptstreckennetz verknüpft wurde. Wie wichig die Bahn für Kellinghusen war, sollte vermutlich der nebenstehend abgebildete »Gruß aus Kellinghusen« unterstreichen, der nicht nur das schöne Störpanorame mit der Stadtsilhouette, sondern auch einen am Ufer stehenden Güterzug zeigt. Über die geringe Breite der Stör bei Kellinghusen unterrichtet uns ein weiteres Foto, das im Vordergrund zwei in eine Havarie verwickelte, einmastige Segelfahrzeuge und eine zweimastige Segelschute im Hintergrund erkennen läßt.

Bereits 1875 erreichten 194 Schiffe mit einer Gesamtnutzlast von 2.157 t den Hafen. Die Zahlen steigerten sich noch nach Errichtung zweier Kräne in den Jahren 1880 und 1886. Der Hafenumschlag wuchs kontinuierlich bis 1897. Damals kamen zum Löschen und Laden 568 Einheiten hierher. Der Schiffsverkehr ging zwar ab 1900 wieder zurück, blieb aber auch vom Ende des Zweiten Weltkrieg bis zum Beginn der siebziger Jahre von einiger Bedeutung.

Landeplätze links der Stör

Heiligenstedten

– Kirchort seit dem frühen 9. Jh.

Aus den bei Adam von Bremen aufgezeichneten Nachrichten über das frühe 9. Jh. wissen wir, daß in Heiligenstedten bereits um 810 eine erste Kirche erbaut worden ist. Sie entstand im Zusammenhang mit Planung und Bau der fränkischen Burg Esesfeld, die nach längerem Suchen von den Archäologen jetzt überzeugend mit Befunden auf einer Geestinsel in der knapp 2 km von der Kirche entfernt liegenden Oldenburgskuhle identifiziert worden ist.

Im Holstengau gab es zwar noch eine zweite Kirche, nämlich die in Schenefeld, aber im ganzen Nordelbien sonst nur noch die in Meldorf und Hamburg. Mit Sicherheit war das Gotteshaus in Heiligenstedten ein Holzbau, dem nach einigen Zwischenstufen im 13. Jh. ein Ziegelbau folgte. Dieser Nachfolgebau hat an gleicher Stelle bis zur Eindeichung 1826 auf einer hohen Wurt im Außendeich gelegen. Nach kirchlicher Tradition hat Ansgar, der Hamburger Missions-Erzbischof, im Jahre 834 die Reliquien des Heiligen Maternianus aus Reims für die Kichengründung gestiftet. Sein Nachfolger Rimbert, Erzbischof von Hamburg – Bremen, hat aufgrund der zunehmenden Grenzstreitigkeiten die Reliquien vorübergehend an sich genommen und sichergestellt.

Die Stör hat hier eine Breite von 90 m. Der wichtige, alte Fährort erhielt eine erste Zugbrücke im 16. Jahrhundert, die ganz unentbehrlich wurde, weil sich die Siedlungsbebauung gleichmäßig auf beiden Störufern entwickelte. Sie wurde in der Folgezeit sowohl durch Feindeinwirkung als auch die Naturgewalten mehrfach zerstört, so 1627 durch Schweden, 1688 durch Eisgang, 1712 wiederum von einem schwedischen General Steenbock und nach umfassender Erneuerung im Jahre 1777 am 9. Januar 1839 wiederum durch Eisgang. Ein weiteres Mal wurde die Brücke 1897 erneuert und schließlich 1968 durch die immer noch stehende Konstruktion ersetzt.

Westlich der Itzhoer Autostraßenhochbrücke entdeckt man ein weiteres, für die Geschichte Heiligenstedtens bedeutsames Bauwerk: das Schloß. Es geht auf eine Wehrburg des 14. Jhs. zurück, an deren Stelle der Amtmann auf Steinburg, Balthasar von Ahlefeldt, Kollmar und Drage, sich 1583 ein Renaissance-Herrenhaus durch den italienischen Baumeister Franz von Roncha errichten ließ. Nach Veränderungen unter wechselnden Besitzern wurde 1769 im Auftrage des Lehnsgrafen Otto Blome das bestehende Bauwerk abgerissen und durch einen barocken Neubau des an der Kopenhagener Akademie lehrenden, französischen Architekten Nicolas Henri Jardin ersetzt. Auch von dieser Pracht ließ der Ehrgeiz späterer Baumeister nichts übrig, als 1851 J. E. Mose auf Wunsch der Blome-Nachfahren die ganze Anlage mit einer neugotischen Fassade überformte. Ende des 19. Jhs. waren in Heiligenstedten drei Fracht-Ewer beheimatet.

Brigg auf der Stör gesunken und gehoben
Ein zweimastiger Rahsegler, quer zum Fahrwasser gesunken – ein echtes Verkehrshindernis, das umgehend beseitigt werden muß! Das Unglück muß sich unterhalb von Heiligenstedten in den Jahre vor dem Ersten Weltkrieg ereignet haben. Es handelt sich um eine noch ganz aus Holz gebaute Brigg, die Holz geladen hatte. Diese Ladung wird gerade abgeborgen und auf Schuten der Portland-Cementfabrik Alsen umgeladen. Am Bug der beiden Schuten lesen wir ALSEN. *Die Hebung der Brigg besorgte der Taucher Harmstorf. Von einem der beiden an der Hebung beteiligten Schlepper können wir den Namen* ERNESTO *entziffern.*

Schleuse Kasenort

Wer durch die Schleuse nach Wilster in die Wilster Au einfahren will, muß zunächst das Einsetzen des Ebbestroms und dann noch den Gleichstand der Wasserstände in der Au und der Stör abwarten. Sobald der Störwasserstand nun unter den der Au fällt, öffnet sich das Stemmtor selbsttätig nach außen. Dies geschieht in der Regel bei Erreichen des Mittleren Tiden-Niedrigwasserstandes. Wenn allerdings Sturmwinde aus westlichen Richtungen so viel Wasser von der Elbe her die Stör hinaufdrücken, daß ihr Wasserstand nicht einmal bis zu jenem der Wilster Au abfällt, bleiben die Tore durchgehend geschlossen. Auf der anderen Seite kann es dann auch geschehen, daß bei östlichen Starkwinden die Elbe so leer geblasen wird, daß das Hochwasser erst sehr spät einsetzt und die Tore nur für kurze Zeit geschlossen bleiben.

Schon aus Sicherheitsgründen wären andere Öffnungsprinzipien gar nicht denkbar, da der normale Hochwasserstand der Elbe höher als das Oberflächenniveau weiter Gebiete der Wilstermarsch liegt und deren regelmäßige Überflutung allein durch entsprechende Eindeichung verhindert wird.

◀ ***Schiffsunglück an der Schleuse***
Ein Unglücksfall, der sich im Jahre 1926 ereignet hat und auf der nebenstehend abgebildeten Postkarte festgehalten worden ist, macht deutlich, daß der Mechanismus des selbsttätigen Öffnens und Schließens stets nur allzu gut funktioniert hat. Wir betrachten nämlich eine Segelschute, die noch im letzten Augenblick die Schleuse kurz vor der durch den Druck des einsetzenden auflaufenden Wassers bewirkten Schließung passieren wollte. Vergebens! Die schließenden Tore klemmten das Schiff ein, hielten es unter Wasser fest und gaben es bis zum Einsetzen der nächsten Ebbe nicht mehr frei. An dem Schiff vorbei schossen die Wassermassen aus der Stör durch das Tor in die Au und überfluteten große Teile der Wilstermarsch. Der Schaden war beträchtlich. Von der Segelschute namens PIRAT *wissen wir, daß sie 1912 in Hoogezand/Niederlande gebaut und mit 37 BRT vermessen worden war, bis 1921 im Besitz des Wilsteraner Schiffers Julius Wicht und anschließend unter Willi Schwabe Stör und Elbe befuhr. Es ist noch nachzutragen, daß zur Zeit des beschriebenen Unfalls noch die alte Schleuse in Betrieb war, die wie ein Tunnel durch den Deich führte. Nach 1926 wurde dann eine modernere, nach oben offene Schleuse anstelle der alten eingebaut.*

Wilster und die Wilstermarsch

– 1231 als »Wilsteria« erwähnt, 1282 vermutlich Stadtrechtsverleihung

Auf einer Doppelwurt beiderseits der Wilsterau wurde Wilster als Hauptort bei Eindeichung der fruchtbaren und »wasserreichen« Wilstermarsch angelegt. Die Marsch liegt *»unter dem mittleren Wasserstande der Elbe und tiefer als die übrigen Marschen«* (Brockhaus 1908) und mußte daher, etwa in der zweiten Hälfte des 16. Jhs. beginnend, mit Hilfe von über 300 Windmühlen entwässert werden. Wie sehr sie das Bild dieser Landschaft unverwechselbar prägten, vermag man sich kaum mehr vorzustellen. Heute ist nur noch eine einzige bei Honigfleth als Denkmal bewahrt. Da offenkundig die Deiche nicht als hinreichender Schutz betrachtet wurden, verzichtete keine der hier vorfindlichen Siedlungen auf ihre Wurt.

In Wilster deckten sich die Bauern der ebenfalls zur Wilstermarsch gehörigen Ortschaften Beidenfleth, St. Margarethen und Wewelsfleth mit Produkten der ortsansässigen Handwerker und anderer Gewerbetreibenden sowie den hier angelandeten Handelswaren aus Hamburg etc. ein. Wie viele andere Hafenstädte der Region hatte Wilster zunächst unter dem Itzehoer Stapel und später ab 1482 unter der Hamburger Stapelpolizei zu leiden, als diese den Versuch der Holländer, verstärkt Getreide in der Niederelberegion anzukaufen, mit Hilfe von Ausliegerschiffen und seinen Tonnenbojern durch harte Maßnahmen unterbanden. Und doch gelang es der Stadt, im Laufe des 16. und 17. Jhs. eine bedeutende Handelsschiffahrt zu entwickeln. Ende des 16. Jhs. waren hier 26 Schiffe beheimatet, von denen die größeren nach Spanien, Portugal, England, Schottland und Norwegen fuhren, während die kleineren dem Transithandel nach Dithmarschen dienten. Wilster exportierte Roggen, Käse und Tuche, während es auf der anderen Seite Bauholz in großen Mengen importieren mußte. Aber wo und unter welchen Verhältnisen spielte sich diese nicht unbedeutende Schiffahrt eigentlich ab, wird sich der heutige Besucher fragen.

Von der Elbe aus erreichten die Schiffe Wilster, indem sie die Stör aufwärts bis Kasenort segelten, dort in die Wilsterau einbogen und nach ca. 2 1/2 km in die Stadt hineinfuhren. Wer nach Dithmarschen weiterreisen wollte, der setzte seine Fahrt auf der Wilsterau bergauf in Richtung Burg fort. Bis zur Allerheiligenflut des Jahres 1436 war dies noch möglich, ohne bei Kasenort eine Schleuse zu passieren. Dem »Spadenlandbrief« (1438) Adolfs VIII. von Schauenburg ist zu

Die Windmühlen in der Wilstermarsch
Windräder und Windmühlen gehören von jeher zur Marsch. Sie dienen dort der Entwässerung. An den Wettern der Wilstermarsch waren früher bis zu 300 Windmühlen im Einsatz, um das Wasser aus den tiefliegenden Feuchtgebieten herauszupumpen und diese als Viehweiden oder als Ackerland nutzbar zu machen.

Einen Abzug von der Original-Negativplatte, nach der unsere Abbildung reproduziert ist, hat die Einzelblattsammlung des Museums für Hamburgische Geschichte zur Verfügung gestellt.

entnehmen, daß die schrecklichen Verwüstungen in der Marsch wohl auf die Tatsache zurückzuführen waren, daß die Wilsterau-Deiche niedriger als die der Stör waren. Deswegen mußte vor allem sofort die Einmündung der Au in die Stör durch eine Schleuse gesichert werden. Bei dieser Gelegenheit sind nach Detlefsen die wichtigsten Wasserbaumaßnahmen zur Begradigung der Au und Beschleunigung der Fließgeschwindigkeit sowie zur Entwässerung der Marsch über neu angelegte Wetterungen, die ebenfalls über die Au abgeleitet wurden, vorgenommen worden. Ferner ist deutlich erkennbar, daß Adolf, *»dersulven gnade hertighe to Sleswig, greve to Holsten, Stormarn und Schawenborg«*, im Interesse Wilsters die Verbesserung des Fahrwassers mitbedacht hat: *»Baven und nedden der stad schal dat flet frig bliven, also idt oldinges was, unde alle de genen, de up beiden siden wanen, … des scholen de Wilster(au) wedder helpen uprumen unde dupen, dat se eren vullen rumen gank hebbe«*, d. h., daß der Flußlauf ober- und unterhalb Wilsters frei bleiben solle, wie von alters her, und daß die Bewohner auf beiden Ufern zu steter Reinigung und Austiefung der Wilsterau verpflichtet seien, damit sie ihren geräumigen Gang habe. *»Unde schal se nicht verstoppen, pale darin to slaende edder wer daran maken«*, fährt der Spadenlandbrief fort, womit gemeint ist, daß man den Fluß nicht verstopfen und auch keine Pfähle von Ufer zu Ufer einrammen dürfe, um gar ein Wehr daran zu befestigen. Von solchen Verboten oder der Anordnung zur Beseitigung solcher Wehre hören wir um 1400 häufiger, weil die Fischerei sich zu jener Zeit gern derartige Wehre auf allen Flüssen schuf, ohne Rücksicht auf die dadurch total blockierte Flußschiffahrt zu nehmen.

Die Wilsterau teilte die Stadt in eine »neue« und eine »alte Seite« und gab außerdem Wasser in die beiden Teilstrecken des Stadtgrabens ab, die zusammen die ganze Stadt umschlossen. Der Hafen lag am Südufer der Wilsterau zwischen Sielwettern und dem neuen Burggraben auf einer künstlichen Insel, die lediglich über drei Stege betreten werden konnte und den romantischen Namen »Rosengarten« trug.

Der Lösch- und Ladeplatz am Rosengarten
Leiterwagen und Schottsche Karren erkennt man trotz des Morgennebels auf dem Umschlagplatz, vor dem drei Ewer hintereinanderliegen. Elf Kinder und wenigsten achtzehn Erwachsene posieren wie auf einer tiefen Bühne für das Postkartenfoto, indem sie alle in Richtung Kamera blicken. Nur die wenigsten haben wirklich etwas zu tun mit dem Leiterwagen, der Schottschen Karre und den Schiffen. Die anderen hat die Neugierde getrieben. Gleichwohl ist der kräftige Impuls des hier üblichen Lebens und Treibens leicht nachzuempfinden. Die Karte ist am 9. Mai 1899 geschrieben und eingesteckt worden, so daß das auf ihr wiedergegebene Foto als Zeugnis für den hiesigen Hafenbetrieb in den achtziger und neunziger Jahren des 19. Jhs. gelten kann.

Ab 1810 wurden nach Wilster von Hamburg aus (Hamb. Adressbuch 1810) »Schiffsgelegenheiten« für Dienstag, Mittwoch, Freitag und Sonnabend angeboten. Nach Einsetzen der Industrialisierung waren die Einwohnerzahlen nicht wesentlich zu steigern, da die meisten Arbeitsplätze – sieht man einmal von den auch in anderen Städten allenthalben auftretenden Essig- und Tabakfabrikanten, den Brauereien und Branntweinherstellern ab – weiterhin von der Schiffahrt sowie von Herstellung und Vertrieb landwirtschaftlicher Erzeugnisse abhingen. Hinzuzufügen wäre noch, daß aufgrund der Entwässerungsproblematik der Ackerbau bis heute fast vollständig zugunsten reiner Viehhaltungs- und Milchwirtschaft zurückgegangen ist. Im Jahre 1880 zählte Wilster gerade 2.254 Einwohner, genau einhundert Jahre später waren es 4.426. Zwei Ewerwerften, die von Fack (1856–84) und Bergmann (1840–1907), konnten von den Neubau-Aufträgen der hiesigen Schiffahrt sehr gut existieren und bauten jeweils mehr als 25 Frachtfahrzeuge. Immerhin führten 43 Fracht-Ewer, unter diesen 35 reine Binnenschiffe, den Ortsnamen als den ihres Heimathafens am Heck.

Für Schwertransporte von und nach Wilster kam nach wie vor nur der Wasserweg in Frage, auch als eine Chausseeverbindung im November 1852 nach Itzehoe eröffnet wurde. Bis zu einer Verstärkung des Unterbaus (1.1.1853) durfte sie nur von leichteren Wagen benutzt werden. Sie wurde 1854 über St. Margarethen bis Brunsbüttel verlängert. Ab 1877 verfügte Wilster über einen Eisenbahnanschluß.

Inzwischen hat man die Wilsterau 1926 im Stadtbereich verrohrt, weil sie unrettbar verschlickt war. Dieses Problem entstand aber erst, wie M. Halfpap kürzlich unterstrichen hat, als der Fluß von seinem Oberlauf, von Burgerau und Holstenau durch den Bau des Nord-Ostsee-Kanals (1887–1895) abgeschnitten wurde.

Wewelsfleth
– erstmals 1238 erwähnt als »Weuelesflethe«

Nach einer Urkunde aus dem Jahre 1238 verschaffte Graf Adolph IV. von Schauenburg dem Kloster Reinbek bestimmte Einnahmen von vier Hufen Landes –

Neubau Herold ALT 240 H. F. 241 Mai 1917

Die Junge-Werft zu Wewelsfleth
Sie wurde von den Brüdern Johann und Christoffer Junge 1859 gegründet. Ab 1866 leitete Johann die Werft allein. Mit Erfolg experimentierte er an der Verbesserung des Fischer-Ewers, um diesen hochseetüchtig zu machen. Das Ergebnis war der nach Plänen von Ehlert Kühl, Blankenese 1876 bei Junge erbaute Kiel-Ewer. Sein Sohn Gustav lernte zwei Jahre im väterlichen Betrieb und anschließend auf der Werft von Tiemann und Kühl in Blankenese. Nach seiner Dienstzeit bei der Marine unterstützte er ab 1884 seinen Vater auf der Werft. Im gleichen Jahre lief hier der erste »scharfe Kutter« von Stapel, der ungleich viel seetüchtiger als der Fischer-Ewer war und in der Folgezeit in großen Stückzahlen produziert werden konnte. Diese Entwicklung war vor allem Gustav zu verdanken, der das Unterwasserschiff nach gründlichem Studium der Smacken von der englischen Westküste konstruiert und den hiesigen Küstenverhältnissen angepaßt hatte. Im Jahre 1912 übernahm er den Betrieb, den er nach dem Ersten Weltkrieg verkaufte und in die »Störwerft« einbrachte. Danach fungierte der erfolgreiche Schiffbauer noch zehn Jahre lang als Geschäftsführer und Betriebsleiter der Störwerft. Er starb am 18. April 1941. Seine wertvollen Bauzeichnungen befinden sich heute im Deutschen Schiffahrtsmuseum Bremerhaven, während die Modelle ins Altonaer Museum gelangt sind.

um es genauer zu sagen: ein Drittel jährlich vom üblichen »Zehnten« aus landwirtschaftlichen Erträgen. Die Rede ist von Alt-Wewelsfleth, das vor Jahrhunderten von der immer weiter nach Norden sich in das Land hineinfressenden Elbe verschlungen worden ist. Soweit bekannt, war es die Sturmflut vom 14. September 1491, bei der das Dorf mit seiner Kirche unterging. Nach den Annahmen Detlefsens, festgehalten in seiner »Geschichte der holsteinischen Elbmarschen«, wurden Kirche und Dorf daraufhin im Jahre 1503 an ihren heutigen Standort weiter landeinwärts verlegt.

Im ältesten Verzeichnis der in Wewelsfleth beheimateten Schiffe ist allein von vier auswärts gebauten Schiffen die Rede, zwei Schmacken, einer Kuff und einer Jagd, und einigen Kähnen und Ewern, *»so aber nicht unter die Schiffe zu rechnen seyn werden«* (Karting). Die uns eigentlich interessierende Geschichte des Wewelsflether Schiffbaus setzte erst um 1730 mit Gründung einer Werft durch Siemen Falck ein, die bis 1809 Bestand hatte. Zu Beginn des 18. Jahrhunderts kam dann die Ewerwerft von Harm Stelling hinzu. Diese wurde 1871 an Jürgen Peters verkauft, der bei Stelling das Schiffbauerhandwerk erlernt hatte. Zu diesem Zeitpunkt existierte bereits eine weitere Werft, die Christoffer und Johann Junge 1859 vermutlich auf dem Gelände der aufgelassenen Falck'schen Werft errichtet hatten. Auch sie waren zuvor Lehrjungen bei Harm Stelling gewesen. Während Jürgen Peters die schönsten Lotsenschoner zu verdanken sind, die je im Elbmündungsgebiet kreuzten, gelang es der Junge-Werft, einen für unsere Küstengewässer besonders gut geeigneten Fischkutter zu konstruieren, der den weniger seetüchtigen Fischer-Ewer bald ganz verdrängen sollte. Keine Werft an der Nordseeküste hat in der Folgezeit höhere Stückzahlen beim Bau dieses neuen Fahrzeugtyps erzielen können.

Auch als Ewerhafen war Wewelsfleth keineswegs unbedeutend, zumal hier gegen Ende des 19. Jahrhunderts 23 entsprechende Einheiten beheimatet waren. Sie dürften vor allem für die Zulieferung bei den Werften unentbehrlich gewesen sein. Nur neun von ihnen waren auch für die Küstenschiffahrt geeignet. Allein mit den Ewern war die Verbindung mit der Welt aufrecht zu erhalten, bevor 1883/84 die erste Chaussee von Wilster, Beidenfleth über Wewelsfleth bis an die Fähre heran ausgebaut und jenseits der Stör über Borsfleth nach Glückstadt weitergeführt wurde. Wie die Straßenverhältnisse bis dahin aussahen, ist einer Beschreibung von Johann Georg Kohl aus der ersten Hälfte des 19. Jhs. zu entnehmen: *»Nach anhaltendem Regenwetter sind die Marschwege unpassierbar. Sie gleichen dann frappant den Wegen im ungarischen Banate und in Südrußland. Ihre Oberfläche wird dann zu einem so tiefen, klebrigen, dickmusigen Schlamme, daß im Herbst zuweilen geradezu aller Verkehr in den Marschen aufhört. Muß man reisen, so ist man zufrieden, wenn man zwei Stationen an einem Tag zurücklegt.«*

Nachzutragen wäre noch, daß bei Witt Schiffe bis zu 22 m Länge, 1,50 m Tiefgang und 150 t Gewicht auf einer Helling gebaut werden konnten, während bei Peters 6 Hellinge für Bauten bis zu 30 m Länge, 3,00 m Tiefgang und 150/200 t Gewicht zur Verfügung standen. Die größten Schiffe konnten bei Junge auf 4 Slipbahnen entstehen: 37 m lang, 4,00 m tief und 700/800 t schwer. So lagen die Verhältnisse noch vor dem Ersten Weltkrieg (G. L. – 1914).

Indem wir alle weiteren, länger zurückliegenden Werftgründungen außer acht lassen, soll nur noch erwähnt werden, daß die verschiedenen Schiffbauplätze 1918 in der Störwerft zusammengefaßt wurden.

Störort und Störmündung

»In einer Stunde von Glückstadt zu erreichen … Herrlicher Weg auf dem Deich mit prachtvoller Aussicht«, so beschrieb E. Breckwoldt den Weg zu seinem Gasthaus Störort auf den Reklameseiten eines Glückstädter »Fremdenführers« (1906). »… Prachtvoller Aufenthalt für Sommerfrischler, Zimmer mit voller Pension zu reellen Preisen … Vermietung von Ruderböten … Schöne Veranda unter großen schattigen Bäumen.« Es liegt zum Greifen nahe vor uns jenseits der Stör, wo diese in die Elbe mündet. Kaum kräuselt ein leichter Westwind das Wasser. Von der Elbe her kommt ein Dampfschlepper mit einer Segelschute im Schlepp herauf, deren Segel eingepackt bleiben. Der Wind reicht wohl nicht mehr aus, um ohne Schlepperhilfe das Ziel auf der oberen Oste schnell genug zu erreichen. Gegenüber sehen wir unter dem Ufer von Störort einen kleinen Besan-Ewer beim Segelbergen. Er schwoit auf das Land zu und wird dort anlegen oder ankern. Die Vorsegel sind schon gefallen. Das hintere Segel am Besanmast wird gerade heruntergenommen, während das Schiff ganz in den Wind geht. Geradezu paradiesische Schönheit zeichnete dieses Fleckchen Erde aus, bevor das moderne Sperrwerk mit der Autobrücke darüber für alle Zeit die Stör von der Elbe abriegelte.

Störort

»Hier gingen wir über die große Schleuse, und dann rechts auf den hohen Deich, eine halbe Meile weit, nach Ivenfleth, an der Mündung der Stör, wo eine Fähre den Wanderer nach Störort bringt ... Hier angekommen ... bekamen wir erst von diesem Punkte aus eine vollkommene Ansicht von der wahrhaft majestätischen Größe der Elbe« (Peregr. pedestr. 279). Eine Postkarte beweist, daß diese Beschreibung von der wunderbaren Landschaft an der Störmündung aus der Zeit um 1833 ohne Einschränkung noch um 1900 Geltung besessen hatte (Seite 177). Eine gravierende Veränderung trat erst ein, als von 1971 bis 1975 der Deich außen um Störort herumgeführt und die Störmündung abgedeicht und mit einem Sperrwerk gegen Sturmflutgefahr gesichert wurde.

Quer durch das Land der »drei Meilen«

Das Alte Land

»Die I. Meile von Stade bis zur Lühe: Die Hauptproducte dieser Meile sind Korn, Baumfrüchte, Flachs, hat itzo gute Pferde, und es wird auch ziemliche Anzahl fettes Vieh verkauft.

Die II. Meile von der Lühe bis zur Este: Die vorzüglichsten Producte dieser Meile, woraus Geld gelöset wird, sind Baumfrüchte, Korn, Flachs, Hampf, Cartoffel und Leinen. Obgleich auch ein beträchtliches an Korn, Rogken, Habern und Weitzen gebauet wird, so kann hier doch so viel nicht, sondern nur Habern, ausgeschiffet werden; es wird fast mehr eingefahrn und besonders fremdes Mehl eingebracht. In dieser Meile wohnen die meisten Schiffer und Efer-Fahrer, besondern Schiffer, die von der Eyder, Land Wursten und Oste Korn holen und damit besonders nach Hamburg und andern Orten handeln.

Die III. Meile gehet von der Este bis Mohrburg, hat etwas Korn auszuschiffen, besonders aber Hampf, Flachs, weißen Kohl und Cartüffel, hauptsächlich aber Marrettig, setzet auch etwas an Pferde und Viehe ab.« (Auszug aus einer Denkschrift des Drosten und Gräfen Diedrich Gerhard von der Decken aus dem Jahre 1781).

Der territoriale Begriff »Altes Land« wurde erstmals gegen Ende des 13. Jhs. lateinisch verwendet: *»terra vetus«*. Seit der Zeit Heinrichs des Löwen hatte es zur Grafschaft Stade gehört, die sich zum Zankapfel zwischen dem Welfenhaus und dem Erzstift Bremen entwickeln sollte. Ab 1336 stand der Bremer Erzbischof noch als weltlicher Landesherr für das ganze Alte Land fest. Kirchlich betreute er nur die I. Meile bis zur Lühe, während für die II. und III. Meile das Bistum Verden zuständig war. Unter dem Bremer Erzbischof wurde das Alte Land 1397 wie Kehdingen in die neue landständische Ordnung einbezogen, die vier Stände vorsah. In diesem Rahmen bildeten den vierten Stand die Vertreter der Marschländer, d. h. *»de gantze Menheit der Land des Osterstades, des Oldenlandes, des Landes tho Kehdinghen unde des Kerspels tho der Osten«*. Mehrfach mußte das Ständerecht bestätigt werden. Im Dreißigjährigen Krieg arg geschädigt, gelangte das Gebiet 1645–1712 unter schwedische Herrschaft. Hieran schlossen sich drei Jahre unter dänischer Fremdherrschaft an. Endlich geriet es 1715 an den Kurfürsten von Hannover, wo es bis 1803 verblieb. Danach wurde das Alte Land 1810 mit den Herzogtümern Bremen und Verden in das französische Kaiserreich integriert. Hiernach wurde es 1814 zum Königreich Hannover geschlagen und nach dessen Ende 1866 in die preußische Provinz Hannover einbezogen. Ein Jahr später wurde der Stader Marschkreis gebildet.

Die Este

Die Este ist ein Nebenfluß der Elbe von 55 km Länge, der über 12 km bis zum Geestrandort Buxtehude schiffbar ist. Die Este bildet zugleich die Ostgrenze der »Zweiten Meile« des Alten Landes, die bis zur Lühe reicht, sowie die Westgrenze der bis zum hamburgischen Moorburg sich erstreckenden »Dritten Meile«. Die Tide läuft bis Buxtehude sowohl bei Ebbe als auch bei Flut mit erheblicher Stromgeschwindigkeit, so daß statt der sonst in Tidengewässern gewohnten, längeren Stauwasserzeit zwischen den Gezeiten kaum eine

Sekunde Stillstand eintritt. Damit die Steuerfähigkeit der Schiffe zu jedem Zeitpunkt gewährleistet bleibt, wird die Este stets gegen den Tidenstrom befahren.

Cranz

Cranz stellte nach einer Aufstellung von 1790 einen von zehn Distrikten des Kirchspiels Estebrügge dar. Kurz nach 1400 wird es als Fährort erstmals genannt.

In Cranz waren 1824 bereits 25 Schiffe beheimatet. Ab 1846 betrieb der hier ansässige Peter Porath eine sehr erfolgreiche Seemannsschule, die er 1850 nach Grünendeich verlegte. Diese wurde schon 1856 vom Staat übernommen und hat über hundert Jahre am gleichen Ort fortbestanden. In der Zeit zwischen 1860 und 1875 lebten in Cranz ca. 40 Seeschiffskapitäne. Noch um die Jahrhundertwende waren hier 28 Fracht-Ewer beheimatet, von denen 6 als reine Binnenschiffe zu gelten hatten.

Hier siedelten sich außerdem zwei Werften an, die sich mit dem Bau von Fracht-Ewern beschäftigten. Für C. D. Claußen ist dies für die Jahre 1849 bis 1857 nachgewiesen. Sehr viel länger betätigte sich die Sietas-Werft auf diesem Gebiet, und zwar von 1831 bis 1907 über drei Generationen. Dann wurden auch größere Schiffe ins Programm genommen. Heute gehört sie zu den leistungsstärksten Unternehmen im Schiffbau an der Niederelbe.

Estebrügge

Der Ort war wohl eine alte Holländerkolonie vom Ende des 12. Jhs. Er stellte mit zehn eigens aufgeführten Distrikten (1790) das größte und am stärksten bevölkerte Kirchspiel des Alten Landes dar. Kaufleute und Handwerker siedelten sich konzentriert in der Nähe der einzige Brücke über die Este an.

Im Jahre 1584 wurde hier eine Bremische Münzstätte für Heinrich III. eingerichtet. Um 1900 waren hier noch elf seegehende Fracht-Ewer beheimatet. Nach Auskunft des Jahresregisters des Germanischen Lloyd für das Jahr 1914 lebten hier damals neun Eigner von Schiffen mit einem Rauminhalt über 50 cbm.

Buxtehude

Vergleichbar der topographischen Situation Stades und der Horneburgs liegt Buxtehude unmittelbar am Nordrand des parallel zum Elbufer verlaufenden Geest-

Besan-Ewer bei Cranz auf der Este
Der Ewer fährt tief abgeladen in Strommitte, beinahe mit halbem Wind. Das Großsegel genügt ihm zum Vortrieb. Das unverzichtbare Ewerbeiboot hat er im Schlepp. Am Ufer rechts werden typische mittelständische Industriebetriebe sichtbar, wie sie sich am Unterlauf der Este bei Cranz angesiedelt hatten.

Ausflugsdampfer passiert Estebrügge

Es gehörte schon immer einiges Geschick dazu, mit einem großen Schiff die Este hinaufzureisen. Dies ist immer nur möglich gegen den ablaufenden Tidenstrom, um wenigstens im Bereich vor der Drehbrücke in Estebrügge, sofern man einmal warten muß, das Fahrzeug auf Kurs zu halten. Hier sehen wir gerade noch das Heck des Ausflugsdampfers ESTE.

Hafenpanorama in Buxtehude

Der kleine Ausflugsdampfer liegt zur Ebbezeit, von Abstandshaltern im tieferen Wasser gehalten, im Hafen gegenüber dem Fährhaus-Anleger. Mit dem Vorschiff ist er unter eine Versorgungsbrücke gefahren. Diese kommt vom linken Ufer herüber, wo wir einen flachen Schuppen entdecken. Es handelt sich um eine Kohlenhandlung, von der aus der Dampfer so bequem bekohlt werden kann. Zum Umschlagsplatz, der mit einer längeren Kaimauer, Streichpfählen und dem Fähranleger ausgestattet ist, gehört auch der Handkran rechts. Das Fährhaus und ein Hafenhotel wurden hier erbaut, als nach Einrichtung der Estedampfschiffahrt die Zunahme des Personenverkehrs dies dringend geboten. Im Hintergrund rechts erkennt man gerade noch den »Zwinger«, einen Rest der mittelalterlichen Stadtmauer.

rückens, zu dessen Füßen sich ein nördlich davorliegender Moorsaum entlangzieht. Ebenso wie in Hamburg und Stade wurde der mit der mittelalterlichen Neugründung Buxtehudes (1280/85) zu beiden Seiten der Este geschaffene Uferhafen zunächst mit in die befestigte Stadt einbezogen. Im Jahre 1369 wurde Buxtehude Mitglied im Städtebund der Hanse.

Zu Beginn des 19. Jhs. legten die Fracht-Ewer von und nach Buxtehude täglich in Hamburg an und ab. Transportaufträge konnten dem Schiffer in dem Kellerlokal Joh. Andr. Kröger an der Holzbrücke aufgegeben werden (Hamb. Adressb. 1808). Von 1836 bis 1844 wurden auf der Werft von Albert Wilhelm Bröhan Fracht-Ewer gebaut. Ab 1860 wurde diese Produktion von Heinrich G. Bröhan noch einmal für weitere drei Jahre in Gang gesetzt.

Von bedeutender gewerblicher Tätigkeit zeugten eine Lederfabrik, die Hastedsche Mühle mit einer weltweit bekannten Nudelfabrik sowie die Bostelmannsche Bierbrauerei. Buxtehude war ferner berühmt aufgrund seiner Altländer Goldschmiede- und Filigranarbeiten. 1877 wurde dort die – schon im Hinblick auf das gleichzeitig fertiggestellte Gebäude – bedeutende Baugewerbeschule eröffnet.

Heute liegt der für Ausflugsdampfer gut erreichbare Hafen nördlich vor der Stadt.

Borstel/Jork

– Sielhafen für das Jorker Land. 1221 werden Borstel – damals noch *Sestervlete* (Zesterfleth) – und Jork neben Mittelnkirchen und Estebrügge erstmals als Kirchspiele in einer Urkunde des Bischofs Iso von Verden genannt.

Die Borsteler Kirche soll anfänglich auf dem Hahnöfersand gestanden haben, ein zweiter Bau dann in Kohlenhusen, so daß der jetzige Standort der dritte wäre. So vermutete man auch, daß der älteste Deich den Hahnöfersand mit eingeschlossen hätte. Borstel entwickelte sich am neuen Standort in der typischen Form des Deichhufendorfes mit Bauernhöfen auf den Hufen an der dem Deichfuß gegenüber gelegenen Straßenseite und Gewerbebetrieben auf dem Elbdeich, wofür als schönes Beispiel noch heute die Windmühle mit einem äußerst sparsam konservierten Deichrest an Ort und Stelle Zeugnis ablegt.

Das Land dahinter – zwischen Este und Lühe einerseits und dem Moorstreifen vor dem Geestrand und dem Elbdeich andererseits belegen – ist im 13. Jahrhundert von holländischen Moorsiedlern (= paludani) eingepoldert worden. Seitdem trug es den Namen »Mejrke«, was ganz einfach heißt, daß nur der in Holland übliche Begriff für »Polder« verwandt wurde. Leicht verändert, taucht 1221 der gleiche Begriff noch einmal für den Hauptort des Polders als »Majork« – heute Jork – wieder auf. Der ganze, etwa rechteckig geformte Polder wird von einem parallel zu Este und Lühe angelegten Hauptsammlergraben geteilt, der auf halber Strecke zwischen Cranz und Lühemündung mit einem Siel durch den Deich geführt und zur Elbe hin entwässert wird. Bei diesem Fleet handelt es sich um die alte, längst begradigte Zester. Parallel zum Deich wurden drei Hauptstraßen angelegt, an deren Schnittpunkten mit dem Hauptsammler die drei Straßendörfer Borstel, Jork und Ladecop entstanden. Hinter den Hofgebäuden gehen im rechten Winkel zur Straße jeweils 5 bis 10 schmale Felder 2 km tief ins Land und enden an Wettern oder Fleeten, die parallel zu den Straßen geführt werden und in Richtung des Hauptsammlers entwässern. Diese Wassermengen reichten aus, um den Sielhafen bei Borstel kräftig durchzuspülen und tief zu halten.

Die Verbindungen nach Hamburg waren stets besonders dicht geknüpft. Ein treffendes Beispiel bildete die Heirat Gotthold Ephraim Lessings mit Eva König im Hause Schuback zu Jork am 8. Oktober 1776.

Wie intensiv der Hafen bereits im Jahre 1824 genutzt wurde, ist statistisch überliefert: In dieser Gemeinde gab es damals 82 Schiffe, 11 Ewer und 71 Jollen. Immerhin 41 von diesen Fahrzeugen wurden von Obstbauern, 22 für allgemeine Transporte und 8 für Getreidetransporte eingesetzt, hingegen waren 11 Schiffe völlig unbrauchbar. Die Ewerwerft Haartje hat ab 1842 eine wichtige Rolle gespielt und viele Ewer geliefert. Mit 23 Einheiten dieses Typs – bis auf vier Fahrzeuge alle für die Küstenschiffahrt geeignet – zählte Borstel um 1900 zu den bedeutenderen Fracht-Ewerhäfen an der Elbe.

Im Jahre 1879 wurde hier die »Altländer Dampfschiffahrtsgesellschaft« gegründet. Diese nahm am 5. Juli des gleichen Jahres ihren Fährverkehr von Borstel zur Lühe, von dort nach Schulau und Hamburg auf. In ihren Diensten stand die BORSTEL I (ex-ALTENWERDER), ein 1864 auf der Reiherstieg-Werft erbautes Schiff von 20,1 m Länge. Es wurde 1898 nach Kiel verkauft und durch ein etwas größeres Schiff gleichen Namens ersetzt. Die neue BORSTEL I war 24,25 m lang, 5,18 m breit und hatte einen Tiefgang von 1,20 m.

Nach der großen Sturmflut von 1962 wurde der Außendeich vor dem Borsteler Hafen »durchgedeicht«, so daß das von Dalben umstandene Hafenbecken nur mehr noch an große Zeiten erinnert. Aber auch die Erinnerung soll den Borstelern jetzt genommen sein, nachdem das Hafengebiet mit den wenigen Büschen ringsum zum Naturschutzgebiet erklärt worden ist, das zu betreten den Bürgern, die weiß Gott nicht zum Wandalismus neigen, bei Strafe verboten wurde.

Das Verladen von Kirschkörben in Borstel
Ein einspänniger Plattenwagen hat gerade auf dem Umschlagplatz neben einem stählernen Ewer haltgemacht. Die Backenbremse ist soeben mit der Handbremskurbel vorn auf dem Wagen angezogen worden. Der erste Korb, gefüllt mit Kirschen steht bereits auf einer Planke die schräg hinunter zur Schiffsluke führt. Dort werden jetzt alle anderen Körbe in kurzer Zeit hintereinander hinunterrutschen, ohne das ein einziges Exemplar über Bord geht. Der kleine Ewer hat zwar noch Seitenschwerter, aber weder Mast noch Spieren an Bord. Wahrscheinlich hat der Schiffseigner eine der neuen guten Schiffsmaschinen einbauen lassen, die den Gebrauch der Segel überflüssig machen. Gas und Kupplungshebel werden rechts neben der radgesteuerten Ruderanlage sichtbar. Im übrigen spricht für seine Entfernung des Riggs der kurze, eiserne Signalmast am Bug des Fahrzeugs. In ähnlicher Weise ist der nächste, im gleichen Päckchen weiter links liegende Stahl-Ewer umgerüstet worden. Nach alter Art ist hingegen der weiter voraus liegende, hölzerne Besan-Ewer mit herzförmigem Heckspiegel als Segler geriggt. Groß- und Besansegel liegen – in Segelkleidern verpackt – jederzeit zur Ausfahrt bereit.
Die Aufnahme ist, wie die nett gekleideten Kinder deutlich werden lassen, an einem Feiertag von dem Altonaer Fotografen E. Puls gemacht worden, und zwar in den zwanziger Jahren. Das Original befindet sich im Altonaer Museum (Neg-Nr. 1618), dem wir für die hier verwendete Reproduktion zu Dank verpflichtet sind.

Pension »Elbblick« und »Steinhoff's Fährhaus«
Unmittelbar nach Passieren des modernen Sperrwerks kann man noch heute im wesentlichen den Eindruck nachvollziehen, den die einladenden Baulichkeiten an Backbordseite schon 1909 hervorgerufen haben müssen, als die hier vorgestellte Postkarte abgestempelt wurde. »Elbblick« – der Quergiebel links oben hinter den Bäumen – und »Fährhaus« – rechts im Vordergrund – schmiegen sich am Ostufer der Lühemündung in den Winkel, den der Elb- und der Lühedeich hier miteinander bilden. Die riesige Veranda läßt erkennen, daß man schon damals in den schönsten Jahreszeiten – etwa zur Kirschblüte – mit massenhaftem Andrang von Festtagsausflüglern und Kurgästen rechnete. Heute trägt das Fährhaus den Namen der Familie Cohrs.
Vor dem Anleger mit weiß gestrichenem Geländer liegt ein hölzerner einmastiger Giek-Ewer. Charakteristisch war ehedem für alle Fracht-Ewer der herzförmige Heckspiegel, über den das breite, am Helmholz geführte Ruderblatt hinwegfuhr. Bugspriet und Klüverbaum sind mit dem Klüverstag so weit aufgeholt worden, daß der Ewer sich leichter in den durch Pfähle begrenzten Liegeplatz am Anleger hineinzwängen konnte. Die weiße Version des von dem Jungen im Vordergrund getragenen Kieler Knabenanzuges wurde nur »für gut«, also an Festtagen, angezogen.

Die Lühe

Die Lühe ist ein Nebenfluß der Elbe von 37 km Länge, davon auf 11 km schiffbar bis Horneburg. Sie bildete die Ostgrenze des Erzbistums Bremen sowie der »Ersten Meile« des von der Schwinge bis über Cranz hinaus an die Süderelbe reichenden Alten Landes: *»Das sogenannte Kirschenland breitet sich hinter den Deichen auf der hannöverschen Seite aus; von hier werden große Massen Obst nach England verschickt, und die sogenannten Lüher Jollen bringen dasselbe in Körbe verpackt nach Hamburg, wozu die oft mitfahrenden Landleute und besonders das Frauenvolk eine hübsche Staffage bilden.«* (Carl Reinhardt 1856).

Auf der Lühe waren 1899 noch 15 seegehende Ewer beheimatet.

Grünendeich

– ab 1503 selbständiges Kirchspiel

Das in älterer Zeit Obertwielenfleth genannte altsächische Deichhufendorf hat aufgrund verschiedener Sturmfluten im Mittelalter seinen Standort mehrfach wechseln müssen. So auch die 1608 neu erbaute und wie ihre Vorgängerinnen der Gottesmutter Maria geweihte Schifferkirche, welche heute vermutlich auf ihrem dritten Platz steht. Ursache des letzten Umzuges war die Allerheiligenflut von 1570 gewesen. Sie hatte das an der Lühemündung belegene Gotteshaus bis auf die Grundmauern zerstört.

Hier entstanden im 19. Jh. zwei bedeutende Ewerwerften, nämlich die von Jürgen Brösing (1821) und Diederich Sietas (1829). Sie bauten für ihre Kundschaft, die Altländer Schiffer, Transportfahrzeuge für die Ausfuhr aller erdenklichen Obstsorten. Sogar die Kehdinger Obstbauern bestellten Schiffe in Grünendeich. Entsprechend entwickelte sich die Typenvielfalt, die Bezeichnungen wie Lühejolle, Lühe-Ewer, Frucht- oder Kirschen-Ewer umfaßt. Es handelte sich um breite Fahrzeuge mit scharf gebautem Unterwasserschiff, allemal gute Segler, die ab Mitte des 19. Jhs. als Giek-Ewer getakelt waren und die Masten legen konnten. Man erkannte sie leicht an ihrer naturholzfarbenen Überwasserbeplankung, die nur mit Leinöl gepflegt wurde, und der Verzierung ihrer Klüsbacken mit Obstmotiven. Besonders aktiv war die Sietas-Werft, die solche Fahrzeuge in hohen Stückzahlen lieferte und auch noch heute über Schiffbauanlagen verfügt.

Im Jahre 1899 waren in Grünendeich 33 Ewer beheimatet. Hinzuzufügen wäre noch, daß Peter Poraths Seefahrtsschule 1850 von Cranz hierher verlegt wurde und dort auch noch nach dem Zweiten Weltkrieg fortexistierte.

Horneburg

– 1168 vorhanden

Der im Schutze einer Burg entstandene Flecken hat seiner Lage *»auf einer gekrümmten Höhe im Horn oder Winkel der Lühe«* (Kühlken 1965) den Ortsnamen zu verdanken. Die Burgmänner waren Lehensleute des Erzabtes von Kloster Harsefeld, in ihren Händen lagen Ackerbau und Viehzucht. Die Fleckensbürger hingegen bestritten ihren Unterhalt durch Gewerbe und in handwerklichen Berufen. Sie brauten Bier, stellten Branntwein her, paßten Schuhe und Stiefel an, suchten in den umliegenden Eichenwäldern das kostbare Krummholz für Schiffsspanten. Sie verkauften ihre Produkte nicht nur im Alten Land, sondern präsentierten sie auch auf den Jahrmärkten der Herzogtümer nördlich der Elbe.

Das Hamburger Adressbuch für das Jahr 1820 teilt mit: den Horneburger Schiffer träfe man bei Gerrit Heye, Rödingsmarkt 38. Unter der Woche verkehre sein Ewer dreimal hin und zurück zwischen Hamburg und Horneburg.

Twielenfleth

– 1524 erstmals *»im Kerspell tho Twilenflete«* erwähnt

Der Ort gehörte ehedem zu dem älteren Kirchspiel Bardenfleth an der Schwingemündung, zu dem ferner Bassenfleth und Bredenfleth zählten. Durch Verlegung der Schwingemündung sowie des Flußbettes nach Süden wurde das Kirchspiel getrennt, wie einer Quelle des Jahres 1432 zu entnehmen ist: *»Im lüttken Breddenvlete, dar de Svinge dörgegraven is.«* Von der Kirche weiß man außerdem aus alter Überlieferung, daß sie *»wegen der Wasserfluth«* mehrfach mit Zurücknah-

Zwei Altländer Jollen im Schlick
Die Altländer Jollen waren kleine Fahrzeuge mit nur einem Mast. Dieser stand in einem Koker und konnte schnell gelegt werden, wenn eine Brücke unterquert oder ein Sieltor im Deich durchfahren werden mußte. Die Altländer Jollen fuhren als Vorsegel nur eine Fock und benötigten daher keinen Klüverbaum. Die Außenhaut dieser Schiffe wurde naturholzfarben belassen. Charakteristisch ist die Verzierung an den Klüsbacken in der Form eines Apfels mit einigen wenigen Blättern. So wird darauf hingewiesen, daß diese kleinen Plattbodenschiffe mit Seitenschwertern das Obst von den Höfen bis zum Markt in der Stadt transportieren konnten. Gut erkennbar sind die Lukendeckel, die vor dem Beladen schnell abgenommen werden können, um den Laderaum ganz zu öffnen.

Nach Twielenfleth zu Wasser und zu Lande
Das Fährhaus in Twielenfleth hat sich auf viele Besucher eingerichtet. Die Kaffeetische sind an die Straße auf dem Deich gerückt und mit Tischdecken belegt. Im Hintergrund nahen auch schon die ersten Wanderer. Zwei Herren und eine Dame unterhalten sich im Vordergrund. Einer von ihnen ist mit dem Fahrrad gekommen. Am Anleger hat ein Ausflugsdampfer festgemacht.
Er ist umringt von Seglern, die ihren Törn möglicherweise unterbrechen wollen, um im Fährhaus Kaffee zu trinken. Vorn rechts ein kleiner Junge trägt zu einem weißen Matrosenanzug – auch »Kieler Knabenanzug« genannt – eine blaue Mütze. Links bei den Kaffeetischen das kleine Mädchen hat man in die für ihr Geschlecht abgewandelte Version des Matrosenanzuges gesteckt. Die Festtagsstimmung wird noch durch die Beflaggung am Fahnenmast vor dem Fährhaus unterstrichen.

me des Deiches weiter ins Landesinnere verlegt werden mußte.

Zu Beginn des 16. Jhs. hat Twielenfleth mit seinem viel besuchten Anlegeplatz an Bedeutung gewonnen und schließlich Bardenfleth als Kirchspielort abgelöst. Im Jahre 1847 wurden vier zum Kirchspiel Twielenfleth gehörige Distrikte aufgezählt.

Das *»Twielenflether Postfahrzeug«* käme jeden Dienstag und Freitag nach Hamburg, *»und geht, wenn der Wind gut ist, mittwochs und sonnabends wieder dahin ab«*. So heißt es wiederholt bei den Sonderhinweisen des Hamburger Adressbuches um 1820. Den Schiffer erreiche man bei Johann Helmers im Neustädter Neuenweg Nr. 78. Im Jahre 1824 waren hier 106 Schiffe beheimatet, davon 3 Seeschiffe, nämlich eine Kuff und zwei Tjalken, dann 14 Ewer und 87 Jollen. Später betätigten sich manche Schiffer als »Shellfahrer«. Sie schafften die Muscheln von den Bänken in der Nordsee für die hiesigen, meist in Hafennähe erbauten Kalkbrennereien herbei. Um 1900 lagen hier nur noch fünf Fracht-Ewer, zwei davon nur für die Binnenfahrt einsetzbar.

Wie schon von den Vorgängergesellschaften um die Jahrhundertwende, wird der Fähranleger weiterhin von Ausflugsdampfern der HADAG genutzt, zumal von hier aus die schönsten Wanderungen in dem Bereich der »Ersten Meile« des Alten Landes unternommen werden können.

Vom Grenzfluß zur Grenzstadt

Die Schwinge – ein Teilstück des »Küstenkanals«?

Schiffbar sind allein die ca. fünf Streckenkilometer der Schwinge bis nach Stade. Heute können diesen Weg zur Zeit des Hochwassers Schiffe bis 1,80 m Tiefgang befahren.

Gleichzeitig mit dem Bau des Hamme-Oste-Kanals (1766–1772) wurde dessen Fortsetzung bis zur Schwinge geplant. Der Hamme-Oste-Kanal sollte zur Entwässerung kaum verwendbarer Feuchtgebiete genutzt werden, aber auch als Fahrweg die Moorkultivierung erleichtern. Ferner eröffnete die schnellere Verschiffung und Vermarktung des abzubauenden Torfes vorteilhafte Perspektiven. Der Plan einer Verlängerung von der Oste bis zur Schwinge ließ sich denn auch wunschgemäß bis 1784 realisieren, doch wurde dieses Teilstück kaum genutzt und verfiel binnen kurzer Zeit.

Im Jahre 1848 wurde eine Kanalverbindung von Stade nach Bremen ins Auge gefaßt, und zwar von der Schwinge zur Oste und von dort zur Wümme hinüber. Sie sollte für Schiffe bis zu 10 Lasten zur Verfügung stehen. Die Planung blieb umstritten und ließ sich auch nicht durch Einfügung in ein ehrgeiziges Projekt von nationaler Bedeutung retten, das seit 1882 unter der Bezeichnung *»Küstenkanal«* weiterverfolgt wurde, und dessen Ziel es war, Rhein – Weser – Elbe durch einen Kanal zu verbinden. Gleichwohl wurde die als Voraussetzung für die geplante Anschlußstelle zwischen den Gemeinden Schwinge und Wiepenkathen unerläßliche Begradigung der Schwinge tatsächlich durchgeführt, wobei sich der Wasserweg von der Elbe nach Stade um 4 km verminderte. Den ganzen Umfang aller bis 1914 ausgeklügelten Wasserbauprojekte hat verdienstvollerweise der Stader Stadtarchivdirektor Jürgen Bohmbach in dem kürzlich von ihm herausgegebenen Werk »Stade – von den Anfängen bis zur Gegenwart« beschrieben.

Stadersand

– 1432 durch Stade erworben

Als Stader Sand wurde der Küstenstreifen im Vordeich beiderseits der Schwingemündung bezeichnet.

Es wurde wie Brunshausen am 1. November 1924 nach Stade eingemeindet. Pressenstimmen hoben hervor, daß Stade – bisher stärker zum Geestrand orientiert – jetzt einer Entwicklung zur *»Seehandelsstadt«* Raum gebe und als solche *»an das seeschifftiefe Wasser der Elbe«* heranrücken wolle.

Ein wirkungsvoller Schutz gegen Sturmflutgefahr wurde erst mit Errichtung des »Landesschutzdeiches« und des Sturmflutsperrwerkes nahe der Schwingemündung sichergestellt. Im Teilbereich östlich der Schwingemündung entstand nach Auslagerung die neue Fabrik der Norddeutschen Saline, die jetzt zur AKZO gehört. Ebenfalls wurde dort in unmittelbarer Nachbarschaft durch die Nordwestdeutschen Kraftwerke – heute PreußenElektra – ein Kernkraftwerk mit einer Leistung von 360 Megawatt errichtet (1967), das »billigen« Strom u. a. auch für die Aluminiumwerke Reynolds auf der Dradenau bei Finkenwerder liefert.

Brunshausen

Wie Twielenfleth gehörte auch Bredenfleth in alter Zeit zum Kirchspiel Bardenfleth, das durch künstliche Verlagerung der Schwingemündung sowie des Flußbettes nach Osten von diesem getrennt wurde. Aus Bredenfleth ging das heutige Brunshausen hervor, *»des Rades brunes Hus«*, welches entsprechend einer Nachricht aus dem Jahre 1608 die Stader Zollstation beherbergte.

Um die Mitte des 17. Jahrhunderts wurde Brunshausen von den Schweden als wichtigste der zur Festung Stade gehörenden Schwingeschanzen ausgebaut. Von hier aus erzwangen Ausliegerschiffe den landesherrlichen Elbzoll auf Wein, Bier, Tabak, Getreide, Salz und Essig. Ab 1700 wurde der Elbzoll nebst Ruderzoll für Schiffe entsprechender Größe, soweit sie von See her kamen, an die Stadt verpachtet. Vor der Schwinge-Mündung kreuzte ab 1814 das letzte »Königlich Groß-britannisch-Hannoversche Elbzollwachtschiff PIERCER«, eine stolze Brigg mit zwölf Kanonen an Bord. Es tat hier Dienst bis zu seiner Einziehung im Jahre 1850. Die Aufhebung des »Stader oder Brunshauser Zolls« wurde am 13. Juni 1865 verfügt.

»Wo ein kleiner Fluß, die Schwinge, in die Elbe fällt, laufen die Stader Dampfschiffe ein. Hier hat der Stader Zoll seine Sommerwohnung aufgeschlagen und zum

Seglertreffen bei Brunshausen
Zahlreiche Yachten haben an der Kaimauer in Päckchen nebeneinander festgemacht. Vor der Kaimauer stehen in regelmäßigen Abständen Streichpfähle, deren Köpfe weiß angestrichen sind, damit man sie auch bei Dunkelheit schnell finden kann. Der Großschiffahrt stehen außerdem kurznackige Poller zur Befestigung der Leinen auf der Mauerkante zur Verfügung. Die Kaimauer bildet zugleich den Deichfuß.

Vergnügen der Vorübersegelnden hat man eine Batterie und ein Zollhaus errichtet« (Carl Reinhardt 1856).

Ab 1840 wurde der Anleger Brunshausen noch wichtiger, als die »Kompanie der Stader Fährschiffer« eine Linie von hier nach Hamburg mit dem in England erbauten Dampfschiff GUTENBERG eröffnete. Am 18. September nahm es seinen Dienst auf. Ihm folgte 1844 die GUTENBERG II. Auf der gleichen Linie verkehrte ab 1848 ein scharfer Konkurrent, die »Altländer Dampfschiffahrts-Gesellschaft« mit ihrer CONCORDIA. Die logische Konsequenz war die Fusionierung beider Unternehmen zur »Stade-Altländer Dampfschiffahrts-Gesellschaft«. Hatten die Passagiere bis dahin die flach gehenden Segelfähren noch in Stade besteigen können, mußten sie jetzt erst einmal *»Omnibus-Fahrten von und zum Dampfschiffe«* bis Brunshausen in Kauf nehmen. Aufgrund dieser Entwicklung wurde ab 1863 eine Eisenbahnlinie von Harburg über Stade nach Brunshausen geplant.

Zu einem wichtigen Auftraggeber der Frachtschiffahrt entwickelte sich bis hin zum Ersten Weltkrieg nach Anlaufschwierigkeiten die Glashütte Brunshausen. Sie stellte 1869 mit 43 Arbeitern schon 1,2 Millionen Flaschen her. Im Jahre 1888 produzierten bereits 260 Arbeiter 7 Millionen Bier- und Weinflaschen, 1913 schließlich 11 Millionen. Der Betrieb mußte 1917 aufgegeben werden.

Noch zu Beginn der zwanziger Jahre erblickten die hier passierenden Schiffer zunächst das von der Seewarte betriebene Haus auf dem Deich mit dem Semaphor darüber. Klar und deutlich sah man die an dem Turmgerüst beweglich fixierten Arme. Sie zeigten den von See heraufkommenden Schiffen den jeweiligen Wasserstand an. Ferdinand Bertram hat 1923 die Wirkungsweise folgendermaßen beschrieben: *»Bei niedrigem Wasserstande hängen die acht Arme – vier an jeder Seite – herunter. Bei mittlerem Niedrigwasser hebt sich selbsttätig der oberste Arm. Steigt das Wasser um 50 cm, so hebt sich ein zweiter Arm und so fort. In der Nacht erscheinen statt der Arme ebenso viele Lichter. Nun weiß der Führer des Schiffes schon von weitem genau, ob er Wasser genug unter dem Kiel hat und ob er es wagen kann, weiter aufwärts zu fahren. Seitdem die Blankeneser Barre durch Baggerung größtenteils beseitigt und die Unterelbe auf dieser Strecke reguliert worden ist, hat dieser Wasserstandsanzeiger nicht mehr so große Bedeutung. Vor dem Kriege (d. h. Erster Weltkrieg) sah man bei Brunshausen oft eine Reihe größe-*

rer Schiffe vor Anker liegen. Sie warteten entweder einen höheren Wasserstand ab oder leichterten in kleinere Fahrzeuge, um dann mit geringerem Tiefgange Hamburg erreichen zu können.«

Vor dem Ersten Weltkrieg lebten hier drei Eigner von Schiffen über 50 cbm Rauminhalt (G. L. – 1914). Am 1. November 1924 wurde Brunshausen nach Stade eingemeindet.

Stade

Die Stadt liegt 6 km oberhalb der Schwingemündung. Die Ortsbezeichnung läßt sich nach Meinung der örtlichen Forschung von »Gestade« im Sinne von Kai oder schlicht Hafen ableiten.

Stade entstand auf einem schmalen, besonders weit in die Marsch vorspringenden Geestrücken und entwickelte sich zum bedeutendsten linkselbischen Hafen des Mittelalters. Von hier aus bestand bereits ein vorgeschichtlicher Elbübergang nach Itzehoe. Das Stapelrecht wurde Stade bereits 1259 von Erzbischof Hildebold konzediert. Es verpflichtete alle von See aufkommenden Schiffe, drei Wasserzeiten (= 36 Stunden) lang in Stade zu verweilen und ihre Waren anzubieten. Eine »Befreiung« von diesem Zoll täuschte Hamburg in seinem gefälschten Barbarossa-Freibrief vor. In der Folgezeit unterstützte Stade allerdings Hamburg 1286 bei der Errichtung des Neuwerker Turms als eines weithin sichtbaren Seezeichens zur Ansteuerung der Elbmündung und auch durch ein militärisches Schutzbündnis zur Sicherung des Elbfahrwassers (1309). Zu größeren Konflikten kam es erst zu Beginn des 15. Jhs., als Hamburg versuchte, die Schifffahrt zwischen Lüneburg und Stade via Harburg auf der Süderelbe zu erschweren und 1417 vom Kaiser deswegen zur Ordnung gerufen werden mußte. Noch im 16. Jh. versuchten die gegnerischen Parteien, das Urteil einer kaiserlichen Untersuchungskommission, welche die örtlichen Voraussetzungen für die Vergabe von Stapelrechten überprüfen sollte, mit Hilfe recht unterschiedlich gestalteter Elbkarten für ihren jeweiligen Standpunkt einzunehmen.

Als Hafen wurde ehedem der in die Stadt hinein- und am Schwedenspeicher vorbeiführende Schwingebogen genutzt und mit Kaianlagen an beiden Ufern so weit wie möglich ausgebaut. Genau hier machten auch die zu Beginn des 19. Jhs. zwischen Hamburg und Stade verkehrenden Ewer fest, die während des Sommers täglich und im Herbst wenigstens alle zwei Tage an- und ablegten (Hamb. Adressb. 1808). Mit Einsetzen der Industrialisierung entstanden Arbeitsplätze bei der Herstellung von Eisenguß, Gußstahl, Leder, Zigarren, Bier, bei der Holzverarbeitung, im Weinhandel und dem Vertrieb des im nahe gelegenen Dorf Campe erzeugten Salzes. Einer günstigeren Entwicklung der Schiffahrt stand die Einengung des Hafens durch die Befestigungsanlagen im Wege. Und als am 4. Septem-

Im Stader Fleet wird noch gestakt
Wir schauen auf den Bug eines einmastigen Fracht-Ewers, der mit geringer Fahrt nur von seinem Eigner rückwärts ins Fleet gestakt wird. Hier muß man so arbeiten, weil das Schiff in dem engen Fleet nicht gewendet werden kann. Die Fahrtrichtung erkennen wir leicht, weil das am Bug befestigte Beiboot ihr folgt. Weit wird die Reise nicht mehr gehen, da der Anker bereits geworfen ist und die Ankerkette ins Wasser läuft. An ihr kann der Schiffer sein Fahrzeug bei der Rückwärtsfahrt ausrichten oder jederzeit wieder nach vorn holen, wenn ein solches Manöver erforderlich sein sollte. Der Mast ist gelegt, weil, wie man sieht, Brücken und sogar Häuser unterquert werden müssen.

Stade – alter Hafen
Mit seinem alten Hafen besitzt Stade eine an der Elbe einzig dastehende, bis in die Hansezeit zurückreichende Anlage. Noch in unserem Jahrhundert fuhren die Ewer, am Schwedenspeicher vorbei, hier ein, machten an den Ringen in der Spundwand fest, die den Schiffen ein bequemes Steigen und Fallen – je nach Tidenstand – erlaubten. Hier hat gerade vor dem Schwedenspeicher ein Besan-Ewer festgemacht, der die Segel zum Trocknen gesetzt hat. Nach der ausgezeichneten Restaurierung in den letzten Jahren könnte der Hafen zur Freude der Stader Bürger und Gäste leicht wieder die alte Ensemblewirkung mit den Ewern vor der hinreißenden Häuserzeile entfalten, zumal nicht nur in Stade, sondern überall an der Elbe Fahrzeuge dieser Art gepflegt werden. Voraussetzung wäre nur, die feste Straßenbrücke neben dem Schwedenspeicher in Richtung des neuen Hafens durch eine Zug- oder Drehbrücke zu ersetzen.

ber 1840 die seit dem Ende des 16. Jahrhunderts für den Fährbetrieb nach Hamburg tätige »Kompagnie der Stader Fährschiffer« erstmals ein Dampfschiff in Dienst stellte, mußten sich die Passagiere – bis dahin waren sie von den flachen Segelfähren im Stadthafen an Bord genommen worden – zur neuen Anlegestelle nach Brunshausen bequemen. Allein die nimmermüden Fracht-Ewer vermochten aufgrund ihres geringen Tiefgangs an dem Schwedenspeicher vorbei bis zum Kran in den sog. Alten Hafen im oberen Schwingebogen hineinzugleiten.

Angesichts einer derartigen Entwicklung ist es leicht nachzuvollziehen, daß die Mängel des alten Hafens sich immer unangenehmer bemerkbar machten. Darum wurde im August 1852 ein erstes Gesuch, die Festungswerke niederlegen zu dürfen, an das hannoversche Kriegsministerium auf den Weg gebracht. Erst nachdem Preußen sich Hannover einverleibt hatte, gab das Ministerium einem weiteren Antrag 1867 statt, die Festung Stade aufzugeben und die Befestigungsanlagen zu kassieren. Die Bewältigung der finanziellen Probleme verzögerte die Inangriffnahme des Abbruchs bis 1880. Als dieser 1883 erledigt war, beliefen sich die Kosten inklusive Stadterweiterung auf eine Million Mark. Inzwischen waren beinahe alle Entwicklungsmöglichkeiten für die Teilnahme an einer modernen Küsten- oder gar Seeschiffahrt im Keime erstickt worden. 1875 waren es ganze acht Seeschiffe gewesen, die Stade als ihren Heimathafen angeben konnten. Gleichwohl hat die hiesige Werft Ropers problemlos den Bau flachgehender Fracht-Ewer betreiben können. Achtzehn Fahrzeuge dieses Typs waren in Stade noch um 1900 beheimatet.

Endlich wurde 1882 ein neuer Hafen geschaffen, ein großes Bassin unmittelbar vor der entfestigten Stadt. Von jetzt an konnten sogar größere Dampf- und Segelschiffe die Schwinge nach Stade hinauffahren, die bis dahin in Brunshausen an der Schwingemündung hatten bleiben müssen.

Ein anderes Problem, die jährlich auftretenden

Überschwemmungen der Altstadt und der Schwingewiesen, konnte 1898 mit der Planung eines wirkungsvollen Hochwasserschutzes bewältigt werden. Hierzu war es nötig, die enge Einfahrt vom neuen in den Alten Hafen durch Fluttore bei Sturmflut abzuriegeln. Nach mehreren Anläufen ließ sich die Planung 1921, allerdings unter Inkaufnahme riesiger finanzieller Schwierigkeiten, verwirklichen.

Stade aus der Luft
Man schaut auf den Hafen und erkennt den kleinen Einschnitt, von dem aus unter einer Brücke her am Schwedenspeicher vorbei die Schwinge in einem Bogen bis in die Altstadt hinein zu verfolgen ist.

Das Land Kehdingen

Die Gebietsbezeichnung wurde zum erstenmal 1156/57 verwendet. Hier war die Rede von den »freien Männern Kehdingens«. Als solche bildeten diese eine aus sieben Kirchspielen bestehende Landesgemeinde, die sich 1274 sogar vorübergehend von ihrem Landesherrn, dem Bremer Erzbischof, lossagte. Den Landesherrn vertraten zur Verwaltung Kehdingens und zur Ausübung richterlicher Gewalt zwei Grafen von Bützfleth und Freiburg aus. Zum Bützflether Verwaltungsbereich gehörten die Kirchspiele Bützfleth, Assel, Drochtersen und Hamelwörden, zu dem anderen Freiburg, Balje und Oederquart. Das Landesregiment über die Gräfenschaften Kehdingens wurde später vom Kurfürsten und schließlich vom König von Hannover ausgeübt.

Kehdingen gehörte von 1814 bis 1866 zum Königreich Hannover, indem es der nur bis 1823 bestehenden Landdrostei Stade angegliedert war. Von 1866 bis 1945 rechnete es zu Preußen. Das Amtsgericht für ganz Kehdingen wurde ab 1852 von Freiburg aus tätig. Diesem folgte nach Freiburg 1859 die Verwaltung des Amtes Kehdingen. Als 1885 das Amt Kehdingen in einen preußischen Landkreis umgewandelt wurde, bildete Freiburg die Kreisstadt. Im Jahre 1932 verlor Freiburg diese zentralen Funktionen, als Kehdingen in den Großkreis Stade eingegliedert wurde.

Mit der Kreisbahn nach Kehdingen

Bis zur Mitte des Monats Juni 1899 war auf die eigenen Füße oder die Benutzung der Postkutsche angewiesen, wer aus einem der vielen kleinen Orte Kehdingens nach Stade wollte. Auf der holperigen, schlecht gepflasterten Provinzial-Chaussee von Stade über Bützfleth – Drochtersen – Freiburg – Balje – Itzwörden bis zur Oste-Fähre war das Vorankommen mühsam genug gewesen, eine Qual für Mensch und Tier. Seit 1881 gab es wenigstens die Unterelbische Eisenbahn von Harburg über Stade nach Cuxhaven, die allerdings mit ihren Stationen Hechthausen – Basbeck – Cadenberge so weit südlich um Kehdingen herumgeführt wurde, daß sie für den Nahverkehr nach Stade gar nicht genutzt werden konnte. Für Berufspendler gab es unter solchen Umständen noch keine Chance. Wer in Assel oder Barnkrug wohnte, der mußte zunächst erst einmal nach Stade umziehen, wenn er dort arbeiten wollte.

Ausflugsziele zu Wasser und zu Lande
Es versteht sich von allein, daß die auf auswärtige Gäste hoffenden, typischen Ausflugslokale und Hotels mit den günstigen Verkehrsmöglichkeiten erfolgreich für sich werben konnten. So zeigt die Werbepostkarte von »Buhrfeind's Hotel, Krautsand (Elbinsel)« nicht nur auf einer extra beigefügten Kartenskizze die »Landungsbrücke« für den »Stader Dampfer nach Hamburg« sondern auch die Bahnstation Dornbusch der »Kehdinger Kreisbahn nach Stade«.

Es gab wahrlich nur triftige Gründe für die Projektierung einer Kreisbahn, als diese tatsächlich 1889 vom Kehdinger Kreistag beschlossen wurde. Freilich: Eine Normalspurbahn hätte Unsummen verschlungen und wäre damit für die zu beteiligenden Gemeinden zu teuer geworden. So legte sich denn der Kreistag endlich nach jahrelangen Diskussionen am 15. Juni 1897 auf den Bau einer 1.000 mm Schmalspurbahn fest. Nach den Bestimmungen des »Kleinbahn-Gesetzes« gestaltete sich die Verlegung des Gleiskörpers besonders günstig, da die Stärke der Unterbettung unterhalb der Schwellen nur 20 cm betragen sollte. Der Regierungspräsident genehmigte außerdem die Mitbenutzung der Stade-Brunshausener sowie der Stade – Freiburg – Neuhäuser Chaussee. *»Überall, wo die Kleinbahngleise in die Pflasterbahn der Chaussee einschneiden, kommen Rillenschienen zur Anwendung ... Die im Entwurf vorgesehenen Bahnsteige sollen nicht über das Chaussee-Planum aufgehöht werden ... im allgemeinen soll die Entfernung der Gleismitte von der Bordsteinkante der Fahrbahn mindestens 2,45 m betragen«*. Alle diese Vorteile wurden allerdings mit einer Beschränkung der Höchstgeschwindigkeit auf 30 km/h auf freier Strecke, bzw. 10 km/h innerhalb geschlossener Ortschaften erkauft. Außerdem wurde festgelegt, daß in Stade und Assel Stichbahnen zu den Häfen vorzusehen seien.

Für derartige Verkehrsbedingungen eigneten sich am ehesten Straßenbahn-Lokomotiven, von denen gleich fünf Stück bei der Hohenzollern A. G. in Düsseldorf erworben wurden. Zur besseren Unterscheidung durch das Publikum erhielten sie Namen wie KEHDINGEN, FREIBURG, ELBE und OSTE. Aus Sicherheitsgründen wurden sie kastenförmig verkleidet, was ihnen ein geradezu exotisches Aussehen verlieh. An den Stirnseiten waren je drei hochovale Fenster angebracht, so daß die Sichtverhältnisse eine uneingeschränkte Nutzung in beiden Fahrtrichtungen erlaubten.

Im Rahmen unserer Darstellung spielt die Kreisbahn insofern eine wichtige Rolle, als sie beträchtlich zur Verbesserung der Infrastrukturen und der Lebensqualität in den kleinen Elbhäfen Kehdingens, die ausnahmslos in das Streckennetz einbezogen wurden, beitragen sollte. Nach Ausnutzung aller erdenklichen Verbesserungen benötigte die Bahn im Jahre 1929 für

Gruß aus Süderdeich
Auf der Postkarte ist die sechste Lokomotive vom Typus HOHENZOLLERN, *mit Namen* DROCHTERSEN *zu erkennen. Sie wurde 1907 beschafft und erst 1937 nach Außerdienststellung verschrottet. Der Zug führt einen Gepäck- und zwei Personenwagen. Die Geschäftigkeit des Zugpersonals ist ebenso gespielt wie das Interesse der Reisenden, die wohl nur zur Belebung des der Bahn werbemäßig nutzbaren Postkartenmotivs auf die Straße gebeten worden sind. Normalerweise hielt der Zug bei solchen Stationen, für die im Fahrplan nur eine Ankunftszeit vermerkt war, gerade eine Minute lang. Dies galt auch für die hier erreichte Station Süderdeich, die auf dem allerletzten Streckenteil zwischen Balje und Itzwörden am Südufer der Oste gelegen war.*

die Bewältigung der 50,5 km langen Gesamtstrecke von Stade bis zur Oste-Fähre Itzwörden drei Stunden und fünf Minuten, für die kürzere Strecke nach Freiburg, d.h. für 34 Bahnkilometer, eine Stunde und 25 Minuten. Täglich verkehrten ab 4. April 1929 je fünf Züge in beiden Richtungen über die ganze Strecke und zwei weitere jeweils von bzw. bis nach Freiburg. Im gleichen Jahre beförderte die Bahn 327.292 Personen, davon 70.006 Inhaber von »*Wochenkarten für Militär, Schüler, Lehrlinge und Arbeiter*«. Ein vergleichbar häufig nutzbares, annähernd komfortables Angebot des Öffentlichen Nahverkehrs besteht seit langem nicht mehr.

Nach Wagenachsenkilometern blieb der Güterverkehr stets erheblich hinter dem Personenverkehr zurück. Nie bedeutete er eine echte Konkurrenz für die Frachtschiffahrt. Zwar bestanden Anschlußgleise für

- Stader Hafen
- städtische Gasanstalt
- Glashütte Brunshausen
- Ziegelei Hinrich Ringleben, Hörne (Stade)
- Minendepot Grauerort (Verladebrücke 1928)
- Bleifabrik Häntler & Natermann, Barnkrug
- Ziegelei H. v. Allwörden, Wethe
- Ziegelei Ernst Sylvester & Co., Hamelwörden
- Tank- u. Petroleumlager Hasselbusch, Freiburg
- Mühle Eduard Brümmer, Neuensteden b. Freiburg
- Häckselschneiderei Bremer, Neuensteden bei Freiburg,

jedoch war die Bahn schon allein aufgrund der schwachen Gleisbettung für den Transport gewichtiger Massengüter kaum eingerichtet. Und dennoch gehörte die »Klütenbahn«, über die man ihres charakteristischen Tempos wegen manch heitere Anekdote erfand, unverzichtbar zur Kehdinger Küstensilhouette. Noch heute erzählt man von ihr, obwohl sie bereits 1937 aus Gründen der Unwirtschaftlichkeit ihren Betrieb einstellen mußte.

Häfen und Werften in Kehdingen

Bützfleth

Nach den Ermittlungen der Archäologen bestand hier im 3./4. Jh. n. Chr. eine gegen Hochwasser ungeschützte Flachsiedlung. Sie mußte später mit Ansteigen des Meereswasserspiegels aufgegeben werden. Erst als schließlich die Dorfwurt errichtet wurde, waren die Siedler ausreichend geschützt.

Bützfleth besitzt die älteste Kirche im Lande. In Deichnähe entstanden hier wie in allen anderen Orten an der Süderelbe Ziegeleien, als in Hamburg nach dem Großen Brand von 1842 massenhaft Baumaterial benötigt wurde. Lipper Ziegelmeister kamen ins Land und brachten als Gastarbeiter Polen, Galizier, Ruthenen mit – 100 waren es im Jahre 1877 –, die allein in Kehdingen in diesem Jahre in 118 Öfen 140 Millionen Steine brannten. Von Bützfleth bis Freiburg konnte man im Jahre 1889 schon 89 Ringofenschornsteine zählen. Der Bau des Hamburger Freihafens mit seiner Speicherstadt bescherte dieser Industrie eine Konjunktur, die den örtlichen Mittelstand, ferner den Ausbau der kleinen Häfen sowie der Stichkanäle und insbesondere die Gründung von Werften, welche die flach gehenden und in jedes Schlickloch hineinrutschenden Stein-Ewer bauen konnten, an der ganzen Küste begünstigte. Daher kommt es auch, daß um 1900 hier 18 Fracht-Ewer – davon 8 reine Binnenschiffe – beheimatet waren.

Der Bützflether Hafen war ehedem durch einen Priel mit der Bützflether Süderelbe verbunden. Heute ist er zugeschüttet. Damit ist die ursprüngliche Hafensituation vor Ort kaum mehr nachzuvollziehen. Immerhin erfaßte das Jahresregister des Germanischen Lloyd von 1914 namentlich acht Bützflether Eigner von Schiffen über 50 cbm Rauminhalt.

Vor dem Bützflether Hauptdeich und nur durch das schmale Gewässer der Binnenelbe vom Festland getrennt liegt als erster der Kehdinger Elbsande der Bützflether Sand. Ehedem lebten auf dem fruchtbaren, 1.100 ha großen Areal drei Pächter auf ihren Wurten.

Am 22. Juni 1972 wurde Bützfleth im Rahmen des Gesetzes zur Neugliederung der Gemeinden im Raum

Cuxhaven/Land Hadeln/Stade mit 33,51 qkm Land und 3.706 Einwohnern nach Stade eingemeindet. Mit den nach der Sturmflut von 1962 eingedeichten Außendeichflächen des Bützflether Sandes gelangte ein großes Industrieareal in den Besitz der Schwingestadt, das teils von der DOW-Chemical (1968) bebaut, teils von den Vereinigten Aluminiumwerken (1969) in Nutzung genommen wurde. Es steht außer Zweifel, daß beide Betriebe das Arbeitsplatzangebot der Region erheblich verbessert haben. Außerdem profitierte die Gemeinde über lange Jahre hin von extrem hohen Steuereinnahmen. Wie weit sie auch geeignet waren, entstehende Umweltschäden zu kompensieren, ist strittig geblieben.

Grauerort

– 1132 Erwähnung des Ortes Grove

Um 1870 wurde nördlich von Abbenfleth das Fort Grauerort als Minendepot angelegt. Später wurde es als Munitionssperrdepot weiter genutzt. Durch ein besonderes Anschlußgleis von 1,5 km Länge wurde es 1919 bei Abbenfleth mit dem Schienenweg der Kehdinger Kreisbahn nach Stade verbunden.

Vom Depot aus wurde 1928 eine mit Gleisen ausgestattete, 250 m lange Verladebrücke bis an seeschifftiefes Wasser in die Elbe hinausgeschoben, die noch heute existiert. Das Verladen der Munition vom Waggon auf das Schiff geschah stets unter Wahrung strengster Sicherheitsbestimmungen. Über längere Zeit hin stellte ein Restaurant auf der Brücke eine besondere Attraktion dar, das unter dem Namen »Klein Helgoland« von sich reden machte.

Barnkrug

– im Stader Stadtbuch 1340 als zu Assel gehörende Bauernschaft erwähnt. Variationen des Ortsnamens: Barenkroch, to dem Barencroghe.

Die ältesten bisher nachgewiesenen Siedlungsspuren reichen bis ins 1. Jh. n. Chr. zurück und entwickelten sich im Laufe des 3. und 4. Jhs. deutlicher zu einer Flachsiedlung. Dagegen fehlen Bodenfunde aus der Zeit vom 5. bis zum 11. Jh., weil damals eine weitere Besiedlung sehr wahrscheinlich nicht möglich war. Hiernach erst entstand die Barnkruger Wurtensiedlung. Wie für die in den folgenden Kapiteln behandelten Marschenorte war die Lage an der Süderelbe wichtig, weil sie zu allen Jahreszeiten – vom Eisgang einmal abgesehen – als zuverlässigster Verkehrsweg genutzt werden konnte.

Der 42 m hohe Schmelzturm einer dort ansässigen »Bleifabrik« geriet zum unübersehbaren Wahrzeichen der Industrialisierung des Ortes. In dem Schmelzturm wurde durch Erhitzung Blei verflüssigt, das man portionsweise aus 40 m Höhe in ein Kühlbecken abtropfen ließ. Dabei entstanden kleinere und größere Kugeln, die automatisch sortiert und verschiedenen Zwecken zugeführt wurden, z. B. zur Verwendung in Schrotpatronen oder für Plomben und kleinere Bleiartikel. Seit 1908 war das Betriebsgelände der »Jagd-Schrot & Hagel-Fabrik Häntler & Natermann« über ein eigenes Gleis von 500 m Länge an das Streckennetz der Kehdinger Kreisbahn angeschlossen, um Fertigprodukte schneller dem Markt zuführen zu können. Das Rohblei als Ausgangsmaterial wurde hingegen auf dem Wasserwege nach Barnkrug befördert.

Im Jahre 1907 schlossen sich neun Schiffseigner aus Barnkrug zu einer Hafengenossenschaft zusammen, die auch das Eigentum an dem damals mit hölzernen Bollwerken von eigenen Leuten gut ausgebauten Hafen erwarb. Für die Einhaltung einer eigens geschaffenen und 1936 bestätigten Hafenordnung wurde ein Hafenaufseher bestellt.

Neun Fracht-Ewer, eben die der Genossenschaftsmitglieder, hatten denn auch schon um 1900 zum Hafen gehört, die bis auf zwei reine Binnenfahrzeuge sich in die See wagen konnten. Aus Barnkrug hatten sich im Jahresregister des Germanischen Lloyd für 1914 sieben Eigner von Schiffen über 50 cbm Rauminhalt eintragen lassen. Noch heute besitzt der Ort einen der schönsten Elbhäfen, den man hinter Schwarztonnensand durch das rings von Obstbäumen gesäumte »Barnkruger Loch« erreicht. Sobald man ihn einsieht, erkennt man gute Anlegemöglichkeiten auf Backbordseite, eine metallene Spundwand mit Pollern darüber. Diese Anlagen sind 1954 geschaffen worden. Neuerdings sind die Fazilitäten eines Sportboothafens hinzugekommen. Es steht zu hoffen, daß mit Hilfe dieser neuen Nutzung der Hafen erhalten werden kann. Vom Hafen aus führt ein kaum mehr befahrbarer Altarm der Süderelbe in Richtung Assel weiter, der Verbindung mit dem gut schiffbaren Ruthenstrom hat.

Assel

– Von einer Hufe in *»Asala«* spricht 1057 die Rosenfelder Chronik des Klosters Harsefeld. 1124 erste Erwähnung der Kirche.

Assel entstand als Wurtensiedlung. Die Kirche ist dem Heiligen Martin von Tours geweiht, wie 1390 im Stader Stadtbuch bezeugt wird. Reste der ursprünglich aus Feldsteinen errichteten romanischen Kirche, zu der ein Rundturm gehörte, sowie Bestandteile der nachfolgenden Perioden sind im aufgehenden Mauerwerk des heute dort stehenden Bauwerks nachzuweisen, so die feine Ornamentierung der Türpfosten an der Nordseite mit dem sog. Taubandmuster aus dem 12. Jh.

Seiner Gastlichkeit wegen bedeutete Assel für Durchreisende einen angenehmen Aufenthalt, wie etwa Johann Nicolaus Tetens 1780 auf seinen, »von höherer Seite veranlaßten« Reisen »in die Marschländer an der Nordsee zur Beobachtung des Deichbaus« erfahren hat: *»Assel ist ein bloßes Dorf, aber ich kann in keiner Stadt bequemer und besser logieren, als ich da gewesen bin. Der Wirth hatte als Kapitän eines Kauffahrdeyschifs die See befahren … Er wies mir seinen Hadleyischen Octanten und sein Manuscript von der Steuermannskunst.«*

Vor dem Asseler Elbdeich liegt der Asseler Sand (300 ha), von Osten her durch das Barnkruger Loch sowie die flache Süderelbe und vom Westen her durch den bis hierher gut schiffbaren Ruthenstrom vom Festland getrennt. An jener Stelle, wo beide Gewässerarme zusammentreffen, zweigt der Asseler Hafenpriel nach Süden ab. Unmittelbar vor dem Deich weitete sich – auch heute noch sichtbar – der Priel zum Hafenbecken mit Anlegemöglichkeiten auf beiden Seiten. Der Umfang des Hafenbetriebes um 1900 läßt sich allein schon an der Tatsache ermessen, daß 38 Fracht-Ewer – bis auf 13 reine Binnenschiffe – hierher gehörten. Damals waren im Hafen allein vier Steinverladeplätze der Ziegelei Buhbe & Eylmann vorhanden. Von der Schiffahrt lebten unmittelbar vor Eintritt in den Ersten Weltkrieg acht Eigner von Fahrzeugen über 50 cbm Rauminhalt (G. L. – 1914).

Nach dem Zweiten Weltkrieg begann man mit neuem Mut, den Hafen auszubauen, indem zunächst am 18. Januar 1948 eine Hafengemeinschaft durch 37 Schiffer begründet wurde. 10 Pfähle und 4 Streben wurden errichtet, weitere Liegeplatzausrüstungen folgten. Ein Spülgraben wurde geschaffen, der mit Hilfe der Räumkraft des aufgestauten Wassers nach jeder Flut den Hafen von Schlickbefall säuberte. Alle diese Bestrebungen wurden nach der großen Sturmflut von 1962 zunichte, als im Rahmen gewaltiger Flutschutz-

Gruß aus Assel – der Hafen

Zwei plattbödige Frachtschiffe liegen »auf Schiet« im Asseler Hafen – es herrscht zur Zeit Niedrigwasser. Auf beiden Seiten des Hafens haben sich Menschen versammelt, um das Wunder der fotografischen Aufnahme mitzuerleben.

maßnahmen der Deichbau und die Errichtung des Ruthenstromsperrwerks (1976–1978/79) Assel von der Elbe trennte und seine Zufahrt verschlicken ließ.

Asseler Sand

Der Asseler Sand wird durch den Elbarm hinter dem Schwarztonnensand nach Nordosten und Osten, durch den Ruthenstrom nach Nordwesten und Westen sowie durch die Barnkruger Süderelbe nach Südwesten begrenzt. Gleichwohl ist der alte Elbinselcharakter kaum mehr spürbar, da die Verschlickung nach der Landseite hin die ehedem trennenden Gewässerarme weitestgehend eingeebnet hat. Außerdem ist ein Teil des Asseler Sandes durch den neuen Deich, der den Ruthenstrom mit Hilfe des Sperrwerks überspringt, in das Festland einbezogen worden. Immerhin blieben 200 ha als Außendeichsgebiet bewahrt. Vorläufig steht der ganze Asseler Sand unter Naturschutz und bildet zusammen mit dem ebenfalls unter Naturschutz befindlichen Schwarztonnensand sowie dem dazwischen liegenden Watt ein einzigartiges Reservat und Vogelrastgebiet von internationalem Rang. Gleichwohl bleibt die landwirtschaftliche Nutzung weiterhin möglich.

Wie alle Elbsande befindet sich auch dieser in Staatsbesitz und wird durch verpachtete Domänenhöfe bewirtschaftet. Hier wurde vor allem Pferdezucht, aber auch der Anbau von Meerrettich betrieben. Um die Bewirtschaftung zu erleichtern, aber auch die Schiffahrt nicht zu behindern, wurde in den zwanziger Jahren eine erste Drehbrücke zum Festland eingerichtet. Von den später hinzugekommenen ist die letzte erst 1981 durch eine feste Brücke ersetzt worden.

Ritsch

– Als zu Assel gehörende Bauernschaft 1310 erstmals im Stader Stadtbuch erwähnt. Die ältesten Nennungen des Ortsnamens variieren: Ritzeke, Rudesike, Rotsyche, Rytseke.

Der Hafen wurde an dieser Stelle für die Ausfuhr der in den hiesigen Ziegeleien hergestellten Steine eingerichtet. So verwundert es nicht, daß die im Jahre 1899 hier beheimateten fünf Fracht-Ewer ausschließlich beim Ziegeltransport eingesetzt wurden. Gewiß benötigten sie noch erhebliche Unterstützung durch auswärtige Ewer. Bis 1913 gesellten sich noch zwei kleinere, jedoch registrierte Fischereifahrzeuge hinzu.

Gauensiek

Vor dem Deich bei Gauensiek liegt der zu Drochtersen gehörige Hafenplatz, dessen Ausbau von der wirtschaftlichen Entwicklung der Ziegelindustrie im 19. Jh. profitiert hatte. Immerhin las man hier 1899 am Heck von 20 Fracht-Ewern den Namen des Heimathafens Gauensiek, die bis auf 9 Exemplare nur für die Binnenfahrt geeignet waren. Die Zunahme der Steintransporte begünstigte das Entstehen einer Ewerwerft, die in den Jahren 1844 bis 1890 unter Johann Funcke und nochmals unter den Gebrüdern Schulze ab 1900 besonders viele Fahrzeuge abliefern konnte. Erst 1976 hörte auf der Werft jede Tätigkeit auf.

Seit wenigen Jahren hat ein junger Schiffbauer die Werft gepachtet, der für sorgfältige Holzarbeiten bekannt ist. Vor allem werden Restaurierungsarbeiten an segelnden Berufsfahrzeugen wie denen des Museumshafens Oevelgönne ausgeführt, sofern sie den Mast legen oder ziehen können. Diese Einschränkung, bewirkt durch den Einbau einer festen Brücke über dem Wasserweg nach Gauensiek, erschwert die Schifffahrt und ist jeder erdenklichen wirtschaftlichen Hafennutzung immens abträglich.

Der alte Ziegelschlot neben der Werftschmiede gehörte zu einer örtlichen Senffabrik. Das Ausmaß der Verschlickung läßt kaum mehr deutlich erkennen, daß dieser Hafen mit zahlreichen Streichpfählen und Anlegemöglichkeiten einmal einer der bedeutendsten in Kehdingen gewesen ist. Wir wissen von sieben Schiffseignern, die hier mit Fahrzeugen über 50 cbm Rauminhalt ansässig waren (G. L. – 1914).

Drochtersen

Der größte und bedeutendste Ort Südkehdingens geht ebenfalls auf eine Wurtensiedlung zurück. Hier wurde die Ziegelproduktion im 19. und beginnenden 20. Jh. besonders erfolgreich betrieben. Haupthafen für Drochtersen ist Gauensiek.

Vor Gauensiek und Drochtersen liegt der Gauensieker Sand, vom Festland durch einen Altarm der Süderelbe getrennt. Vom Hauptstrom her wurde ein Stichkanal – gut ablesbar auf der Elbkarte von J. Köhler von 1910 – mitten durch den Gauensieker Sand gegraben, um Gauensiek mit ausreichender Fahrwassertiefe zu erreichen.

Darüber hinaus besaß Drochtersen einen weiteren, den sog. Mühlenhafen, der hauptsächlich von den Ziegeleien in der Nähe als Umschlagsplatz genutzt wurde.

Von ihm ist im Gelände so gut wie nichts mehr zu erkennen. Hier lagen um die Jahrhundertwende ständig sieben Fracht-Ewer.

Dornbusch

– entstanden als Wurtensiedlung dicht an der Süderelbe.

Der reizvoll gelegene und ehedem nicht unbedeutende Hafen war bis vor kurzem jederzeit bequem über die Wischhafener Süderelbe, die den Krautsand vom Festland trennt, zu erreichen. Zumal hier 1899 immerhin 36 Fracht-Ewer – davon gut die Hälfte auch für die Küstenschiffahrt geeignet – beheimatet waren, lebten zwei Werften recht einträglich vom Schiffbau, und zwar die von Peter Mahler, der von 1836 bis 1845 mehr als fünfundzwanzig Ewer baute, sowie von Johann Siems. Siems kam auf ähnlich hohe Stückzahlen. Seine Werft arbeitete von 1844 bis 1877.

Leider ist in den letzten Jahren eine Brücke zum Krautsand hinübergeschlagen worden, welche die Süderelbe unglücklicherweise direkt vor der Hafeneinfahrt und damit an der überhaupt ungünstigsten Stelle überquert. Das rechteckige Hafenbecken, das unmittelbar an die Wischhafener Süderelbe grenzt, bot noch vor wenigen Jahren großen See-Ewern ausreichende Wendemöglichkeiten. Jetzt ist der Hafen nahezu hermetisch abgeschlossen und damit ein besonders wichtiger und lange sichtbarer Teil der Dornbuscher Ortsgeschichte dem Vergessen preisgegeben worden.

Krautsand

Die 18 qkm große Insel schmiegt sich in eine höher gelegene Schwemmlandbucht am Südufer der Elbe ein. Auf Krautsand lebten 1965 rund 1.000 Einwohner vorwiegend von Weidewirtschaft und Obstanbau. Auch hier finden sich noch die alten Ziegeleien an den Prielen, die im vorigen Jahrhundert Backsteine nach Hamburg geliefert haben. Dem Ziegeleiboom ist es denn auch zu verdanken, daß Krautsand gegen Ende des 19. Jhs. 47 Fracht-Ewer beheimatete, darunter 25 seegehende.

Bis 1867 besaßen die Inselbauern ihre Höfe in Erbpacht und zahlten ihren Pachtzins an die Domänen-

Fährhaus Dornbusch
Eine Verbindung zum Krautsand war hier immer notwendig, daher die Fähre an dieser Stelle. Die Aufnahme ist bei Niedrigwasser gemacht und zeigt sehr deutlich, welcher Anstrengungen es jährlich bedurfte, um die stets nachwachsenden Schlickbänke zur Aufrechterhaltung der Schiffahrt zu beseitigen. Der Umschlagplatz liegt vor der Häusergruppe auf der Hafenecke, wo der Pferdewagen steht. Durch Einbau einer stählernen Spundwand und von Streichpfählen aus gleichem Material konnten die Hafenfazilitäten später nochmals entscheidend verbessert werden.

Stapellauf auf Möllers Werft
Auf je einer Slipbahn stehen ein Giek-Ewer – das einmastige Fahrzeug rechts mit der großen Flagge – und der Besan-Ewer links. Beide sollen zu Wasser gelassen werden. Am Spiegelheck des Giek-Ewers sind bereits die Namen des Schiffes und des Heimathafens angebracht. Die »Schiffsmaler« hatten gerade letzte Hand angelegt, ehe dieses Foto entstand. Sie zeigen noch mit ihren langstieligen Quasten auf das gemalte Unterwasserschiff. Hier befinden sich zwei Personen an Bord – wahrscheinlich die beiden Eigner. Elf Personen, eine ganze Festversammlung, können wir an Deck des Besan-Ewers zählen. Dieser soll von Stapel laufen und getauft werden. Daher sind die Namensbretter noch nicht angebracht. Wahrscheinlich ist der Neubau an einen Schiffer auf der dänischen Nordseeinsel Fanö verkauft worden. Dort unter den Schätzen eines kleinen Heimatmuseums hat der Verfasser den Stapellauf-Schnappschuß entdeckt.

verwaltung für die Kehdinger Sande in Wischhafen. Danach nutzten sie alle die sich damals bietende Gelegenheit, die Höfe eigentümlich zu erwerben. Ein Jahr später wurde die durchaus beachtliche Werft von Jürgen Möller in Krautsand, dem Haupt- und Hafenort der Insel, gegründet, die sogleich mit dem Bau hölzerner Fracht-Ewer begann und noch kurz vor der Jahrhundertwende große, stählerne Heckschiffe baute. Damit gehörte sie zu den wenigen Werften, welche die Umstellung vom Holz- zum Stahlschiffbau gemeistert hatten. Sie hat an dieser Stelle mit Unterbrechungen bis zur großen Sturmflut von 1962 existiert. Bald darauf ist die Zufahrt zu dem alten Lochhafen durch den neuen Deich versperrt worden. Bis zum Ersten Weltkrieg haben hier von der Schiffahrt neun Eigner mit Fahrzeugen von über 50 cbm Rauminhalt gelebt (G. L. – 1914).

Wischhafen

An der Stelle des heutigen Wischhafen befand sich im 3./4. Jh. n. Chr. eine Flachsiedlung. Hier war der Sitz der staatlichen Domänenverwaltung für die Verpachtung der Kehdinger Sande. Der günstigen Lage an der Mündung der »Wischhafener« Süderelbe verdankt der Ort die Einrichtung der Fähre nach Glückstadt, die vor dem Ersten Weltkrieg von der »Glückstädter Dampfschiffs-Actien-Gesellschaft« betrieben wurde und dreimal täglich in beiden Richtungen verkehrte. Für die Bewältigung einer Reise benötigte der Schraubendampfer KAISER FRIEDRICH ganze 40 Minuten.

Mit Einsetzen der hier tätigen Ziegelindustrie wurden auch in Wischhafen Fracht-Ewer gebaut. Die Werft von Peter Tiedemann bestand nur wenige Jahre nach 1838, während Peter Mahler ab 1846 in nur zwei Jahrzehnten mehr als 25 Ewer abliefern konnte. Die ökonomischen Voraussetzungen waren hier für jeden Werftbetrieb ausgezeichnet, zumal um die Jahrhundertwende 35 Fracht-Ewer – unter diesen 22 seegehende – Wischhafen als Heimathafen angeben konnten.

Mit Einrichtung der Fährverbindung nach Glückstadt hat die Bedeutung des Hafens noch zugenommen. Das Register des Germanischen Lloyd für 1914 nennt 6 Eignernamen zu Fahrzeugen über 50 cbm Rauminhalt. Nach der gleichen Quelle betrieb W. Kroos hier vor dem Ersten Weltkrieg eine Werft für den Bau größere Schiffe.

Fähranleger Wischhafen
Foto Manfred Schulze-Alex

Küstenschiffahrt im Museum
Seit dem Sommer 1994 besitzt Wischhafen ein in der alten Mühle ausgestelltes Küstenschiffahrtsmuseum, das vor allem mit Fotos aus Privatbesitz, aber auch zahlreichen maritimen Gegenständen besonders anschaulich die Geschichte der Häfen und der Schiffahrt im Lande Kehdingen erläutert. Wer vor dem Museum über den Deich schaut, findet dort den kürzlich mit erheblichem Aufwand restaurierten Fracht-Ewer ELFRIEDE, *der dem Altonaer Museum gehört. Es wäre zu wünschen, daß dieses wunderbare, scheinbar an seinem Liegeplatz festgeschweißte, historische Fahrzeug häufiger auf der Elbe Flagge zeigen würde, zumal sich die Initiatoren des Museums zugunsten praktischer Anschaulichkeit um die Ausbaggerung ihres Hafens und die Demonstration segelnder Berufsfahrzeuge im Rahmen von Hafentagen bemühen.*

Freiburg
– erstmals erwähnt 1154

Freiburg ist als typische Wurtensiedlung unmittelbar am Südufer der Elbe errichtet. Bis vor wenigen Jahren kam sie noch ohne den Schutz eines Hauptdeiches aus. Mit einer Höhe von 4,50 m über NN stößt sie auf einer Breite von 400 m wie eine Nase aus der alten Nordkehdinger Hauptdeichlinie (NN +6,20 m) nach Norden vor. Der über Jahrhunderte hin aufgrund der Schlickablagerungen nördlich vor der Wurt entstandene »Schallen«, das angewachsene Vorland, wird von einem inzwischen zum Kanal ausgebauten Hafenpriel geteilt. An seinem oberen Ende ist ein Siel eingerichtet worden. Mit Hilfe der Räumkraft der dahinter in großen Flutbassins zur Flutzeit aufgestauten Wassermassen wurde der Kanal durch Öffnung der Sieltore nach Einsetzen der Hohlebbe regelmäßig freigespült.

Freiburg war, wie die Slavenchronik Helmolds von Bosau – aufgezeichnet zwischen 1156 und 1163 – berichtet, wohl aufgrund seiner Unzugänglichkeit in der Marsch ein sicherer Stützpunkt des Erzbischofs Hartwich I. der Diözese Hamburg-Bremen, eines Widersachers Heinrichs des Löwen. Vermutlich von hier aus unternahm auch einer seiner Nachfolger, Albert II. von Bremen, während der sechziger und siebziger Jahre des 14. Jhs. die meisten Überfälle auf Kauffahrteischiffe, welche unterwegs nach Hamburg auf der Freiburger Reede ankerten oder trockenfielen, um für die Bergauffahrt das Einsetzen der Flutwelle abzuwarten.

Kurz nach der Gründung Glückstadts durch König Christian IV. von Dänemark (1620) wurde von Freiburg aus eine Fähre eingerichtet, wie dem Bremervörder Geldregister von 1633–1634 zu entnehmen ist: *»Michael Öllrich im Lande Kehdingen zu Freiburg gibt für die Fähre von dannen nach Glückstadt, Störe und anderen Orten über die Elbe jährlich 12 Thaler, ist ihm 1626 auf sieben Jahre verheuert.«* Seit 1808 fuhr der Schiffer Peter Baack fahrplanmäßig einmal die

Kümos und Schlepper im Freiburger Hafen
Von der Sielbrücke aus hat man noch den ungehinderten Blick über das unbedeichte Vorland bis zum Elbhorizont. Ein Küstenmotorschiff und weitere kleinere Fahrzeuge liegen links an der Spundwand vor dem Umschlagplatz. Das Kümo SULFMEISTER *ist mit dem Bug fast bis in den Sieltrichter hineingefahren und hat an dem kleinen Steg rechts festgemacht. Rechts weiter im Hintergrund erkennt man eine Slipanlage, die wie die dahinter liegenden Gebäude zur Werft Heinrich Hatecke gehören. Gerade diese sollten bei der Flukatastrophe 1962 großen Schaden nehmen. Aufgrund dieser Schäden ist dann der neue Außendeich mit dem Sperrwerk entstanden, wodurch freilich der freie Blick über das Vorland verlorenging.*

Woche nach Hamburg und nahm Speditionsgüter für Freiburg, Krummendeich und Balje in dem Lokal von Joh. Jochen Beissel auf den Kajen entgegen (Hamb. Adressb. 1808). Gegen Ende des 19. Jahrhunderts waren hier vierzehn Fracht-Ewer beheimatet.

Heute wird Freiburg durch einen Ringdeich geschützt, der bereits 1960 für notwendig gehalten und geplant worden war. Die verlustreichen Auswirkungen der großen Sturmflut vom 16. auf den 17. Februar 1962 für Kehdingen und die Verwüstungen in Freiburg selbst erzwangen eine umgehende Realisierung. Ein Sperrwerk mit zwei Stemmtorpaaren und einer lichten Weite von 8,00 m, das nur bei Sturmfluten geschlossen wird, sichert jetzt den Zugang zum Hafen. An dessen äußerstem Ende liegt die bedeutende Holzschiffswerft von Jürgen Hatecke, 1863 zunächst als Abwrackwerft gegründet, später vor allem tätig in der Herstellung von Börtebooten, die von Helgoländer Schiffern für das Ausbooten der anreisenden Kurgäste benötigt wurden. Zuletzt stellte die Werft ihre Leistungsfähigkeit beim Bau des Zweimastschoners WILHELM EHLERS nach Originalplänen eines amerikanischen Vorbilds aus den 1860er Jahren unter Beweis. Nahe dem Sperrwerk liegt auf dem Westufer des Hafenpriels die zweite Werft, sie gehört Helmut Hatecke. So war für die Instandhaltung und Ergänzung der hier beheimateten Fracht-Ewer und Segelschuten gesorgt, welche Weizen, Raps, Gerste und Hafer, Stallmist aus Kehdinger Großviehhaltung für die Gärtnereien in den Vierlanden, aber auch in Massen Bausteine der umliegenden Ziegeleien für den Wiederaufbau Hamburgs nach dem Großen Brand von 1842 elbaufwärts transportierten.

Verschlickungserscheinungen im Hafen und dem Freiburger Kanal sowie eine ständig anwachsende Barre vor dessen Einfahrt bedeuten für die Freiburger Schiffahrt und das Schiffbauerhandwerk eine ständige Gefahr. Sie würde noch verstärkt, wie die örtlichen Behörden befürchten, wenn Hamburger Pläne für eine weitere Austiefung der Elbe durchgeführt würden, weil dann der Hafen und der Freiburger Kanal buchstäblich auslaufen würden.

Freiburg im Winter – am 4. März 1909
Die Kälte ist diesmal lang geblieben. Die mit Flaggen geschmückten Ewer liegen in dickem Eis. Der weiß gemalte, rundgattige Stahl-Ewer im Vordergrund ist weniger durch diese extremen Eisverhältnisse bedroht, als man dies für den naturholzfarbenen Besan-Ewer aus dem Alten Land daneben befürchten muß. Das Eis baut einen enormen Druck in der Fläche auf, der durch das »Eisen« – d. h. durch ständiges Freisägen des Schiffes mit der Eissäge rund um den Rumpf – beseitigt werden muß. Auch besteht die Gefahr, daß das Eis am Kalfat, mit dem die Nähte zwischen den Planken abgedichtet sind, in Wasserlinie festklebt und bei ständigen Hebungen und Senkungen der Eisoberfläche entsprechend den Tidenverhältnissen das Kalfat aus den Nähten herauszupft. Nach dem Überwintern im Eis ziehen die Holzschiffe bei einsetzendem Tauwetter viel Wasser, so daß sie leicht sinken können, wenn nicht sofort eifrig Wasser gepumpt wird. Die trocken gefrorenen Planken der Außenhaut müssen erst einmal wieder aufquellen, damit sich die Nähte zwischen ihnen wieder dicht verschließen.

Eine Küsten-Silhouette der Wirtschaftsutopien

Brokdorf

– erwähnt 1220 »de Brochthorp«

Während der niederländischen Marschenkultivierung in der zweiten Hälfte des 12. Jhs. entstand Brokdorf als Siedlung von zentralörtlicher Bedeutung. Wohl mehr zufällig erfolgte die früheste Nennung als Kirchspielort so spät, nämlich erst im Jahre 1283. Nach den plausiblen Vermutungen von D. Detlefsen wurde es von dem ursprünglich weiter nach Süden ins heutige Elbwatt vorstoßende Kirchspiel Wewelsfleth abgetrennt, das mit seiner Westgrenze beinahe bis an die Brokdorfer Kirche heranreicht. Die Herauslösung als eigenes Kirchdorf könnte hiernach im Zusammenhang mit zusätzlicher Landgewinnung durch Eindeichung der westlich angrenzenden Marsch geschehen sein.

»Als wir von Störort aus eine kleine Meile gegangen waren, kamen wir nach Brokdorf, einem ansehnlichen Kirchdorfe in der Wilster Marsch, mit einem kleinen Hafen, aus welchem wöchentlich ein Schiff nach Hamburg fährt« (Peregr. ped. 282).

Um einer allmählich sich nach dem Zweiten Weltkrieg im ganzen Niederelberaum verstärkenden Landflucht entgegenzuwirken, beschloß die schleswig-holsteinische Landesregierung 1967, den Raum Brunsbüttel für Industrieansiedlungen aufzubereiten. In diesem Zusammenhang sah die Fortschreibung eines Regionalplans 1976 die Errichtung eines Kernkraftwerkes in Brokdorf vor. Die vorgeschriebenen

Anhörungen, insbesondere die atom- und wasserrechtlichen Erörterungsverfahren, riefen die ortsansässigen Bürger und alle grundsätzlichen Atomkraftgegner auf den Plan, die sich in Demonstrationen mit der Polizei wahre Schlachten lieferten.

St. Margarethen

Das ursprünglich zu Brokdorf gehörende Kirchdorf hat seinen Namen häufiger gewechselt. »Vlethe« hieß es von seiner ersten Erwähnung im Jahre 1342 bis 1546, als die Kirche bereits verlegt worden war. Daneben tauchten auch Bezeichnungen wie Elredevlethe, Ellertevlete und Ellerflieth auf (Detlefsen).

»Anno 1500 ist de Karcke tho St. Margarethen bey den Olden Karken Haven, dat nu in der Elve ist, affgebraken und an den Orth gebauwt, dar se nu tho desser Tidt steit« (Peter Hobes Gedenkbuch, Herzhorner Handschr., wiederholt in einer Anm. z. Alardus Nordalb. Westph. 1, 1861).

»Hier entquillt den Bargmassen der Tiefe eine solche Gasmenge, daß man es zu industriellen Zwecken verwendete« (Linde).

»Bei Scheelenkuhlen, kurz vor St. Margarethen,

Mondlicht über der Böschstation
Aufgrund des hier gewählten Standpunktes scheint die Kirchturmspitze von St. Margarethen etwas dichter an das Leuchtfeuer der Bösch heranzurücken. Zugleich werden auch das Elbufer und der Fahrwasserrand sichtbar. Dämmerung und Mondlicht, das sich in den glatten Wasserflächen spiegelt, liegen über der Elblandschaft. Um so kräftiger leuchtet der Blink des Quermarkenfeuers über die Elbe. Licht dringt auch aus den Fenstern der zur Elbe hin gelegenen Gaststube.
Im verbretterten Giebel über dem Haupteingang des Böschhauses erkennen wir eine Bodenluke. Ausserdem entdecken wir im Mittelgrund die Schienen einer Slipbahn, welche von der Wurt in den Priel hinablaufen. Oben auf dem Slip steht aufgepallt eine offene Jolle, bei welcher es sich vermutlich um eine Lotsenjolle handelt.
A. Nay hat das Blatt gezeichnet und lithographiert, die lithographische Anstalt Em. Baerentzen & Co. hat es gedruckt, wie sich aus den Bezeichnungen ergibt. Es dürfte noch vor der Mitte des 19. Jahrhunderts entstanden sein. Das Original befindet sich im Hause der Lotsenbrüderschaft Brunsbüttel, dem auch die Reproduktion verdankt wird.

drängt die gewaltige Strömung so hart an das Ufer, daß dieses nur durch starke Steindossierung geschützt werden kann. Hier hat bei dem Deichbruch von 1825 die Sturmflut furchtbar gewütet. Seit der Zeit haben die Häuser Flutmauern und die Haustüren festschließende Schotten. Die Stärke der Strömung gibt sich auch darin kund, daß das Fahrwasser die ungewöhliche Tiefe von 25 m aufweist« (H. Albrecht, Der Segler der Niederelbe, Hamburg 1919).

Der kleine Hafen war gegenüber dem von Büttel geradezu unbedeutend. Hier waren 1899 nur fünf Fracht-Ewer beheimatet. Der Ort vergrößerte sich, als nach der Entscheidung über den Abriß des Dorfes Büttel zwischen 1979 und Jahresende 1987 für viele ehemalige Bütteler Bürger hier neuer Wohnraum geschaffen werden mußte.

Die Böschstation
im Vorland von St. Margarethen

Wer zwischen St. Margarethen und Büttel einen Blick über den in einem großen Bogen weit zurückweichenden Deich und in das Vorland wirft, erkennt noch heute einen dicht beim Elbstrom aus der Niederung sich erhebenden Hügel mit einigen Bäumen darauf, nahe einem Priel belegen. Es handelt sich um Rudimente eines erst 1614 erbauten Deiches, der auf Befehl König Christians V. im Jahre 1682 schon wieder aufgegeben werden mußte, weil er nicht zu halten war. Der Hügel stellt den letzten Rest des niedergebrochenen Deiches von 1614 dar. Unmittelbar westlich daneben war die sog. »Bößker Schleuse« eingebaut gewesen, die der Durchführung des Priels durch die alte Deichlinie gedient hatte. Von ihr ist nur der Name »Bösch« als Ortsbezeichnung übriggeblieben.

Im Jahre 1749 nutzte man den Deichstummel – von jetzt ab »Bösch-Wurt« genannt – zur Errichtung der »Bösch-Station«. Hier stand bis 1864 ein schlichtes Strohdachhaus, das dann nochmals einen Anbau zur Wasserseite hin erhielt und nunmehr 80 Lotsen aufnehmen konnte. Diese wurden von hier aus auf die elbaufwärts fahrenden Schiffe versetzt. Hier ließen sich zugleich die von Cuxhaven aus bis zur Bösch tätigen Lotsen ablösen, um bei nächster Gelegenheit auf einem elbabwärts fahrenden lotspflichtigen Schiff nach Cuxhaven zurückzukehren. Seit 1865 gab es das sog. Bösch-Regulativ, eine Vereinbarung zwischen den Ämtern Pinneberg, Jork und der Stadt Hamburg, das die Ablösung und den Rücktransport der von Cuxhaven bis hier tätigen Lotsen sicherstellte. Jollen wurden beschafft, mit denen die Lotsen bei der jeweils nächsten eintretenden Ebbe nach Cuxhaven zurücksegeln konnten. Zugleich entstand die erste regelmäßig verkehrende Schiffsverbindung zwischen Schleswig-Holstein und Cuxhaven.

»Wenn die Lotsen bemerkten«, so berichtete später der St. Margarethener Pastor Ruchmann (1855–1865), *»daß ein Schiff mit Lotsenflagge sich näherte, stiegen 8–10 der kräftigsten Männer ins Lotsenboot, um den einen, welcher an der Reihe war, ans Schiff zu rudern. Denn es ging regelrecht zu. Wer auf der Bösch zuerst angelangt war, bekam das nächste Schiff.«*

Für die Bauern und anderen Einwohner der umliegenden Marschen bildete die Bösch, wo der Böschwirt, mit Ökelnamen auch *Butendiekskeunig* geheißen, regierte, ein abwechslungsreiches Wanderziel ihrer Sonntagsspaziergänge. Aus ihrer Sicht neckten sie ganz konsequent die ihnen persönlich längst vertrauten Böschlotsen als *Böschburen.* Nach Fertigstellung des Nord-Ostsee-Kanals zog die Lotsenstation am 10. Oktober 1895 in ein neues Gebäude an der Südseite des Kanals um. Das alte Stohdachhaus bestand noch weitere sechs Jahre, bis es in einer Brandkatastrophe am 5. November 1901 völlig zerstört wurde.

Büttel

»Büttel hat 40 Wohnungen, 178 Einwohner, eine dreiklassige Schule, eine Meierei, zwei Wirtshäuser, einige Handlungen, Schmiede, zehn Handwerker. Die alte Lotsstation ist 1902 niedergebrannt und nicht wieder aufgebaut ... Der Hafen geht von Nord nach Süd durch den Außendeich (Butendiek), ist ca. 1 km lang, 2–3 m tief... 20–30 m breit. Seit der Eröffnung des Kaiser-Wilhelm-Kanals wurde die Schiffahrt unbedeutend.« Soviel teilt im Jahre 1908 Henning Oldekop im 2. Band seiner »Topographie des Herzogtums Holstein« mit.

Wer heute mit dem Omnibus nach Büttel fährt und an der Bundesstraße Nr. 5 aussteigt, befindet sich, ob er's glaubt oder nicht, im Bereich des ehemaligen Dorfzentrums Büttel selbst. Es wird jetzt eingenommen von einem Wartehäuschen aus Gerüststangen, das eine gewellte Plexiglashaube trägt. Wenn man von der Kanalbrücke aus in Richtung Deich schaut, findet man rechts und links kein einziges Haus mehr. Statt dessen sind die Ufer mit unfruchtbarem Sand aufgehöht, der allenfalls gelblichen Dörrpflanzen eine Existenz erlaubt. Das Dorf Büttel ist verschwunden. In einer Informationsveranstaltung am 3. November 1976 hat-

Der Binnenhafen zu Büttel
Die dörfliche Bebauung begleitet auf beiden Seiten den durch Dämme geschützten Hafenpriel, der auf den Deich im Hintergrund zuläuft. Links im Vordergrund liegt ein einmastiger Giek-Ewer, der an seiner Heckgalerie leicht als Transportschiff erkannt wird. Rechts davor liegt ein zweimastiger Besan-Ewer mit dem typischen herzförmigen Heckspiegel, an dem das Ruderblatt herabhängt. Weiter vorne links liegen weitere Frachtschiffe, die unter Segeln ihrer Arbeit nachzugehen gewohnt sind. Die Aufnahme ist von dem erhöhten Standort der alten, 1902 erneuerten Straßenbrücke aus aufgenommen worden.
Die Postkarte ist am 14. August 1903 eingesteckt worden. Sie gehört zur Sammlung des Stadtarchivs Itzehoe, dem die Vorlage für unsere Abbildung verdankt wird.

Der Bütteler Binnenhafen heute
Wie hier abgebildet, so fand der Verfasser Büttel 1995 vor. Die Aufnahme ist von dem gleichen Standort wie die vorhergehende aufgenommen worden.

te es geheißen, eine Ausweitung der Produktionsanlagen der Bayer AG in Richtung Büttel könne eine Umsiedlung des ganzen Dorfes notwendig machen. Tatsächlich begann diese 1979. Ende Dezember 1987 war sie abgeschlossen. Büttel ist tot, das Land rundherum abgestorben. Und ausgeblieben ist die erhoffte Industrieansiedlung samt den angeblich die Region belebenden Wirtschaftsimpulsen – ein Totalflop der Landesplanung.

Wie lebendig es hier vor dem Ersten Weltkrieg einmal zuging, zumal im Winter auf dem Kanal, wenn an Festtagen die im Binnenhafen eingefrorenen Tjalken und Ewer über die Toppen geflaggt waren und die Kinder dazwischen über das Eis tollten, läßt sich angesichts der gegenwärtigen Trostlosigkeit nur schwer nachvollziehen. Auf Postkarten und alten Fotos kann indessen nachgewiesen werden, daß Büttel nicht etwa nur in einem Märchen, sondern in Wirklichkeit gelebt hat. Die Einrichtung des Bütteler Kanals – vergleiche unsere Beschreibung hierzu weiter unten – hatte schon im 18. Jh. mittelständischen Unternehmen Arbeit und etwas Wohlstand gebracht, wie kürzlich einmal Herbert Karting in einer Festschrift über »Büttel an der Elbe« beschrieben hat. Was an Torf zuvor aus den riesigen Moorgebieten rund um den Kudensee über die Burger-, Holsten- und Wilsterau auf kleinen Kähnen nach Kasenort transportiert und dort umgeladen worden war, das kam jetzt den Bütteler Kanal herunter und wurde im Bütteler Außenhafen von den Schnicken, Kuffen und Elb-Ewern übernommen. Besonders nach Kanalisierung der Burger Au, Austiefung der Strecke durch den Kudensee und Einbau einer leistungsfähigeren Schleuse durch den Bütteler Elbdeich in den Jahren 1868 bis 1874 hob sich die Torfschiffahrt nochmals, weil jetzt auch die Dithmarscher Ewer hier passieren konnten. Freilich ergab sich hieraus ein Nachteil für die Eigner der kleineren Torfpräme und -bollen.

In Büttel bestand über einen kürzeren Zeitraum hin die Werft von C. Hölck, der 1898 hier einen Ewer, im übrigen aber nur kleinere Boote gebaut hat. Ein weiterer Ewerbau ist bereits für das Jahr 1847 nachgewiesen. Immerhin 23 Fracht-Ewer, hiervon 15 reine Binnenschiffe, führten im Jahre 1899 Büttel als ihren Heimathafen an. Zwei Schiffseigner mit Fahrzeugen von über 50 cbm Rauminhalt werden vom Jahresregister des Germanischen Lloyd für das Jahr 1914 in Büttel verzeichnet.

Bütteler oder Burg – Kudenseer Kanal

– Baubeginn 1768

Die Prielmündung des Burg-Kudensee-Kanals unmittelbar westlich neben der Böschstation wurde ehedem als Bütteler Hafen benutzt. Der Kanal führte, nachdem man das Vorland – auch St. Margarethener Neuenkoog bezeichnet – von der Elbe her kommend durchquert hatte, nach Nordwesten durch die Bütteler Schleuse und den dahinter geschützt liegenden Ort Büttel schnurgerade in Richtung Kudensee. Vom Kudensee aus gelangte man durch die windungsreiche Burgerau bis zum Burger Hafen, einer Ausweitung in Gestalt eines kleinen Sees. Dieser blieb bis zu seiner Trockenlegung noch Jahrzehnte nach Fertigstellung des Nord-Ostsee-Kanals im Winkel westlich des Kanals und nördlich der Burger Eisenbahnhochbrücke erhalten und vom Kanal aus zugänglich.

Die Anlage des Kanals war mit bestimmten Absichten 1764 beschlossen worden, die sich nicht in erster Linie auf die Schiffahrt richteten, wie wir aus einer älteren »Topographie der Herzogthümer Holstein und Lauenburg« (v. Schröder u. Bienatzki a. O. Bd. 2, S. 59) lernen: *»Durch den Bütteler-Canal machte man den Kudensee, der früher häufig aus seinen Ufern trat und zuweilen bedeutende Verwüstungen anrichtete, nicht nur unschädlich, sondern die Moorwiesen der benachbarten Dörfer wurden auch trocken gelegt, und durch die erleichterte Versendung nach der Elbe wurde auch bald das Torfgraben großartiger betrieben. Man rechnet, daß von den Möören des Kirchspiels Burg jährlich 1.500 bis 2.000 Kähne à 20.000 Soden nach Wilster, Glückstadt, Hamburg und Altona gehen.«*

Tatsächlich gelang eine effektivere Entwässerung der Wilster Marsch, die zuvor über die Wilsterau keineswegs ausreichend gewährleistet war. Die beschriebene wirtschaftliche Ausbeutung des Brennmaterials über diesen Transportweg bedeutete im Verlauf der nächsten 125 Jahre eine fast vollständige Austorfung der Moorlandschaft zwischen den Dörfern Tütermoor, Fiefhusen, Kudensee, Kuhlen und Flethsee im Kirchspiel St. Margarethen. Um 1870 wurde der Kanal nochmals erweitert. Auf dem »Bruthof«, unmittelbar am Kanal belegen, baute Detlef Hölck um 1870 herum sog. »Kudenseer Kähne«, wie sie für den äußerst regen Torftransport benötigt wurden.

Ewer an der Burgerau
Die vom Kudensee zum Burger Hafen führende Burgerau ist durchweg auf beiden Ufern bedeicht, weil der Wasserstand in ihr höher liegt als das Niveau des umliegenden Landes. Auf der Innenseite der Flußbiegung hat ein Besan-Ewer festgemacht. Er bietet uns einen guten Maßstab für die Vorstellung, daß Schiffe dieser Größe sich auf der Burgerau problemlos begegnen konnten.
Die Plattenaufnahme, welche für diese Veröffentlichung benutzt wird, war vor 1908 für Richard Lindes Veröffentlichung über »Die Niederelbe« gefertigt worden. Für die Bereitstellung einer Druckvorlage ist dem Museum für Hamburgische Geschichte zu danken.

In Hintergrund passiert ein Lustdampfer den Kaiser Wilhelm-Kanal.

LUFTKURORT BURG i. Dithm. Burger Schiffer-Flotille im Heimathafen.

Burger Schiffer-Flotille im Heimathafen
Dem Bau des Kudensee-Kanals war das Entstehen eines Hafens in Burg/Dithmarschen zu danken gewesen. Als der Nord-Ostsee-Kanal gebaut wurde und bei dieser Gelegenheit der Burger Hafen vom Kudeensee-Kanal abgeschnitten wurde, entstand zugleich eine noch günstigere Hafeneinfahrt sowie eine schnellere Anbindung über den Nord-Ostsee-Kanal. Mit der eigenen Werft und einer großen eigenen Flotte geriet Burg zu einem der wichtigsten Schiffahrtsorte in Schleswig-Holstein. Daher war auch die Wegnahme des Hafens für Burg in neuerer Zeit mit einem spürbaren Identitätsverlust verbunden.

Burg – ein Schifferort an zwei Kanälen

Burg war ehedem zu Schiff über die durch das »wüste Moor« führende Burgerau und den Kudensee von der Elbe her erreichbar, seit 1768 der »Büttler« oder auch sog. »Burg-Kudenseer Kanal« erbaut worden war. Entsprechend früh ist hier Schiffbau mit hoher Intensität betrieben worden. In der Zeit von 1845 bis 1905 sind für kürzere Zeit oder sogar über Jahrzehnte hin sieben Schiffbauer festzustellen, von denen sogar zwei, nämlich die Werften Bruhn und Fack, jeweils über fünfundzwanzig Ewer geliefert haben. Gegen Ende des neunzehnten Jahrhunderts gab es kaum einen bedeutenderen Fracht-Ewer-Hafen, zumal hier 64 Fahrzeuge dieses Typs beheimatet waren. Von diesen war die Hälfte auch in der Küstenschiffahrt einsetzbar.

Burg gehörte um die Wende zum zwanzigsten Jahrhunderts zu den Ortschaften, in denen besonders viele Schiffer lebten. Das Jahresregister des Germanischen Lloyd für 1914 hat immerhin 22 Eigner vermerkt, die Schiffe von über 50 cbm Rauminhalt besaßen. Die gleiche Quelle enthält auch genaue Angaben zu Patentslip und Hellingen der dort tätigen Werft von D. Schöning. Dort konnten gleich vier Neubauten oder Reparaturschiffe nebeneinanderliegen, die bis zu 30 m lang werden durften, einen Tiefgang von 2,00 m sowie ein Gewicht von 200 BRT nicht überschritten.

Dithmarschen beginnt am Kanal

Brunsbüttel

– seit 1949 Stadt, 1970 mit der Schleusensiedlung Brunsbüttelkoog vereinigt.

Das heutige Brunsbüttel existiert an dieser Stelle erst, seit König Christian V. am 25. Januar 1674 der Forderung der zwei Kirchspiele Brunsbüttel und Eddelak nachgab, die Außendeichlinie weiter ins Land zurückzuverlegen und zugleich das im Laufe des 17. Jhs. immer härter von den Sturmfluten der hier nach Norden drängenden Elbe betroffene Alt-Brunsbüttel aufzugeben. Während die alte Jacobus-Kirche 1677 hatte abgebrochen werden müssen, konnte das neue, weiter nördlich errichtete Gotteshaus bereits 1679 geweiht werden. Mit dem Marktplatz zusammen bildete sie jetzt das Zentrum des planmäßig bebauten, neuen Brunsbüttel. Im November 1719 sollte sie nochmals durch Blitzschlag zerstört werden.

Inzwischen griff der »Blanke Hans« oberhalb von Brunsbüttel mit einer schweren und folgenreichen Sturmflut noch einmal 1717 besonders kräftig zu und deichte den Brunsbüttel-Eddelaker Koog de facto aus, wobei viele Menschen ihr Leben verloren. Die Katastrophe ließ ein ca. 100 m breites Brak, die »Braake« oder »Braakstrom« zurück, einen Priel, der die Wassermassen der Sturmflut bis zum Kudensee hinauf befördert hatte. Erst 1762 konnte der Koog durch Deich- und Schleusenbau und den Einsatz Tausender dänischer Soldaten und Arbeiter wieder zurückgewonnen werden. Davor entstand der Neuenkoogshafen. Seiner Durchspülung diente jetzt der mit Schleuse durch den neuen Außendeich geführte, breite Priel, eben der »Braakstrom« , über den zugleich 7.500 Morgen Landes entwässert wurden. Da die Räumkraft dieser hinter Sieltoren aufgestauten Wassermenge dennoch allein nicht ausreichte, um den Hafen mit Öffnung der Sieltore gegen Ende der Ebbe von Schlick freizuspülen, bedurfte es noch weiterer Hilfsmittel. Diese beschrieb der Wasserbauer Johann Nicolaus in einer Veröffentlichung, welche die Ergebnisse seiner Inspektionsreise von 1778 bis 1780 durch die »Marschländer an der Nordsee« bekanntmachte:

»Man hat bey dem Hafen zu Brunsbüttel einen so genannten Schlickpflug, dessen man sich zur Reinigung des Hafens vom Schlick bedient. Es ist ein sonst so genannter Hafenräumer … Die hiesigen Maschinen sollen nicht den Strom bloß richten, ihn aber unmittelbar auf den Schlick wirken lassen. Sie selbst sollen vom Wasser getrieben werden. Das Wasser, was durch die Schutzthüren an den Schleusen (Schotten) zum Spühlen aufgehalten ist, und zur Ebbezeit, wenn es nur aus einer Höhe von 2 Fuß fällt, mit einer Geschwindigkeit von mehr als 11 Fuß durch die aufgezogenen Schotten ausströmt, muß den Schlickpflug in Bewegung setzen

und forttreiben. Dieser treibt den Schlick vor sich weg, den man vorher mit Handschaufeln und Hacken aufrührt und losmacht. Der Pflug wird zugleich von Menschen gelenket, zum Theil auch gezogen. Die Kraft, welche wirkt, ist vornehmlich das ausströmende Wasser«.

Ab 1810 lief im Rahmen einer Rundreise ein Ewer wöchentlich Brunsbüttel an: *»Nach St. Margareta, Brunsbüttel, Marne, Meldorp, Heide, Krempe kann man Güter zur Spedition auf der Herrlichkeit, im Dithmarscher Keller bei Friedr. Rieper, unter Nr. 90 abgeben«* (Hamb. Adressb. 1810). Ab 1817 kamen wöchentlich zwei Direktverbindungen von und nach Hamburg hinzu, die von Hamburg aus sonntags und mittwochs genutzt werden konnten. Die Ausfuhr von Getreide war ebenso bedeutend wie die Einfuhr von Kaufmannsgütern, die *»per Achse nach Heide weitergingen.«*. Im Jahre 1831 wurden im Brunsbütteler Hafen 33.000 t Korn und 1.800 t Butter umgeschlagen. Für sieben Jahre gab es hier auch eine »Grönländische Gesellschaft«, die mit ihrem Rahsegler EINIGKEIT Walfang betrieb und am Hafenrand eine Trankocherei unterhielt. Als jedoch 1878 die Marschenbahn ihren Betrieb aufnahm, hatte dies eine sichtliche Verminderung des Hafenverkehrs zur Folge. Von jetzt an wurden nur noch Bedarfsartikel – Futter- und Baustoffe, Kohlen und Torf – umgeschlagen.

Mit einem Kostenaufwand von 150.000 Mark wur-

»Alter Hafen« Brunsbüttel – Ausbauphase I
Der Standort des Fotografen ist so flach über dem Wasser gewählt, daß die Hafeneinfahrt nicht mehr eingesehen werden kann. Die Außenkurve des leicht geschwungenen Hafenpriels rechts, erfahrungsgemäß die tiefere Seite, ist mit einer Spundwand und leicht schräg geneigten Sturmflutpfählen ausgestattet. So entstanden hier gute Liegeplätze, die auch bei extremem Hochwasser den Schiffen ausreichende Sicherheit boten. Weiter vorn auf der rechten Seite entdecken wir hinter dem mit Kies oder Bauschutt befestigten Umschlagplatz, auf dem auch bei nassem Wetter die Räder der Pferdewagen nicht einsinken dürfen, eine hölzerne Baracke auf Pfählen für Ausrüstungszwecke. Die Anfahrt für Pferdewagen rechts wird durch ein vorgezogenes Dach geschützt. Nach links zum Wasser hin ist auf dem erhöhten Laufniveau der Baracke eine hölzerne Verladebrücke vorgesetzt. Vorn rechts an der Spundwand liegen hintereinander zwei Besan-Ewer, die als Frachtsegler gebaut und eingesetzt wurden. Links im Vordergrund ist das Holzgeländer über der Einmündung des Siels zu erkennen.
Die Vorlage hat freundlicherweise das Altonaer Museum zur Verfügung gestellt. Laut den Angaben des Museums ist das Foto höchstwahrscheinlich von Gregor Nissen, einem Altonaer Lehrer, um 1903 aufgenommen worden.

»Alter Hafen« Brunsbüttel – Ausbauphase II
Die Fertigstellung des neu aufgemauerten und mit einem Stahlgitter geschützten Siels im Vordergrund war möglicherweise Anlaß für eine zweite Hafenaufnahme des Altonaer Lehrers Gregor Nissen. Diesmal hatte er seinen Standort etwas höher gewählt. Daher gelingt es jetzt auch, die Hafeneinfahrt mit der Elbe dahinter einzusehen. Im Hafen geht es jetzt durchaus lebhafter zu. Neben dem Transport-Ewer rechts in der Ecke haben zwei Krabbenfischer festgemacht, die ihre Netze zum Trocknen am Mast hochgezogen haben. In gleicher Weise als Fischereifahrzeuge kenntlich, liegen davor zwei weitere Boote im Päckchen. Sogar ein großer Rahsegler besucht den Hafen. Er hat gleich bei den ersten Sturmflutpfählen festgemacht.
Die für die Reproduktion verwendete Vorlage wird dem Altonaer Museum verdankt. Das Foto entstand um 1903.

den zu Beginn des zwanzigsten Jahrhunderts die alten, hölzernen Sielanlagen ausgebaut, neu aufgemauert und mit massiven stahlbewehrten Toren ausgestattet. Damals versuchte eine »Brunsbütteler Dampfschiffahrtsgesellschaft« ihr Glück mit Niederelbe-Transporten von Vieh, Stückgut und Fahrgästen auf ihren Schiffen BRUNSBÜTTEL I und BRUNSBÜTTEL II.

1908 waren nur noch 12 Ewer hier beheimatet, die vorwiegend auf Hamburg fuhren. Die hier oben beschriebenen Fotos geben einen Eindruck von der Hafenentwicklung um 1900, die noch heute weitestgehend im Gelände erkennbar geblieben ist. Kurz nach der Einfahrt westlich der NOK-Schleusen teilt sich der Hafenpriel in einen geradeaus laufenden und einen hinter dem Deich nach Westen abzweigenden Arm. Während der geradeaus laufende Arm – der vor 1895 sog. »Neue Hafen« – mit den notwendigen Hafenfazilitäten ausgestattet wurde und großen Schiffen Platz bot, hatte sich an dem nach Westen abzweigenden Arm – dem sog. »Alten Hafen« – die Werft von Otto Doose ausgebreitet. Hier wurden von 1867 bis 1890 erst Ewer, danach auch größere Schiffe gebaut. Deswegen wurden auch z. B. in das Jahresregister des Germanischen Lloyd von 1914 besondere Hinweise auf die Größe des dort verfügbaren Trockendocks aufgenommen. Es hatte eine Länge von 55 m, war in der Sohle 8,50 m breit, oben hingegen 10,50 m und an der Einfahrt auf 9 m verengt. Bei mittlerem Hochwasser standen 2,50 m Wassertiefe zur Verfügung. Die Höchstmaße für Schiffsrümpfe auf den gleichfalls vom GL verzeichneten vier Hellingen der Werft betrugen 30 m Länge, 2,00 m Tiefgang und 200 t Gewicht. Ewer sind an dieser Stelle allerdings schon sehr viel früher – so nachweislich im Jahre 1823 – gebaut worden. Geringere Bedeutung besaß der Hafen für die Fischerei. Aus dem Deutschen Seefischerei-Almanach erfahren wir,

Werft am Alten Hafen

Von Westen her schweift der Blick über den Nebenarm des Hafenpriels, an welchem auch der Werftbetrieb lag. Schaut man geradeaus, so erkennt man, daß hinter dem gelben Reetstreifen im Hintergrund der Hauptpriel nach links und rechts weiterführt – und zwar nach links in den Alten Hafen mit seinen Sturmflutpfählen hinein, nach rechts dagegen zur Hafenausfahrt in Richtung Elbe. Im Vordergrund erscheint ein künstlich gegrabenes Becken, das früher als die übrigen Teile trockenfiel und an seinem Ende gegen den Priel durch ein jetzt nicht mehr vorhandenes Schott abgedichtet werden konnte. Es handelt sich um das alte Trockendock der Werft. Jetzt liegt nur noch das Wrack eines Plattbodenschiffes im Dock des längst an dieser Stelle aufgegebenen ehemaligen Werftbetriebs.

Kanalschleusen im geschlossenen Zustand

Die bauliche Situation nach Eröffnung des Kanals zeigt die hier vorgelegte, am 10. Januar 1905 abgestempelte Postkarte. Man schaut vom Standort des Fotografen aus nach Süden über die geschlossenen Schleusentore hinweg auf die Elbe.

BRUNSBÜTTELKOOG. AM NORDOSTSEE-KANAL.

Einfahrt in den Nord-Ostsee-Kanal

Genau vor einhundert Jahren fuhr am 16. Juni 1895 morgens um 10 Uhr die Yacht Kaiser Wilhelms II. als erstes Schiff zur feierlichen Eröffnung des gerade fertiggestellten, künstlichen Wasserweges in die alte Kanalschleuse ein. Hier stehen wir vor einer jüngeren, weiter westlich gebauten Schleuse. Das Schleusentor erkennt man unterhalb des kleinen Häuschens, das etwas erhöht direkt über der Kaimauer steht. Links – weit im Hintergrund – wird das neue Lotsenhaus sichtbar, das nach Eröffnung des Kanals die Funktionen der Böschstation übernahm. Die Postkarte zeigt ein jüngeres Ausbaustadium um 1920.

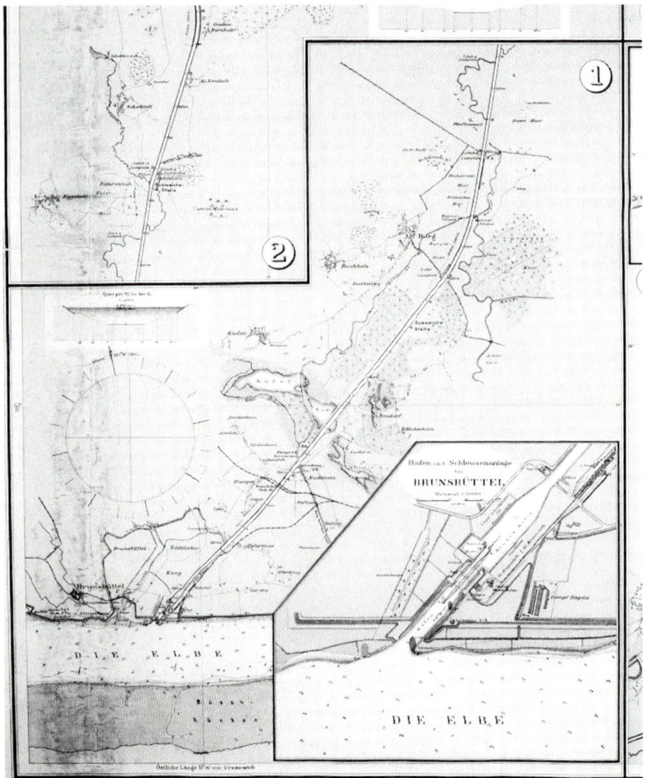

Karte vom Nord-Ostsee-Kanal

Mit besonderer Sorgfalt wird gezeigt, wie das neue Kanalsystem das alte zwischen dem Kudensee und dem gleichnamigen Dorf schneidet. Gut sichtbar gemacht werden ferner die Führung des durch den Kudensee gegrabenen Bütteler Kanals, der Verlauf der kanalisierten Burgerau und der inzwischen mit dem Kanal verbundene Burger Hafen nordöstlich von Burg. Dieser alte Hafen ist erst nach dem Zweiten Weltkrieg ohne Not zugeschüttet worden, obwohl er heute noch der Sportschiffahrt, die nach Sonnenuntergang den Kanal verlassen muß, hervorragend als Übernachtungsplatz hätte dienen können. Zugleich wäre ein bedeutendes Denkmal der Burger Schiffahrt seit dem 18. Jh. bewahrt worden.

Der Karte entnimmt man auch die Lage der beiden alten Schleusen sowie des alten Brunsbütteler Hafens westlich der Schleusen, der von der Braake durchspült wird. Die Braake läßt sich parallel zum Kanal nach Nordosten weiter verfolgen.

Die Karte ist im Auftrage des Reichsmarineamtes 1895, also im Eröffnungsjahr des Kanals, herausgegeben worden. Bemerkenswert erscheint, daß sie unter dem Titel »Der Nord-Ostsee-Kanal« publiziert wurde. Die Vorlage stellte die Einzelblattsammlung des Museums für Hamburgische Geschichte zur Verfügung.

daß im Jahre 1913 dort nur fünf Fischerboote registriert waren und unter diesen nur ein einziger gedeckter Kutter bereits mit Motor ausgerüstet war. Gleichwohl verlor der »Alte Hafen« nochmals an Bedeutung, als bequemere Lösch- und Ladeeinrichtungen an der Einfahrt des Nord-Ostsee-Kanals geschaffen wurden. Nach dem Ersten Weltkrieg bewunderte man hier noch den Dampfer HOFFNUNG, ein komfortables Schiff, wie man hört, auf dem Vieh von Dänemark nach Hamburg und Antwerpen reisen durfte.

Nach dem Zweiten Weltkrieg haben sich landesplanerische Visionen, nämlich landschaftliche Gegebenheiten und siedlungsbedingte Entwicklungen weiträumig in »Standorteigenschaften« mit Baggerunterstützung umzumünzen, u. a. auf Brunsbüttel konzentriert. Die schleswig-holsteinische Landesregierung fühlte sich herausgefordert, im Zentrum der sonst so strukturschwachen Niederelberegion eine »Industrieinsel« zu wagen. Hatte es ja längst schon vor dieser Zeit mit Kohlenlagern für die Dampfer, Reparaturwerften und einer Faßfabrik, mit Kali-Chemie, Benzinherstellung und einer Zementfabrik angefangen, so wurden von 1945 an nach Herstellung neuer Anlandungs- und Umschlageinrichtungen die Erdölbetriebe der DEA und die Condea-Chemie angesiedelt. Der Elbe-Tiefwasserhafen östlich der Schleusen kam 1967 hinzu. Um mit angeblich billigem Strom die Voraussetzungen für neue Produktionskapazitäten zu verbessern, wurde 1976 das Kernkraftwerk Brunsbüttel in Dienst gestellt. 1977 folgte die Ansiedlung der Bayer AG, 1978 die der Veba, dann 1980 die der Schelde. Die zweite industrielle Revolution – hier wurde sie voll ausgelebt. Im Rahmen seiner Dissertation über »Siedlungen und Wirtschaft der holsteinischen Elbmarschen unterhalb Hamburgs« hatte Martin Halfpapp 1989 zu dem Resümee Anlaß, *»daß die für den Bereich der holsteinischen Elbmarschen erhofften Impulse in wirtschaftlicher Hinsicht bisher nur in geringem Umfang eingetroffen sind.«*

Der Nord-Ostsee-Kanal

Der Nord-Ostsee-Kanal verdankt die Anlage seiner Einfahrt von der Elbe her der »Vorarbeit« der folgenschweren Sturmflut von 1625, die viele Menschenleben gefordert hatte. Östlich von Brunsbüttel brach der Deich bei der Schleuse Potthusen, und die Flut riß das von Eddelak herabströmende Hauptsiel zu einem tiefen Graben auf, durchbrach den Donndeich bei Averlak, überflutete den Kudensee und die ganze Wilstermarsch. Dieser Graben wurde durch die gleichermaßen grausamen Sturmfluten 1717/18 erneut aufgerissen und noch vertieft, so daß die Elbe »freien Zutritt« bis nach Eddelak hatte. Die »Brunsbütteler« oder »Eddelaker Brake« genannte Rinne war in Deichnähe 104 m breit und 15 m tief, weshalb sie in zeitgenössischen Darstellungen mit der Störmündung verglichen wurde.

Gerade hier entstand entsprechend dem »Reichsgesetz betreffend die Herstellung des Nord-Ostsee-Kanals« vom 16. März 1886 und nach Baubeginn im Jahre 1887 bis 1895 eine Doppelschleuse von 150 m Länge und 25 m Breite. Eine weitere Zweikammerschleuse stand am Ende des 98 km langen Kanals in Kiel zur Verfügung. Die bereits kurz erwähnten landschaftlichen Voraussetzungen lassen schon erahnen, wie schwierig sich die Führung des Kanals unmittelbar hinter der Schleuse gestaltete. Galt es doch, die neue Wasserstraße gegen tiefer liegende Marschen- und Sumpfgebiete mit Hilfe von Deichbauten abzudichten, damit sie nicht, wie es häufig genug geschah, kurz nach Fertigstellung schon wieder im Morast versank. Über das neue Wasserstraßensystem konnte nicht nur der an der Ostsee gelegene Kriegshafen Kiel binnen zehn Stunden erreicht werden. Es bestand auch weiterhin die Möglichkeit, bei Streckenkilometer 40 noch weit vor Rendsburg nach Norden durch die Giselau-Schleuse in den alten Schleswig-Holstein-Kanal abzuzweigen, in die kanalisierte Eider einzufahren und über Friedrichstadt und Tönning wieder in die Nordsee zu gelangen.

Die Kanalsohle lag in 9 m Tiefe und war 22 m breit, während in Höhe des Wasserspiegels die Breite auf 67 m festgelegt wurde. Entsprechend galten als Höchstmaße für passierende Schiffe 135 m Länge, 20 m Breite und 8 m Tiefe bei einer Durchfahrtshöhe von 40 m über dem Wasserspiegel. Bis 1914 wurde die Breite des Kanals verdoppelt, so daß Schiffe entsprechender Größe sich begegnen konnten und nicht in jedem Falle in Weichen warten mußten. Außerdem wurden weitere Schleusen gebaut, die noch heute »die neuen« heißen.

Die Eröffnungsfeierlichkeiten währten vom 19. bis 22. Juli und verschlangen 1,7 Millionen Goldmark. Der Hamburger Senat errichtete aus diesem Anlaß eine künstliche Felseninsel mit einem Leuchtturm und viel Illumination auf der Binnenalster. Am Eröffnungstage folgten der Dampfjacht des Kaisers HOHENZOLLERN immerhin 24 in- und ausländische Schiffe durch den Kanal. Dort wurden sie auf der Förde von 106 Kriegsschiffen aus aller Welt erwartet.

Dampffähre von der Südseite gesehen
Wer zu Fuß oder mit Pferd und Wagen über den Kanal nach Brunsbüttel wollte, mußte sich zur Anlegestelle der Dampffähre unweit der Schleusen begeben. Die beiden rundbogigen Stahltore waren mit der notwendigen Hebetechnik ausgestattet, um die Fahrbrücken leicht anzuheben oder abzusenken und dabei die geringen, aber doch vorhandenen Wasserstandsschwankungen zur Fähre hinüber auszugleichen.

Neufeld

»*... das ist der alte Marner Hafen ... Auf dem Schlickfall gedeihen Brack- und Salzpflanzen*«, nicht mehr erfahren wir bei Linde über diesen besonders schönen und alten Hafen, der beinahe im Schnittpunkt der rechtwinklig aufeinanderstoßenden Deiche liegt. Der Brunsbüttelkooger Elbdeich einerseits und der Marner Neuenkoogsdeich andererseits sowie in seiner Verlängerung der Neufelder Koogdeich berühren sich hier. Mit dem Zusammentreffen mehrerer Deiche konzentrieren sich an dieser Stelle bestimmte, für Dithmarschens Entwicklung besonders wichtige Geschichtsdaten. Der Brunsbüttelkooger Deich, der von der Elbe weg nach Nordwesten abknickt, entstand um 1000 und verband die Siedlungswurten über Marne nach Meldorf und Wesselburen. Nach der Sturmflut vom 5./6. November 1577 wurde Marne vom Meer getrennt und verlor seinen Seehafen, als Süderdithmarschen einen neuen Außendeich erhielt. Südwestlich davor wurde 1578 bis 1584 – den Neufelder Strom einbeziehend – das Marner Vorland eingedeicht und 1608 südlich davon der Koog vor dem Fahrstedter Altendeich, der mit seiner schmalen Südseite nur im Bereich des Neufelder Hafens bis zur Elbe vorstößt. Hier, an der Ausmündung des Neufelder Stroms, der noch gut hundert Jahre lang als Wasserstraße nach Marne dienen sollte, wurde der Neufelder Hafen erst um 1700 angelegt. Mit dem Neufelder Koog wurde die Außendeichlinie noch einmal 1923/24 um ein beträchtliches Stück weiter nach Westen verschoben.

Der Neufelder Sielhafen stellte hinfort einen für »*Marne wichtigen, besonders für Kornversendungen sehr benutzten Elbehafen*« dar, wie wir aus einer Quelle des Jahre 1856 erfahren. Außerdem verdankt er seine Entstehung der stets mit Deichbauten verbundenen Notwendigkeit, durch Gräben und Siele für eine wirkungsvolle Entwässerung Sorge zu tragen. Der Marner Neuenkoog wurde in Richtung Elbe durch den »Neufelder Strom« und die sog. »Neufelder Schleuse« entwässert. Die Wassermengen reichten gewiß aus, um nach Öffnung des Siels zur Ebbezeit den vor dem Deich und parallel zu diesem verlaufenden Priel gut freizuspülen. Etwas weiter westlich stand in einem weiteren Siel zusätzliche Räumkraft zur Verfügung. Sie verstärkte den Strom des aus der »Südschleuse« durch das Vorland ablaufenden Oberflächen- und Grundwassers, das sich im »Kronprinzenkoog« nordwestlich

Neufeld in Öl 1868
Besser als Worte es zu schildern vermögen, zeigt ein schönes Ölbild im Besitz des Dithmarscher Landesmuseums – 1868 entstanden – den Hafen, belebt durch einige Transport-Ewer, von Westen. Es stammt von der Hand des Malers Lorenz Damm. Wir schauen den Hafenpriel entlang, von dem ein Abzweiger nach links zum Siel im Deich führt. Auf dem so rechtwinklig zwischen beiden Prielarmen gelegenen Umschlagplatz steht bereits auf Pfählen eine zu Lagerzwecken genutzte Hafenbaracke, die offensichtlich laufend von Pferdefuhrwerken angefahren wird.
Im Jahre 1914 lebten hier vier Schiffer, deren Fahrzeuge mehr als 50 cbm Rauminhalt aufwiesen und daher im Register des Germanischen Lloyd aufgeführt wurden.

»Foftein« im Neufelder Hafen
Der beliebteste Ort für eine Fünfzehnminutenpause, kurz »Foftein«, ist die Brücke am Siel. Die drei Fischer sind gut erkennbar nach ihrem Rang zu unterscheiden. Der den Hut trägt, gibt sich als der Schiffer zu erkennen. Sein junger Gesprächspartner besitzt zwar noch keinen Hut, doch trägt er schon Seestiefel. An Bord ist er der »Bestmann«, soviel wie ein Geselle, der jedenfalls ausgelernt hat, aber noch kein eigenes Schiff besitzt oder führen darf. Der Berufsanfänger links muß sich die Seestiefel noch verdienen.
Hier geht die Sicht noch heute frei über unbedeichtes Vorland, auf dem Salzpflanzen, hoch wie Schilf, üppig ins Kraut schießen. Dieser Bewuchs ist für das Neufelder Vorland geradezu typisch. Rechts vor dem Umschlagplatz ist die Uferkante mit einer hölzernen Spundwand und Sturmflutpfählen gesichert. An den Pfählen liegt ein Fracht-Ewer. Als Versorger bringt er Kaufmannsgut, Kohle, Torf oder Baustoffe mit und schafft hiesige Produkte in die Stadt. Solche Ewer pflegten kleine Rundreisen zu organisieren, die je nach den Möglichkeiten der Tide fahrplanmäßig angekündigt wurden.
Das Foto wurde von dem Marner Fotografen Backens vor dem Ersten Weltkrieg aufgenommen.

des Marner Neuenkoogs gesammelt hatte. Die vereinigten Wassermassen konnten so durch die nach Süden abknickende Hafenzufahrt ausrauschen und für eine kräftige Durchspülung sorgen. Die geschichtliche Bedeutung des Hafens läßt sich schon durch einen Hinweis auf die Tatsache unterstreichen, daß hier immerhin gegen Ende des 19. Jhs. neunzehn natürlich auch zur Küstenschiffahrt geeignete Fracht-Ewer beheimatet waren. Der für das Jahr 1914 herausgegebene Deutsche Seefischerei-Almanach verzeichnete in Neufeld 14 registrierte Fischerboote, unter diesen vier gedeckte Kutter und zwei weitere, welche bereits mit Motor ausgestattet waren.

Friedrichskoog

– 1853/54 als »Frederik VII. Koog« eingedeicht

Nach der Vermessung von 1876 betrug die Größe des Koogs 2.247 ha, 66 Ar und 7 qm. Mit Einrichtung der 1854 errichteten Entwässerungsschleuse entstand ein offener Sielhafen. Diese Schleuse wurde 1911 erneuert und 1952 erheblich vergrößert. Für die Fischer wurden ab 1916 erste Liegeplätze vor der Entwässerungsschleuse geschaffen. Als 1934 der vorübergehend nach Adolf Hitler benannte und 1945 wieder umbenannte Dieksander Koog eingedeicht wurde, konnte der Hafenpriel einbezogen und durch eine Seeschleuse im

Vom Fang zurück
Ein halbes Jahr vor der großen Sturmflut von 1962 ist diese Postkarte eingesteckt worden. Sie zeigt drei Krabbenkutter, die soeben durch das Sperrwerk in den Hafen eingelaufen sind. Ein vierter Kutter wird gerade vor der Einfahrt sichtbar. Es handelt sich noch um die kleinen, höchstens zehn oder zwölf Meter langen Spiegelheckkutter, wie sie vor dem Ersten Weltkrieg zu Hunderten an unseren Küsten gebaut worden sind. In der Regel waren sie alle tüchtige kleine Segler, ausgestattet mit 75–100 qm Segelfläche und einem Mittelschwert, das in flachem Wasser aufgeholt werden konnte. Dann hatten sie nur noch 80 cm Tiefgang und konnten damit über die meisten Flachs rutschen. Um die Mitte der 30er Jahre hatten sie so kräftige und zuverlässige Maschinen erhalten, daß sie die Segel zu Hause ließen. Um den Fang noch zu intensivieren, fischten sie ab 1957 mit zwei Kurren. Das Foto zeigt sie mit jeweils zwei Netzen, die zu beiden Seiten am Mast zum Trocknen aufgeholt sind. Aufgrund der höheren Belastung durch das verdoppelte Fanggeschirr wurden die bis dahin hölzernen Masten allmählich durch solche aus Stahl ersetzt.
Erst zwei Stunden vor Eintreten des Hochwassers können die Krabbenkutter ihren Hafen erreichen, sobald der windungsreiche Priel übers Watt hierher sich wieder ausreichend gefüllt hat.

Deich sturmflutsicher geschützt werden. Von hier zur Insel Trischen wurde 1933/34 der »Trischendamm« gebaut.

Die Landwirtschaft bildete die Haupterwerbsquelle der Koogbewohner. So wurde schon 1855 die erste Mühle errichtet, der weitere folgten. Allein drei Familien lebten vom Getreidetransport, den sie auf ihren Ewern – *»op de Kornscheepen«* – nach Hamburg besorgten. Als Rückfracht brachten sie Torf und Steinkohle mit. Erst nach dem Zweiten Weltkrieg sollte der Zuckerrübenanbau eine zunehmend bedeutende Rolle spielen.

Die Krabbenfischerei hingegen war als Erwerbszweig zunächst unbedeutend. 1894 gab es hier erst vier Fischer, 1913 ganze zehn. Erst nach dem gewaltigen Sturm vom 23. Oktober 1921 kamen jene Fischer hinzu, die bisher ihre Schiffe vor dem Deich des Kaiser-Wilhelm-Koogs bei Eckstedt an Pfählen im Watt liegen hatten. Mehrere Schiffe waren durch die Flut auf den Deich geworfen und schwer beschädigt worden. Die Büsumer Fischerkasse weigerte sich inzwischen, Fahrzeuge zu versichern, für die ein Liegeplatz in einem Hafen nicht nachzuweisen war. So wuchs schließlich die Zahl der Kutter in Friedrichskoog bis auf 27 an. Nach Fertigstellung des Dieksander Koogs im Jahre 1934 erhielten die Fischer in einer Siedlung nördlich des Hafens für wenig Geld schöne kleine Häuser. Um 1933 wuchs die Flotte auf 70 Krabbenkutter an. Damit war Friedrichskoog zum zweitgrößten Fischereihafen an der Nordseeküste avanciert.

Einen Anschluß an die Eisenbahn hatte Friedrichskoog im Jahre 1884 erhalten. Zunächst waren es nur Güterzüge, bis dann ab Oktober 1898 nach Verbesserung des Gleiskörpers auch der Personenverkehr mit dem »Koog-Express« möglich wurde. Bis Ende Oktober 1954 blieb diese Bahnverbindung erhalten. Lastwagen und Omnibusse haben dann die Bedienung des Friedrichskoogs übernommen.

Zur kirchlichen Versorgung der Gemeinde hatte man sich mit dem Kronprinzenkoog verbunden, in dessen Mitte 1882/83 für 105.000 Mark ein neugotisches Gotteshaus entstanden war. Auf dem Friedhof daneben fanden auch die Friedrichskooger Fischer die letzte Ruhe. Mit den wunderbaren Reliefs und Zeich-

FAHREWOHL ***auf der Heimfahrt***

An einem sonnigen Spätnachmittag hat der Krabbenkutter soeben den Kopf der schnurgerade ins Watt hineinlaufenden Steinmole, von der aus diese Aufnahme gemacht worden ist, umrundet. Von hier aus ist der Priel bis zum Hafen kanalisiert und geschützt durch die Mole an der Wetterseite. Wir schauen über das Vorland, das als Weide für Schafe und Kühe genutzt wird. Die Aufnahme entstand am 5. August 1957.

Die FAHREWOHL *ist 1912 für einen Büsumer Fischer in Wewelsfleth erbaut worden. Bis 1976 ist das kleine tüchtige Fahrzeug in der Fischerei tätig gewesen. Dann wurde sie offiziell aus der Fischerei gestellt, als sich der damalige Eigner 1976 zur Ruhe setzte. Seit 1980 gehört sie dem Verfasser, der sie vor allem für Recherchen in unseren Küstengewässern nutzt.*

nungen von den zu Lebzeiten geführten Kuttern auf ihren Grabsteinen haben sie der Nachwelt ein einzigartiges, in Stein gehauenes Bilderbuch der hiesigen Fischereigeschichte geschenkt.

Der »Blanke Hans« hat indessen den Friedrichskögern immer wieder neue Überraschungen beschert. Nach einer Besichtigung der Schleusenanlage im Jahre 1950 wurde die Notwendigkeit einer umfassenden Erneuerung erkannt. Ein Neubau wurde beschlossen, der zugleich eine Vergrößerung bedeutete. Am 28. November 1952 wurde die neue Schleuse fertiggestellt und konnte in Betrieb genommen werden.

Starke Zerstörungen am Deich brachte die Sturmflut vom 16./17. Februar 1962 mit sich. Die Reparaturarbeiten wurden in den Jahren 1963/64 ausgeführt, wobei für Herstellung des Deichkerns allein 200.000 cbm Wattsand mit dem Saugbagger aus 14 m Tiefe heraufgeholt und an Ort und Stelle vorprofiliert werden mußten. Aus dem Vorland mußten außerdem 200.000 cbm bindigen Bodens gewonnen werden, der in einer Stärke von 1 m auf den Sandkern aufgetragen wurde. Die Abdeckung wurde dann mit Vorlandsoden und Rollrasen abgeschlossen. Rasen wurde ferner auf der Binnenböschung und der Deichkrone eingesät. In Friedrichskoog-Spitze bedeckte man den Deichfuß zusätzlich mit einem festen Belag. Der Deich wurde insgesamt von 60 m auf 90 m verbreitert, bzw. von 7,50 m auf 8,80 m ü. NN. erhöht.

In den letzten Jahren ist das Fahrwasser nach Friedrichskoog immer stärker verschlickt. Bedauerlicherweise haben inzwischen manche der tiefer gehenden Kutter, die zu den schönsten und gepflegtesten an unserer Küste gehören, gezwungenermaßen den Hafen verlassen und in Büsum neuen Unterschlupf gefunden.

Die Insel Trischen und der »Blanke Hans«

Die Entstehung der Insel begann mit Ausbildung einer Dünenkette auf einer größeren Flugsandplatte auf der Luvseite, während auf der Leeseite das Watt anwuchs. Ab 1895 wurde das Land an einen Schäfer verpachtet. Zum Schutz der Wasserstelle und der entstehenden Bauten legte die Domänenverwaltung einen Ringdeich an. Nach weiterer Eindeichung und landwirtschaftlicher Nutzung machten schwere Sturmfluten die Fortsetzung einer bäuerlichen Existenz auf der Insel unmöglich. Sie wurde 1943 aufgegeben.

Als hier noch Schafe grasten
Wer von Friedrichskoog aus in die Außenelbe gelangen will, fährt zunächst an Pricken entlang durch einen flachen Priel, ehe er das sich nach Norden öffnende Neufahrwasser erreicht. Nach einiger Zeit wendet sich das Neufahrwasser in einer Kurve nach Westen, und an Backbordseite steigt über einer vergleichsweise steilen Abbruchkante das Gelände an. Jetzt wird sichtbar, was die Sturmfluten von der ehemals landwirtschaftlich genutzten Insel Trischen übriggelassen haben. Das Foto mit den Schafen auf Trischen ist für die Herstellung einer sog. »Bausteinkarte fürs Ferienheim der Mädchenberufsschule Altona« im Rahmen einer Sammelbüchsenaktion benutzt worden, wie ein Aufdruck auf der Rückseite erkennen läßt.

In Sichtweite Dithmarschen gegenüber

Das Land Hadeln

Hadeln liegt westlich vom Lande Kehdingen, wobei die Oste noch heute im Bewußtsein der dort lebenden Menschen eine spürbare Grenze bildet. Der Name wird auf eine alte Gaubezeichnung »Hadeloha« (= Kampfwald) zurückgeführt. Im Nordwesten liegt das Land Wursten. Nach Norden grenzt es an die Watten der Elbmündung. Es gliedert sich parallel zur Küste in drei Landschaftsbereiche: die zur Weidewirtschaft, aber auch für den Anbau von Weizen und Hafer genutzte Marsch, die nur auf dem Wege der Kolonisation – beispielsweise zum Kartoffel- und Gemüseanbau – verwertbare Bruch- und Moorlandschaft des Sietlandes und die mit einer Geländekante hinter dem Sietland aufsteigenden Sandböden der Geest. Hier überwogen als Feldfrüchte wiederum Kartoffeln und Roggen.

Unter der Herrschaft der Herzöge von Sachsen-Lauenburg war den freien Bauern das von ihnen bewohnte Territorium in Selbstbestimmung überlassen, die sie trotz vorübergehender Verpfändung Hadelns an Hamburg während des 15. Jahrhunderts, treuhänderischer Verwaltung nach Aussterben des Herzoghauses durch einen kaiserlichen Sequester ab 1689 und schließlich einer Übernahme der Herrschaft

Oste-Sperrwerk
Das Oste-Sperrwerk wurde wie viele andere Wasserbauwerke nach der großen Sturmflut als wirkungsvoller Schutz gegen künftige Sturmfluten geplant, die das Ostegebiet gefährden könnten. Bisher war schon mehrfach Gelegenheit festzustellen, daß die Kosten des Bauwerks durchaus sinnvolle Investitionen gewesen sind.
Manfred Schulze-Alex hat das Motiv von einem Hubschrauber aus aufgenommen.

durch das Königreich Hannover (1731) tatsächlich bis 1885 ausübten. Nach Integration in den preußischen Staat wurde es als Kreis verwaltet und neu begrenzt. Heute ist das Land Hadeln Teil des Landkreises Cuxhaven.

Herzog Albert von Sachsen hatte im Jahre 1219 den Einwohnern der Marsch das Recht eingeräumt, Schleusen auf der Medem anzulegen. So enstanden 1478 zwei Schleusen für die Aue bei Neuhaus, um mit Hilfe einer effektiven Entwässerung im Sietland erste Moorkolonien anlegen zu können.

Die verkehrsmäßige Erschließung setzte 1843 mit dem Bau einer Chaussee von Stade nach Ritzebüttel ein, die mit einer Fähre bei Hechthausen die Oste querte. Eine weitere Fähre stand bei Geversdorf dem von Neuhaus nach Freiburg/Elbe Reisenden zur Verfügung. Der nächste große Schritt wurde mit Einrichtung der Eisenbahn von Harburg nach Cuxhaven (1881) getan. Es folgte 1896 der Anschluß von Geestemünde nach Cuxhaven.

Die Oste

»Die Oost, welche Neuhaus vorbeygehet, und in die Elbe fließt, ist ein erheblicher Fluß, bey Neuhaus auf 28. Fuß tief, und hat noch eine ansehnliche Schiffahrt. Eine Sandbank vor dem Ausfluß macht die Einfahrt für große Schiffe etwas beschwerlich ... Die Fluth geht in die Oost hinauf bis Bremervöhrde. Man rechnet den Unterschied des höchsten und des niedrigsten Wassers auf neun Fuß. Genaue Beobachtungen hat man darüber nicht. Ich gab hier einmal sehr acht auf das Kentern des Stroms bey der Umwechslung mitten im Fluß. Es dauerte der scheinbare Stillstand, da das Wasser weder aus- noch einzulaufen schien, keine Minute« (Joh. Nic. Tetens, Reisen in die Marschländer der Nordsee zur Beobachtung des Deichbaus in Briefen. Leipzig 1788).

»Von nun an treten die Ufer mehr und mehr zurück, bis man endlich auf der rechten Seite beinahe gar nichts und auf der linken Seite sehr wenig sieht. Zu diesem Wenigen gehört der Ausfluß der Ooste, von wo unzählige Torfewer das Brennmaterial für Hamburg holen, da der Torf von hier viel besser und schwerer ist als der aus der Buxtehuder Gegend. Man sieht bisweilen Flotten mit schwarzem Torf beladen die Elbe hinaufsegeln, was besonders in den Herbstmonaten der Fall ist, wo

Die Werft in Neuhaus bei Sturmflut
Als 1962 die Sturmflut große Schäden in Hamburg und dem ganzen Niederelbegebiet anrichtete, wurde auch der Werftplatz in Neuhaus vollkommen überspült. Hier steht das Wasser bereits in den Werkstätten, und die rechts auf den Helgen liegenden Reparaturschiffe drohen bereits aufzuschwimmen.

die Schiffer in Hamburg schnelle Abnahme finden« (Carl Reinhardt 1856).

Die Oste ist bis Bremervörde hinauf rund 74 km schiffbar. Das 1970 im neuen Seedeich fertiggestellte Sperrwerk sichert das gesamte Ostegebiet gegen das Eindringen von Sturmfluten.

Neuhaus

Im Außendeich an der Einmündung der Aue in die Oste hat man die im Jahre 1404 durch Erzbischof Otto von Bremen errichtete »Schlickburg« zu vermuten. Sie gehörte zum Kirchspiel Geversdorf und diente der Beherrschung und Unterdrückung der dort ansässigen Bauern. In den Hamburger Kämmereirechnungen hat sie bis zu ihrer Zerstörung (1420) mehrfach Erwähnung gefunden. Erst 1404 wurde das Schloß Neuhaus im Bereich des Bürgerparks errichtet, das dort bis zu seiner Zerstörung im Jahre 1518 existierte. Nach Bau des Ostedeichs 1478 entstand südlich des Schlosses ein Flecken, den Fischer, Schiffer, Handwerker und Kaufleute sowie Ackerbürger besiedelten. Dieser erhielt 1620/21 eine eigene Kapelle und wurde 1667 aus der Gemeinde Geversdorf herausgelöst.

»Zu Neuhaus ist eine sichere Hafenstelle. Dieß veranlaßt in dem Flecken einen ziemlich starken Handel mit Lebensmitteln« (Tetens 1788). Dieser Ort, der 1955 ganze 2.200 Einwohner zählte, lebte früher von Lohgerberei, Tabakindustrie, Zucker-, Rüböl- und Papierherstellung, Getreideanbau und Viehzucht. Bekannt sind die Ulex-Liköre, die bis Südamerika mit firmeneigenen Schonern transportiert wurden. Seit 1881 verfügte Neuhaus über einen 1 1/2 km von der Stadt entfernt liegenden Bahnhof der Unterelbischen Eisenbahn.

Zu Beginn des 19. Jhs. bot das Hamburger Adressbuch (Ausg. 1810) täglich *»Schiffsgelegenheiten«* nach Neuhaus *»im Herzogtum Bremen«*, Geversdorf, Oberndorf und Kirchhausen an, die im *»Oster Keller bei Tidemann, Butenkajen«* geordert werden konnten. Im Jahre 1889 waren in Neuhaus fünf Segelschiffe gemeldet. Es kamen 15 Segelschiffe an, es segelten von hier 3 Schiffe mit Ladung wieder ab, 9 Segelschiffe in Ballast oder leer. Die Stadt importierte damals Kohlen und Holz, sie exportierte Zement, Mauersteine und Ziegel. Zur Sommerzeit verkehrte zweimal wöchentlich der Dampfer von hier über Brunsbüttel nach Hamburg und umgekehrt. Zehn auch für die Küstenschiffahrt geeignete Fracht-Ewer waren hier kurz vor

Die Werft im Jahre 1994
Zur Zeit herrscht Ebbe. Gut erkennt man die bis tief in den Hafenpriel hinabtauchenden Gleise der Slipanlagen, die stets von dem unablässig anfallenden Schlick gereinigt werden müssen, damit die Werft überhaupt noch Schiffe aufslippen kann. In Hafenmitte liegt am Schlängel eines der am besten gepflegten Holzschiffe, das Walross, *das von seinen Eignern bei Wind und Wetter durch alle Wattengebiete der Nordsee gesteuert wird. Es handelt sich um eine kleine holländische Plattbodenyacht, die – wie man sieht – auch im Trockenfallen auf ihrem platten Boden mit senkrecht stehendem Mast liegenbleibt.*

Neuhaus an der Oste um 1860
»Nach der Natur« hat Wilhelm Heuer neben anderen schönen Blättern von der Niederelbe auch ein Panorama von Neuhaus aus Nordwesten gezeichnet und lithographiert. In der Silhouette der Stadt sind ihm die beiden Fabrikschlote beinahe wichtiger als der Kirchturm. Vor allem die Oste und die durch das Vorland bis an den Deich mäandrierenden Priele haben es ihm angetan. Feierabendstimmung liegt über der Landschaft, die von fein gekleideten Deichspaziergängern genossen wird. Es ist die Zeit, in der die Mägde, wie an allen Tagen, die Kühe gerade gemolken haben und die Milch in je zwei Holzeimern, am Schulterjoch hängend, nach Hause tragen. An gleicher Stelle, wo auch heute Schiffbau betrieben wird, sieht man den Rumpf eines Neubaus liegen. Ein Bramsegelschoner und weitere Segelfahrzeuge liegen an der Anlegestelle draußen am Ostestrom. Links im Hintergrund stößt ein kleiner Raddampfer – es könnte PRIMUS *gewesen sein – mächtige Rauchwolken in den Himmel.*

der Jahrhundertwende beheimatet. Für das Jahr 1914 meldet das Register des Germanischen Lloyd zwei Eigner von Schiffen über 50 cbm Rauminhalt.

Neben dem Flußhafen verfügt Neuhaus über eine leistungsfähige Werft mit beachtlichen technischen Anlagen, welche das Slippen aller erdenklichen Wasserfahrzeuge vom Kutter bis zum Kümo erlauben. Der neue Eigner, Martin Skadow, hat sich schon jetzt durch sorgfältige Restaurierung von Fahrzeugen des Oevelgönner Museumshafens einen guten Namen gemacht. Am gleichen Ort hatte bereits von 1829 bis 1884 die Familie Tiedemann eine Ewerbauerei betrieben.

Geversdorf

Geversdorf ist ein bedeutender Kirchspielort mit beachtlichem Werftbetrieb und uralter Fähreinrichtung nach Itzwörden, dem Endpunkt des nicht mehr in Betrieb befindlichen Schienenverkehrs der Kehdinger Kreisbahn. Mit der Flut konnten Schiffe mit einem Tiefgang von 3,50 m den Hafen erreichen. Umgeschlagen wurden beinahe ausschließlich Ziegel. Für 1890 waren hier noch 16 Segelschiffe registriert. Die hiesige Werft von Lüder Peters beschäftigte sich besonders in den Jahren 1842 bis 1876 mit der Konstruktion von Ewern. Sie wurde hier schon deswegen benötigt, weil Geversdorf um die Jahrhundertwende mit immerhin 23 hier beheimateten Einheiten den bedeutendsten

Fracht-Ewer-Hafen an der Oste darstellte. Von diesen war nur ein einziges Schiff ausschließlich für die Binnenfahrt geeignet. Im Jahre 1914 zählte man 8 Eigner von Wasserfahrzeugen über 50 cbm Rauminhalt (G. L. – 1914).

Stromabwärts unmittelbar hinter der Werft führt die vor einigen Jahren erbaute Drehbrücke über die Oste.

Oberndorf

– 1316 Overndorpe erwähnt.

Von der Kirche St. Georg weiß man, daß sie bereits um 1300 einen Turm erhalten hat. Zwanzig Fracht-Ewer – von diesen immerhin siebzehn seegehende – führten 1899 den Ortsnamen als den ihres Heimathafens am Heck. Im nächsten Jahr waren es schon drei mehr. Dagegen waren 1914 fünf Schiffer gemeldet, welche Fahrzeuge mit einem Rauminhalt von über 50 cbm besaßen. Den Bau von Ewern betrieben hier H. Schumacher ab 1849 und J. H. Groß ab 1858 bis zum Beginn des 20. Jahrhunderts.

Osten

– erstmals 1230 wegen der Zahlung des Zehnten erwähnt

Die ursprüngliche Bedeutung war auf die des kirchlichen Zentrums beschränkt, für das 1314 ein dort tätiger Pfarrer genannt wird. 1396 mußte die Petri-Kirche aufgrund eines Deichbruchs verlegt werden. In der Nähe der zweiten Kirche entstand gegen 1400 das Dorf Osten. Die gleichzeitige Einrichtung einer Thing- und Gerichtsstätte auf dem Friedhof mag mit dem gerade damals verschärften Kampf gegen Strand- und Seeräuber zusammengehören. 1423 hören wir von einer »nigen Fähre« für die Wahrnehmung des trans-ostischen Straßenverkehrs – etwa auf der Linie der heutigen B 495 von Osten nach Warstade. Eine gewisse Blüte erlebte Osten nach dem Dreißigjährigen Kriege. Der Abstieg begann mit der Franzosenzeit und wurde besiegelt durch die auch sonst an der Niederelbe so verheerende Flutkatastrophe von 1825.

Die 1909 eingerichtete Schwebefähre von Osten war übrigens den beiden anderen Fähren, welche bei Geversdorf und Oberndorf die Oste querten, insofern überlegen, als sie auch bei Eisgang ihren Betrieb nie einzustellen genötigt war. Als Hafen war Osten mit nur fünf hier beheimateten, allerdings seegehenden Ewern weniger bedeutend.

Erst 1969 begann man mit Konstruktion und Bau einer Straßenbrücke wenig unterhalb der Schwebe-Fähre, so daß diese am 31. Mai 1974 stillgelegt werden konnte. Inzwischen wurde die Fähre zum »Technischen Baudenkmal« erklärt, das von einer eigens gegründeten Förderergesellschaft funktionsfähig

Oberndorf a. d. Oste

Oste

Seilzugfähre in Oberndorf
So ähnlich sahen ursprünglich alle Seilzugfähren – ob an der Oste oder der Eider – aus, die noch bis nach dem Zweiten Weltkrieg in Gebrauch waren. An dem von Ufer zu Ufer führenden und auf dem Flußgrund liegenden Drahtseil kann sich der Fährmann über den Strom ziehen, indem dieses über Rollen an einer Seite der Fähre angehoben und mit Klemmhölzern durchgeholt wird. Bug- und Heckklappe können leicht gesenkt oder gehoben werden, um beim Ein- und Ausfahren den Niveau-Unterschied zur Landestelle am unteren Ende der Fährstraße je nach Wasserstand ausgleichen zu können. Gegenüber erkennt man rechts neben der Kirche St. Georg die am Deich durch eine Stöpe hinabgeführte Fährstraße.

Schwebefähre an der Oste bei Osten
Viel Bewunderung hat 1909 die Eröffnung der elektrischen Schwebefähre ausgelöst, deren Traggerüst so hoch über die Oste gespannt war, daß die Torf-Ewer und wenig größere Segler bequem darunter hindurchfahren konnten, ohne die Masten zu legen. Die Durchfahrtshöhe war auf NN +30,00 festgelegt worden, die lichte Weite von Ufer zu Ufer auf 80,00 m. Das Übersetzen mit dem Fahrkorb beanspruchte 3 Minuten. Die Fähre wurde von der Maschinenfabrik Augsburg-Nürnberg AG geliefert und aufgebaut. Die Elektro-Installationen, zwei Generatoren, die von zwei Petroleum-Motoren mit je zehn PS angetrieben wurden, besorgte die Firma AEG Berlin.

unterhalten wird. Fahrten sind jederzeit nach vorheriger Anmeldung im Fährkrug möglich.

Hechthausen

Hier wurde beim Bau der Eisenbahn von Harburg nach Cuxhaven 1881 der Bedeutung der Oste-Schifffahrt durch Einrichtung einer Eisenbahn-Drehbrücke entsprochen. Im Jahre 1899 waren hier zehn Fracht-Ewer beheimatet.

Bremervörde
– als »Vorde« befestigt um 1000

Ausschließlich »Furt« bedeutete die ursprüngliche Bezeichnung dieser Befestigung, die zur Sicherung einer flachen Geestbrücke über die Moorniederungen beiderseits der Oste diente. Nur an dieser Stelle konnte der alte Heerweg von Bremen nach Stade die Oste von West nach Ost überqueren. Es konnte nicht ausbleiben, daß die Vorzüge der Lage zur Einrichtung einer Zollstätte um 1100 unter Herzog Lothar von Sachsen genutzt wurden. 1218 gelangte Vorde zur Herrschaft des Bremer Erzbischofs, der schon 1225 den Kaufleuten seiner Residenzstadt hier einen zollfreien Übergang gewährte. Vorde wurde auch Sitz der Verwaltung für die umliegende erzbischöfliche Vogtei. Es erlangte ferner 1395 Weichbildrecht, das der Qualität einer städtischen Verfassung nahekam. Gegen Ende des Dreißigjährigen Krieges wurde die Burg geschleift (1645) und wenige Jahre später die Verwaltung nach Stade verlegt (1652). Erst 1852 erlangte Bremervörde Stadtrecht.

Von Bremervörde aus fuhren jährlich an die 1.500 tief abgeladene Ewer mit Torf die Oste hinab, der aus dem Teufelsmoor bei Findorff über den Hamme-Oste-Kanal geholt und vorwiegend in Hamburg abgesetzt werden konnte. Der Hafen lag unterhalb der Brücke und der dort mit einem unterschlägigen Räderwerk arbeitenden Mühle.

Die auf dem letzten Streckenabschnitt flußaufwärts kanalartig ausgebaute Oste teilt sich bei Bremervörde. Ein Seitenarm endet unterhalb der Brücke und bildet dort den Ewerhafen, während der sich verjüngende

Fluß nach Aufstauung durch ein Schleuse an der Brücke weiter aufwärts von flach gehenden Schuten bis zur Abzweigung des Oste-Hamme-Kanals befahren werden konnte. Bis Bremervörde, also 73 km flußaufwärts, reichte ehedem die Seeschiffahrt, wobei hier zur Zeit des Niedrigwasserstandes immerhin noch 1,60 m, bei mittlerem Wasserstand sogar 2,20 m Wassertiefe zur Verfügung standen. So verwundert es nicht, daß um 1899 siebzehn Ewer – davon dreizehn seegehende – hier ihren Heimathafen besaßen.

Die Medem

Wo ehedem die Hadler Meeresbucht sich bis an den Rand des Hochlandes und der Geest heranschob, liegt heute das Sietland, eine häufig überschwemmte Niederung mit dicht beieinander liegenden, hohen Wurten. Seit der Kolonisation durch niederländische Siedler existiert ein zu Regenzeiten nicht immer ausreichend funktionierendes System von Wettern und Gräben, das sowohl der Entwässerung des Landes als auch dem Bootsverkehr von Hof zu Hof sowie zur Stadt diente. Die Aue und die Gösche nahmen als Abzugsgräben die anfallenden Entwässerungsmengen auf und vereinigten sich zur Medem. Freilich kam es bis zur Mitte des vorigen Jahrhunderts noch so häufig zu Überschwemmungen, daß die Sietländer bei der Regierung in Hannover zuletzt energisch Abhilfe durch Anlage eines Entwässerungskanals verlangten. Wegen der ungesunden Lebensbedingungen grassierte auf ihren Höfen im Sommer allenthalben die Malaria, so daß man 1875 noch 457 Kranke zählte. Die tiefbraune Farbe des Medemstroms verrät übrigens noch heute die Herkunft des Wassers aus dem moorigen, torfigen Grund des Sietlandes.

Otterndorf

– 1261 Otterentorpe erwähnt

Der Name geht auf einen hier in die Medem einmündenden Nebenfluß, die »Ather« zurück. Aus zwei Wurtensiedlungen, die ursprünglich wie Inseln im

Auf der Medem wird gestakt
Ein schöner, hölzerner Besan-Ewer bewegt sich langsam an Fachwerkgiebeln entlang durch Otterndorf. An den Bäumen im Vordergrund bewegt sich kein Blatt. Hier zwischen den Häusern ist auch kein gleichmäßig aus einer Richtung kommender Wind zu erwarten. Deswegen hat der Schiffer auch die Gaffel vom Besansegel fallen lassen, damit es nicht von einer plötzlich auftretenden Böe gefüllt werden und dem Schiff einen unkontrollierbaren Vortrieb geben kann. Das Großsegel ist zur Zeit gar nicht an der Nock des »Großbaums« angeschlagen. Diese hinter dem Großmast befestigte Spiere zeigt jetzt schräg nach oben, weil sie demnächst als Ladebaum dienen soll, sobald am Landeplatz Handelsgüter geladen werden sollen. So können sich die Schiffer leicht behelfen, wenn am Ufer – wie ja meistens der Fall – kein Kran zur Verfügung steht. Das motorlose Fahrzeug wird indessen von seinem Eigner an Steuerbordseite mit einer langen Stange gestakt.

Medem-Delta lagen, ist der Ort zusammengewachsen, der ab 1301 das Zentrum eines eigenen Kirchspiels bildete. Im Jahre 1400 erhielt der Ort Stadtrecht. Nach Übereignung an Hamburg wurde Otterndorf im Jahre 1408 Sitz eines Hamburger Amtmannes. Ab 1530 entwickelte sich die Neustadt als Straßensiedlung. Alt- und Neustadt wurden mit Wall und Graben befestigt. Neben den Funktionen einer Kreisstadt und dem landwirtschaftlichen Marktangebot entwickelte sich ein wenig Industrie, z. B. eine chemische Düngemittelfabrik (1869) und eine Sauerkohlfabrik (1918).

Der eigentliche Landeplatz am »Großen Specken« mit flachem Uferstrand, der den Ewern und Torfbullen das Trockenfallen sowie das Löschen und Laden direkt neben den Schiffen mit Pferd und Wagen zur Ebbezeit ermöglichte, hat seine Lage zwischen der Otterndorfer Burg und der Medembrücke nie geändert. Von der einstigen Wasserburg stehen noch das Torhaus von 1641 sowie das gegenwärtig als Amtsgericht genutzte Hauptgebäude von 1773. Ferner zeugen die stattlichen Speicher und ein alter Kran an der Medem von der früheren Bedeutung des Handels mit Getreide und Futtermitteln. Immerhin waren hier schon im Jahre 1780 24 Getreide- und Mehlhändler ansässig. Ein Hamburger Kaufmann war es, der das eindrucksvolle Kranichhaus am Markt erbauen ließ. Es verwundert nicht weiter, daß ein so zentral gelegener Ort schon sehr früh eine eigene Lateinschule (1445) und eine bedeutende Posthalterei erhielt. Die schöne Fachwerkbebauung des gepflegten Städtchens hat Alfred Lichtwark dazu veranlaßt, Otterndorf ein zweites Rothenburg zu nennen.

»Über all die kleinen Familienhäuser mit einem Fensterchen im ersten Stock, ragt gewaltig der Gasthof ›Zur Sonne‹ mit seinem riesigen abgewalmten Dach über voll ausgebautem erstem Stock hinaus. Solche Wirkungen kennt die moderne Großstadt eigentlich nicht mehr. Die uralte Kirche, deren Langhaus zwei Bauzeiten angehört, hat interessante Schnitzereien und einen hübschen Taufkessel des 14. Jahrhunderts. Wo am Rande der Stadt, jenseits der breiten Medem, das wohlbefestigte Schloß lag, erhebt sich jetzt das Amtsgericht. Das Haus, in dem Voß ›dichtete und übersetzte‹, dem Kirchenportal gegenüber, hat seine Tafel ... Leider ist die Kirche auf das wüsteste restaurirt, zum Glück nur von außen. Für den Hannoveraner, der das gethan hat, müßte in der Hölle ein Extraofen geheizt werden.« – Alfred Lichtwark, den 25. März 1908.

Seit Beginn des 19. Jhs. warb das Hamburger Adressbuch (Ausg. 1808) für die Benutzung von *»Schiffsgelegenheiten«*, und zwar einer täglich verfügbaren Ewerverbindung von Hamburg über Dithmarschen (Brunsbüttel) nach Otterndorf, Altenbruch und Ritzebüttel, welche zugleich die wichtigste Fährverbindung über die Elbmündung hinweg von Dithmarschen nach Hadeln bildete. Hamburger Interessenten konnten ihre Aufträge für die genannten Bestimmungsorte bei J. C. Schröder, Herrlichkeit 105, ordern. Eine fast täglich verfügbare Direktverbindung konnten die Hamburger über Daniel Puls, Herrlichkeit Nr. 93 und Nr. 8, in Anspruch nehmen. Dreizehn Ewer führten gegen Ende des Jahrhunderts Otterndorf als ihren Heimathafen an. Das Jahresregister des Germanische Lloyd für 1914 benennt drei Eigner von Schiffen über 50 cbm Rauminhalt.

Der Hadelner Kanal

Im Jahre 1851 begann bei Otterndorf endlich der lang geforderte Bau eines »Hochmoor-Schiffahrtskanals« zwischen Weser und Elbe, der über eine Länge von 33,7 km bis Bederkesa zur Geste führte und bei Niedrigstwasserstand noch immer Schiffen bis 1,10 m Tiefgang die Durchfahrt erlaubte. Die nördliche Teilstrecke wurde sogar mit einer Mindesttiefe von 2 m und 20 m Breite ausgestattet. Der Kanal brachte zugleich die von ihm erwarteten Entwässerungserfolge im Sietland und hat entschieden dazu beigetragen, daß die Zahl der Malariakranken des bis dahin in feuchten Sommern stets überschwemmten Sietlandes von 457 im Jahre 1875 auf 10 im Jahre 1880 zurückging.

Altenbruch

Mit ihrer charakteristischen Doppelturmanlage hat die Kirche S. Nicolaus von Altenbruch vom Hadeler Hochland aus der Schiffahrt seit Jahrhunderten als unverwechselbare Landmarke zur Orientierung gedient. Der Flecken Altenbruch entstand um 1330 neben der Kirche, und zwar am Wege von Otterndorf nach Cuxhaven im Zuge der heutigen B 73. Er gehörte früher zum Hamburger Amt Ritzebüttel. Vom Altenbrucher Hafen, an der Mündung des Braakstroms belegen, war erstmals 1373 die Rede. In dem kleinen Hafen lagen gegen Ende des 19. Jhs. nur drei Fracht-Ewer.

Cuxhaven

– 1570 Ortsname erwähnt, Stadtrechtsverleihung durch Hamburg 1907

Um sich ein rechtes Bild von dem schnellen Aufblühen dieses Ortes zu verschaffen, ist es schon wichtig, in Erfahrung zu bringen, daß das 1816 von dem Hamburger Senator Abendroth gegründete Seebad 1882 immerhin 1.900 Sommergäste angelockt hat. Die wichtigste Voraussetzung für dieses Phänomen, so wird stets hervorgehoben, sei die Verbindung nach Harburg über die »Unterelbische Eisenbahn« gewesen, die seit 1881 über Stade auf einer Gesamtstrecke von 103 km verkehrte. Die Errichtung eines Gaswerks (1884) und des Wasserturms (1896) am Ende des Schleusenpriels wurden zugleich als untrügliche Anzeichen jener rasanten Aufwärtsentwicklung zur Kenntnis genommen. Seit 1865 bestand eine erste regelmäßige Schiffahrtsverbindung nach Schleswig-Holstein, die den Rücktransport der Cuxhavener Lotsen von der Bösch-Station sicherstellte. Nach Eröffnung des Nord-Ostsee-Kanals war die schleswig-holsteinische Anlegestelle zur neuen Lotsenstation in Brunsbüttel verlegt worden. Seit 1907 wurden auf dieser Linie die Dampfer Seeschwalbe, Seelotse (1908) und Seestern (1914) der »Cuxhaven-Brunsbüttel Dampfer AG« eingesetzt, die in Cuxhaven an der Ostseite des »alten Hafenbahnhofs« im Fischereihafen ihre Anlegestelle besaßen. Nach profitablen Jahren vor dem Ersten Weltkrieg mußte diese Linie auf Grund mangelnden Zuspruchs 1921 eingestellt werden.

Erst 1907 erhielt Cuxhaven den Rechtsstatus einer Stadt, nachdem 1872 aus der gleichnamigen Hafensiedlung und dem Flecken Ritzebüttel die Landgemeinde Cuxhaven gebildet worden und 1905 Döse durch Eingemeindung noch hinzugekommen war. Im Stadtwappen führt die junge Gründung als ihr eigentliches Wahrzeichen die berühmte Kugelbake. Diese liegt auf dem Ende einer Steinmole, die vom Norddeich abzweigt und weiter in die Elbe hineinreicht.

Die Kugelbake gilt heute als nördlichster Punkt des Landes Niedersachsen. Während die Stadt bereits 1937 durch das Groß-Hamburg-Gesetz erst Preußen und nach dem Zweiten Weltkrieg Niedersachsen zuge-

Hafenanlagen aus der Vogelperspektive

Die Vogelperspektive lädt zu einem Blick von Südost nach Nordwest über den »Fischereihafen« bis zur Kugelbake ein. An dem Westkai des Fischereihafens haben drei Fischdampfer im Päckchen nebeneinander festgemacht. Davor liegen einige Fischer-Ewer, die ihre Großsegel zum Trocknen hochgezogen haben. Die dann folgende Landzunge trägt mehrere Schuppen, die zum Hafenbahnhof gehören. Hinter der Landzunge folgt der »Alte Hafen«, von dem nach Westen der »Ewerhafen« abzweigt. Ganz scharf am rechten Postkartenrand erkennt man noch den Schatten des Leuchtturms am Deich. Außerhalb des Deiches folgt weiter links die Seebadeanstalt. Auf der durch eine Mole verlängerten letzten Landzunge kann man noch als winzigen Punkt die Kugelbake ausmachen.

An Bord eines Austernfischers
Vier Männer sind an Deck eines Hochseekutters gerade damit beschäftigt, die Austern mit Hilfe eines Keschers aus den Luken heraufzuholen. Der Großbaum und die Gaffel mit dem dazwischen eingepackten Großsegel liegen so hoch, daß sie darunter arbeiten können, ohne sich den Kopf zu stoßen. Mit dem zur Ebbezeit ablaufenden Wasser ist das Schiff vor dem hölzernen Bollwerk ca. drei Meter tiefer gesunken. Wenn die Seeleute nach getaner Arbeit an Land gehen wollen, müssen sie die vor der Bollwerkkonstruktion senkrecht stehende Leiter hinaufkrabbeln.
Mit dem Fang der kostbaren Muscheln versuchten die Kutterfischer finanzielle Ausfälle wettzumachen, die ihnen durch Konkurrenz seitens der Fischdampfer und die durch Massenangebote hervorgerufenen Dumpingpreise für Fisch entstanden waren.

schlagen worden war, gelangte sie 1969 durch Tausch gegen die Inseln Neuwerk und Scharhörn in den Besitz des Fischereihafens. Seit dem Abschluß langwieriger Verhandlungen mit Hamburg im Jahre 1992 gehört jetzt auch der Amerika-Hafen zur Stadt. Sie möchte ihn zu einem modernen Warenumschlagszentrum ausbauen. Gegenwärtig leben hier 58.000 Einwohner – übrigens zum großen Teil noch von der Fischerei, die in den letzten Jahren allerdings einen erheblichen Rückgang hinzunehmen hatte.

Der junge Stadtname bedeutet nicht viel mehr als »Koogshafen« und bezeichnete vormals einen »Flekken im hamburgischen Amt Ritzebüttel« (Brockhaus 1883), d. h. eine später hier entstandene Deichreihensiedlung an der Mündung der Wetterung. Sie wurde bereits als Hafen der ältesten, ein wenig weiter südlich belegenen Siedlung Ritzebüttel genutzt, deren Zentrum eine Wasserburg bildete. Hamburg brachte auch diese 1394 in seinen Besitz, nachdem es zuvor schon zur Sicherung seiner Schiffahrt die halbe Insel Neuwerk sowie die Kirchspiele Altenwalde und Groden erworben hatte. Aus diesen Erwerbungen wurde das Amt Ritzebüttel gebildet und entsprechend der Regelung für die Hamburger Landgebiete von einem Hamburger Ratsherrn als Amtmann verwaltet.

Unserer Charakterisierung des Hafens sei eine Beschreibung der Situation um 1856 vorangestellt: Der Hafen mit seinen *»großen Bassins«* biete 100 Seeschiffen Raum, und *»das hier so vortrefflich organisierte Lotswesen habe die Dienste der Helgoländer Fischer entbehrlich gemacht«*, wußte Carl Reinhardt. Der Leuchtturm – 1802/03 westlich der Hafeneinfahrt anstelle der 1801 in einer stürmischen Novembernacht zusammengebrochenen Roßbake erbaut – sei *»eine Zierde des Ortes«*. Er ist übrigens 25 m hoch, erhielt bereits am 15. November 1805 einen sog. Argand'schen Leuchtapparat, der sein Licht »recht gut sichtbar« vier Meilen weit über das Meer erstrahlen ließ. Erst 1913 wurde der Petroleumbrenner durch eine elektrische Lampe ersetzt. Über seinem Eingang finden sich das Hamburger Wappen und eine lateinische Inschrift: *»Nautis signum sibi monumentum erexit res publica hamburgensium.«*, das heißt: *»Für die Seefahrer ein Seezeichen, für sich selbst als Denkmal, hat der*

Anlegeplatz der Passagierdampfer von Helgoland
Der Fotograf steht etwas höher an Deck des Dampfers nach Helgoland, der an der Seebäderbrücke festgemacht hat. Von seinem Standort aus kann er die vielen Menschen sehen, die das Schiff gerade verlassen haben und dem weißen Schild »Rechts gehen!« Folge leisten. Sie müssen sich auf einem schmalen, mit weißen Holzgeländern beiderseits geschützten Palisadendamm von der Brücke aus um den Außenhafen des Alten Hafens herumdrängeln, bis sie endlich den Hafenbahnhof erreichen. Eine noch dickere Traube von Menschen wälzt sich ihnen auf der anderen Seite des Damms entgegen. Sie dürfen erst einsteigen, wenn die letzten Rückkehrer das Schiff verlassen haben. Der Außenhafen ist mit Schiffen vollgepackt. Das Auge schweift darüber hinweg bis zu dem dahinterliegenden Fischereihafen und den dazu gehörenden Schuppen.

Staat der Hamburger diesen Turm geschaffen.«

Welches Bild sich dem Reisenden 1856 von der Wasserseite bot, erläuterte Reinhardt: *»Das hölzerne Bollwerk, welches zum Anlegen der Dampfschiffe dient, vertritt hier ganz die Stelle der Dresdner Terrasse, denn von hier aus hat man sowohl über den Hafen als über die Elbe eine unbeschränkte Aussicht. Das Dampfschiff von und nach Helgoland wird hier erwartet.«* Die so charakterisierte »Alte Liebe« wurde 1732 als »Höftwerk« zur Sicherung der Einfahrt in den Hafenpriel angelegt, indem zwei kleinere Schiffe in Ufernähe nebeneinander und ein drittes größeres vor den beiden in etwas tieferem Wasser versenkt wurden. Der Raum zwischen den Schiffen wurde mit Steinen und Buschwerk angefüllt und das Ganze mit Holzdalben sowie einer Steinkaje eingefaßt. Eines der Schiffe hieß »Die Liebe«. Reinhardt fährt fort: *»Unter dem Bollwerk, an der Treppe liegen Fährboote, womit von und an die Schiffe gesetzt wird, was à Person 1 Mark kostet ... Am inneren Hafen liegen zwei Schiffswerfte, denen die Sandbänke der Elbmündung stets reichlich Arbeit schaffen. Auf dem Werft von Bufe werden oft Schiffe für Hamburger Kaufleute gebaut, weil der Baumeister einer der intelligentesten und besten Schiffbauer an der Elbe ist und seine Schiffe vortrefflich segeln. Auf der Londoner Ausstellung erhielt er für ein eingesandtes Schiffsmodell die große Medaille«* (Carl Reinhardt 1856).

Ab 1818 gab es bereits zwei Werften in Cuxhaven, die nachweislich zwischen 1828 und 1834 verstärkt den Bau von Fracht-Ewern betrieben haben. Die eine gehörte dem von Reinhardt oben erwähnten Bufe, die andere Johann Eggers. Eggers widmete sich in den folgenden Jahrzehnten mehrfach der Konstruktion von Fischer-Ewern zur Fischerei im Elbmündungsgebiet.

Seinen ursprünglichen Funktionen gemäß erfüllte der hiesige Hafen anfänglich ganz andere Aufgaben als etwa der in Hamburg. Das Aufstellen der Baken, die Auslegung der Tonnen und der Ausbau des Lotswesens dienten der sicheren Ansteuerung der Elbe. In diesem Rahmen bildete Cuxhaven den wichtigsten Stützpunkt zur Sicherung und Verbesserung des Elbfahrwassers nach Hamburg. Im Jahre 1838 wurde ein

Der Fischereihafen

Dicht gedrängt liegen die zumeist einmastigen Kutter in breiten Päckchen nebeneinander und füllen den ganzen Hafen. Wir schauen über Kaischuppen hinweg und durch die Hafeneinfahrt hinaus auf die weißen Brecher der offenen See.

Am Spielbassin

Gegenüber auf dem Außendeich stehen – von rechts nach links – das Schult-Hotel, das Hotel Bellevue und das Hotel Continental. Der Deich ist bei morgendlichem Sonnenschein voller Menschen im Sonntagsstaat. Sie haben sich versammelt, um einer Regatta mit Schiffsmodellen beizuwohnen, wie man sie um 1900 mit viel Ehrgeiz und Genauigkeit für solche Gelegenheiten herstellte. Die leichte Brise aus Nordost begünstigt die Fahrt des Schonermodells mit der Startnummer 3 im Großsegel, das am Wind parallel zum Deich einem Kurs nach Südosten folgt. – Die Karte ist im Jahre 1909 in Cuxhaven gedruckt worden.

Alte Liebe
Von den zwei Etagen des westlichsten Anlegers, der »Alten Liebe«, aus verfolgen die Kurgäste eine einzigartige Regatta von Fischerbooten, die sich mit der Ebbe auf den Weg, die Außenelbe abwärts, gemacht haben. Das Feld ist weit auseinander gezogen, so daß manche Segel kaum mehr am Horizont zu erkennen sind. Die frühmorgendliche Sommersonne scheint noch aus Osten. Seit die Büsumer Fischer Anfang August des Jahres 1895 mit ihren Fahrzeugen zur Freude der Kurgäste eine solche Segelregatta erstmals gestartet haben, findet die erfolgreiche Veranstaltung auch in anderen Fischereihäfen viel Nachahmung. Die Postkarte wurde 1909 in Cuxhaven gedruckt.

optischer Telegraf für Schiffsmeldungen nach Hamburg eingerichtet. Die Nachrichten wurden – immer in Sichtweite – von Cuxhaven aus über Signaltürme auf der Wingst, den Klintberg bei Hechthausen, den Lohberg bei Stade und den Kösterberg bei Blankenese zum Dachpavillon des Hamburger Baumhauses weitergeleitet. Das Baumhaus aber wurde beim Großen Hamburger Brand bis auf die Grundmauern zerstört. Das optische Telegrafensystem wurde bereits 1848 durch einen elektromagnetisch arbeitenden Telegrafen ersetzt.

Gleich hinter der »Alten Liebe« erhebt sich noch heute der 1883 auf Betreiben des Nautischen Vereins Hamburg am Westufer des Alten Hafens aufgestellte Semaphor, ein Stahlgerüst, das mit waagerecht abgespreizten Armen die Windstärken für Borkum und Helgoland sowie auf zwei Rosetten dic entsprechenden Windrichtungen anzeigt. Daneben befanden sich ehedem die Antennenmasten der Marine-Signalstation und das Turmgerüst mit einem Zeitball, dessen Fallen die Uhrzeiten um zwölf Uhr und ein Uhr mittags angab, damit die Schiffe ihre für die Navigation besonders wichtigen Uhren auf die Sekunde genau korrigieren konnten.

Hier am letzten Zipfel des Südufers der Elbe entstand ein Schutzhafen für alle durch Seenot bedrängten Fahrzeuge und gewährte im übrigen z. B. der in der Nordsee operierenden Finkenwerder Fischereiflotte im Winter Zuflucht bei plötzlich auftretendem Eisgang. Hierfür stand zunächst allein der heute sogenannte »Alte Hafen« zur Verfügung, ein Sielhafen, der vom Ritzebütteler Schleusenpriel her durchgespült und so möglichst schlickfrei gehalten werden sollte und 1868 seine endgültige rechteckige Form erhielt. Seine Einfahrt lag im Schutz des Bollwerks der »Alten Liebe« sowie dem der Seebäderbrücke. Unmittelbar hinter der Seebäderbrücke entstand ein Außenhafen für Wende- oder Ankermanöver. An der Westseite wurde noch eine besondere Einfahrt für einen nach Süden abknickenden Ewerhafen für Fischereifahrzeuge geschaffen. Nur sechs Fracht-Ewer waren hier 1899 beheimatet.

Auf dem Gelände zwischen Ewerhafen und Altem Hafen befindet sich auch heute noch der Hamburger Tonnenhof. Für den Straßenverkehr wurde außerdem am oberen Ende des Alten Hafens eine Drehbrücke gebaut, welche diesen von der von Reinhardt erwähnten Werft und dem Schleusenpriel trennte. Dieser wurde durch zwei Siele saubergehalten. Das eine, unmittelbar hinter der Drehbrücke an der Westseite, läßt die zur Flutzeit aufgestauten Wassermengen aus der sog. »Cuxhavener« oder auch »Döser« Wetterung, das andere Siel am Ende des Schleusenpriels entsprechende Mengen aus der Ritzebütteler Wetterung während des Niedrigwassers einströmen. So wurde die Räumkraft des Wassers gegen die ständige Verschlickung der Hafensohle genutzt.

Hinzu kamen 1883 der »Neue Hafen«, dessen Einfahrt durch zwei als Landungsbrücken ausgebaute Hafenköpfe flankiert wurde, sowie der Fischereihafen. Dieser erfuhr erstmals 1890/92 infolge der Industrialisierung des ganzen Fischereiwesens eine Erweiterung und Modernisierung. Entsprechend den Erfordernissen nach dem Ersten Weltkriege wurde der Fischereihafen zwischen 1918 und 1922 auf das dreifache seiner ursprünglichen Länge vergrößert. Räumlichkeiten für die Fischauktionen und Gebäude für fischverarbeitende Industrieen entstanden ringsum. Im Jahre 1926 stieg die Menge des hier angelandeten Fischs auf 52 Mio. kg an.

Inzwischen wurden für die Hamburg–Amerika Linie immer längere Schiffe gebaut. Um 1910 mußte man daher schon mit Schiffslängen von 1.000 Fuß rechnen. Für diese reichten die Anlegebrücken vor den Hafenköpfen zu beiden Seiten der Hafeneinfahrt in den »Neuen Hafen« längst nicht mehr aus. Man half sich, indem man durch Schließung der alten Hafeneinfahrt beide Hafenköpfe miteinander verband und daraus die 1.300 Fuß lange Anlegebrücke »Landungshöft« schuf. Zugleich wurde die Einfahrt in den sog. »Neuen Hafen« entsprechend weiter nach Osten verlagert, dessen Becken im Zuge der gleichen Baumaßnahme um ein mehrfaches etwa in den Dimensionen des Waltershofer Hafens vergrößert und in »Amerikahafen« umgetauft wurde.

Der Anleger »Landungshöft« war direkt mit einer neuen Hafen-Eisenbahnstation, Warteräumen und einer Zollstelle verbunden. Um 1912 konnten auf dem Lentzkai bereits alle 15 Minuten Spezialzüge mit Reisenden der Hamburg–Amerika Linie abgefertigt werden.

Sicherung der Schiffahrt vom Deich aus
Was die dahinschlendernden Kurgäste hier bewundern, ist reine Technik zur Sicherung der Schiffahrt. Sie stehen gerade am Fuße des Semaphors, der seit 1883 Windrichtung und Windstärke nach den jeweils aus Borkum und Helgoland vorliegenden Meldungen der vorüberziehenden Schiffahrt anzeigt. Der Semaphor ist Bestandteil der Signalstation. Links im Hintergrund erscheint das Telegrafenamt und rechts im Bild der alte Leuchtturm.

Kugelbake

Nordwestlich von Cuxhaven weitet sich die Bucht von Döse. An ihrem Ende führt eine Steinmole nach Norden bis zur Kugelbake. Sie gehört mit zu den ältesten Seezeichen an der Elbe. Sie ist erstmals 1703 erbaut und mehrfach wieder nach Zerstörungen erneuert worden. Im Jahre 1867 wurde sie zu einem 26 m hohen Gerüst ausgebaut, das bei der Erneuerung 1898 nochmals auf 29,63 m erhöht wurde. Während des Ersten Weltkriegs wurde sie eingezogen, um den Gegnern auf keinen Fall, sofern die Absicht einer Invasion überhaupt in Erwägung gezogen werden sollte, zur Orientierung über die Einfahrt in die Elbe dienlich zu sein.

Über derlei Strategien denken die dargestellten Kurgäste wohl kaum nach, die es sich, soweit der Anzug es ihnen erlaubt, auf dem Strand gemütlich gemacht haben.

Badefreuden bei Döse

Auf dem Rückweg von der Kugelbake kommen die Hafenanlagen von Cuxhaven immer deutlicher in Sicht. Auf der Steinmole vor uns vergnügen sich zwei barfüßige Jungs mit aufgekrempelten Hosen. Weiter im Hintergrund stehen schon die Badekarren, in denen sich die Kurgäste umkleiden dürfen.

Sturmflut
Lange Brecher donnern bis zur Deichkrone hinauf. Der Semaphor hat zu beiden Seiten je fünf Arme gehoben. Sowohl von Helgoland wie auch von Borkum ist jeweils Windstärke 10 aus Nordwest gemeldet worden. Die beiden Beobachtungsstationen werden durch ein großes »H« links und ein großes »B« rechts auf der untersten Ebene markiert. Darüber zeigen Windrosen die Windrichtungen an. Von den Armen zu Seiten der Gerüstspitze bedeutet jeder zwei Windstärken. Wenn es hart kommt, kann also auf jeder Seite noch ein Arm mehr gehoben werden. Das hieße dann: 12 Windstärken auf Helgoland und auf Borkum.

Lotsendampfer ELBE ***bei Sturm***
Wieder rennen die Wogen gegen den Deich an. Obwohl der Semaphor beinahe von der Seite aus gesehen wird, erkennt man doch, daß er Windstärke 10 auf Helgoland und auf Borkum anzeigt. Nur kommt der Wind aus verschiedenen Richtungen. Während auf Borkum Westwind herrscht, wird für Helgoland auf der Windrose Nordwest angegeben. Der Lotsendampfer nähert sich der Alten Liebe. Er wird gleich hinter dem Anleger herum in den Alten Hafen gehen.
Obwohl man den Schiffsnamen am Bug nicht lesen kann, läßt sich das Fahrzeug dennoch zweifelsfrei identifizieren. Es handelt sich um die DIETMAR KOEL, *erbaut 1914 bei Schichau in Danzig. Von allen anderen Elblotsendampfern, die den gleichen Anstrich und die große Aufschrift* ELBE *tragen, unterscheidet er sich eindeutig durch den breiten Einschnitt in der Schanz auf dem Vorschiff. Im Jahre 1934 wurde der Dampfer von dem Flensburger Schiff* PETER VIETH *bei Scharhörn-Sand gerammt und mußte aufgegeben werden.*

Landmarken an der Außenelbe

Wattengebiet Außenelbe

»Es war ein heißer Tag mit Neigung zur Gewitterbildung. Wir fuhren gegen die Sonne. Was vor uns lag, war eine weite farblose Fläche mit der duftigen, aber farblosen Silhouette des Ufers von Duhnen in der Ferne. Alles Licht, das Wattengebiet fast so hell wie der Himmel, von dem der dunkle Uferstreif es trennte. Und diese lichten Flächen und dieser farblose Himmel in leuchtendem, aber bleiernem Grau.

Wer sich umsah, glaubte nicht in derselben Welt zu sein. Endlos die Wattenfläche, ganz in der Ferne das Rosa und Grün von Neuwerk, über dem aus einem Chaos unbestimmter Form eine riesenhaftige rosige Wolkenburg gegen den blassen Himmel stieg.« – Alfred Lichtwark, Cuxhaven, den 4. Mai 1908.

Neuwerk

– als »Nyge O« (= neue Insel) erwähnt

Die Insel hat eine Größe von ca. 330 ha, wovon nur ein Drittel, und zwar seit 1554, eingedeicht ist. Seit 1575 lebten hier zur Sicherheit der *»up de Elvestrom«* passierenden Schiffahrt zwei Ritzebütteler *»Piloten«* (=Lotsen), denen 5 1/2 Morgen Land und je ein Fischerhäuschen zur Verfügung standen. Im übrigen wurde das Land durch den Hamburger Amtmann zu Ritzebüttel verpachtet.

Ihren heutigen Namen erhielt die Insel, nachdem Hamburg sie in Besitz genommen und mit dem Bau eines Turmes zur Kennzeichnung der Elbansteuerung begonnen hatte. Der Turm wurde von Anfang an mit dem Begriff »Wark« (= Werk) belegt und entsprechend sowohl bei den Ausgaben für Baurechnungen als auch den Einnahmen des den passierenden Schiffen abverlangten »Werkzolls« in den Hamburger Kämmereirechnungen aufgeführt. So wurde aus der für Hamburg neu erworbenen Insel, der »nygen O«, und dem dort entstehenden Turm »dat nige wark« – eben »Neuwerk«.

Das Fundament des Turms besteht aus aufgeschichteten Eichenholzbalken, die bis auf den gewachsenen Sand hinunterreichen.

Darüber beginnt das Ziegelmauerwerk mit einer Wandstärke von 2,80 m. Von den acht Geschossen sind die untersten beiden eingewölbt und im ursprünglichen Zustand belassen. Daß ein Zugang nur über das

Wagenfahrt durch das Watt
Wer nach Neuwerk reisen möchte, kann dies zur Zeit des Niedrigwassers mit Pferd und Wagen am schnellsten erledigen. Die Fuhrleute aus Neuwerk erwarten ihre Gäste in Duhnen und bringen sie auf den gut ausgeprickten Überwattwegen sicher auf die Insel.

Seelotse geht bei kochender See in Lee an Bord

Besser als eine Kamera diesen Vorgang je hätte einfangen können, hat der Marinemaler Hans Bohrdt nach langem Studium vor der Natur das schwierige Manöver der Lotsenübernahme gezeichnet. Mit einem schnellen Lotsenschoner, der ein Lotsenversetzboot hinterherschleppt, fährt der Lotse vor dem Dickschiff her, das ihn an Bord nehmen will. Dann steigt er ins Versetzboot, die Leine zum Lotsenschoner wird gelöst, so daß es achteraus in Lee an dem Aufkommer vorbeitreibt. Im gleichen Augenblick wirft der Aufkommer eine Leine zum Versetzboot hinüber, die sofort von der Bootsmannschaft auf einem Poller belegt wird. Der Lotse steigt auf die in Lee von dem Dickschiff herabhängende Jacobsleiter und entert auf, während die Mannschaft das Versetzboot mit Hilfe von Riemen oder Peekhaken von der hohen Bordwand abhält und so vor dem Zerschellen bewahrt. Im nächsten Augenblick wird an dem Versetzboot die Vorleine wieder vom Poller gelöst und von den Decksleuten des Dickschiffs eingeholt. Sogleich treibt die kleine Nußschale wieder achteraus. Der Lotsenschoner hat sich in der Zwischenzeit weit zurückfallen lassen und kommt jetzt – schon gut erkennbar – hinter dem Dickschiff wieder auf, um nach einigen Minuten das Lotsenversetzboot wieder aufzupicken.

dritte Geschoß – d. h. über eine Leiter oder Treppe – möglich war, zeigt deutlich, daß der Turm im Falle einer Belagerung als wehrhafte Befestigung verteidigt werden sollte.

Im Laufe seines Bestehens wurde der Neuwerker Turm konsequent ins Zentrum eines ständig verbesserten Systems zur Erleichterung der gefahrvollen Elbansteuerung gerückt. Zunächst wurde zur schnelleren Auffindung der schon 1440 ausgelegten Ansteuerungstonne für das Fahrwasser nach Hamburg – genau auf einer Richtlinie zwischen der so benannten »Schaartonne« und dem Neuwerker Turm – im Jahre 1462 im Vorland die Nordbake, damals »Kape« genannt, aufgestellt. In einer Segelanweisung aus dem Jahre 1571 heißt es: *»Will gi up de Elwe sejlen, so brenghe de Kape unde dat Niewark overeen , so finde gi de Schartunne.«* Genau diese Situation verdeutlicht noch die Elbkarte des Amsterdamer Kartographen Wilhelm Blaeuw aus dem Jahre 1628. Gerade 16 Jahre später wurde auf der gleichen Richtlinie – jetzt zwischen Nordbake und dem großen Turm – eine Feuerblüse in Betrieb genommen, die es erstmals ermöglichte, des Nachts wenigstens bis an die Schaartonne heranzusegeln, um sich dann zwischen Scharhörn und Neuwerk eine kurze Strecke weit in die Hundebalje hinein zu loten. Dort durfte man sich gerade bei westlich einfallenden Starkwinden sicher fühlen und konnte im Schutze des Scharhörnriffs den Anker fallen lassen. Um dieses Manöver richtig einzuleiten, mußte man darauf achten, daß man überhaupt erst einmal das Licht der mit Holz und Kohle erleuchteten Feuerblüse entdeckte. Sodann mußte man durch kleine Kursänderungen eine Richtung auf dieses Feuer zu herausfinden, die das Feuer vorübergehend verdunkelte. Nun konnte man sicher sein, daß diese Verdunklung durch die davor in Linie stehende große Nordbake geschah. War man erst einmal so weit, mußte man jetzt nur genau noch den Kurs so halten, daß nicht plötzlich das helle Aufleuchten backbords oder steuerbords der Nordbake anzeigte, daß die Richtlinie auf den Neuwerker Turm und vor allem die Schartonne verlassen worden war. Wegen dieser neuen Funktion des Nachts wurde die Nordbake von den auf Hamburg segelnden Schiffern ganz allgemein »Verdunkelungsbake« genannt, wie übrigens noch auf einer Seekarte von 1806 vermerkt. Die auf der gleichen Karte als solche bezeichnete »Feuerblüse« wurde im Zuge der Befeuerung des großen Turms 1814/15 durch den »kleinen« Turm mit einem

Der Turm – das war »das neue Werk«

Der zunächst – auf einer Wurt gegen Hochwasser gut geschützt – aus Holz errichtete und 1310 fertiggestellte erste Turm brannte 1377 ab und wurde umgehend aus Ziegelsteinen in endgültiger Form neu errichtet. Das eigentliche Ziegelbauwerk wurde ca. 27 m hoch aufgemauert, sollte also – vergleichbar den Leuchttürmen der Antike – von vornherein mit einer Höhe von 100 hamburgischen Fuß imponieren. Rechnet man die Wurt und den Laternenaufsatz von 1814/15 mit, ergibt sich die stattliche Gesamthöhe von 38 m über dem Wasserspiegel des mittleren Hochwassers.

Die* Ondo *auf dem Vogelsand
Die Einfahrt in die Elbe zwischen Scharhörn und dem Großen Vogelsand bei Sturm gehört mit zu den gefährlichsten Manövern seit Menschengedenken. An den harten Kanten von Scharhörn sind Tausende von Schiffen seit Anbeginn der Schiffahrt gescheitert. Der weiche Malsand des Großen Vogelsandes hat in gleicher Zeit ebenso viele Wasserfahrzeuge, die hier festgekommen waren, in die Tiefe gezogen und ganz verschlungen. Das gleiche Schicksal hat den Dampfer Ondo *ereilt, der schon tief im Sand versunken und nur noch etwa zur Hälfte sichtbar ist. Hier das Wrack der* Ondo *auf dem Großen Vogelsand.*
Die Hubschrauberaufnahme stammt von Manfred Schulze-Alex.

***Feuerschiff* Elbe I**
Als letztes bemanntes Feuerschiff wurde Elbe I kürzlich eingezogen und damit ein für die deutsche Seefahrtsgeschichte in gleicherweise wichtiges wie heroisches Kapitel entgültig abgeschlossen.
Manfred Schulze-Alex hat die Elbe *I auf ihrem Standort vom Hubschrauber aus aufgenommen.*

Unterfeuer ersetzt und damit die uralte Fahrt in Linie auf die Schartonne zu bei Nacht mit Hilfe dieses Richtfeuers ergänzt.

Eine nächste Verbesserung wurde mit einer Verlängerung des Tonnenwegs in Richtung See erreicht. Eine Karte des Elbmündungsgebiets aus dem Jahre 1745 verzeichnet eine weitere Richtlinie, die vom Neuwerker Turm aus weiter westlich über die neu aufgestellte Scharhörnbake bis ins Fahrwasser hinein gezogen wurde. Dort vor dem Scharhörnriff fand man in Zukunft rechtzeitig die neue Ansteuerungstonne für den verlängerten Tonnenweg nach Hamburg, die »rothe Tonne«, wenn man nur Scharhörnbake und Neuwerker Turm »übereinbrachte« und gut darauf zuhielt. Genau dort fand man außerdem eine »Lotz Galliot« vor Anker liegend, von der aus auf tiefer gehende Schiffe Lotsen zur Hilfe für die Bewältigung der ersten Teilstrecke des Weges nach Hamburg bis zur Böschstation (s. d.) versetzt wurden. Die auf der zitierten Karte so schön eingezeichnete, zweimastige Galliot ist übrigens nur zwei Jahre später bei heftigem Schneesturm auf dem Scharhörnriff gestrandet, wobei der Kapitän, sechs Mann Besatzung und fünf Admiralitätslotsen den Tod fanden.

»*Die Insel selbst ist ein kleines Stück Land mit starken Deichen umgeben, die einige Felder, Wiesen und Gebäude gegen die Fluth schützen. In Zeiten der Noth, das heißt, wenn die Sturmfluthen so hoch werden, daß sie die Deiche übersteigen, muß sich Alles auf den Feuerthurm retten, dessen 18 Fuß dicke Grundmauern schon seit Jahrhunderten den Stürmen und Fluthen widerstanden. Dieser Turm wurde im Jahr 1290 von den Hamburgern zum Schutz der Schiffahrt gegen die Strandräuber erbaut, jetzt dient er als Signal für die Schiffe, nebst noch einem hölzernen Leuchtthurm, der weiter nach der See zu steht … Nach dem Lande zu steht eine Signalstange, an der durch aufgezogene Bälle Nachrichten über gestrandete Schiffe nach Duhnen telegraphirt werden; eine dabei befindliche Kanone dient wahrscheinlich dazu, den Strandvoigt in Duhnen aufmerksam zu machen … An der Insel Neuwerk, der Baake auf Schaarhörn und der Lootsgaliot vorbeisteuernd, erreicht man die Nordsee, die sich durch ihr grünes Wasser auffallend vom Flußrevier unterscheidet. Bei der Schaarhörnbake ist die Grenze des braunen und des grünen Wassers wie abgeschnitten zu sehen«* (Karl Reinhardt 1856).

Heute ist die Insel übers Watt von Duhnen aus zu Fuß bzw. mit Pferd und Wagen zu erreichen oder aber zu Schiff von der Außenelbe her über die Kinderbalje anzusteuern. Von dort aus gelangt man zum Hafen mit Anleger an der Westseite. Der sog. Bauernhafen an der Südseite der Insel und in unmittelbarer Nachbarschaft des großen Turmes ist wegen Verschlickung nur noch mit großer Mühe erreichbar.

Helgoland

Die Hauptinsel besteht aus Buntsandstein, ist 150 ha groß und liegt 70 km von Cuxhaven entfernt. Sie ist 1.600 m lang und 500 m breit. Hiervon gehört der größte Teil zum »Oberland«, einem ca. 58 m aus der Nordsee emporragenden Hochplateau auf felsigem Grund, das ringsum steil ins Meer abfällt. Eine 3.010 m tief gehende Bohrung hat im Jahre 1938 die Bestätigung für eine ältere Annahme der Geologen erbracht, daß die an unserer Nordseeküste einzigartige Caprice der Natur der Aussprengung und Anhebung einer Buntsandsteinscholle aus einer breitflächigen Ablagerung der »Buntsandsteinzeit« dem Aufquellen eines riesigen, darunter liegenden Salzstocks verdankt wird. Dieser Vorgang setzte ungefähr vor 100 Millionen Jahren – noch zur Zeit der Oberkreide – ein und kam vor 1,8 Millionen Jahren gegen Ende der Tertiär-Zeit zum Abschluß.

Nur im Süden der Insel breitet sich ein flacher Sockel unterhalb des Felsens aus, das »Unterland«. Zwischen beiden Ebenen vermitteln zwei Verkehrswege: eine Treppe mit 105 Stufen sowie ein Fahrstuhl. Über die Treppe wußte Carl Reinhardt in seiner Reise »Von Hamburg nach Helgoland« (1856) zu sagen:

»Die Treppe, auf der es allein möglich ist, zum Oberland zu gelangen, macht sich schon vom Landungsplatze aus bemerklich. Sie ist von den Dänen etwa 1770 erbaut, in ihrer jetzigen Gestalt von der englischen Regierung 1834 neuerdings aufgeführt worden und zählt 184 Stufen.«

Mit dem Fahrstuhl ins Oberland

Nachdem im Jahre 1834 eine Treppe vom Unter- zum Oberland eingerichtet worden war, bedeutete es nochmals eine sensationelle Erleichterung für die Kurgäste, daß sie ab 1885 den ersten Fahrstuhl benutzen durften. Der Fahrschacht und das Stationshaus darüber sind als Werbeflächen vermietet und benutzt worden. Die Bombardierung Helgolands 1945 hat der Fahrstuhl nicht überlebt. Ein neuer Aufzug wurde dann im Jahr 1960 geschaffen.

»... Rot is de Kant ...«
Mit schroff ins Meer abstürzenden, roten Felswänden präsentiert sich die Insel nach Westen. Ihre Einmaligkeit, die sie von allen anderen Inseln an der deutschen Nordseeküste unterscheidet, besteht in der Verewigung einer Laune der Natur vor 100 Millionen Jahren.

In einer Distanz von 1.500 m zur Hauptinsel befindet sich die »Düne«, die bei Ebbe 2.000 m lang und 600 m breit ist. Der Hafen dient der Kleinschiffahrt als Zufluchtshafen und zur Versorgung der Insel.

Als erster erwähnte Adam von Bremen Helgoland als »Heiliges Land«. 1231 war Helgoland dänisch. Um 1300 gab es dort zwei Kirchen, von denen die eine dem Heiligen Wigbert, die andere dem Heiligen Nikolaus geweiht war.Um 1400 galt die Insel als Schlupfwinkel der Vitalienbrüder, 1436 war es dem Bischof zu Schleswig zinspflichtig, 1630 bauten die Hamburger eine Blüse und richten auf dieser ein bei Nacht weithin sichtbares Steinkohlenfeuer ein. 1684 wurde es durch den Dänenkönig Christian V. eingenommen, 1689 fiel es an die Herzöge von Schleswig-Gottorf. Wiederum 1714 von den Dänen erobert, blieb es bis zum 5. September 1807 dänisch. Jetzt erklärten es die Engländer für ihr Eigentum. Nach dem Sieg über Napoleon wurde Helgoland 1814 zur britischen Kronkolonie.

Dessen ungeachtet, betonnte Hamburg 1762 das Fahrwasser und führte Vermessungen durch. 1810 wurde der Leuchturm errichtet und ein Jahr später mit einer Argand'schen Reflektorlampe ausgestattet. Zur Schaffung und Förderung eines Seebades Helgoland gründete der Altonaer Schiffszimmermann Jacob Andresen Siemens (1794–1849) eine erfolgreiche Aktiengesellschaft. Bereits im ersten Jahr zählte man einhundert Badegäste, denen vier Badekarren auf der Düne und zwei weitere auf dem Helgoländer Unterland zur Verfügung standen.1834 traf hier der erste Passagierdampfer aus Hamburg ein. Man erinnert sich besonders an den hölzernen Raddampfer DE BEURS VAN AMSTERDAM.

Es folgten noch in den dreißiger Jahren die Raddampfer ELBE, PATRIOT und HENRIETTE der auf Anregung von Cesar Godeffroy gegründeten Hamburger Dampfschiffahrts-Companie. Diese Flotte wurde 1853 von dem Handelshaus Godeffroy übernommen und ein Jahr später um den Neubau HELGOLAND ergänzt. Wie sich die Inselbesuche in der Folgezeit gestalteten, hat Carl Reinhardt in seiner Reise »Von Hamburg nach Helgoland« (1856) besonders farbig beschrieben:

»Das Schiff steuert zwischen Insel und Düne hinein, wo es den Anker fallen läßt; ein Kanonenschuß begrüßt die Ankommenden von der Insel, die Fährboote kommen heran und Alles verläßt eilig das Schiff, um an das feste Land zu gelangen . Die Ausschiffung der Reisenden bietet bei unruhigem Wasser ein interessantes Bild; denn die Fährboote, welche von den Wellen hin- und hergeworfen werden, sind bald hoch oben am Schiff, bald tief unten an der Treppe. Hülfreiche Hände bringen jedoch die Seekranken oder ungeschickten Land-

Marinebasis und Nationalsymbol im Weltkrieg

Nichts hat der Insel mehr geschadet als die Nutzung als eine Marinebasis gegen England im Ersten und Zweiten Weltkrieg. Von hier aus sollte der deutsche Adler den Kampf nach England tragen, dessen Trümmer man schon am Horizont rauchen sieht. Der rote Felsen und die als ruhige Schildwacht dastehende Germania werden eins in einer Darstellung, die der Zeitschrift »Jugend« Nr. 4 im Jahre 1915 als Aufmacher vorangestellt worden ist. Heute mag es mit Staunen erfüllen, wie weitgehend die Jugend 1914 den billigsten Formen kaiserlicher Kriegspropaganda auf den Leim gegangen ist.

Blick auf das Unterland

Die zu verschiedenen Zeiten errichteten Hafenanlagen sind nach Süden und Osten in das Unterland hineingeschnitten worden. Die bedeutenderen Einrichtungen liegen im Süden der Insel. Der Fotograf richtet von seinem hohen Standpunkt aus auf dem Oberland die Linse nach Nordosten und nimmt dabei einen Teil des mit Kaimauern eingefaßten Binnenhafens auf. Hier wird noch gebaut. Schmalspurgleise sind ringsum verlegt, auf denen hier und da eine Kipplore auszumachen ist. Neben Wasserbaufahrzeugen, die mitten im Hafenbecken liegen, hat an der Mole ein kleiner Frachter festgemacht. Jenseits der Mole läuft der Strand noch bis ans Wasser hinab. Hier liegen die Börteboote, die zum Ausbooten der Dampferpassagiere benutzt werden, auf dem Strand.

ratten bald hinein, obgleich manchmal deren Gliedmaßen in einige Verwirrung gerathen. Die Helgoländer sehen dabei, auf ihre langen Riemen gelehnt, gemüthlich zu, und Einer von ihnen hat die Obliegenheit, den herabsteigenden Damen die Kleider zusammenzuhalten, bis sie im Boot festen Fuß gefaßt haben« (C. Reinhardt).

Von den berühmtesten Kurgästen, welche den roten Felsen im Meer je besuchten, seien nur zwei genannt: Heinrich Heine, der von sich sagte: *»Ich liebe das Meer wie meine Seele. Oft wird mir zumute, als sei das Meer meine Seele.«* Zwei Monate badete er hier im Jahre 1830 und genoß die Ruhe und Sicherheit vor dem Zugriff der politischen Polizei: *»Wenn ich nur wüßte, wo ich mein Haupt niederlegen kann. In Deutschland ist es unmöglich. Jeden Augenblick würde ein Polizeidiener herauskommen und mich rütteln ...«* Elf Jahre später »kurte« auf Helgoland August Heinrich Hoffmann von Fallersleben: *»Mein Leben war einfach. Morgens Spazierengehen, Mittagessen, Kaffeetrinken im Trichter, Ausruhen auf der Klippe, einen Augenblick im Konversationshause, um Zeitungen zu lesen, dann Spaziergang auf der Klippe und zu Bette.«* Am 26. August 1841 schrieb er hier das »Lied der Deutschen«.

Bis 1866 besorgte Hamburg die Post nach Helgoland, 1873 wurde von Hamburg aus ein Telegraphenkabel hierher verlegt. Am 10. August 1890 erwarb Kaiser Wilhelm II. Helgoland fürs Deutsche Reich – einen »Hosenknopf«, spotteten die Anhänger einer expansiveren Kolonialpolitik – im Austausch gegen Sansibar und andere ostafrikanische Stützpunkte. Es war seine erste außenpolitische Tat nach Entlassung des »Eisernen Kanzlers« Bismarck. In der Propaganda des Reichsmarineamtes wurde der Felsen im Meer in zunehmendem Maße als ein Bollwerk wider das »perfide Albion« stilisiert. Es versteht sich von allein, daß Helgoland schließlich auch nach einem Ausbau des Hafens, welcher im Jahre 1904 begann, zwei Jahre später zum Marinestützpunkt ausgebaut wurde. Zu Beginn des Ersten Weltkrieges mußten alle 2.300 Einwohner die Insel verlassen. Von ihnen kehrten 2.150 im Jahre 1918 auf ihre Insel zurück.

Ungleich bedeutender gestaltete sich die weitere Entwicklung des Seebades. Ab 1868 bediente die Cuxhavener Dampfschiffs-Gesellschaft den Linienverkehr, nachdem schon 1866 die HAPAG in dieses Geschäft eingestiegen war. Sie avancierte unter Albert Ballin in den neunziger Jahren mit ihrer Deutschen Dampfschiffs-Rheederei-Gesellschaft zum »Marktführer«. Zählte man noch 1887 ca. 10.000 Tagesgäste, so waren es 1914 bereits einhunderttausend. Als letztes Seebäderschiff wurde vor dem Ersten Weltkrieg KÖNIGIN LOUISE 1913 in Dienst gestellt, die bereits zu Kriegsbeginn beschlagnahmt und als Minenleger vor der Themsemündung mißbraucht werden sollte.

Vier Eigner von Schiffen über 50 cbm Rauminhalt registrierte der Germanische Lloyd für das Jahr 1914. Außerdem waren dort gleichzeitig vierzehn Fischereifahrzeuge beheimatet.

Nach der Niederlage Hitler-Deutschlands mußten 1945 alle Einwohner das auch im Zweiten Weltkrieg als Marinestützpunkt mißbrauchte Helgoland zwangsweise verlassen. Es war von den Engländern als Bombenziel zu Übungszwecken auserwählt worden. Es wurden nicht allein die marinestratregischen Einrichtungen gesprengt, sondern auch die alte Bebauung wurde in fünf Jahren restlos zerstört. Auf die Sinnlosigkeit dieser Barbarei machte im Jahre 1950 die Besetzung eines Flakturms durch Jugendliche aufmerksam. Am 1. März 1952 wurde die Insel ihren Einwohnern zurückgegeben und in den Folgejahren neu bebaut.

Weiterführende Literatur

Heinrich Ahrens, Die Kehdinger Ziegelindustrie, ihre Entwicklung und Bedeutung. In: Kehdinger Heimatbuch. Kiel 1932.

Heinich Albrecht, Der Segler auf der Niederelbe. Hamburg 1919 (1. Aufl.), 1922 (2. Aufl.).

Hugo Amberg, Wanderwege an der Niederelbe. Hrsg. v. d. HADAG. Hamburg 1932.

Heinz Aschenberg und Gerhard Kroker, Sturmfluten und Hochwasserschutz in Hamburg. Hrsg. von den Hamburger Deich- u. Schleusenverbänden. Hamburg 1987.

Niels Bahnsen u. Jürgen Schaper, Deutsche Nordseeküste-Nordsee, Ems, Weser, Jade, Elbe. Hamburg 1987.

Günter Bastian und Richard Mader, Hadeln und Wursten. Hamburg 1978.

Karl-Otto Beer und Arnold Kludas, Der Hamburger Hafen auf alten Ansichtskarten 1888–1914. Herford 1988.

Otto Bender und Ulrich Bauche, Die Hamburger Neustadt 1878–1986.

Ferdinand Bertram, Mein Hamburg. 4 Bde. Braunschweig, Hamburg u. Berlin 1921–1923.

Lore Bierwirth, Siedlung und Wirtschaft im Lande Hadeln. Eine kulturgeographische Untersuchung. Bad Godesberg 1967.

Willem Jansz Blaeu, The Light of Navigation. Amsterdam 1612.

Dieter Theodor Bohlmann, Museum Altes Land, Jork. museum, Braunschweig 1991.

Jürgen Bohmbach, Torsten Lüdecke u. Gerd Mettjes, Auf den Spuren des alten Stade. Stade 1986.

Jürgen Bohmbach (Gesamtred.), Stade – Von den Siedlungsanfängen bis zur Gegenwart. Hrsg. v. Stadt Stade – der Stadtdirektor. Veröffentlichungen aus dem Stadtarchiv Stade. Stade 1994.

Jörgen Bracker, »Kamikaze-Held« oder »ökologischer Protagonist«? Begriffe und Fehlgriffe im literarhistorischen Urteil über Gorch Fock. In: Gorch Fock. Werk und Wirkung. Vorträge und Diskussionen des Kolloquiums »Mundartliteratur/Heimatliteratur am Beispiel Gorch Fock« am 25. Februar 1983 im Museum für Hamburgische Geschichte. Hrsg. v. Friedrich W. Michelsen. Quickborn-Bücher Bd. 77, Hamburg 1983.

Jörgen Bracker, Eine königliche Eisenbahndirektion in Altona. In: 100 Jahre Eisenbahn Direktion in Hamburg 1884 –1984. Hamburg 1984.

Jörgen Bracker, Vom Alsterpriel zum Welthafen. Eine Charakteristik zum Wandel der Hafenanlagen in Hamburgs Geschichte. In: *Kurt Grobecker (Hrsg.),* Hafen Hamburg. Skizzenblätter einer Weltgeschichte. Hamburg 1985.

Jörgen Bracker, Hamburg von den Anfängen bis zur Gegenwart. Wendemarken einer Stadtgeschichte. Hamburg 1987. 3. Aufl. 1993.

Jörgen Bracker, Ostpreußische Fischer in Büsum. Ein Beitrag zur Industrialisierung der Fischerei vor 1914. In: *Andreas Kuntz u. Beatrix Pfleiderer (Hrsg.),* Fremdheit und Migration. Berlin 1987.

Jörgen Bracker, Am Ende des Gezeitenstroms. Hafenbau in Hamburg seit 1189. In: Jahrb. d. Hafenbautechn. Ges., Bd. 44., 1989. Hamburg 1990.

Jörgen Bracker, Im Rhythmus des Gezeitenstroms. In: Die Elbe – ein Lebenslauf. Ausstellungskatalog. Hrsg. v. Deutschen Historischen Museum Berlin. Berlin 1992.

Jörgen Bracker, Die Seefischerei an der schleswig-holsteinischen Westküste vor dem Ersten Weltkrieg. In: *Jürgen Brockstedt (Hrsg.),* Seefahrt an deutschen Küsten im Wandel 1815–1914.

Jobst Broelmann u. Timm Weski, »Maria« HF 31. Seefischerei unter Segeln. Hrsg. v. Deutschen Museum, München 1992.

Walter C. Bröker, Segelfahrten auf der Stör. In: Heimatbuch des Kreises Steinburg (3 Bde. 1925/26) II, 105 ff.

Johannes von Brook, Das Stromgebiet der Niederelbe – ein Handbuch für den Elbsegler. Hamburg 1958.

Jan Carstensen, Torf. Gewinnung, Geschichte und Bedeutung in Schleswig-Holstein, Osnabrück 1985.

Fritz Caspar, Versuch einer wissenschaftlichen Landschaftsbeschreibung der Niederelbe. Hamburg 1930.

Hans-Eckard Dannenberg (Bearb.), Kulturlandschaft zwischen Elbe und Weser. Hrsg. Landschaftsverband der ehemaligen Herzogtümer Bremen und Verden e.V., Stade 1988.

Peter Danker Carstensen, Die Entwicklung der Elmshorner Lederindustrie – Teil I. Vom Gerberhandwerk zur Lederindustrie. In: Beiträge zur Elmshorner Geschichte. Hrsg. v. d. Stadt Elmshorn, Bd. 2. Elmshorn 1988.

Peter Danker Carstensen, Elmshorner Ansichten in der Druckgrafik des 19. Jahrhunderts. In: Beiträge zur Elmshorner Geschichte. Hrsg. v. d. Stadt Elmshorn. Bd. 4. Elmshorn 1990.

Peter Danker Carstensen (u. a.), Elmshorn zur Kaiserzeit. Beiträge zur Elmshorner Geschichte. Hrsg. v. d. Stadt Elmshorn, Bd. 6. Elmshorn 1992.

F. Dannmeyer, Seelotsen=, Leucht= und Rettungswesen. Ein Beitrag zur Charakteristik der Nordsee und Niederelbe. Leipzig 1911.

Christian Degn u. Uwe Muuß, Topographischer Atlas Schleswig-Holstein. Hrsg. v. Landesvermessungsamt Schleswig Holstein. Neumünster 1963.

Christian Degn u. Uwe Muuß, Luftbildatlas Schleswig-Holstein. Eine Landeskunde in 80 farbigen Luftaufnahmen. Neumünster 1984.

D. Detlefsen, Geschichte der holsteinischen Elbmarschen, 2 Bde. Glückstadt 1891 u. 1892.

D. Detlefsen, Glückstadt – das heutige im alten. Ein Fremdenführer. Glückstadt 1906.

Alfred Dreckmann, Bergedorfer Industrie in Texten und Bildern, 2 Bde. Hamburg-Bergedorf 1992–1993.

Hans-Werner Engels u. Hans-Günther Freitag, Altona, Hamburgs schöne Schwester. Geschichte und Geschichten. Hamburg 1982.

Kurt Ferber, Das hamburgische Lotswesen auf der Unterelbe bis zum Jahre 1810. Wissenschaftliche Beilage zum Bericht über das Schuljahr 1900/1901, Hrsg. Höhere Schule in Cuxhaven, Cuxhaven 1901.

Ernst Finder, Die Vierlande. Beiträge zur Geschichte, Landes- und Volkskunde Niedersachsens. T. 1 u. T. 2. Veröffentlichungen des Vereins für Hamburgische Geschichte, Bd. 3. Hamburg 1922.

Ernst Finder, Die Landschaft Billwärder, ihre Geschichte und ihre Kultur. Veröffentlichungen des Vereins für Hamburgische Geschichte, Bd. 9. Hamburg 1935.

Ernst Finder, Die Elbinsel Finkenwärder. Ein Beitrag zur Geschichte, Landes- und Volkskunde Niedersachsens. Veröffentlichungen des Vereins für Hamburgische Geschichte, Bd. 13. Hamburg 1940.

Finger, Die Wasserversorgung in den Marschen des Regierungsbezirks Stade, Jena 1908.

L. Friederichsen, Die deutschen Seehäfen. Ein praktisches Handbuch für Schiffskapitäne, Rheder, Assekuradeure, Schiffsmakler, Behörden etc. 2. Teil, Die Häfen, Lösch- und Ladeplätze an der deutschen Nordseeküste. Hamburg 1889.

Heinz Giszas, Entwicklungsperspektiven von Seehäfen aus der Sicht von Hamburg. Vortr. 46. Hauptverslg. der Hafenbautechnischen Gesellschaft e. V. in Hamburg am 21. 9. 1989. In: Jahrb. d. Hafenbautechn. Ges. Bd. 44, 1989, 53 ff.

Glückstadt, Magistrat der Stadt, (*Hrsg.*), Festschrift 350 Jahre Glückstadt zum 22. März 1967. Glückstadt 1967.

Ewald Goltz, Finkwarder. Hunnert Johr Geschichte un Geschichten. Hamburg 1985.

Reinhard Goltz, Die Sprache der Finkenwerder Fischer. Die Finkenwerder Hochseefischerei – Studien zur Entwicklung eines Fachwortschatzes. Hrsg. Altonaer Museum, Herford 1984

Chr. H. A. Grupens, Hannovers Seeschiffahrt. H. 1, Leer 1853.

Michael Grüttner, Arbeitswelt an der Wasserkante. Göttingen 1984.

Werner Haarnagel, Eine landschaftskundliche Untersuchung des Elbufers zwischen Glückstadt und Kollmar. Glückstadt u. Hamburg 1935.

Joachim Häger u. Hans-Jürgen Sommersbach, Hammonia und ihre U-Bahn. Hamburg 1986.

Martin Halfpap, Siedlungen und Wirtschaft der holsteinischen Elbmarschen unterhalb Hamburgs unter historisch-genetischem Aspekt einschließlich der Betrachtung der heutigen Situation. Mitt. d. Geogr. Ges. in Hamburg, Bd. 79, Wiesbaden 1989.

Hamburgische Burspraken 1546–1594 mit Nachträgen bis 1699, bearb. v. *Jürgen Bolland.* Veröffentlichungen aus dem Staatsarchiv der Freien und Hansestadt Hamburg, Bd. VI, Teile I u. II. Hamburg 1960.

Hans Jürgen Hansen, Aus Büttels Geschichte. In: Gemeinde Büttel, Büttel an der Elbe. Gräfelfing vor München o. J. (Vorwort 1989)

Hans Jürgen Hansen, Die Bösch. In: Gemeinde Büttel, Büttel an der Elbe. Gräfelfing vor München o. J. (Vorwort 1989)

Helmut F. H. Hansen, Im Auf und Ab der Gezeiten. Die wechselvolle Geschichte des Hamburger Hafens. Herford 1989.

Paul Heinsius, Museumsschiff Lühe-Ewer ELFRIEDE soll wieder auf Fahrt gehen. In: Das Logbuch. H. 1, Hamburg 1992.

Adolf E. Hofmeister, Besiedlung und Verfassung der Stader Elbmarschen im Mittelalter, 2 Teile. Veröffentlichungen des Instituts für historische Landesforschung der Universität Göttingen, Bd. 12 u. Bd. 14. Hildesheim 1979 u. 1981.

Andrea Horn u. Wyn Hoop, Nebenflüsse der Elbe. Pinnau, Krückau, Stör, Ilmenau, Este, Lühe, Schwinge, Oste, mit Eider und Treene. Hamburg 1992.

H. W. C. Hübbe, Erläuterungen zur historisch topographischen Ausbildung des Elbstroms. Hamburg 1869.

Bernd Ulrich Hucker, Freiheit und Herrschaft bei den Kehdingern. In: Stader Jahrbuch 1971.

Tilman Humburg, Assel in Wort und Bild. Hrsg.

Kreissparkasse Stade und Bürgerverein Assel. Stade 1986.

Itzehoe. Geschichte einer Stadt in Schleswig-Holstein. Koordination: *Jürgen Ibs,* hrsg. v. d. Stadt Itzehoe. Bd. 1: Von der Frühgeschichte bis 1814. Bd. 2: Von 1814 bis zur Gegenwart. Itzehoe 1988–91.

Martin Jank, Land hinterm Deich. Buxtehude, Altes Land. Hamburg 1991.

W. Jensen, Chronik des Kirchspiels St. Margarethen. Zugleich eine Geschichte der südwestlichen Wilstermarsch. Glückstadt 1913.

Friedrich Jerchow, Vom Sextanten zur Satellitennavigation 1837–1987. 150 Jahre C. Plath. Hamburg 1987.

Dagmar Jestrzemski, Darstellung der Geschichte des Schiffbaus und der Schiffahrt von Wedel-Schulau. Manuskript-Druck o. J.

Karl Jüngel, Die Elbe – Geschichte um einen Fluß. Böblingen 1993.

Joachim Kaiser, Segler im Gezeitenstrom. Die Biografie der hölzernen Ewer mit kolorierten Federzeichnungen von Christian Hadenfeldt. Norderstedt 1974.

Joachim Kaiser, Segler in der Zeitenwende. Biografie der kleinen stählernen Frachtsegelschiffe (1880 bis Gegenwart). Norderstedt 1977.

Herbert Karting, Schiffe aus Wewelsfleth. Deutsche Küstensegler Bd. I–III. Itzehoe 1981–1985.

Herbert Karting, Ein Beitrag zur Schiffahrtsgeschichte der Stadt Krempe. In: Steinburger Jahrbuch, 27. Jg., 1982, 97 ff.

Herbert Karting, Der Hafen von Büttel und seine Schiffe. In: Gemeinde Büttel, Büttel an der Elbe. Erinnerungen an ein Dorf zwischen Brunsbüttel und Brokdorf. Gräfelfing vor München o. J. (Vorwort: Dezember 1989).

Gerhard Kaufmann, Zur Kulturgeschichte am Unterlauf der Elbe. In: Die Elbe – ein Lebenslauf. Ausstellungskatalog, hrsg. v. Deutschen Historischen Museum Berlin. Berlin 1992.

Hermann Keesenberg, Wilhelmsburg – die Insel der Gegensätze. Hamburg 1989.

Hubert Kindt, Die Elbe als mitteleuropäische Binnenwasserstraße. Vortr. z. 46. Hauptverslg. d. Hafenbautechnischen Gesellschaft e. V. in Hamburg 22. 9. 1989. In: Jahrb. d. Hafenbautechn. Ges., Bd. 44, 1989.

Willi Klenck, Heimatkunde des ehemaligen Kreises Neuhaus an der Oste. Lamstedt 1957.

Bernd Köhler und Hans Riediger, Das Alte Land. Landschaften um Hamburg, Bd. 2. Hamburg 1970.

Gerhard Köhn, Glückstädter Fährschiffahrt und Hafenordnung. In: Steinburger Jb. 1983.

Johann Georg Kohl, Die Marschen und die Inseln der Herzogthümer Schleswig und Holstein. Dresden und Leipzig. 3. Aufl., 1846.

Jan Kolossa, »Via Hamburg nach New Orleans« – Zur Geschichte der Steingutfabrik C. & E. Carstens. In: Beiträge zur Elmshorner Geschichte. Hrsg. v. d. Stadt Elmshorn, Bd. 2. Elmshorn 1988.

Walter Kresse, Handel und Schiffahrt in Altona und Hamburg. In: Norddeutsches Landesmuseum. Jahrbuch 27, Hamburg 1992, 163 ff.

Walter Kresse, Materialien zur Entwicklungsgeschichte der Hamburger Handelsflotte 1765–1823. Mitteilungen aus dem Museum für Hamburgische Geschichte, Neue Folge. Hrsg. v. Walter Hävernick, Bd. III, Hamburg 1966.

Walter Kresse, Seeschiffsverzeichnis der Hamburger Reedereien 1824–1888, 3 Bde. Mitteil. aus dem Museum für Hamb. Geschichte, Neue Folge, hrsg. v. Walter Hävernick, Bd. V, Hamburg 1969.

Walter Kresse, Die Fahrtgebiete der Hamburger Handelsflotte 1824–1888. Mitteil. aus dem Museum für Hamb. Geschichte, Neue Folge, hrsg. v. W. Hävernick, Bd. VII, Hamburg 1972.

Walter Kresse, Hamburger Seeschiffe 1889–1914. Mitt. aus dem MHG., N. F., hrsg. v. W. Hävernick, Bd. X, Hamburg 1974.

Friedrich Kühlken, Zwischen Niederweser und Niederelbe. Eine Heimatkunde des Landes Bremen und des Niedersächsischen Regierungsbezirks Stade. Bremen, 2. Aufl. 1965.

Arend W. Lang, Entwicklung, Aufbau und Verwaltung des Seezeichenwesens an der deutschen Nordseeküste bis zur Mitte des 19. Jahrhunderts. Bonn 1965.

Arend W. Lang, Seekarten der südlichen Nord- und Ostsee. Ergänzungshefte zur Dt. Hydrogr. Zeitschrift, Reihe B Nr. 10, Hamburg 1968.

Arend W. Lang, Die »Caerte van oostlant« des Cornelis Anthonisz 1543. Die älteste gedruckte Seekarte Nordeuropas und ihre Segelanweisung. Schriften des Deutschen Schiffahrtsmuseums Bd. 8, Hamburg 1986.

Erich von Lehe, Heinz Ramm u. Dietrich Kausche, Heimatchronik der Freien und Hansestadt Hamburg. Bd. 36 der Reihe »Heimatchroniken der Städte und Kreise des Bundesgebietes«. 2. erw. u. verb. Aufl. Köln 1967.

Alfred Lichtwark, Briefe an die Kommission für die Verwaltung der Kunsthalle. Hrsg. Gustav Pauli. 2 Bde., Hamburg 1923.

Richard Linde, Die Niederelbe. Berlin, Bielefeld u. Leipzig 1908.

Heike Linderkamp, »Auf Ziegelei« an der Niederelbe. Zur saisonalen Wanderarbeit lippischer Ziegler im 19. und 20. Jahrhundert. Einzelschriften des Stader Geschichts- und Heimatvereins. Hrsg. v. Heinz Joachim Schulze u. Bernd Kappelhoff, Bd. 31. Stade 1992.

Klaus-Joachim Lorenzen-Schmidt, Zur Vermögens- und Sozialstruktur der Städte Itzehoe, Krempe und Wilster in der ersten Hälfte des 16. Jhs., In: Zeitschr. d. Vereins für Hamb. Geschichte. 102/103, 1977/ 8.

Klaus-Joachim Lorenzen-Schmidt, Der Kremper Handel im 16. Jahrhundert, Stader Jahrbuch 1981.

Klaus-Joachim Lorenzen-Schmidt, Frühe Industrialisierung im Unterelbe-Raum. Ein Überblick. In: *Jürgen Brockstedt, (Hrsg.),* Frühindustrialisierung in Schleswig-Holstein, anderen norddeutschen Ländern und Dänemark. Studien zur Wirtschafts- und Sozialgeschichte Schleswig-Holsteins, Bd. 5. Neumünster 1983.

R. Lütgens u. J. Petersen, Niederelbische Heimatkunde. Breslau 1921.

Erich Lüth, Flucht nach Helgoland. Heinrich Heine und Heinrich Hofmann von Fallersleben. In: Nordfriesland Nr. 6, Dezember 1967.

Karin Maak, Die Speicherstadt im Hamburger Freihafen. Arbeitshefte zur Denkmalpflege in Hamburg Nr. 7. Hamburg 1985.

Jürgen Meyer, 150 Jahre Blankeneser Schiffahrt 1785–1935. Hamburg, Garstedt 1968.

Dörte Nicolaisen u. Johannes Spallek, Övelgönne, Neumühlen. Arbeitshefte zur Denkmalpflege in Hamburg Nr. 1. Hamburg 1975.

Manfred Niendorf, Wewelsfleth 750 Jahre Geschichte. Horst/Holstein 1988.

Wanda Oesau, Alt-Glückstadts Tore und Bauten. Glückstadt o. J.

Wanda Oesau, Deutsche Grönlandfahrerfrauen aus dem 17. bis 19. Jahrhundert. Föhrer Heimatbücher Nr. 25, 1949.

Wanda Oesau, Glückstadts Heringslogger unter Segel. Glückstadt o. J.

Wanda Oesau, Hamburgs Grönlandfahrt auf Walfischfang und Robbenschlag vom 17. bis zum 19. Jahrhundert. Glückstadt und Hamburg 1955.

Henning Oldekop, Topographie des Herzogtums Holstein. 2 Bde., Kiel 1908.

Eckardt Opitz, Schleswig-Holstein. Landesgeschichte in Bildern, Texten und Dokumenten. Hamburg 1988.

Peregrinus pedestris, Der Holsteinische Tourist oder Wegweiser für Fußreisende in der Umgebung von Hamburg. Hamburg 1833.

Ortwin Pelc, Auf dem Weg zur Industriestadt. Wirtschaft, Gesellschaft und Politik in Itzehoe von 1851–1866. In: Itzehoe. Geschichte einer Stadt in Schleswig-Holstein. Koordination: *Jürgen Ibs,* 2 Bde. hrsg. v. d. Stadt Itzehoe 1988–91. Bd. 2: Von 1814 bis zur Gegenwart.

Ortwin Pelc, Shipping on the river Stör. Navigation on a regional waterway in Schleswig-Holstein in the 19th century. In: *Andreas Kunz und John Armstrong* (Hrsg.), Inland navigation and economic development in 19th century Europe. Mainz 1995.

Marcus Petersen und Hans Rohde, Sturmflut. Die großen Fluten an den Küsten Schleswig-Holsteins und in der Elbe. Neumünster 1977.

Volker Plagemann (Hrsg.), Übersee. Seefahrt und Seemacht im Deutschen Kaiserreich. München 1988.

Hermann Poppe, Vom Lande Kehdingen. Ein Beitrag zu seiner Geschichte und Kultur. Freiburg 1924.

Hans Georg Prager, Blohm + Voss. Schiffe und Maschinen für die Welt. Herford 1977.

Carsten Prange, Auf zur Reise durch Hamburgs Geschichte. Hamburg 1990.

Martin Pries, Die Entwicklung der Ziegeleien in Schleswig-Holstein. Ein Beitrag zur Industriearchäologie unter geographischen Aspekten. Hamburger geographische Studien, Heft 45. Hamburg 1989.

Armin Püttger-Conradt, Elbmarschen in Holstein. Land hinterm Deich. Sestermüher, Kremper und Wilster Marsch. Hamburg 1987.

Jürgen Rath, Arbeit im Hamburger Hafen. Eine historische Untersuchung. Hamburg 1988.

Carl Reinhardt, Von Hamburg nach Helgoland. Leipzig 1856.

Ernst Reinstorf, Geschichte der Elbinsel Wilhelmsburg von Urbeginn bis zur Jetztzeit. Hamburg1955.

Carl Röper, 750 Jahre Jork – Borstel. Veröffentlichungen des Vereins zur Erhaltung und Förderung Altländer Kultur, Bd. 1. Jork 1971.

Günther Sager, Mensch und Gezeiten. Wechselwirkungen in zwei Jahrtausenden. Gotha 1987.

Johannes Saß, Die Elbe, Hamburg – Helgoland. Hamburg 1963.

Jürgen Christian Schaper, Glückstadt, SVAOe–Nachrichten. Heft 6, Hamburg 1984.

Jürgen Christian Schaper, Stör – Stromkilometer 28. Heiligenstedten, ein interessantes Segelziel an der Elbe. Unveröffentl. Manuskript.

Hans-Otto Schlichtmann, Die Kehdinger Kreisbahn Stade – Freiburg – Itzwörden. Hrsg. v.d. Kreissparkasse Stade, Stade 1987.

J. von Schröder und H. Bienatzki, Topographie der Herzogthümer Holstein und Lauenburg. 2 Bde., Oldenburg 1855 u. 1856.

Gisela Schütte, Helgolandfahrten und Seebäderdienst, in: *Plagemann,* Übersee. München 1988.

Hans Heinrich Seedorf u. a., Topographischer Atlas Niedersachsen und Bremen, hrsg. v. Niedersächs. Landesverwaltungsamt – Landvermessung. Neumünster 1977.

Theodor F. Siersdorfer, Wächter am Strom. Aus der Vergangenheit der Lotsenschiffe und Seezeichen unserer Außenelbe. Hamburg 1975.

Konrad Struve, Die Geschichte der Stadt Elmshorn. Elmshorn 1935–1956.

Hans Szymanski, Der Ever der Niederelbe. Ein Beitrag zur Geschichte der deutschen Schiffahrt und zur Volkskunde Niedersachsens. Lübeck 1932.

Anne Marie Thede-Ottowall, Hamburg – Vom Alsterhafen zur Welthandelsstadt. Kiel 1988.

Johann Nicolaus Tetens, Reisen in die Marschländer an der Nordsee zur Beobachtung des Deichbaus. Bd. I. Leipzig 1788.

P. A. Toaspern, Die Einwirkungen des Nord-Ostsee-Kanals auf die Siedlungen und Gemarkungen seines Zerschneidungsbereiches. Schriften des Geogr. Instituts d. Universität Kiel, Bd. XIII, Kiel 1950.

Theodor Trauthig, Sturmflutkatastrophe Februar 1962. Stade, Buxtehude 1962.

Hans Peter Siemens, Das Alte Land. Geschichte einer niederelbischen Marsch. Stade 1951.

Walther Vogel, Geschichte der deutschen Seeschifffahrt. 1. Bd. Berlin 1915.

Horst Volkmann, Osteschiffahrt und -fährwesen in der Gemeinde Hechthausen. Hrsg. v. F. J. Ahlstedt, Hechthausen 1983.

Lucas Janszoon Waghenaer, Spieghel der Zeevaerdt. Amsterdam 1583.

Franz Wegewitz, Die Elbinsel Krautsand. In: Kehdinger Heimatbuch, Kiel 1932.

Hannsjörg Zimmermann, Überblick über das Gewerbe in Lauenburg unter industriellen Aspekten 1800–1870. In: *Jürgen Brockstedt, (Hrsg.),* Frühindustrialisierung in Schleswig-Holstein, anderen norddeutschen Ländern und Dänemark. Stud. z. Wirtschafts- u. Sozialgesch. Schleswig-Holsteins, Bd. 5. Neumünster 1983.